Ele que o abismo viu
(Epopeia de Gilgámesh)

Sin-léqi-unnínni

Epopeia de
GILGÁMESH

Ele que
o abismo viu

8ª reimpressão

Tradução do acádio, introdução e comentários
Jacyntho Lins Brandão

autêntica C|L|Á|S|S|I|C|A

Copyright da tradução © 2017 Jacyntho Lins Brandão

Todos os direitos reservados pela Autêntica Editora Ltda. Nenhuma parte desta publicação poderá ser reproduzida, seja por meios mecânicos, eletrônicos, seja via cópia xerográfica, sem a autorização prévia da Editora.

Título original: ša naqba īmuru

AUTOR
Sin-léqi-unnínni
(c. século XIII-XII a.C.)

COORDENADOR DA COLEÇÃO CLÁSSICA,
EDIÇÃO E PREPARAÇÃO
Oséias Silas Ferraz

ORGANIZAÇÃO, TRADUÇÃO,
INTRODUÇÃO E NOTAS
Jacyntho Lins Brandão

EDITORA RESPONSÁVEL
Rejane Dias
Cecília Martins

LEITURA CRÍTICA DA TRADUÇÃO
Guilherme Gontijo Flores

REVISÃO
Lúcia Assumpção
Mariana Faria

CAPA
Alberto Bittencourt

DIAGRAMAÇÃO
Larissa Carvalho Mazzoni

Dados Internacionais de Catalogação na Publicação (CIP)
(Câmara Brasileira do Livro, SP, Brasil)

Sin-léqi-unnínni

 Ele que o abismo viu: epopeia de Gilgamesh / tradução do Acádio, introdução e comentários Jacyntho Lins Brandão. – 1. ed.; 8. reimp. – Belo Horizonte : Autêntica, 2024. – (Coleção Clássica / coordenador Oséias Ferraz)

 Título original: ša naqba īmuru
 ISBN 978-85-513-0283-5

 1. Gilgámesh 2. Literatura mesopotâmica 3. Literatura clássica - poesia I. Brandão, Jacyntho Lins. II. Série.

17-06773   CDD-892.1

 Índices para catálogo sistemático:
  1. Gilgámesh : Literatura semítica 892.1

GRUPO AUTÊNTICA

Belo Horizonte
Rua Carlos Turner, 420
Silveira . 31140-520
Belo Horizonte . MG
Tel.: (55 31) 3465 4500

São Paulo
Av. Paulista, 2.073 . Conjunto Nacional
Horsa I . Sala 309 . Bela Vista
01311-940 . São Paulo . SP
Tel.: (55 11) 3034 4468

www.grupoautentica.com.br
SAC: atendimentoleitor@grupoautentica.com.br

Apresentação da coleção

A Coleção Clássica tem como objetivo publicar textos de literatura – em prosa e verso – e ensaios que, pela qualidade da escrita, aliada à importância do conteúdo, tornaram-se referência para determinado tema ou época. Assim, o conhecimento desses textos é considerado essencial para a compreensão de um momento da história e, ao mesmo tempo, a leitura é garantia de prazer. O leitor fica em dúvida se lê (ou relê) o livro porque precisa ou se precisa porque ele é prazeroso. Ou seja, o texto tornou-se "clássico".

Vários textos "clássicos" são conhecidos como uma referência, mas o acesso a eles nem sempre é fácil, pois muitos estão com suas edições esgotadas ou são inéditos no Brasil. Alguns desses textos comporão esta coleção da Autêntica Editora: livros gregos e latinos, mas também textos escritos em português, castelhano, francês, alemão, inglês e outros idiomas.

As novas traduções da Coleção Clássica – assim como introduções, notas e comentários – são encomendadas a especialistas no autor ou no tema do livro. Algumas traduções antigas, de qualidade notável, serão reeditadas, com aparato crítico atual. No caso de traduções em verso, a maior parte dos textos será publicada em versão bilíngue, o original espelhado com a tradução.

Não se trata de edições "acadêmicas", embora vários de nossos colaboradores sejam professores universitários. Os livros são destinados aos leitores atentos – aqueles que sabem que a fruição de um texto demanda prazeroso esforço –, que desejam ou precisam de um texto clássico em edição acessível, bem cuidada, confiável.

Nosso propósito é publicar livros dedicados ao "desocupado leitor". Não aquele que nada faz (esse nada realiza), mas ao que, em meio a mil projetos de vida, sente a necessidade de buscar o ócio produtivo ou a produção ociosa que é a leitura, o diálogo infinito.

Oséias Ferraz
[coordenador da coleção]

A

João Pedro Arca Guadalupe
Francisco Ferreira Guadalupe
Lucas Carvalho Brandão
Estela Alencar Guadalupe Brandão

esta história muito antiga
para uma gente muito nova
(ler quando crescer)

Siglas utilizadas

ACU – ARNAUD, Daniel. *Corpus des textes de bibliothèque de Ras Shamra-Ougarit (1936-2000) en sumérien, babylonien et assyrien.* Aula Orientalis Supplementa 23. Sabadell: Ausa, 2007.

AGB – AL-RAWI, Farouk N. H.; GEORGE, Andrew R. Back to the Cedar Forest: The Beginning and End of Tablet V of the Standard Babylonian Epic of Gilgamesh. *Journal of Cuneiform Studies*, v. 66, p. 69-90, 2014.

CAD – THE ASSYRIAN DICTIONARY OF THE ORIENTAL INSTITUTE OF THE UNIVERSITY OF CHICAGO. Chicago: The Oriental Institute; Glückstadt; J. J. Augustin, 1956-2010. 21 v.

DCA – BLACK, Jeremy; GEORGE, Andrew; POSTGATE, Nicholas. *A Concise Dicionary of Accadian.* Wiesbaden: Harrassowitz, 2000.

GBGE – GEORGE, Andrew R. *The Babylonian Gilgamesh Epic: Introduction, Critical Edition and Cuneiform Texts.* Oxford: Clarendon, 2003.

GDS – BLACK, Jeremy; GREEN, Anthony. *Gods, Demons and Symbols of Ancient Mesopotamia.* Ilustrations by Tessa Rickards. Austin: University of Texas, 2003.

GEG – GEORGE, Andrew R. *The Epic of Gilgamesh: The Babylonian Epic Poem and Other Texts in Akkadian and Sumerian.* Translated with an introduction by A. George. London: Penguin, 1999.

GGEU – GEORGE, Andrew R. The Gilgameš Epic at Ugarit. *Aula Orientalis*, v. 25, p. 237-254, 2007.

PSBEG – PARPOLA, Simo. *The Standard Babylonian Epic of Gilgamesh.* Helsinki: The Neo-Assyrian Text Corpus Project, 1997. Cuneiform Text, Transliteration, Glossary, Indices and Sign List. (State Archives of Assyria: Cuneiform Texts 1).

SEG – SAN MARTÍN, Joaquín. *Epopeya de Gilgameš, rey de Uruk.* Madrid: Trotta; Barcelona: Universitat de Barcelona, 2010.

---- lacuna no texto

⌈ ⌉ ⫽ ⌐ – quebra no texto

13	Introdução
43	Ele que o abismo viu (Epopeia de Gilgámesh)
45	Tabuinha 1
55	Tabuinha 2
61	Tabuinha 3
67	Tabuinha 4
73	Tabuinha 5
82	Tabuinha 6
89	Tabuinha 7
97	Tabuinha 8
104	Tabuinha 9
109	Tabuinha 10
120	Tabuinha 11
131	Tabuinha 12
136	Comentários do tradutor
139	Tabuinha 1
177	Tabuinha 2
193	Tabuinha 3
198	Tabuinha 4
204	Tabuinha 5
214	Tabuinha 6
231	Tabuinha 7
244	Tabuinha 8
254	Tabuinha 9
262	Tabuinha 10
275	Tabuinha 11
301	Tabuinha 12
307	Referências bibliográficas
317	Índice onomástico

Introdução

Esta é uma tradução comentada do poema comumente denominado "Epopeia de Gilgámesh" – cujo título original é *Ele que o abismo viu* (*ša naqba īmuru*) e cuja autoria se atribui a Sin-léqi-unnínni –, trabalho que procura beneficiar-se de tudo que, nos últimos anos, permitiu que se ampliasse nosso conhecimento, em primeiro lugar, do próprio texto, mas por igual da tradição literária e das poéticas mesopotâmicas.

O que nele se narra é como Gilgámesh, o quinto rei de Úruk depois do dilúvio, passa por experiências existenciais marcantes que o levam a compreender os limites da natureza humana, os quais se impõem mesmo para alguém, como ele, filho de uma deusa e, por isso, dois terços divino e apenas um terço humano. É provável que ele tenha reinado de fato, por volta do século XXVII a.C., e que, em vista de seus grandes feitos, em especial a construção das muralhas de Úruk, se tenha desenvolvido em torno de seu nome as diversas narrativas heroicas que se conhecem a partir do século XXII a.C., inicialmente em sumério, em seguida em acádio. O texto que aqui se apresenta encontra-se no ápice do desenvolvimento desse ciclo heroico, devendo-se ao sábio Sin-léqi-unnínni a concatenação de tradições e narrativas anteriores num poema marcado por profunda reflexão antropológica.

De início, após louvar os feitos tradicionalmente atribuídos a Gilgámesh, na condição de alguém que repôs o que foi destruído pelo dilúvio, apresentam-se os seus excessos como rei – o desafio constante aos jovens de Úruk para disputas e o direito de dormir a primeira noite com as noivas (ele antes, o marido depois). Essa desmedida, que deixa clara quanto sua natureza é superior à do comum dos mortais, leva a que os habitantes da cidade se dirijam aos deuses em busca de uma solução. Como resposta, decidem eles criar um companheiro à altura de Gilgámesh, do que se encarrega a deusa Arúru, que o faz usando de argila. Assim surge Enkídu, uma espécie de personificação do homem primitivo, que vive desnudo junto dos animais, com eles comendo relva e bebendo água na cacimba. Inteirado da presença desse ser estranho na estepe, Gilgámesh encarrega uma prostituta sagrada, Shámhat, de ir até ele para que, com ela tendo relações sexuais, Enkídu seja atraído para a cidade. É assim que ele aprende a comer pão e beber cerveja, marcas da vida civilizada, sendo conduzido por Shámhat até a cidade de Úruk, onde enfrenta Gilgámesh no momento em que, dirigindo-se à câmara nupcial, o rei se prepara para exercer seu direito à primeira noite. Lutam os dois na rua, de um modo espetacular, o que serve para selar sua profunda amizade. Enfim, Gilgámesh encontrou um igual.

Os passos seguintes narram dois grandes feitos heroicos. O primeiro, o modo como Gilgámesh e Enkídu vencem Humbaba, o guardião da Floresta de Cedros (que se diz estar localizada no Líbano). Esse foi um feito intencionalmente buscado, em nome da fama, pois, sabem eles que "do homem os dias são contados, tudo que ele faça é vento". Já a proeza seguinte é provocada pela deusa Ishtar – cuja esfera de atuação é tanto o sexo quanto a guerra: depois do regresso da Floresta de Cedros, apresentando-se Gilgámesh em sua glória de rei, atrai ele os olhos da deusa, que lhe propõe casamento. Ele a rechaça com extrema dureza, arrolando o destino infeliz de seus amantes, o que a leva a pedir a seu pai, o deus Ánu, que lhe entregue o Touro do Céu (isto é, a constelação do Touro), para que devaste Úruk. De novo os dois amigos enfrentam o perigo, vencendo e matando o Touro. A primeira metade do poema termina, assim, com a grande festa com que se comemora a vitória de Gilgámesh. Conforme se proclama, ele é o melhor dentre os moços, o mais ilustre dentre os varões!

A segunda parte principia de um modo lúgubre. Mesmo que o texto esteja muito fragmentado nessa passagem, pode-se saber que os deuses, reunidos em assembleia, determinam que, por haverem matado Humbaba e o Touro, um dos dois companheiros deve morrer, a escolha caindo sobre Enkídu. Abatido por grave doença, ele vem a falecer, provocando em Gilgámesh enorme dor, a qual se manifesta em prolongados lamentos. Depois de prestadas as honras fúnebres com toda pompa possível, Gilgámesh parte em viagem, em busca de Uta-napíshti, o herói que, tendo sobrevivido ao dilúvio por ter fabricado uma arca, conforme as instruções do deus Ea, foi também recompensado pelos deuses com o dom da imortalidade. O que atormenta Gilgámesh é a certeza de que, como Enkídu, seu destino é a morte. Conforme suas próprias palavras, mais de uma vez repetidas:

> Como calar, como ficar eu em silêncio?
> O amigo meu, que amo, tornou-se barro,
> Enkídu, o amigo meu, que amo, tornou-se barro!
> E eu: como ele não deitarei
> E não mais levantarei de era em era?

Na rota até Uta-napíshti, Gilgámesh ultrapassa as fronteiras do mundo, indo além de onde nasce o sol, enfrentando perigos e tendo contato com seres extraordinários: os homens-escorpião, a taberneira Shidúri, o barqueiro Ur-shánabi, com quem cruza as águas da morte, e "os de pedra", seres enigmáticos que ele destroça. Atingindo seu objetivo, Gilgámesh ouve de Uta-napíshti o relato do dilúvio e de como, na assembleia dos deuses, ao final, a ele e a sua esposa foi concedido o dom da imortalidade – com a observação de que isso aconteceu apenas uma vez, numa situação de todo extraordinária, não sendo de esperar que se repita com relação a nenhum outro homem.

Assim é que Gilgámesh deve voltar para a casa sem nada. A esposa de Uta-napíshti, contudo, intercede por ele, fazendo com que o marido lhe releve a localização da planta da juventude, no fundo das águas. Gilgámesh mergulha, traz consigo a planta, mas, ao parar junto de uma fonte para banhar-se, uma serpente a rouba, mudando imediatamente de pele. Nesse momento, Gilgámesh senta-se e chora, por considerar que fracassou em sua busca. A ação se fecha então como se abrira: com a descrição de Úruk e suas muralhas, sugerindo-se que aquilo que o herói traz consigo na volta não é algo material, mas sim a certeza de que a vida humana, ainda que breve, tem seu lugar no espaço de convivência com outros homens, configurado pela cidade. A glória de Gilgámesh é também a glória de Úruk e vice-versa.

A descoberta do poema

O texto de Sin-léqi-unnínni recebeu uma nova edição crítica, feita pelo assiriólogo inglês Andrew George e publicada em 2003, a qual levou em conta todos os manuscritos até então conhecidos.[1] Isso significa, antes de tudo, que todas as traduções anteriores se encontram ultrapassadas, exigindo novas empreitadas, como a que aqui se apresenta ao leitor.[2]

Mas mesmo depois disso outros dois importantes documentos foram dados à luz: o primeiro, um manuscrito descoberto na antiga Ugarit, no litoral da Síria, por Daniel Arnaud e por ele mesmo publicado em 2007, o qual permitiu completar de modo bastante significativo o prólogo do texto;[3] o segundo, um novo testemunho da tabuinha 5, contendo grandes porções do texto antes só precariamente conhecidas ou mesmo de todo ignoradas foi identificado em 2011 por Farouk Al-Rawi, no Museu de Suleimaniyah, no Iraque, tendo sido publicado por ele próprio e por Andrew George em 2014.[4] Depois da publicação dos textos de Ugarit e Suleimaniyah, a própria edição de 2003 deve ser posta em dia e, consequentemente, mais uma vez, as traduções.

Contudo, não se trata apenas de mudanças de ordem textual. O manuscrito de Ugarit, por exemplo, embaralha bastante o que se acreditava ser o poema em suas fases média e recente, já que, por exemplo, o prólogo geralmente atribuído a Sin-léqi-unnínni, a quem se acredita que se deve a última versão, revela-se agora anterior à época a ele tradicionalmente atribuída (séculos XIV-XIII a.C.). Pode-se dizer, num certo sentido, que cada novo dado tem como consequência ampliar nossos conhecimentos só para mostrar que a história do texto é sempre mais complexa do que se imaginava.

Essas circunstâncias decorrem do fato de que não só o poema que aqui se traduz como toda a matéria de Gilgámesh têm uma longuíssima história antiga e uma não mais que breve história contemporânea, separadas uma da outra por um vazio de praticamente vinte séculos. A história antiga estende-se, de um lado, por quase dois mil anos, desde cerca de 2100 a.C., em que se data o fragmento mais antigo, em sumério, do poema hoje conhecido como Bilgames e o touro do céu, procedente de Níppur, até o século II. a.C., quando foi escrita a última tabuinha conhecida de *Ele que o abismo viu*. A história contemporânea, por sua vez, tem início apenas em 1872 – ou seja, não soma ainda exíguos cento e cinquenta anos –, quando o assiriólogo inglês George Smith, em conferência na Society of Biblical Archaeology, em Londres, apresentou a narrativa do dilúvio que integra *Ele que o abismo viu*, lida por ele em tabuinha procedente da biblioteca de Assurbanípal, descoberta em 1846 pela expedição conduzida por Henry Austen Layard na colina de Quyunjik, perto de Mosul, no Iraque, onde foi encontrado o "palácio sem igual" construído por Senaqueribe na antiga Nínive. Da biblioteca de Assurbanípal foram recuperadas mais de vinte mil tabuinhas ou fragmentos, depositados hoje no Museu Britânico, que financiou a expedição arqueológica.[5] Consta que, ao ler a tabuinha do dilúvio, George Smith, "homem ordinariamente reservado", como um bom britânico, teria gritado: "Sou o primeiro a ler este texto após dois mil anos de esquecimento!"[6]

Esse é um aspecto importante de nosso poema: faz pouco mais de um século que a matéria de Gilgámesh se introduziu no nosso cânone da literatura antiga,[7] juntamente com outros poemas em sumério e acádio procedentes das civilizações mesopotâmicas.[8] Trata-se de algo realmente extraordinário, que trouxe milênios esquecidos para o cômputo da história da humanidade – e o que é mais relevante: acrescentou ao corpus de suas tradições literárias um número considerável de textos cuja existência era antes, para nós, modernos, insuspeitada.[9] Apenas para que se tenha uma ideia, um intelectual do porte de Hegel, falecido em 1831, a quem se deve uma influente teoria da história, não conheceu nada disso, bem como Karl Marx, falecido em 1883, cuja influência não é preciso salientar, pode ter tido não mais que alguma notícia, ainda muito incipiente, dessas culturas. Estamos, portanto, diante de um campo de conhecimento novo, em que, conforme George, é preciso pôr as coisas constantemente *up to date*,[10] mas que já deixou de ser uma seara de especialistas, tendo-se incorporado, pelo menos em parte, a uma certa cultura literária comum. Ouvi recentemente de um colega português que ele começa com Gilgámesh seus cursos de literatura comparada na Universidade do Minho, passando depois a Homero e à sequência clássica que nos é familiar. Outro vivo testemunho do mesmo processo de canonização encontra-se no livro de Beye sobre a poesia épica antiga: na primeira edição, de 1993, dedicava-se não mais que meia dúzia de parágrafos à versão clássica do poema de Gilgámesh, no interesse de traçar paralelos com a *Ilíada* e a *Odisseia*; já à segunda edição, publicada em 2006, foi acrescentado todo um novo capítulo sobre o poema babilônico, que ombreia em pé de igualdade com os comentários dedicados a Homero, Apolônio de Rodes e Virgílio.[11]

A recepção contemporânea de *Ele que o abismo viu*, que faz dele um de nossos mais recentes clássicos, é bem resumida por W. L. Moran, em resenha publicada no *New York Times Book Review*, em 11 de novembro de 1984:

A epopeia de Gilgámesh é uma poderosa narrativa em mais de um sentido. Rilke chamou-a certa vez de a maior coisa que alguém poderia experimentar e muitos consideram-na a suprema realização literária do mundo antigo antes de Homero. Ela tem algo das qualidades que Henry Moore disse certa vez admirar na arte mesopotâmica: grandeza e simplicidade, sem aparato decorativo. Ela trata de natureza e cultura, do valor das realizações humanas e suas limitações, amizade e amor, separação e pesares, vida e morte.[12]

De modo análogo, Bernd Jager, renomado professor de Psicologia na Universidade de Quebec, também testemunha, em artigo publicado em 2001, a incorporação da matéria de Gilgámesh a "nossa tradição literária":

> Quando começamos a ler a versão babilônica da epopeia ou a mais recente, de Sin-léqi-unnínni, não podemos evitar o espanto diante da soberba qualidade literária, complexidade filosófica e profundidade psicológica dessas antiquíssimas obras. É digno de menção que no começo mesmo de nossa tradição literária encontremos uma obra de tão inigualável qualidade e profundidade. Diferentemente do desenvolvimento mais gradual que vemos em outros produtos culturais, como a cerâmica, a tecelagem ou a arquitetura, a poesia parece ter brotado para a vida já completa em todos os aspectos. Mesmo aos mais antigos fragmentos do poema de Gilgámesh não falta nada em termos de sutileza de estilo ou grandeza de visão. A cada passo encontramos descrições reveladoras da condição humana e espantosos *insights* sobre a alma humana.[13]

Ressalte-se esse uso de "nossa tradição", que afiança como o chamado Ocidente já incorporou o poema a sua história literária. Ora, até pelo menos a primeira metade do último século isso pareceria impensável – e a "nossa tradição literária" começava com Homero, a *Ilíada* sendo, nas palavras de Harold Bloom, "nosso texto educativo fundamental".[14] Fernando Pessoa é por igual contundente: "deve haver, no mais pequeno poema de um poeta, qualquer coisa por onde se note que existiu Homero",[15] o que significa dizer que poetar é de algum modo incluir-se na descendência, mesmo que bastarda, de nosso poeta inaugural. Ainda em 1970, G. S. Kirk lamentava que o reconhecimento da influência oriental na Grécia fosse admitido por muitos estudiosos apenas com relação a Kumarbi e Cronos ou Ullikummi e Tifeu.[16] Assim se pode aquilatar o impacto de trabalhos como o de Peter Walcot, *Hesiod and the Near East*, aparecido em 1966, o qual abria perspectivas novas com relação ao contato (e à dívida) entre a Grécia e o Oriente Médio, considerando, neste caso, as teogonias e cosmogonias. Na sequência, uma série de estudos insistiu no mesmo caminho, destacando-se, por sua ressonância, as pesquisas de Walter Burkert – especialmente em *Die orientalisierende Epoche in der griechischen Religion und Literatur* (1984) – e de Martin

L. West – com *The east face of Helicon* (1997) –, o que, afinal, terminou por mostrar que, de variado modo, mesmo que veladamente, há em Homero "qualquer coisa por onde se note" que existiram, antes dele, outros notáveis poetas, um dos mais destacados sendo aquele a quem se deve *Ele que o abismo viu*.[17] Não se trata só de admitir que os gregos devem muito – mesmo quase tudo – ao Oriente, mas sim de incorporar a produção mesopotâmica a "nossa tradição literária". Nesse sentido, não só por meio das traduções – incluindo as intencionalmente poéticas – mas de todo tipo de apropriação, essa "incorporação" se mostra como um processo, ainda em seus primeiros passos, mas nem por isso menos efetivo.[18]

Cumpre todavia lembrar que, a rigor, a matéria de Gilgámesh não poderia ser dita "nossa" do ponto de vista das repartições comuns a que submetemos o planeta, o Oriente tendo, de nossa perspectiva, a marca da diferença e da alteridade. Mas há um aspecto ainda mais impactante: não sendo "nossa" por critérios espaciais, ela não é também "nossa" em termos temporais. Pelo que hoje se sabe, sua versão clássica, em acádio – que é a que aqui se traduz –, deve ter sido escrita no século XIII a.C. e conhecemos parcialmente versões médias, também em acádio, que circularam entre os séculos XVII e XIII antes de nossa era, bem como boa parte da versão acádia antiga, datável nos séculos XVIII-XVII (intitulada *Proeminente entre os reis*), todas as datas sempre anteriores a nossa era. Até aqui eu diria que não há tanto que espantar como quando nos damos conta de que Gilgámesh constava de listas de reis sumérias como uma personagem que reinou em Úruk no século XXVII, os primeiros poemas a ele relativos, escritos em sumério, devendo remontar ao século XXII. Repare-se bem, para que se possa experimentar a vertigem do tempo: a experiência de nossa temporalidade (dita ocidental e cristã) não nos permite ainda falar de cifras como século XXII, século XXVII e muito menos século XXXIII, que é quando se dão, na Suméria, os primeiros passos na invenção da escrita que preservará toda a vasta produção textual do Oriente Médio e adjacências, em línguas tão variadas quanto o sumério, o acádio, o persa, o hitita, o elamita – e isso por trinta e um séculos!, dos quais por pelo menos vinte e um se estendeu a matéria poética de Gilgámesh. Que seu nome tenha desaparecido e não tenha ficado em "nossa" literatura e cultura nenhuma lembrança dele[19] até que as placas de argila enterradas sob as areias do deserto iraquiano no-lo apresentaram dá-nos a dimensão de quão profunda pode ser nossa ignorância, de quanto mais vasta do que supõem nossas certezas são a história e a cultura humana e de quão pouco a matéria de Gilgámesh pode ser dita "nossa" num sentido comum.[20]

A escrita cuneiforme

Nada mais adequado que definir o tempo de Gilgámesh como o da escrita cuneiforme. A par da duração de mais de três milênios e da extensão geográfica que vai da Ásia Menor ao Egito, o que em especial marca essa temporalidade é um acentuado plurilinguismo e multiculturalismo: criada, em cerca de 3200 a.C., para registrar o sumério, a escrita cuneiforme serviu também a outras línguas de outros povos que cultivaram entre si níveis variados de interação, a saber, aqueles que falavam acádio, eblaíta, elamita, persa antigo, hurrita, hitita, palaíta, luvita, urartiano e ugarítico. Não pretendo aqui apresentar ou sequer resumir essa história milenar, mas tão só situar minimamente a matéria de Gilgámesh nesse contexto.[21] A importância disso está em ajudar a compreender como uma matéria poética em circulação desde o século XXII até o século I. a.C.,[22] em pelo menos três línguas muito difundidas (sumério, acádio e hitita), pode depois ter desaparecido tão completamente.[23] Vale então repetir: o mundo de Gilgámesh supõe e depende inteiramente da escrita cuneiforme.

Como observa Charpin, são dois os relatos mesopotâmicos sobre a origem da escrita. De um lado, temos a tradição transmitida por Beroso em suas *Babilônicas*, obra composta em grego provavelmente no III século a.C., sob o patrocínio do rei helenístico Antíoco I, cujos fragmentos nos chegaram por meio tanto de Eusébio de Cesareia quanto de Jorge Sincelo, os quais, por sua vez, tomaram como base a *História caldaica* de Alexandre Poliístor (séc. I a.C.). Segundo essa versão, a escrita fez parte do rol de benefícios concedidos à humanidade por Oanes, um ser anfíbio, cuja figura apresentava traços de peixe e de homem, o qual emergiu, nas origens da civilização, do Mar Eritreu, conviveu com a humanidade certo tempo e de novo imergiu na profundeza das águas: conforme Beroso, foi ele quem "concedeu aos homens a prática das letras (*grámmata*), dos conhecimentos e das artes de toda espécie, ensinou a fundação de cidades, a construção de templos, o estabelecimento de leis e a geometria, mostrou as sementes e a colheita dos frutos – em suma, tudo o que leva os homens à vida civilizada ele concedeu".[24]

De outro lado, em *Enmerkar e o senhor de Aratta*, poema sumério que deve remontar ao século XXI a.C., atribui-se à escrita uma origem mais modesta, mas nem por isso menos atraente. A fim de levar a cabo grandes obras, Enmerkar, senhor de Kulaba (isto é, de Úruk), mandava que o material fosse buscado nas montanhas de Aratta. O senhor desse local, para dificultar a tarefa, propunha-lhe uma série de enigmas, que ele tentava resolver, mesmo que o mensageiro, viajando de um lado a outro, falhasse diante da complexidade das mensagens. Foi assim, porque o mensageiro tinha a "boca pesada", de modo a não conseguir repetir o que devia com fidelidade, que Enmerkar "amassou um tanto de argila e pôs as palavras nela, como numa tabuinha", o narrador concluindo: "Antes daquele dia, não se tinham posto palavras na argila./ Mas agora, quando o sol raiou naquele dia – foi assim!/ O senhor de Kulab pôs palavras na tabuinha – foi assim!"

Comenta Charpin, mesmo nessa versão mais prosaica não se exclui de todo o fato de que aprender a escrever é um dom divino aos homens, pois afirma-se que Enmerkar devia sua sabedoria à deusa Níssaba – relacionada com a escrita –, a qual o inspirava na solução dos enigmas propostos pelo senhor de Aratta.[25] Mais importante ainda, ela continua, "ambos os relatos, apesar de suas diferenças, enfatizam algo que coincide com os resultados das pesquisas mais recentes: o nascimento da escrita não pode ser apreendido corretamente em termos puramente evolucionistas", pois ela "apareceu como um salto repentino e radical, constituindo um sistema completo desde o início".[26]

O que fica obliterado no relato de Beroso – inclusive porque, supõe o leitor grego, trata-se de, com cálamo e tinta, traçar as letras sobre papiro ou pergaminho, como no caso do livro que ele lê – deixa-se ver em sua inteireza na história de Enmerkar: tomar da argila, fabricar uma tabuinha e sobre ela, com o cálamo, proceder à incisão dos caracteres. É esse movimento característico que se reproduz na Edubba – nome sumério da escola de escribas –, os primeiros exercícios consistindo em segurar o cálamo na mão e com ele traçar os três signos básicos: a cunha vertical, a cunha horizontal e a cunha oblíqua.[27] Observe-se que, diferentemente do que se pode supor, não está em questão somente o traçado das letras. Um sistema de escrita define-se não só pela configuração dos signos, mas também pelo suporte onde se escreve, aquilo com que se escreve e os movimentos da mão. Dessa perspectiva, conforme Woods, pelo que atualmente se conhece, "os quatro sistemas de escrita 'prístinos' [...], os quatro momentos na história humana quando a escrita foi inventada *ex nihilo*, do nada – isto é, do princípio –, sem nenhuma exposição ou conhecimento de alguma outra escrita", se deram todos antes de nossa era: na Mesopotâmia e no Egito, no quarto milênio; na China, no segundo milênio; e na América Central, na metade do primeiro milênio.[28] As duas escritas médio-orientais – a cuneiforme e a egípcia – sofrem, a partir do primeiro milênio, a concorrência do sistema alfabético, que não constitui um sistema prístino justamente porque desenvolvido no local do globo onde havia mais tempo a humanidade aprendera a escrever. Usada de início para as línguas do Oriente Próximo – fenício, hebraico, aramaico e ugarítico –, a escrita alfabética foi em seguida adaptada para o grego, o latim, o russo, o gótico, o árabe e inúmeras outras línguas, continuando a sê-lo até os nossos dias.[29]

No caso da escrita cuneiforme, seu primeiro espraiamento para além do sumério se dá já no século XXIX, quando, provavelmente em Kish, foi adaptada para o acádio.[30] Esse processo, em épocas sucessivas, repetiu-se com relação a outras línguas, levando à formação de um autêntico espaço cultural e literário, em que ideias e textos circulam e no qual a saga de Gilgámesh desempenha a função de um verdadeiro clássico. Nos termos de Damrosch, ela constitui

> indiscutivelmente a primeira verdadeira obra da literatura mundial. *Gilgamesh* é o texto literário mais antigo, dentre os que conhecemos, a ter uma larga circulação, bem longe de sua origem babilônica, e ele é também o mais antigo texto do qual recuperamos traduções

em várias línguas estrangeiras: partes de traduções do original acádio foram encontradas em hitita e hurrita – e esse "original" é ele mesmo uma extensa adaptação de um ciclo sumério de canções mais antigo. *Gilgamesh* parece, de fato, ter sido a obra literária mais popular que se escreveu no antigo Oriente Próximo; textos foram encontrados em não menos que quinze locais, não só por toda a Mesopotâmia, mas tão longe quanto em Hattusa, a capital hitita onde hoje é a Turquia, e Megiddo, a cerca de cinquenta milhas ao norte de Jerusalém.[31]

Cronologias de Gilgámesh

Não é, contudo, só em textos literários que Gilgámesh comparece. Em listas dinásticas procedentes do século XXII (na época conhecida como Ur III ou Neossuméria), ele é arrolado como o quinto rei da era pós-diluviana, o que localizaria seu reinado no primeiro período protodinástico de Úruk, por volta dos séculos XXIX/XXVIII antes de nossa era. Conforme as listas, quem primeiro reinou depois do dilúvio foi Mesh-ki-ang-gasher, filho do deus Utu (o Sol), seu governo tendo-se estendido por 324 anos; em seguida veio seu filho Enmerkar, construtor de Unug (isto é, Úruk), que reinou durante 420 anos; depois dele foi a vez de Lugalbanda, o pastor, rei durante 1200 anos; então assumiu o trono Dúmuzid, o pescador, nele permanecendo por 100 anos; chega assim a vez de Gilgámesh, cujo pai, segundo as listas, seria um espectro, exercendo ele o poder por 126 anos.[32]

Esse tipo de cronologia, elaborada por retrospectiva, tem como função organizar tradições que, antes de tornar-se inscrição, teriam tido circulação oral. Nelas, o marcador mais relevante é o dilúvio, anteriormente ao qual reinara Ubara-tútu, considerado o pai do sobrevivente do cataclismo, o também rei Ziusudra (cujo nome em *Ele que o abismo viu* é Uta-napíshti e, no relato da *Torah*, Noé). Nesse sentido, é digno de registro que um dos mais antigos textos sumérios conservados (datado por volta dos séculos XXIX/XXVIII) seja uma coleção de conselhos atribuídos a Shurúppak, filho de Ubara-tútu e pai de Ziusudra, exemplar admirável da chamada literatura sapiencial do Médio Oriente.[33] Como se vê, Shurúppak é um elo que, nesse texto, diferentemente do que acontece nas listas, se acrescenta entre Ubara-tútu e Ziusudra, seu nome sendo o mesmo da cidade em que, conforme *Ele que o abismo viu*, reinava Uta-napíshti. Ao invés de causar-nos incômodo, a existência de tradições não em absoluto concordes deve dar-nos a dimensão de um espaço cultural já complexo quando dele temos as primeiras notícias, as quais intencionalmente remetem para temporalidades longínquas, como na abertura das *Instruções de Shurúppak*: "Naqueles dias, naqueles remotos dias,/ naquelas noites, naquelas distantes noites,/

naqueles anos, naqueles remotíssimos anos,/ naquele tempo o sábio que sabia falar destas palavras vivia na terra:/ Shurúppak..."³⁴

Embora não se conheçam inscrições que remontem aos séculos XXIX/XXVIII em que o nome de Bilgames/Gilgámesh ocorra, textos não literários informam que, na época de Fara (séculos XXVI/XXV), era ele considerado um deus, bem como oferendas lhe eram feitas no período protodinástico de Lágash (antes da metade do vigésimo quarto século) e em muitas cidades sob a terceira dinastia de Ur (por volta do século XXV): chamando-o de irmão, os reis de Ur consideravam-no uma espécie de deus pessoal. Nesse mesmo período, era ele tido por rei e juiz no mundo subterrâneo, a Érsetu, morada dos mortos, função que lhe continua a ser atribuída nas práticas mágicas e religiosas do primeiro milênio. Do início do período paleobabilônico (séc. XXI/XX) conhecemos uma inscrição que afirma que Gilgámesh reconstruiu um santuário do deus Énlil em Níppur, enquanto uma inscrição em sumério do rei Anam (1821-1817) faz referência à construção, por ele, das muralhas de Úruk. Na literatura de presságios seu nome é também mencionado desde a época paleobabilônica.³⁵

A glorificação e heroicização de Gilgámesh em textos literários tem início por volta dos séculos XXII/XXI. Shúlgi, que reinou em Ur de 2094 a 2047, dedicou-lhe dois breves hinos, versando, o primeiro, a respeito de sua vitória contra Enmebaragesi, rei de Kish, e o outro sobre o episódio do feito famoso na Floresta de Cedros. Mais ou menos da mesma época – conhecidos por cópias da era babilônica antiga – são os cinco poemas sumérios convencionalmente intitulados *Bilgames e a terra do vivo* (ou *Bilgames e Huwawa*), *Bilgames e o touro do céu*, *Bilgames e Agga*, *A morte de Bilgames* e *Bilgames, Enkídu e o mundo subterrâneo*.³⁶ Cada um deles contém um relato completo sem conexão direta com os outros, configurando o que poderia ser entendido como o primeiro estágio da matéria de Gilgámesh. Em especial, os temas de *Bilgames e a terra do vivo* – a expedição contra Huwawa (em acádio, Humbaba) – e *Bilgames e o touro do céu* – a ofensa a Inanna (em acádio, Ishtar) e a vingança da deusa – foram trabalhados como episódios das narrativas concatenadas em acádio.

A cronologia destas últimas supõe três fases: as versões babilônicas antigas (entre 1700 e 1600 a.C.), as versões babilônicas médias (1600-1300) e a versão clássica (1300-1200), esta última, nas épocas posteriores, tendo-se tornado a vulgata. As duas primeiras são mal conhecidas, uma vez que conservadas apenas fragmentariamente, em poucos manuscritos, como se indica a seguir.

Da versão babilônica antiga dispomos de escassos mas significativos testemunhos que permitem conceber como deveria ser essa primeira experiência de narrativa concatenada da saga de Gilgámesh, com vários episódios. Os documentos diferem uns dos outros em termos de dimensão e do número de colunas, o que indica que devem proceder de diferentes edições do poema. São eles:

a) a tabuinha de Universidade de Pensilvânia (OBII), cujo colofão a descreve como a segunda de uma série intitulada *Proeminente entre os reis* (*šūtur eli šarrī*), contendo os episódios iniciais relativos a Enkídu e seu primeiro encontro com Gilgámesh;

b) a tabuinha da Universidade de Yale (OBIII), os fragmentos Harmal A e B e o fragmento do Instituto Oriental da Universidade de Chicago (Gilg. O. I.), com partes da expedição à Floresta de Cedros;

c) os fragmentos de Meissner e Millar, com os encontros de Gilgámesh com Shámash (o deus Sol), a taberneira e o barqueiro de Uta-napíshti;

d) o fragmento de Níppur, que descreve a criação de Enkídu (havendo dúvidas se faria parte da versão babilônica antiga).[37]

A versão babilônica média também parece fornecer uma sequência narrativa com vários episódios, sendo testemunhada não só em acádio como também por textos em hitita e hurrita.[38] Um importante acréscimo ao que se conhecia dela aconteceu em 2008, quando da publicação dos manuscritos achados em Ugarit, o principal ganho tendo sido constatar que a parte do prólogo considerada anteriormente própria da versão clássica já se lia na versão babilônica média, que principia, como aquela, com as palavras "Ele que o abismo viu" (*ša naqba īmuru*).[39]

Finalmente, a versão mais recente, atribuída a Sin-léqi-unnínni, é composta pela série de doze tabuinhas que, pode-se dizer, constitui o ponto de chegada da matéria de Gilgámesh. Nosso conhecimento dela vem basicamente da biblioteca de Assurbanípal (669-627 a.C.), ou seja, de textos datáveis no sétimo século. É ela que recebeu uma edição crítica atualizada, em 2003, por Andrew George.

O quadro a seguir apresenta, de forma resumida, o percurso da matéria de Gilgámesh dos textos sumérios até a versão clássica:

Cronologia da matéria de Gilgámesh (adaptado de Lambert, Gilgamesh in literature and art, p. 95):

2600 a.C.	Gilgámesh rei de Úruk
2500	Gilgámesh na lista dos deuses procedente de Fara
2100-2000	Gilgámesh "irmão" dos reis de Ur
2100-1600	Poemas sumérios: (1.1) Gilgámesh e Agga; (1.2) Gilgámesh e Huwawa; (1.3) Gilgámesh e o Touro do Céu; (1.4) A morte de Gilgámesh; (1.5) Gilgámesh, Enkídu e a árvore *huluppu*; (1.6) Hinos de Shulgi: (1.6.1) Gilgámesh e Enmebaragesi, (1.6.2) Gilgámesh e a Floresta de Cedros
1800-1700	Poemas babilônicos (em acádio): (2.1) Gilgámesh e Humbaba (retomada de 1.2); (2.2) Narrativa do dilúvio no *Atrahasis*
1700-1600	Consolidação dos poemas babilônicos: (3.1) Prólogo: *Proeminente entre os reis*[40]; (3.2) Criação e domesticação de Enkídu[41]; (3.3) Gilgámesh e Humbaba (retomada de 2.1)[42]; (3.4) Gilgámesh e ou Touro do Céu (retomada de 1.3); (3.5) Jornada até o herói do dilúvio[43]

1600-1300	Transmissão dos poemas babilônicos: (4.1) Prólogo: Ele que o abismo viu + Proeminente entre os reis (retomada de 3.1)[44]; (4.2) Criação e domesticação de Enkídu (retomada de 3.2)[45]; (4.3) Gilgámesh e Humbaba (retomada de 3.3)[46]; (4.4) Gilgámesh e o Touro do Céu (retomada de 3.4)[47]; (4.5) Jornada até o herói do dilúvio (retomada de 3.5)[48]
1300-1200	Edição canônica de Sin-léqi-unnínni: (5.1) Prólogo: Ele que o abismo viu + Proeminente entre os reis (Tab. 1, retomada de 4.1); (5.2) Criação e domesticação de Enkídu (Tab. 1-2, retomada de 4.2); (5.3) Gilgámesh e Humbaba (Tab. 2-5, retomada de 4.3); (5.4) Gilgámesh e o Touro do Céu (Tab. 6, retomada de 4.4); (5.5) Jornada até o herói do dilúvio (Tab. 7-10, retomada de 4.5); (5.6) Narrativa do dilúvio (Tab. 11, retomada de 2.2); (5.7) Retorno e conclusão (Tab. 11); (5.8) Gilgámesh, Enkídu e a Érsetu (Tab. 12, retomada de 1.5)

Tigay resume assim as características da versão *standard* em contraponto com a paleobabilônica:

> Ainda que o enredo permaneça essencialmente o mesmo, muitos episódios foram reestruturados ou expandidos com matérias novas, mesmo que uns poucos tenham sido abreviados. Muito da matéria nova tem um efeito homogenizador: a variedade estilística diminuiu e seções diferentes mas relacionadas se tornaram muito mais repetitivas e similares umas às outras. Temática recorrente e torneios verbais emprestam uma unidade mais explícita à epopeia. Mudanças desse tipo adaptam a epopeia a uma norma estilística bem conhecida na literatura épica. Novas seções foram acrescentadas à epopeia como matérias introdutórias e suplementares. O papel de uma personagem, o deus-sol Shámash, foi redefinido à luz de mudanças geopolíticas e da reflexão teológica. Ainda que o enredo da epopeia pareça ter permanecido basicamente sem modificação, os editores posteriores ao período paleobabilônico usaram de liberdade com relação a sua estrutura e conteúdo, do mesmo modo que com relação a seu estilo.[49]

Essa liberdade no trato com os textos, como demonstrou Milstein em trabalho recente, constitui uma prática comum nas literaturas do Oriente Médio, incluindo a revisão e reescritura dos textos, bem como sua expansão, sobretudo por meio de prólogos – o exemplo mais conhecido sendo o acréscimo que o chamado narrador sacerdotal faz ao relato da criação na *Torah*, antepondo à história do jardim do Éden, devida ao chamado javista, o prólogo da feitura do mundo em sete dias. Nesse contexto, afirma ela, "nada chega perto do enorme acúmulo de material disponível para a epopeia de Gilgámesh, o qual foi copiado e revisto por escribas dentro e fora da Mesopotâmia por quase dois milênios".[50] A riqueza dessa matéria, no que dela foi preservado em acádio, hitita e hurrita (ou seja, deixando de lado os poemas sumérios, que ainda não configuravam uma narrativa concatenada), é o que se apresenta no quadro abaixo, em que adapto e atualizo a tabela organizada por Beckman,[51] tendo como referência a sequência em que se apresentam os entrechos na versão clássica em doze tabuinhas:

Matéria	Versão clássica	Versão babilônica média		Versão babilônica antiga
		Documentos em acádio	Documentos em hurrita e hitita	
Prólogo: primeira parte (*Ele que o abismo viu*)	Sim	Fragmento de Ugarit		
Prólogo: segunda parte (*Proeminente entre os reis*)	Sim	Fr. de Ugarit		Provavelmente continha essa parte, a julgar pelo colofão no fragmento de Larsa
Descrição de Gilgámesh	Sim	Fr. de Ugarit	Versão hitita	
Opressão do povo de Úruk	Sim	Fr. De Ugarit	Versão hitita	
Súplica do povo aos deuses	Sim	Fr. De Ugarit		
Criação de Enkídu	Sim		Versão hitita	Fragmento de Síppar
Episódio do caçador	Sim		Versão hitita	
Episódio da meretriz	Sim	Fr. de Emmar e Bogazköy	Versão hitita	Fr. de Larsa
Enkídu conduzido à civilização pela meretriz	Sim	Fr. de Bogazköy		Fr. de Larsa
Descrição dos atos de Gilgámesh pela meretriz	Sim		Versão hitita	Fr. de Larsa
Sonhos de Gilgámesh	Sim			Fr. de Larsa
Luta de Enkídu com Gilgámesh	Sim	Fr. de Bogazköy	Versão hitita	Fr. de Larsa
Plano da expedição contra Huwawa/Humbaba	Sim	Fr. de Bogazköy	Versão hitita	Fr. de Larsa
Consulta aos anciãos	Sim	Fr. de Bogazköy		Fr. de Larsa
Adoção de Enkídu por Nínsun	Sim			
Consulta à assembleia	Sim		Versão hitita	
Jornada até a Floresta de Cedros	Sim		Versão hitita	
Sonhos de Gilgámesh	Sim	Fr. de Bogazköy		Fr. de Harmal e de Níppur
Entrada na Floresta de Cedros	Sim		Versão hitita e hurrita	
Descrição da Floresta de Cedros	Sim			
Encorajamento de Enkídu por Gilgámesh	Sim	Fr. de Emar		Fr. de Níppur
Desafio por Humbaba	Não		Versão hitita	
Temor na Floresta de Cedros	Sim		Versão hitita	
Encorajamento de Gilgámesh por Enkídu	Sim	Fr. de Ugarit	Versão hitita	Fr. de Harmal e de Ischali
Combate contra Humbaba	Sim		Versão hitita e hurrita	

Auxílio de Shámash	Sim	Fr. de Níppur	Versão hitita	
Súplica de Humbaba	Sim	Fr. de Ugarit e Bogazköy	Versão hitita	
Réplica de Enkídu	Sim	Fr. de Bogazköy	Versão hitita	
Matança de Humbaba	Sim		Versão hitita	Fr. de Ischali
Oferenda a Énlil	Sim		Versão hitita	
Assédio de Ishtar	Sim	Fr. de Emar e de Bogazköy	Versão hitita e hurrita	
Matança do Touro do Céu	Sim	Fr. de Emar e de Bogazköy	Versão hurrita e hitita	
Festejos em Úruk	Sim		Versão hitita	
Sonho de Enkídu	Sim	Fr. de Meggido e de Bogazköy	Versão hitita	
Maldições de Enkídu	Sim	Fr. de Ur		
Bênção de Enkídu	Sim			
Morte de Enkídu	Sim	Fr. de Meggido	Versão hitita	
Funeral de Enkídu	Sim			
Luto e errância de Gilgámesh	Sim		Versão hitita	
Encontro com homem-escorpião e sua mulher	Sim			
Visita ao mar	Não		Versão hitita	
Encontro com Sin (o deus Lua)	Não		Versão hitita	
Encontro com a taberneira	Sim		Versão hitita e hurrita	Fr. de Síppar
Encontro com Ur-shánabi	Sim		Versão hitita	Fr. de Síppar
Travessia do mar	Sim		Versão hitita	
Encontro com Uta-napíshti	Sim		Versão hitita e hurrita	
Narrativa do dilúvio	Sim			
Teste de resistência ao sono	Sim			
Encontro e perda da planta da juventude	Sim			
Retorno a Úruk	Sim			
Enkídu na terra dos mortos	Sim			

O texto desta edição

Diante da diversidade de fontes, a primeira decisão relativa a este trabalho disse respeito a qual edição do poema adotar. Nisso há uma dupla temporalidade. No caso de nosso presente, a edição crítica de Andrew George a que me referi no início, publicada pela Universidade de Oxford em 2003, pela atualidade e cuidado, naturalmente se impõe. Como é natural, adotar uma edição implica seguir as lições que ela propõe (ou só divergir minimamente), considerando que se trata de um trabalho autoral. O próprio George confessa que boa parte das escolhas que fez foi subjetiva. Seria ingenuidade supor que um editor crítico pudesse se guiar por critérios de todo objetivos, por mais bem fundamentados que eles sejam.

Com relação ao passado, topamos com um outro editor/autor, o "exorcista" (*mašmaššu*) Sin-léqi-unnínni, que, como também já ressaltei, por volta de 1300 a.C. parece ter dado à saga de Gilgámesh seu formato clássico. A atribuição do texto a esse sábio encontra-se em catálogo de obras e autores redigido no primeiro terço do primeiro milênio anterior a nossa época e achado em Nínive, no qual se lê: "Série de Gilgámesh (*iškar Gilgāmeš*): da boca de (*ša pī*) Sin-léqi-unnínni, [exorcista]".[52]

Sua versão da gesta de Gilgámesh não constitui uma obra original, no sentido moderno, mas trabalha com uma tradição escrita em sumério e acádio que já contava, em sua época, com mais de meio milênio. Isso adquire no presente caso, como em outros, um aspecto decididamente concreto: a versão clássica identifica- se como a série de doze tabuinhas com seis colunas, três na frente e três no verso, cada coluna contendo entre quarenta e cinquenta versos, cujo total, por tabuinha, varia de duzentos e cinquenta a trezentos versos. Na confluência de nosso tempo com o tempo deles, optar pela edição crítica de George implica adotar a versão que se deve à mão de Sin-léqi-unnínni, ou seja, eu não quis produzir um texto compósito, em que as lacunas nos manuscritos do poema clássico se completassem com as lições da versão antiga, de fragmentos das versões médias ou mesmo de traduções para outras línguas, em especial o hitita, como muitas vezes se faz, oferecendo ao leitor um texto que jamais existiu em época alguma ou lugar. Não vai aí nenhum juízo de valor, bastando observar que a opção de completar as lacunas do poema de Sin-léqi-unnínni com trechos de *Proeminente entre os reis* (a versão antiga do poema) é a adotada por Joaquín Sanmartín, numa tradução para o espanhol bastante erudita e bemfeita, publicada em Barcelona em 2005 e reimpressa em 2010. Trata-se apenas de opções possíveis, a minha sendo ter em vista o trabalho de Sin-léqi-unnínni, um escriba, num mundo em que "escriba" equivale em grande parte a "poeta" – ou, se quisermos, com mais propriedade, a "escritor".

Para que se tenha uma ideia das opções que guiaram o trabalho que aqui se oferece ao leitor, consideremos os dois primeiros dísticos do poema:

> Ele que o abismo viu, o fundamento da terra,
> Seus caminhos conheceu, ele sábio em tudo,
> Gilgámesh que o abismo viu, o fundamento da terra,
> Seus caminhos conheceu, ele sábio em tudo. (1, 1-4)

Apresentados assim, na forma que adquiriram na minha tradução, esses quatro versos supõem uma série de etapas e de decisões editoriais e tradutórias. As mais difíceis antecedem meu trabalho (e o de outros tradutores) e levaram à edição crítica de 2003, supondo organizar as tabuinhas depositadas em museus e bibliotecas (a edição de George utilizou 184 fragmentos, recompostos como partes de 116 tabuinhas que fornecem o testemunho de 73 manuscritos), em seguida transcrevê-las em cuneiforme, depois transliterá-las no alfabeto latino, produzindo um texto crítico em que cada signo cuneiforme se representa por seu valor silábico, o que, na edição de George, tem a seguinte forma:

B_1d_1o	1	[šá naq-ba i-mu-ru i]š-di ma-a-ti
B_1d_1o	2	[xxx-ti i-du]-'ú ka'-la-mu ha-as-s[u]
$B_3F_3d_1$	3	ᵈGIŠ-gím-maš šá n]aq-'ba' i-mu-ru iš-di ma-'a'-[ti]
$B_3F_3d_1$	4	[xxx-t]i i-du-ú ka-la-mu ha-a[s-su]

Considerando esse texto crítico, cabe a cada leitor (como me coube) proceder ao que a assiriologia chama de "normalização", ou seja, a passagem desse registro silábico para o comum, o que produz o estado seguinte do texto (os "x" indicando locais em que os manuscritos disponíveis se encontram quebrados, mas é possível calcular quantos signos se perderam):

ša naqba īmuru, išdi māti,	Ele que o abismo viu, o fundamento da terra,
xxxti idû, kalamu hāssu,	---- conheceu, sábio em tudo,
ᵈgišgīmaš ša naqba īmuru, išdi māti,	Gilgámesh que o abismo viu, o fundamento da terra,
xxxti idû, kalamu hāssu.	---- conheceu, sábio em tudo.[53]

Até 2007 esse era o estado conhecido, situação modificada com a publicação, por Daniel Arnaud, das tabuinhas escavadas em Ras Shamra-Ugarit, uma das quais contendo a abertura do poema, inclusive os quatro versos iniciais. Isso permitiu que se pudesse recuperar o objeto do verbo *idû* ("conheceu"), no segundo e no quarto versos, a saber: *al-ka-ka-ti*, plural de *alkatu* (que significa "caminho", "rota", "jornada"). Repare-se como, no que se conhecia anteriormente, apenas se lia uma sílaba, *-ti*, como a última de uma palavra que se supunha tivesse quatro. A sobreposição, assim, é perfeita e recupera-se na totalidade o início do poema:

ša naqba īmuru, išdi māti,	Ele que o abismo viu, o fundamento da terra,
alkakāti idû, kalamu hāssu,	Seus caminhos conheceu, ele sábio em tudo,
ᵈgišgīmaš ša naqba īmuru, išdi māti,	Gilgámesh que o abismo viu, o fundamento da terra,
alkakāti idû, kalamu hāssu.	Seus caminhos conheceu, ele sábio em tudo.

Observe-se ainda como o nome do herói se apresenta como ᵈ*gišgīmaš* – a letra "d" em sobrescrito indicando que antes dele se encontra, em cuneiforme, um classificador, o logograma sumério correspondente a "dingir", isto é, "deus". Sobre o nome propriamente dito, um comentário babilônico publicado em 1890, por Prinches, apresentava a seguinte equação: ᵈGIŠ.GÍN.MAŠ = ᵈgi-il-ga-'meš', esta última forma, que é, portanto, a última registrada para o nome do herói, passando a ser a comumente adotada. Nos primeiros registros em sumério, que datam dos séculos XXVI/XXV a.C., a forma é Bilgames, não havendo nada de extraordinário que se encontrem variações no transcurso de vinte e cinco séculos.

Sobre a tradução

Temos assim um texto cujo estabelecimento supõe as várias camadas para as quais chamei a atenção. O passo seguinte: como traduzi-lo. A esse propósito convém lembrar que, conforme Kelly, uma teoria da tradução deve ter "três componentes: a especificação da função e dos objetivos; a descrição e análise das operações; e comentários críticos da relação entre objetivos e operações".[54] Não se trata aqui, naturalmente, de propor alguma teoria da tradução, mas tomo esses três aspectos como guias para conduzir o leitor ao interior da oficina em que a presente tradução se fez. Uso intencionalmente o termo "oficina", pois entendo que, por mais que o trabalho seja orientado por um arcabouço de metas, métodos e práticas, a cada passo o texto com que se lida desafia tudo o que se pressupôs.

Os exemplos serão mais eloquentes que as teorizações. Os dois primeiros versos do poema em acádio,

ša naqba īmuru, išdi māti,
alkakāti idû, kalāmu hāssu,

levantam de imediato vários problemas, de ordem lexical e sintática. Com relação aos primeiros, o termo *naqbu*, que, recorde-se, integra o próprio título da obra, admite tanto o significado de 'tudo' quanto nomeia o abismo subterrâneo de águas, cujo nome próprio é *Apsû*, donde provêm as fontes e que é a morada do deus Ea. Então, duas leituras são possíveis: uma mais horizontal, "Ele que tudo viu", a outra mais vertical, "Ele que o abismo viu". Diante dessa dupla possibilidade, na tradução optei pela segunda, levando em conta, inclusive, que o segundo hemistíquio do mesmo verso esclarece que Gilgámesh viu "o fundamento da terra" (*išdi māti*). Esse segundo termo, *māti*, tem preferencialmente o sentido de "país, região" (no sentido do termo inglês, *country*), podendo estar se referindo especificamente à terra dos acádios, mas, agora num raciocínio circular, em vista da primeira opção por "abismo", preferi deixá-lo na acepção mais geral. Vejam, pois: por mais que eu me cerque de razões para justificar minhas escolhas, são não mais que escolhas. A cada uma delas, privilegio algo, descartando algo, apenas porque o que privilegio me parece mais relevante da perspectiva de um certo entendimento do poema.

O mesmo acontece com relação às opções sintáticas. O primeiro dístico poderia ser traduzido literalmente e com propriedade, como aliás foi minha primeira opção,[55] de um modo mais leve, assim:

Ele o abismo viu, o fundamento da terra,
Seus caminhos conheceu, ele sábio em tudo.

Contudo, essa tradução perde a construção sintática do primeiro hemistíquio do verso inicial, em que o verbo *īmur* (viu) recebe um *–u* final para indicar que se encontra numa oração subordinada. Embora, de um lado, me parecesse que "ele que" ou "aquele que" fosse uma forma mais pesada em comparação a "Ele o abismo viu", terminei por adotar a primeira, tendo em vista que o terceiro verso supõe a subordinada, num processo típico da poética acádia, a expansão de um verso anterior pelo acréscimo de informação: "Gilgámesh que o abismo viu". No segundo verso, podemos explorar a vantagem que nos dá o português com relação a outras línguas: a maleabilidade de construções com sujeito nulo, o que permite traduzir seu primeiro hemistíquio, ao pé da letra, apenas por "seus caminhos conheceu".

Essa forma leva em consideração ainda que a poética acádia, como a de outras línguas semíticas, não trabalha com esquemas métricos fixos nem com rima. Nela, o ritmo é dado por unidades mínimas constituídas por cada sintagma (um núcleo e seus determinantes), o verso dividindo-se em geral em duas partes compostas por dois ou três unidades mínimas. A sucessão de tônicas e átonas é que configura o ritmo, de preferência trocaico (tônica-átona) ou anfibráquico (átona-tônica-átona) – como em *sha-náq-ba / i-mú-ru // íš-di / má-ti*. Embora eu tenha experimentado soluções que deixassem meu verso mais próximo desse ritmo, algo como

> O abísmo / ele víu // o fúndo / da térra,
> Sua vía / 'prendéu // ciénte / de túdo,

um problema constante estaria em que o perfeito, em português, que é a forma por excelência da narrativa, na primeira e na terceira pessoa do singular é sempre oxítono, ou seja, ainda que fosse possível buscar pelo menos algum efeito que privilegiasse ritmos trocaicos e anfibráquicos, isso muitas vezes seria impossível, a não ser que se perdesse outro traço estilístico importante do original: a colocação do verbo como último termo da oração. Abandonei então a pretensão de descer a nuanças métricas além da forma bipartida ou tripartida do verso, principalmente em benefício de manter a ordem de palavras do texto. Ainda que tudo indique que, em acádio, os elementos da oração declarativa se apresentassem na ordem Sujeito-Verbo-Objeto – a qual, portanto, seria a não-marcada –, o poema adota de preferência a ordem Sujeito-Objeto-Verbo, que é a do sumério e também a usual no registro do acádio classificado como hínico-épico ou, como prefere Arnaud, "formal",[56] ou seja, um registro poético e mesmo algumas vezes arcaizante. Como também em português o deslocamento do objeto para antes do verbo produz efeito poético, não fiz mais que, em geral, seguir à letra a disposição das palavras em acádio.

Considerando ainda os quatro primeiros versos, constata-se como se obtém um efeito poético na repetição quase idêntica dos dísticos, num efeito de paralelismo que é muito comum nas poéticas semíticas:

ša naqba īmuru, išdi māti,   Ele que o abismo viu, o fundamento da terra,
alkakāti idû, kalamu hāssu,   Seus caminhos conheceu, ele sábio em tudo,
ᵈgišgīmaš ša naqba īmuru, išdi māti,   Gilgámesh que o abismo viu, o fundamento da terra,
alkakāti idû, kalamu hāssu.   Seus caminhos conheceu, ele sábio em tudo.

Por todo o texto o leitor constatará como não só palavras, expressões e versos se repetem, mas mesmo cenas inteiras. Esses são elementos de ritmo que ultrapassam o nível simplesmente tônico ou fônico. Acrescente-se que, a medida do verso não sendo regular, goza o poeta de uma pletora de recursos que lhe permitem chegar ao ponto de contrapor versos muito longos a outros muito breves, como os que fecham, tanto na abertura quanto no fim do poema, a descrição de Úruk:

> Um *shar* é cidade, um *shar* é pomar, um *shar* são poços de argila, meio *shar* é a casa de Ishtar:
> Três *sháru* e meio, a extensão de Úruk (1, 22-23 e 11, 327-328).[57]

O modo como ele produz variantes, manejando as possibilidades do verso, mostra-se de modo bastante evidente, por exemplo, na tabuinha 4, em que, depois de repetir por três vezes a oposição entre três versos breves e um longo – este último recebendo, assim, bastante ênfase, já que trata de os heróis terem atingido o local aonde se dirigem –

> Às vinte léguas partiram o pão,
> Às trinta léguas estenderam a tenda,
> Cinquenta léguas andaram o dia inteiro:
> Jornada de mês e meio: chegaram ao Monte Líbano (4, 1-4; 34-37; 79-82) –,

depara-se o leitor com outra divisão, que parte em dois o último verso –

> Às vinte léguas partiram o pão,
> Às trinta léguas estenderam a tenda,
> Cinquenta léguas andaram o dia inteiro:
> Jornada de mês e meio:
> chegaram ao Monte Líbano (4, 120-124) –,

a mesma sequência sofrendo redução na quinta ocorrência –

> Às vinte léguas partiram o pão,
> Às trinta léguas estenderam a tenda,
> Cinquenta léguas andaram o dia inteiro –

a qual, enfim, ecoa em nova variante, no episódio final do poema, quando Gilgámesh e o barqueiro Ur-shánabi retornam a Úruk:

> Às vinte léguas partiram o pão,
> Às trinta léguas estenderam a tenda:

Chegaram ao coração de Úruk, o redil.

É com a finalidade de ressaltar esses elementos que, mesmo que na inscrição cuneiforme não haja a divisão do texto em estrofes, apresento-o assim na tradução, pois justamente os recursos paralelísticos permitem perceber como ele se reparte em unidades menores. A partir de um modelo básico que, segundo Soden, parte do dístico, em geral se compõem estrofes de quatro (às vezes cinco) versos. Entretanto, esse ritmo quaternário não é absoluto, obtendo-se efeitos de ênfase ou quebra de expectativa cada vez que o poeta o rompe, em estrofes de dois ou até mesmo de um único verso.[58]

Uma última observação deve ser feita, tomando ainda como referência o segundo dístico do poema, que reproduz quase que inteiramente o primeiro, com a diferença de que introduz o nome de Gilgámesh:

^dgišgīmaš ša naqba īmuru, išdi māti,
alkakāti idû, kalāmu hāssu.

Como já ressaltei, o nome do herói aparece precedido do classificador 'dingir', isto é, 'deus'. Seria possível que, a cada passo, como acontece nos poemas de Homero, eu acrescentasse ao nome próprio algo como 'divo', traduzindo "o divo Gilgámesh que o abismo viu" (e fazendo isso em todas as ocasiões em que o mesmo classificador estivesse com outros nomes, como Enkídu – "divo Enkídu"). Acontece, neste caso, que o classificador é um sinal meramente gráfico e não corresponde a nenhuma palavra a ser verbalizada, constituindo um simples auxílio para a leitura, como quando escrevemos nomes próprios com a inicial maiúscula. A situação dos poemas homéricos é diferente, porque, quando se diz, por exemplo, "o divo Aquiles", trata-se de uma prática oral, uma espécie de classificador oral (ainda que não apareça sistematicamente), mesmo que preservado num texto escrito. Conclusão: mais uma escolha, mais uma perda, restando apenas o critério do português de indicar que se trata de um nome próprio, por isso iniciado com maiúscula.

É justamente esse jogo de escolhas que me levou à última das decisões. Ouvi certa vez de Luiz Marques, que é professor de História da Arte na Universidade de Campinas, a observação de que o que se espera de um tradutor de línguas clássicas são traduções comentadas. Essa acabou sendo minha opção, pois só assim eu poderia proceder às escolhas que elenquei – por exemplo, "ele que o abismo viu" e não "ele que tudo viu" – sem condenar o texto a uma única leitura, chamando a atenção do leitor para o fato de que poder ler o primeiro hemistíquio, que é o título do poema, de duas formas, ambas legítimas, não constitui nenhum descalabro, bastando considerar que "ver tudo" não necessariamente implica ver cada uma das coisas, mas "ver em profundidade", "conhecer o fundo" das coisas e do mundo, noutros termos, um "ver em abismo".

Essa opção aciona o último elo da oficina, levantando uma dificuldade que coube aos editores resolver: como apresentar o texto e os comentários? Isso porque pretendi escrever não simples notas de pé de página, mas comentários de pleno direito, envolvendo não só informações, mas abordagens críticas que procuram levar em conta o que se tem escrito sobre o texto de diferentes perspectivas. Assim, não considero que os comentários sejam mero apêndice. Conclusão: do mesmo modo que interferi na oficina não desde o começo, mas só a partir de certo ponto, deixei a oficina não no fim do trabalho, esperando que um outro oficial desse uma boa forma ao texto – e, olhando para o futuro, uma forma adequada àquela que têm agora os livros e textos, sobre o papel, e outra igualmente adequada à que os livros e os textos vão assumindo, em superfícies digitais nas quais conciliar texto e comentários talvez se torne algo mais maleável.

Enfim, os títulos que acrescentei às diferentes passagens são por igual uma opção editorial, que tem em vista, como é natural, o leitor. Eles não existem – é claro! – no original, cujas únicas divisões são dadas pelas tabuinhas, que, por meio dos reclamos, remetem umas às outras.

Outro cuidado que visa ao leitor de língua portuguesa foi indicar, por meio de acento agudo, nos nomes próprios, a sílaba que deveria ser a tônica, de acordo com o que se pode saber relativamente à língua da época em que o poema foi escrito: assim, Gilgámesh, Enkídu, Uta-napíshti, Úruk, Níppur etc. Fiz isso, contudo, considerando as normas de acentuação do português, o que faz, por exemplo, com que Ninurta, Ea, Humbaba, sendo paroxítonos terminados em -a, não necessitem de acento algum, do mesmo modo que os oxítonos Ishtar, Namtar e Anzu. No índice onomástico que fecha o volume, dão-se os nomes de acordo com as regras de transliteração correntes na assiriologia.

Nesses pequenos detalhes também, como em tudo mais, nova conjunção do nosso tempo com o tempo deles.

Boris Schnaiderman arrolou certa vez as vantagens de quem traduz como parte do "trabalho universitário": o gozo de uma temporalidade própria, que nos liberta do "prazo certo" e da finalização "quase sempre demasiadamente apressada", a possibilidade de "trabalhar o texto com mais vagar" e, em consequência, seu usufruto "com mais intensidade e concentração".[59] Não há dúvida de que se trata de situação privilegiada, que, no presente caso, me propiciou atravessar várias etapas: estudar uma nova língua, aprender as convenções de uma outra poética e familiarizar-me com uma bibliografia especializada de uma área distinta de conhecimento. Assim, pude ter o tempo necessário para deixar meu mundo, o da língua e da literatura grega, para mergulhar na esfera outra da língua e da literatura acádia, com as quais tinha eu antes não mais que um contato reduzido e marginal (apenas aquilo que interessasse para paralelos com meus gregos). A isso se acrescentou que, durante a realização do trabalho, novas descobertas ou interpretações fizeram com que eu tivesse de retomá-lo em momentos diversos. O principal foi a publicação, apenas em fins de 2014, do novo manuscrito da tabuinha 5, com porções consideráveis de texto até então desconhecidas, o que só aconteceu depois que a tradução já estava pronta, sendo mister, portanto, voltar a essa parte, para completá-la e atualizá-la.

Não se reduz tudo – contudo – só a uma questão de prazos. Devo à Universidade Federal de Minas Gerais, em especial à nossa Faculdade de Letras, a oferta de condições de trabalho excelentes, a que se somou o apoio do Conselho Nacional de Desenvolvimento Científico e Tecnológico (CNPq), por meio de bolsa de produtividade em pesquisa e taxa de bancada que me permitiu adquirir, para a biblioteca universitária, obras indispensáveis, como os vinte e seis volumes do CAD (*The Assyrian dictionary of the Oriental Institute of the University of Chicago*). Não é só isso: contudo. A convivência com meus colegas, especialmente os da área de estudos clássicos – letras, filosofia e história –, constitui o bem mais precioso que a UFMG me (nos) proporciona. O que – de novo, contudo – não é também só, pois o que há de mais estimulante na vida de professor é decerto a convivência com os estudantes, sempre cheios de curiosidade e entusiasmo. Devo a eles a última etapa deste trabalho, o curso que ministrei no Programa de Pós-Graduação em Estudos Literários, no segundo semestre de 2015, uma espécie de teste de minha tradução com um grupo de recebedores exigentes, cultos e sensíveis. Isso me permitiu tomar as últimas decisões, buscando opções textuais mais adequadas e soluções poéticas mais condizentes com os efeitos pretendidos. Não tenho como declinar, da turma, nome a nome. É justo, todavia, em homenagem a todos, mencionar dois: João Rafael Chió Serra Carvalho, que teceu observações sempre pertinentes, por saber acádio e poder seguir o poema no original (foi ele, por exemplo, que ressaltou, durante leitura e comentário da tabuinha 4, o sentido especial que no poema têm as 'portas'), e Erike Couto Lourenço, a quem devo duas boas sugestões, traduzir *eṭemmu* (conforme os dicionários, o 'fantasma' de uma pessoa morta) por 'espectro' (sem dúvida um termo menos carregado de conotações alienígenas) e manter, na tradução, o gênero feminino do nome próprio *Erṣetu* (enquanto a morada subterrânea dos mortos). Com essa turma, já num ponto adiantado da leitura, pude inclusive comemorar (claro que, em conformidade com as práticas mesopotâmicas, com boas doses de cerveja!) a publicação do manuscrito de Suleimaniyah.

Aos primeiros leitores deste livro devo um agradecimento especial, pelas correções e boas sugestões, a saber, Tereza Virgínia Ribeiro Barbosa, Manuela Ribeiro Barbosa e Guilherme Gontijo Flores.

Enfim, cumpre insistir: Magda, sempre – não de algum, mas de todos os modos – está presente em tudo que faço. Também Bernardo, Fernando e Pedro, mais os netos – a quem este livro vai dedicado – e, é claro, as mães dos netos, Lorena, Roberta e Renata.

CRONOLOGIA DA MESOPOTÂMIA ANTIGA

Anos	Período	Efemérides	Produção literária	Matéria de Gilgámesh
3300 a.C.		Início da Idade do Bronze		
3200	Úruk	Invenção da escrita pelos sumérios		
3100				
2900	Protodinástico I	Adaptação da escrita para o acádio em Kish?		
2800			Instruções de Shurúppak, filho de Ubara-tútu	
2700	Protodinástico II	Nomes semitas em escrita cuneiforme em Fara e Abu Salabikh		Gilgámesh rei de Úruk?
2600				
2500	Protodinástico III (Shurúppak)	Adaptação do cuneiforme para línguas semíticas na Mesopotâmia e na Síria		
2400				
2340	Acádio ou Sargônico	Sargão (2340-2280)		
2200				
2160				
2160	Pós-Acádio (Gutiano)	Gudea de Lagash (2150-2125)		
2100	Ur III (Neossumério)	Ur-Nammu, fundador de Ur III (2112-2094) Shúlgi (2095-2047)	Etana (Lu-Nanna)	textos sumérios sobre Bilgames[60]
2000		Elamitas destroem Ur (2004)	Teogonia de Dunnu	Mais antiga tabuinha conhecida com os textos sumérios sobre Gilgámesh
1900	Babilônico antigo (dinastia Amorita)		A escrita do acádio em cuneiforme atinge sua completude Descida de Inanna ao mundo subterrâneo	
				Versão babilônica antiga: šutur eli šarri (Proeminente entre os reis)
1800		Hammurábi (1792-1750) Adoção de reforma ortográfica	Código de Hammurabi	
1700			Atrahasis (Ipiq-Aya)	
1600	Babilônico médio e Assírio médio	Cassitas tomam Babilônia (1594)		Versão babilônica média
1500			Descida de Ishtar ao mundo subterrâneo (versão em acádio do poema sumério)	Traduções do poema sobre Gilgámesh para o hurrita e o hitita
1400			Adapa Nérgal e Eréshkigal	
1300		Assírios tomam Babilônia (1234)		
1200		Início da Idade do Ferro Elamitas tomam Babilônia (1156) Nabucodonosor I (1127-1105)	Enuma eliš	Sin-léqi-unnínni (versão babilônica standard): ša naqba īmuru (Ele que o abismo viu)
1100		Assírios destroem Babilônia (1087)		
1000			Teodiceia babilônica	
			Diálogo do pessimismo	
900	Neobabilônico e Neo-assírio		(Ele que o abismo viu)	Mais antiga tabuinha de ša naqba īmuru
800				
700		Senaqueribe (704-681) Babilônia destruída por Senaqueribe (689) Senaqueribe constrói em Nínive o "palácio que não tem	Erra e Ishum	

700		igual" (689) Assurbanípal (669-627) Nabopolassar (625-605) Nínive tomada por babilônios e medos (615)	*Erra e Ishum*	Mais antiga tabuinha de ša *naqba īmuru*
600		Nebuquadnezar II (604-562) Jerusalém destruída por Nebuquadnezar II (587)		
500		Dario I da Pérsia (521-486)		
538	Persa (Aquemênida)	Mesopotâmia conquistada pelos persas Dario I ordena que a escrita cuneiforme seja adaptada para o persa Xerxes (486-465)		Última cópia conhecida de ša *naqba īmuru*
400		Artaxerxes II (405-359)		
330		Dario III (336-330)		
331	Helenístico (Selêucida)	Império persa conquistado por Alexandre Magno		
200				
126		Mesopotâmia conquistada pelos partos		
1		A escrita cuneiforme deixa de ser usada		
100	Parto (Arsácida)	Guerra dos romanos contra os partos (161-169)		Referências a Gilgámesh (*glgmyš*) e Humbaba (*hwbbš*) no *Livro dos Gigantes*, em Qumran
200				Cláudio Eliano (175-235) refere-se a uma personagem de nome Gilgamos em seu *Da natureza dos animais*
224		O império parto é conquistado pelos Sassânidas (persas)		
600				Theodor Bar Qoni, escrevendo em siríaco, inclui em lista dos reis pós-diluvianos Ganmagos, nos dias do qual teria nascido Abraão, em Ur da Caldeia

Notas

[1] George, *The Babylonian Gilgamesh epic*, publicado pela editora da Universidade de Oxford (doravante citada como GBGE). Sobre essa obra, pode-se consultar a resenha de Foster, A new edition of the Epic of Gilgamesh.

[2] A esse propósito, registre-se que minha tradução não é a primeira para a língua portuguesa, pois contamos com o excelente trabalho de Ordep Trindade Serra, publicado em 1985 pela Fundação Cultural do Estado da Bahia com o título *A mais antiga epopeia do mundo: a gesta de Gilgamesh* (nas citações, SGG). A edição que ele usa como referência é a de Campbell Thompson (1928).

[3] ARNAUD, *Corpus des textes de bibliothèque de Ras Shamra-Ougarit (1936-2000) en sumérien, babylonien et assyrien*, p. 130-134, publicado, como suplemento de *Aula Orientalis*, pela Editorial Ausa (citado doravante como ACU). No volume 25 do mesmo periódico, George publicou sua edição do texto (GEORGE, The Gilgameš epic at Ugarit, neste trabalho citado como GGEU).

[4] AL-RAWI; GEORGE. Back to the Cedar Forest: the beginning and end of tablet V of the standard Babylonian epic of Gilgamesh, trabalho publicado no *Journal of Cuneiform Studies* (citado aqui como AGB).

[5] Cf. AGOSTINO, *Gilgameš*, p. 27-29.

[6] BOTTÉRO, *Il était une fois la Mésopotamie*, p. 47.

[7] A primeira publicação do texto deveu-se a Paul Haupt e apareceu em 1890, no volume 1 de *Beiträge zur Assyriologie und semitischen Sprachwissenschaft*, com o título de "Das babylonische Nimrodepos", porque se julgava que Gilgámesh (cujo nome se lia então como Izdubar ou Gishdubar) corresponderia ao potentado referido em *Gênesis* 10, 8-12: "Cuch gerou Nemrod, que foi o primeiro potentado sobre a terra. Foi um valente caçador diante de Iahweh, e é por isso que se diz: 'Como Nemrod, valente caçador diante de Iahweh'. Os sustentáculos de seu reino foram Babel, Arac e Acad, cidades que estão todas na terra de Senaar. Dessa terra saiu Assur, que construiu Nínive, Reobot-Ir, Cale, e Resen entre Nínive e Cale (é a grande cidade)". (tradução da *Bíblia de Jerusalém*) O poema foi traduzido, pela primeira vez, por Alfred Jeremias e publicado em 1891 com o título de *Izdubar-Nimrod*: eine altbabylonische Heldensage.

[8] Ressalte-se que, já na década de 1890, um avultado livro sobre essas recentes descobertas é publicado em São Paulo, no contexto de uma polêmica entre seu autor, José Campos Novaes, e o pastor evangélico Álvaro dos Reis a propósito das dívidas da Bíblia para com as tradições mesopotâmicas. Tendo o debate ganhado forma na imprensa diária em 1893, por meio de dez artigos publicados por Novaes no *Diário de Campinas*, voltou a ser abordado em 1899, pelo mesmo autor, no livro intitulado *As origens chaldeanas do Judaísmo*. Sobre a descoberta da biblioteca de Assurbanípal, com destaque para o poema de Gilgámesh, ele escreve o seguinte (deixo o texto na grafia da época): "Das descobertas assyriologicas a mais famosa e a que levantou mais as esperanças dos archeologos, foi, sem duvida, o desenterramento da Bibliotheca de ladrilhos cheios de inscripções cuneiformes do palácio de Sennachérib em Koyoundjik. Os thesouros ahi encontrados enchem de admiração os amantes das sciencias orientaes. Uma bibliotheca completa contendo livros sobre a religião, leis, costumes, observações astronómicas, astrologia e mesmo a authentica magia tão mysteriosamente famosa em toda a antiguidade clássica, grammaticas, diccionarios de línguas desapparecidas como o latim e o sanskrito, tal como a lingua accadiana

dos hymnos, no estylo dos psalmos hebraicos, epopeias e annaes, tudo isto está hoje no domínio da sciencia; porém, pouco vulgarisado ainda. As taboas, os cylindros, os prismas e os tijolos de barro cosido de variadas formas, foram conservados, porém, eram cacos, porque o pavimento superior onde estava distribuído e conservado por funccionarios cuidadosos foi derruído pelo incêndio e todo embaralhado; nada menos de 40.000 fragmentos de 10.000 tijolos, equivalentes a 500 volumes 8.° dos nossos, de 500 paginas cada um, estão em grande parte esperando quem os classifique e os decifre methodicamente. D'ahi a razão de muitas perdas e obscuridades, por vezes insanáveis nas melhores revelações sobre todos os ramos de conhecimentos d'onde originam tudo quanto pensamos e veneramos ainda hoje. Entretanto as esperanças despertadas pela descoberta não foram vans. George Smith, conservador e classificador desse precioso thesouro, depositado no British Museum de Londres, verificou que havia, ao menos, 4 exemplares de uma epopeia em 12 cantos ou taboas de 6 columnas cada uma, com 3.000 versos approximadamente, contendo, em centenas de fragmentos desconnexos pacientemente ajustados e decifrados, as tradições mais authenticas da Accadia primitiva. Essa epopeia, mais nacional e genuína que a de Milton, apezar de mutilada, contém todos os elementos da narração do Diluvio e do heróe nacional da Babylonia primitiva, Isdubar, o Neinrod do Génesis". (NOVAES, *As origens chaldeanas do Judaísmo*, p. 15-16)

[9] Nos termos de Jarman (When the light came on, p. 330), "o valor da epopeia de Gilgamesh (...) está em ensinar o que era a mentalidade de povos que, há 5000 anos da Idade do Gelo, avançaram para uma sociedade agrícola que produziu, por sua vez, o Éden fechado da cidade-estado. Eles eram criaturas racionais que escreveram, construíram, governaram, trabalharam suas artes, veneraram seus deuses e envolveram-se em comércio".

[10] Cf. GEORGE, What is new in the Gilgamesh epic.

[11] BEYE, *Ancient epic poetry*. As alusões ao poema de Gilgámesh, na primeira edição, estão nas páginas 34-36, ao passo que, na segunda, além desse trecho, foi acrescentado um oitavo capítulo intitulado "Gilgamesh", o qual ocupa as páginas 279-302. Neste último caso, não se trata mais do interesse em comparar a matéria de Gilgámesh com os poemas homéricos, mas de tomar os poemas sumérios e acádios sobre o herói como parte da poesia épica antiga.

[12] Apud ABUSCH, Ishtar's propose and Gilgamesh refusal.

[13] JAGER, The birth of poetry and the creation of a human world, p. 132.

[14] BLOOM, *Abaixo as verdades sagradas*, p. 48. Observe-se que o livro de Bloom, publicado pela primeira vez, em inglês, em 1987 e tratando de "poesia e crença da Bíblia até nossos dias" (que é seu subtítulo), erige implicitamente um cânone que desconhece inteiramente a produção mesopotâmica (seus capítulos são dedicados à Bíblia, de Homero a Dante, Shakespeare, Milton, o Iluminismo e o Romantismo, Freud e além).

[15] PESSOA, *Páginas íntimas e de auto-interpretação*, p. 390.

[16] KIRK, *Myth*, p. 84.

[17] A busca dos "paralelos" entre a produção mesopotâmica, com destaque para *Ele que o abismo viu*, e os poemas homéricos, teve início tão logo os textos babilônicos começaram a ser publicados e traduzidos, sendo de 1902 o artigo de Jensen, Das Gilgamis-Epos

und Homer. Esse longo percurso comparativo produziu bons resultados, mas ensinou também que é preciso ter prudência ao propor paralelos. Mesmo um filólogo tão cuidadoso quanto Martin West não escapou de excessos. No esforço de aproximar *Ele que o abismo viu* da *Odisseia*, repetiu ele, já em 1997, em *The east face of Helicon* (p. 404), que "é a versão de Sin-leqe-unninni (...) que provê o paralelo mais próximo com a *Odisseia*, em três aspectos. Em primeiro lugar, os importantes versos [de abertura] se encontram, nesta versão, diretamente no começo do poema [como na *Odisseia*]; em segundo lugar, a ênfase se põe não exatamente nas longas viagens do herói, mas em sua aquisição de conhecimento; e, em terceiro lugar, seu nome fica retido até o verso 26, como na *Odisseia* ele fica retido até o verso 21, enquanto na versão paleobabilônica (se é que ela é fielmente representada pela versão *standard* I i 27 ss.) Gilgámesh é nomeado na sétima linha, antes da referência a suas viagens". Esse último paralelo – ressaltado também por outros, como Michaux (Gilgamesh and Homer, p. 12: o nome de Gilgámesh só é mencionado no verso 20 (*sic*) para "aumentar o nível de excitação" do leitor, como na *Odisseia*) – seria de fato impressionante, pois não diria respeito apenas a aspectos de ordem geral, mas às próprias poéticas dos dois textos. A publicação da edição crítica de 2003, contudo, mostrou que essa elucubração estava errada, pois, no poema de Sin-léqi-unnínni, o nome de Gilgámesh ocorre já no terceiro verso, o que foi confirmado pela publicação, em 2007, do fragmento de Ugarit, que contém o prólogo do poema numa forma mais completa. Para uma abordagem geral dos problemas metodológicos que têm cercado os estudos comparados sobre a Grécia e o Oriente Médio, ver HAUBOLD, Greek epic: a Near Eastern genre?

[18] Considere-se, por exemplo, a adaptação dramática de *Ele que o abismo viu* por Yusef Komunyakaa, em 2004 (cf. GRACIA, Collaborating with Komunyakaa). Do ponto de vista das leituras, consulte-se a análise existencialista do poema por Sadigh (The foundation of Existentialism in the oldest story ever told).

[19] Referências a Gilgámesh fora do mundo cuneiforme são raras e incertas: a) a mais significativa encontra-se no chamado *Livro dos gigantes*, descoberto em Qumran e datado no século I d. C., quando estão em causa um certo *glgmyš* (que remete a Gilgámesh), além de um não menos incerto *hwbbš* (que poderia ser *Humbaba*), dois dos gigantes, o primeiro parecendo ter alguma competência na interpretação de sonhos (cf. GOFF, Gilgamesh the Giant, p. 232); b) na versão maniqueia do *Livro dos gigantes* aparece um outro gigante de nome Atambīsh, que Reeves considera que poderia ser um correspondente de Uta-napišti (cf. REEVES, Utanaspishti in the Book of Giants?, p. 115); c) um certo Gilgamos aparece no livro de Cláudio Eliano (175-235 d.C.) intitulado *Da natureza dos animais*, num entrecho, contudo, que, pelo menos aparentemente, nada tem a ver com a matéria de Gilgámesh (comentários em STEYMANS, Gilgamesch im Westen, p. 320); d) finalmente, Theodor Bar Qoni, que escreve em siríaco no século VII de nossa era, inclui em sua lista de reis pós-diluvianos um certo Ganmagos, que teria vivido na época em que Abraão nasceu em Ur, da Caldeia. Embora sejam poucas as referências, BURKERT, *The orientalizing revolution*, p. 32-33, considera-as significativas, tendo em vista, principalmente no que se refere ao primeiro caso, que se trata de escrita que se registra em material perecível, peles de animais, não sendo de esperar que os textos se conservem senão em situações muito excepcionais, como é o caso dos manuscritos do Mar Morto.

[20] A história da decifração da escrita cuneiforme, que se encontra detalhada e saborosamente contada em Bottéro, *Il était une fois la Mésopotamie*, tem algumas datas significativas: a) entre 1772 e 1778, Carsten Niebuhr publica as inscrições monumentais mandadas fazer pelos reis persas Dario e Xerxes em Persépolis (no território atual do Irã), em três línguas; b) em 1803, Georg Grotefend, comparando as três escritas, identifica nelas os nomes de reis persas como Dario e Xerxes, bem como algumas fórmulas, dando os primeiros passos para a decifração; c) em 1846, Henry C. Rawlinson completa a decifração dos quarenta e dois signos da primeira escrita, mandada fazer por Dario (522-486), na rocha de Behistun, a língua que ela registra, da família indo-europeia, sendo identificada como uma modalidade antiga do persa; d) a segunda escrita é decifrada na sequência, contando com uma centena de signos, numa língua que se convencionou chamar de elamita, porque esteve durante muito tempo em uso no sudoeste do Irã, outrora chamado de Elam, território conquistado pelos soberanos aquemênidas; e) avanços na decifração da terceira escrita se processaram paulatinamente por toda a primeira metade do século, em virtude do trabalho de muitos pesquisadores, até que, em 1857, a Royal Asiatic Society, de Londres, enviou o mesmo texto a quatro assiriólogos – Rawlinson, Hincks, Talbot e Oppert –, pedindo que cada qual o traduzisse isoladamente e, como as traduções coincidiam, entendeu-se que as bases para a decifração eram consistentes, essa terceira língua, da família semítica, tendo sido chamada de acádio – a partir do nome da capital do império de Sargão (2334-2279 a. C.), a cidade de Akkad (o texto da prova de 1857 era uma inscrição do rei assírio Teglatphalassar, que reinou entre 1114-1076 a. C.); f) finalmente, uma outra língua seria ainda identificada nas inscrições cuneiformes espalhadas por toda parte, o sumério, que não tem relação com nenhuma outra língua conhecida, as datas principais sendo as da publicação de duas obras, *Les inscriptions de Sumer et d'Accad*, de François Thureau-Dangin, em 1905, e *Grundzüge der sumerischen Grammatik*, de Arno Poebel, em 1923. Desde então, decifrado o cuneiforme, constatou-se que ele foi usado também para escrever um total de onze línguas de diferentes famílias – sumério, acádio, eblaíta, elamita, persa, hurrita, hitita, palaíta, luvita, urartiano e ugarítico –, usadas em todo o Oriente Médio e na Ásia Menor, da atual Turquia até o Egito.

[21] Uma cronologia geral se apresenta na tabela 1, ao fim desta introdução.

[22] O que se julga ter sido a última cópia preservada do poema foi escrita no segundo século: "um jovem chamado Bel-ahhe-usur de fato produziu uma cópia da tabuinha 10 de Gilgámesh, em Babilônia, no dia 15 de Kilismu, num ano que se calcula ser da era dos partos, por isso ser reportado num colofão apenso a uma das mais tardias cópias de Gilgámesh. Assumindo sua identidade com a do astrólogo, de mesmo nome e ancestralidade, conhecido de outras tabuinhas datadas procedentes de Babilônia, ele deveria ser um aprendiz de escriba no ano 130 a. C." (GEORGE, Gilgamesh and the literary traditions of ancient Mesopotamia, p. 10).

[23] Além da existência de textos do poema nessas línguas (a que se deve somar também o hurrita), importa ressaltar, do ponto de vista da recepção, o fato de que tabuinhas com partes do poema foram encontradas em diferentes locais, como em Ugarit (cf. ACU) e em Megido, na antiga Canaã (neste caso, o texto deve ter sido copiado na própria região, na cidade de Gezer, cf. GOREN et al., A provenance Study of the Gilgamesh fragment from Megiddo, p. 771).

²⁴ SINCELO, Écloga cronográfica 29. Sobre a transmissão dessas tradições babilônicas no espaço grego, ver TALON, *Enuma elish* and the transmission of Babylonian cosmology to the West, p. 270-272.

²⁵ Níssaba tinha relação com a cevada, o pictograma que a representava desde a época suméria sendo uma espiga desse cereal. Em época posterior, foi considerada esposa do deus-escriba Nabû (cf. CDA, s.v.).

²⁶ CHARPIN, *Reading and writing in Babylon*, p. 1-2.

²⁷ Para as etapas do processo pedagógico, ver CHARPIN, *Reading and writing in Babylon*, p. 33-37, as quais podem ser resumidas assim: a) segurar o cálamo (o que corresponde ao exercício chamado, na Idade Média latina, de *probatio calami*); b) fazer a incisão dos signos básicos (cunha vertical, horizontal e oblíqua); c) escrever os signos simples; d) exercícios de silabação (Consoante-Vogal).

²⁸ WOODS, *Visible language*, p. 15-27.

²⁹ LAM, The invention and development of the alphabet, p. 189-195.

³⁰ Cf. SERI, Adaptation of cuneiform to write Akkadian.

³¹ DAMROSCH, Scriptwords, p. 196.

³² Conforme *Ele que o abismo viu*, Gilgámesh era filho de Lugalbanda.

³³ A obra de referência para essa classificação é LAMBERT, *Babylonian wisdom literature*. Como pondera BEAULIEU, The social and intelectual setting of Babylonian wisdom literature, p. 3, a denominação "literatura sapiencial" foi inicialmente tomada dos estudos bíblicos e "a definição do *corpus* mesopotâmico sapiencial depende de paralelos que podem ser estabelecidos com a literatura bíblica". A partir disso, "coleções mesopotâmicas de provérbios e preceitos morais, instruções, reflexões sobre o problema da teodiceia e lamentos do sofredor justo foram facilmente incluídos na categoria sapiencial, porque encontram reflexos na Bíblia. A essa lista foram acrescentados gêneros como fábulas e debates, que são menos atestados na literatura hebraica, mas que inegavelmente pertencem à mesma corrente de reflexão filosófica que é considerada característica da literatura sapiencial."

³⁴ *Instructions of Shuruppak*, 1-5 (disponível em The Electronic Text Corpus of Sumerian Literature, da Universidade de Oxford: < www.etcsl.orinst.ox.ac.uk >). Todas as traduções de textos sumérios apresentadas aqui dependem das traduções para o inglês apresentadas nessa base.

³⁵ Cf. TIGAY, *The evolution of the Gilgamesh epic*, p. 14.

³⁶ Em 1944, Kramer (The epic of Gilgamesh and its sumerian sources, p. 13) assim arrolava e nomeava os poemas sumérios sobre Gilgámesh até então identificados: "seis poemas que podemos designar como se segue: (1) Gilgámesh e Huwawa; (2) Gilgámesh e o 'Touro do Céu'; (3) O dilúvio; (4) A morte de Gilgámesh; (5) Gilgámesh e Agga de Kish; (6) Gilgámesh, Enkídu e o mundo subterrâneo". O poema que ele chama de "O dilúvio" é mais conhecido como *Gênesis de Éridu*, uma cosmogonia em que se narra também o dilúvio e como Ziusudra, na arca, a ele sobreviveu.

³⁷ Cf. TIGAY, *The evolution of the Gilgamesh epic*, p. 40.

³⁸ Cf. TIGAY, *The evolution of the Gilgamesh epic*, p. 43.

³⁹ Cf. MILSTEIN, *Reworking ancient texts*, p. 92-95, discute os problemas que o manuscrito de Ugarit levanta com relação ao que anteriormente se cria ser a "evolução" da matéria de Gilgámesh, até atingir sua forma final na versão clássica, pois o prólogo desta não deveria mais ser atribuído a Sin-léqi-unnínni.

⁴⁰ Cf. Tab. de Pennsylvania.
⁴¹ Cf. Tab. de Pennsylvania.
⁴² Cf. Tab. de Yale.
⁴³ Cf. Tab. de Síppar.
⁴⁴ Cf. Tab. de Ugarit.
⁴⁵ Cf. Tab. de Bogazköy e versão para o hitita.
⁴⁶ Cf. Tab. de Bogazköy e versões para o hitita e hurrita.
⁴⁷ Cf. Tab. de Emar, de Bogazköy e versões para o hitita e o hurrita.
⁴⁸ Cf. versões para o hitita e o hurrita.
⁴⁹ TIGAY, *The evolution of the Gilgamesh epic*, p. 109.
⁵⁰ MILSTEIN, *Reworking ancient texts*, p. 89.
⁵¹ Cf. BECKMAN, Gilgamesh in Hatti, p. 53-55.
⁵² Cf. LAMBERT, A catalogue of texts and authors, p. 66.
⁵³ Na tradução, por comodidade, indiquei sempre com quatro traços (----) as partes perdidas de texto, sem detalhar a qual quantidade de signos corresponde.
⁵⁴ Apud VENUTI, *The Translations Studies Reader*, p. 5.
⁵⁵ Assim em BRANDÃO, Sin-leqi-unnini, *Ele o abismo viu*, p. 128.
⁵⁶ ACU, p. 17.
⁵⁷ *Shar* é uma unidade de medida (ver comentário aos versos citados).
⁵⁸ Cf. SODEN (Untersuchungen zur babylonische Metrik 1, p. 168-177), podemos resumir assim os princípios da poesia babilônica antiga: a) o ritmo do verso é dado pela sucessão de elevações e reduções (*Hebungen* e *Senkungen*), na alternância de sílabas tônicas e átonas, não interessando a quantidade, mas o acento; b) entre duas elevações pode haver no máximo duas reduções, predominando os ritmos trocaicos e anfibráquicos; c) o princípio geral é a variação rítmica livre, sem nenhum esquema estrófico específico; d) em geral, na poesia paleobabilônica os versos são curtos, de 8-12 sílabas, sem impedimento de que os haja mais breves ou mais longos, mas a poesia mais recente tem tendência a apresentar versos mais longos; e) o fim do verso é, na maior parte dos casos, trocaico, com acento na penúltima sílaba (fechos jâmbicos, espondeus e anfibráquicos sendo raros); f) com relação às estrofes, há tendência à composição de dísticos, o número de sílabas dos dois versos podendo ser crescente ou decrescente; g) pode ocorrer *enjambement*; h) na épica há também estrofes de três versos ou mesmo de um único verso, com o que o poeta quebra o esquema dos dísticos, criando ênfase. Em geral, esses são traços da poesia paleobabilônica, que se observam também na produção mais recente, em que, contudo, há uma liberdade maior de composição.
⁵⁹ SCHNAIDERMAN, *Dostoiévski*: prosa poesia, p. 57.
⁶⁰ Os textos são os seguintes: a) dois hinos atribuídos ao rei Shúlgi, o primeiro celebrando a vitória de Bilgames contra Enmebaragesi, o segundo tendo como tema o episódio da montanha de cedros; b) *Bilgames e a terra do vivo*; c) *Bilgames e o touro do céu*; d) *A morte de Bilgames*; e) *Bilgames e Agga*; f) *Bilgames, Enkídu e o mundo subterrâneo*.

ELE QUE O ABISMO VIU
(Epopeia de Gilgámesh)

TABUINHA 1

Proêmio

Ele que o abismo viu, o fundamento da terra,   1
    Seus caminhos conheceu, ele sábio em tudo,
Gilgámesh que o abismo viu, o fundamento da terra,   3
    Seus caminhos conheceu, ele sábio em tudo,

Explorou de todo os tronos,   5
    De todo o saber, tudo aprendeu,
O que é secreto ele viu, e o coberto descobriu,   7
    Trouxe isto e ensinou, o que antes do dilúvio era.

De distante rota volveu, cansado e apaziguado,   9
    Numa estela se pôs então o seu labor por inteiro.
Fez a muralha de Úruk, o redil,   11
    E o sagrado Eanna, tesouro purificado.

Vê sua base: é como um fio de lã,   13
    Repara seus parapeitos, que ninguém igualará.
Toca a escadaria, que há ali desde o início,   15
    Aproxima-te do Eanna, residência de Ishtar,
    O qual nem rei futuro nem homem algum igualará.

Faze a volta, ao alto da muralha de Úruk vai,   18
    Seu fundamento examina, os tijolos observa –
Se seus tijolos não são cozidos,   20
    Se seu alicerce não cimentaram os sete sábios.

Um *shar* é cidade, um *shar* é pomar, um *shar* são poços de argila,   22
    meio *shar* é a casa de Ishtar:
Três *sháru* e meio, a extensão de Úruk.   23

Busca o cofre de cedro,   24
    Rompe o ferrolho de bronze,
Abre a tampa do tesouro,   26
    Levanta a tabuinha lápis-lazúli, lê
    O que Gilgámesh passou, todos os seus trabalhos.

Proeminente entre os reis

Proeminente entre os reis, herói de imponente físico,	29
Valente rebento de Úruk, touro selvagem indomável:	
Vai à frente, é o primeiro,	31
Atrás vai e protege os irmãos.	
Margem firme, abrigo da tropa,	33
Corrente furiosa que destroça baluartes de pedra.	
Amado touro de Lugalbanda, Gilgámesh perfeito em força,	35
Cria da sublime vaca, a vaca selvagem Nínsun.	
Alto é Gilgámesh, perfeito, terrível:	37
Abriu passagens nas montanhas,	
Cavou cisternas nas encostas do monte,	39
Atravessou o mar, o vasto oceano, até onde nasce Shámash,	
Palmilhou os quatro cantos, em busca da vida,	41
Chegou, por sua força, ao remoto Uta-napíshti,	
Repôs os templos arrasados pelo dilúvio,	43
Instituiu ritos para toda a humanidade.	
Quem há que a ele se iguale em realeza	45
E como Gilgámesh diga: este sou eu, o rei?	
A Gilgámesh, quando nasceu, renome lhe deram:	47
Dois terços ele é um deus, um terço é humano.	
A efígie de seu corpo, Bélet-íli a desenhou,	49
Realizou sua forma Nudímmud:	
---- majestoso ----	51
---- altura, de onze côvados é sua altura,	
De quatro côvados é a largura de seu peito,	53
De três côvados é seu pé, metade de uma vara é sua perna,	56
De seis côvados é o comprimento de seu passo,	57
---- côvados são os pelos de seu rosto,	
Barbudas são suas faces como as de ----,	59
Os tufos do cabelo, exuberantes como Níssaba,	
Pelo talhe é perfeito em seu encanto,	61
Pelos padrões da terra, formoso é.	

Pastor de Úruk

Pelo redil de Úruk ele perambula, 63
    Mandando como um touro selvagem altaneiro.
Não tem rival se levanta seu taco, 65
    Pela bola os companheiros levantam.

Assedia os jovens de Úruk sem razão, 67
    Não deixa Gilgámesh filho livre a seu pai.
Dia e noite age com arrogância: 69
    Gilgámesh rei ---- uma multidão guia.

Ele, o pastor de Úruk, o redil, 71
    Não deixa Gilgámesh filha livre a sua mãe.
---- logo ---- 73
    Suas queixas ---- diante dele:

Poderoso, magnífico, sapiente, 75
    Não deixa Gilgámesh moça livre a seu noivo.

À filha do guerreiro, à esposa do jovem, 77
    Ouviram-lhes as queixas as deusas.
Os deuses dos céus, senhores do comando, 79
    ---- [disseram a Ánu] ----:

Criaste agressivo touro selvagem em Úruk, o redil: 81
    Não tem rival se levanta seu taco,
Pela bola os companheiros levantam, 83
    Assedia os jovens de Úruk sem razão,

Não deixa Gilgámesh filho livre a seu pai, 85
    Dia e noite age com arrogância.
Pastor de Úruk, o redil, 87
    Gilgámesh rei --- uma multidão guia.

Ele é o seu pastor e ---- 89
    Poderoso, magnífico, sapiente,
Não deixa Gilgámesh filha livre a sua mãe. 91

A criação de Enkídu

À filha do guerreiro, à esposa do jovem, 92
    Ouviu-lhes as queixas Ánu.

A Arúru, grande rainha: 94
    Tu, Arúru, fizeste a raça humana!
Agora faze o que se disse: 96
    Que um coração tempestuoso se lhe oponha,
    Rivalizem entre si e Úruk fique em paz!

Arúru, isso quando ouviu, 99
    O dito de Ánu concebeu no coração.
Arúru lavou as mãos, 101
    Pegou barro e jogou na estepe:

Na estepe a Enkídu ela criou, o guerreiro, 103
    Filho do silêncio, rocha de Ninurta,
Pelos sem corte por todo o corpo, 105
    Cabelos arrumados como de mulher:

Os tufos do cabelo, exuberantes como Níssaba, 107
    Não conhece ele gente nem pátria,
Pelado em pelo como Shákkan, 109
    Com as gazelas ele come grama,

Com o rebanho na cacimba se aperta, 111
    Com os animais a água lhe alegra o coração.

Enkídu e o caçador

Um caçador, homem de armadilhas, 113
    No açude com ele deu de cara.
Um dia, um segundo, um terceiro, no açude deu com ele, 115
    Viu-o o caçador, enregelou-lhe a face.

Ele e seus bichos à casa voltaram. 117
    Aterrorizado, em silêncio, atento,
---- seu coração, sua face como um dia sombrio. 119
    Havia tristeza em suas entranhas.
    À de quem chega de longe sua face se iguala.

O caçador a boca abriu para falar e disse ao pai: 122
    Pai, há um homem que vai ao açude,

Nesta terra é ele que rija força tem, 124
    Como uma rocha de Ánu é sua rija força.

Vagueia sobre os montes todo o dia, 126
    Não para de com o gado comer grama,
Não para de deixar a pegada no açude, 128
    Estou com medo e não chego junto dele.

Encheu os buracos que cavei eu mesmo, 130
    Desatou as redes que estendi.
Tirou-me das mãos os bichos, os animais da estepe, 132
    Não me deixa já o trabalho na estepe.

O pai abriu a boca para falar, disse ao caçador: 134
    Meu filho, ---- Úruk, Gilgámesh,
---- com ele, 136
    Como uma rocha de Ánu é sua rija força.

Pega a rota, para o coração de Úruk volta a face, 138
    ---- da força de um homem,
Vai, filho, contigo a meretriz Shámhat leva, 140
    ---- como um forte.

Quando os bichos se aproximem do açude, 142
    Tire ela a roupa e abra seu sexo.
Ele a verá e chegará junto dela, 144
    Estranhá-lo-á seu rebanho, ao que cresceu com ele.

Ao conselho do pai ---- 146
    O caçador partiu ----
Pegou a rota, para o coração de Úruk voltou a face. 148

O caçador e Gilgámesh

Ao rei Gilgámesh ----: 149
    Há um homem que vai ao açude,
Nesta terra é ele que rija força tem: 151
    Como uma rocha de Ánu é sua rija força,

Vagueia sobre os montes todo o dia, 153
    Não para de com o gado comer grama,
Não para de deixar a pegada no açude. 155

Estou com medo e não chego junto dele,

Encheu os buracos que cavei eu mesmo, 157
    Desatou os laços que estendi,
Tirou-me das mãos os bichos, os animais da estepe, 159
    Não me deixa já o trabalho na estepe.

Gilgámesh a ele diz, ao caçador: 161
    Vai, caçador, contigo leva a meretriz Shámhat.
Quando os bichos se aproximem do açude, 163
    Tire ela a roupa e abra seu sexo.

Ele a verá e chegará junto dela, 165
    Estranhá-lo-á seu rebanho, ao que cresceu com ele.

Shámhat e Enkídu

Partiu o caçador, consigo levou a meretriz Shámhat, 167
    Pegaram a rota, empreenderam a jornada,
No terceiro dia, ao lugar aprazado chegaram. 169
    O caçador e a meretriz de tocaia sentaram-se.

Um dia, um segundo dia no açude sentados ficaram; 171
    Chegou o rebanho, bebeu no açude,
Chegam os animais, a água lhes alegra o coração – 173
    E também ele: Enkídu! Seu berço são os montes!

Com as gazelas ele come grama, 175
    Com o rebanho aperta-se na cacimba,
Com os animais a água lhe alegra o coração. 177

E viu-o Shámhat, ao homem primevo, 178
    Mancebo feroz do meio da estepe.

Este é ele, Shámhat! Oferece os seios! 180
    Teu púbis abre e teu sexo ele toque!
Não tenhas medo, toca seu alento! 182
    Ele te verá e chegará junto de ti:

A roupa estende, deixa-o deitar-se sobre ti, 184
    E faze com esse primitivo o que faz uma mulher:
Seu desejo se excitará por ti, 186

Estranhá-lo-á seu rebanho, ao que cresceu com ele.

Abandonou Shámhat os vestidos, 188
    Abriu seu púbis e ele tocou seu sexo,
Não teve ela medo, tomou seu alento, 190
    A roupa estendeu, deixou-o deitar-se sobre si,

Fez com esse primitivo o que faz uma mulher 192
    E o desejo dele se excitou por ela.
Seis dias e sete noites Enkídu esteve ereto e inseminou Shámhat. 194

Depois de farto de seus encantos, 195
    Sua face voltou para seu rebanho.
Viram-no, a Enkídu, e se puseram a correr, 197
    Os bichos da estepe fugiram de sua figura:
    Contaminara Enkídu a pureza de seu corpo.

Inertes tinha os joelhos, enquanto os bichos avançavam. 200
    Diminuído estava Enkídu, não como antes corria.
Mas agora tinha ele entendimento, amplidão de saber. 202
    Voltou a sentar-se aos pés da meretriz.

A sabedoria de Shámhat

A meretriz – olhou ele seu rosto 204
    E o que a meretriz fala escutam seus ouvidos –
A meretriz a ele diz, a Enkídu: 206
    És bom, Enkídu, como um deus és tu!

Por que vagas com os animais pela estepe? 208
    Vem! Levar-te-ei ao coração de Úruk, o redil,
À casa dos deuses, morada de Ánu e Ishtar, 210
    Onde também está Gilgámesh, perfeito em força,
    E como touro selvagem tem ele poder sobre os homens.

Ela falava e ele assentia com suas palavras – 213
    Seu coração sagaz buscava um amigo.
Enkídu a ela diz, à meretriz: 215

Vem, Shámhat, convida-me 216
    À casa dos deuses, morada pura de Ánu e Ishtar,

Onde também está Gilgámesh, perfeito em força, 218
    E como touro selvagem tem ele poder sobre os homens.

Eu próprio o desafiarei, ---- 220
    Gritarei no coração de Úruk: Sou o mais valente!
---- o destino mudarei: 222
    O na estepe nascido é valente, forte!

Que o povo veja tua face, 224
    ---- ele está, possa eu saber!
Vai, Enkídu, a Úruk, o redil, 226
    Onde os jovens cingem uma faixa,

Todo dia ---- acontece um festival 228
    Onde retumbam tambores
E as meretrizes têm elegante forma, 230
    Enfeitadas de encantos, cheias de alegria:
    Dos leitos, de noite, saem os idosos!

Enkídu – aquele que não conheceu a vida! 233
    Mostrar-te-ei Gilgámesh, um homem contente,
Olha para ele, vê sua face, 235
    Pleno de virilidade, dono de poderio,

Encorpado de encantos todo o seu corpo, 237
    Mais rija força que tu ele tem,
Insone de dia e de noite. 239

Enkídu, abandona teus vícios, 240
    A Gilgámesh Shámash ama,
Ánu, Énlil e Ea fizeram plena sua sabedoria: 242

Antes que viesses das montanhas, 243
    Gilgámesh, no coração de Úruk, via-te em sonhos.

Os sonhos de Gilgámesh

Levanta-se Gilgámesh, do sonho busca o sentido, diz a sua mãe: 245
    Mãe, um sonho vi esta noite:
Apareceram-me estrelas no céu, 247
    Como rochas de Ánu caíam sobre mim:

Prendi uma, era pesada para mim, 249
    Tentava movê-la, não podia levantá-la;
A terra de Úruk estava em volta dela, 251
    Toda a terra amontoada em cima dela,

Apertava-se o povo em face dela, 253
    Os jovens acumulavam-se em volta dela,
Como a uma criancinha pequena beijavam-lhe os pés: 255
    A ela amei como esposa, por ela me excitei,

Peguei-a e deixei-a a teus pés 257
    E tu a uniste comigo.

A mãe de Gilgámesh, inteligente, sábia, tudo sabia e disse a seu filho – 259
    A vaca selvagem Nínsun, inteligente, sábia, tudo sabia e disse a Gilgámesh:
Apareceram-te estrelas no céu, 261
    Como rochas de Ánu caíam sobre ti:

Prendeste uma, era pesada para ti, 263
    Tentavas movê-la, não podias levantá-la;
Pegaste-a e a deixaste a meus pés 265
    E eu a uni contigo:

A ela amaste como uma esposa, por ela te excitaste: 267
    Vem para ti um forte companheiro, amigo salvador,
Nesta terra é ele que rija força tem, 269
    Como uma rocha de Ánu é sua rija força.

A ele amarás como uma esposa, por ele te excitarás, 271
    Ele, forte, sempre a ti salvará.
É bom, é precioso o teu sonho! 273

Um segundo sonho ele viu. 273ª
    Levantou-se e apresentou-se diante da deusa sua mãe,
Gilgámesh a ela diz, a sua mãe: 275

De novo, mãe, vi um segundo sonho: 276
    Numa rua da praça de Úruk
Um machado estava jogado, diante dele uma reunião, 278
    A terra de Úruk estava em volta dele,

Toda a terra amontoada em cima dele, 280
    Apertava-se o povo em face dele,
Os jovens acumulavam-se em volta dele, 282
    Peguei-o e deixei-o a teus pés:

A ele amei como uma esposa, por ele me excitei, 284
    E tu o uniste comigo.

A mãe de Gilgámesh, inteligente, sábia, tudo sabia e disse a seu filho, 286
    A vaca selvagem Nínsun, inteligente, sábia, tudo sabia e disse a Gilgámesh:

Filho, o machado que viste é um homem, 288
    A ele amarás como uma esposa, por ele te excitarás,
E eu o unirei contigo. 290

Vem para ti um forte companheiro, amigo salvador, 291
    Nesta terra é ele que rija força tem,
Como uma rocha de Ánu é sua rija força. 293

Gilgámesh a ela diz, a sua mãe: 294
    Mãe, pela boca do conselheiro Énlil tal me aconteça!
Um amigo, um conselheiro eu ganharei, 296
    Ganharei eu um amigo, um conselheiro!

Foi assim que viu seus sonhos. 298
    Depois que Shámhat os sonhos de Gilgámesh contou a Enkídu,
Fizeram amor os dois. 300

—

[2, 1] Enkídu estava assentado diante dela.

[Colofão 1] Tabuinha 1, *Ele que o abismo viu, o fundamento da terra*.
Palácio de Assurbanípal, rei do mundo, rei da Assíria, que confia em Assur e Nínlil.
O que confia não se envergonhe, rei dos deuses, Assur!

[Colofão 2] Tabuinha 1, *Ele que o abismo viu*, série de Gilgámesh.
Como o original escrita e conferida.

Tabuinha 2

Enkídu entre os pastores

Enkídu estava assentado diante dela ----	1
----	26
---- que ----	
----	28
Por que vagas com os animais pela estepe?	
Ele próprio prudente ----	30
Por seu entendimento ----	
Seu sagaz coração ----	32
De Shámhat ----	
A primeira vestimenta ela própria ----	34
E a segunda vestimenta, ela nele vestiu.	
Pegou-o e como a um dos deuses conduziu	36
À cabana dos pastores, o cercado dos animais.	
O bando de pastores ajuntou-se em volta dele	38
Por seu entendimento e por si mesmos:	
O jovem a Gilgámesh se parece em estatura,	40
Estatura elevada como ameia orgulhosa,	
Quiçá nasceu nos montes:	42
Como uma rocha de Ánu é sua poderosa força!	
Pão puseram diante dele,	44
Cerveja puseram diante dele.	
Não comeu pão Enkídu, fixou os olhos tão logo o viu:	46
Comer pão não aprendera,	
Beber cerveja não sabia.	
A meretriz a ele diz, a Enkídu:	49
---- do povo,	
---- da terra,	51

Seu sagaz coração ----   59
    Matou lobos e leões afugentou.
Dormiam os chefes dos zagais,   61
    Enkídu era seu zagal, homem desperto.

As bodas em Úruk

Um jovem [foi chamado] para uma boda ----   63
    No coração de Úruk, o redil, para ----

Estava numa rua de Úruk, o redil,   100
    ---- agitou a força ----
Bloqueou a passagem de Gilgámesh: 102

A terra de Úruk estava em volta dele,   103
    Toda a terra amontoada em cima dele,
Apertava-se o povo em face dele,   105
    Os jovens acumulavam-se em volta dele,
    Como a uma criancinha pequena beijavam-lhe os pés.

Então um jovem ----   108
    Para Ishara uma cama de ----
Para Gilgámesh, como um deus, um substituto designaram.   110

Enkídu a porta da câmara nupcial obstruiu com os pés,   111
    A Gilgámesh a entrada não permitiu –
E se pegaram à porta da câmara nupcial,   113
    Na rua brigaram, a principal daquela terra,
    O batente abalaram, o muro balançaram.

A amizade dos heróis

Nesta terra é ele que rija força tem,   162
    Como uma rocha de Ánu é sua poderosa força,
Estatura elevada como ameia orgulhosa.   164

A mãe de Gilgámesh a boca abriu para falar,   165
    Diz a seu filho –
A vaca selvagem Nínsun a boca abriu para falar, diz a seu filho: 167

Meu filho ---- 168
    Com amargor ----
---- 170

Pegaste ---- 172
    ---- na porta dele ----
Com amargor geme ---- 174
    Não tem Enkídu ----

Soltos os cabelos ---- 176
    Na estepe nasceu e ninguém ----

Estava ali Enkídu, ouviu-a falar, 178
    Meditou e sentado chorou,
Os olhos encheu de lágrimas, 180
    Os braços afrouxou, a força ----

Abraçaram-se um ao outro ---- 182
    ---- suas mãos como ----

A expedição contra Humbaba

Gilgámesh ---- 184
    A Enkídu uma palavra disse ----
Por que, amigo meu, encheste teus olhos de lágrimas? 186
    Teus braços afrouxaste, força ----

Enkídu a ele diz, a Gilgámesh: 188
    Amigo meu, meu coração pena ----
Pelas lágrimas me enfraquecem ---- 190
    Cresce o medo em meu coração.

Gilgámesh a boca abriu para falar, disse a Enkídu: 193
    Quem sabe, amigo meu, para ----
---- dele perfuraram ---- 195
    E para nós golpes ----

---- a ele os dias ---- 197
    ---- a teu lado ----

Agora, amigo meu ---- 199
    ---- na terra ----
    ---- Humbaba ----

---- 212
    Pudera ----
Possam quebrar ---- 214
    Os redemoinhos ----

O poder de Humbaba

Enkídu abriu a boca para falar, disse a Gilgámesh: 216
    Como iríamos, amigo meu, à Floresta de Cedros?

A fim de deixar intactos os cedros, 218ª
Para terror do povo o fez Énlil. 219ª
Nessa estrada não há quem caminhe, 218ᵇ
Este homem não há quem olhe! 219ᵇ

O guardião da Floresta de Cedros ---- muito grande, 220
    Humbaba, sua voz é o dilúvio!
Sua fala é fogo, seu alento é morte! 222
    Ele ouve a sessenta léguas um murmúrio da floresta.

Quem é que irá à sua floresta? 224
    Ádad é o primeiro, mas ele o segundo:
Quem é que se oporá a ele dentre os Igígi? 226
    A fim de deixar intactos os cedros,

Para terror do povo o fez Énlil: 228
    Se vai alguém à sua floresta, fraqueza a ele assalta.

Gilgámesh a boca abriu para falar, disse a Enkídu: 230
    Vem ----
Por que, amigo meu, como um fraco falaste? 232
    Com essa boca sem freio zangaste meu coração!

Do homem os dias são contados, 234
    Tudo que ele faça é vento.
---- não existe ---- 236
    Nasceste e cresceste na estepe:

Temem-te os leões, tudo experimentaste 238
 E os jovens ficam fracos diante de ti.
Teu sagaz coração a batalha provou. 240
 Vem, amigo meu, para a fornalha ----

Para a fornalha ---- 242

⌂ ⌇ ⫸ I

Os preparativos da expedição

Estavam assentados e trocavam impressões para ---- 247

Um machado moldemos ---- 248
 Machadinhas de sete talentos ----
Suas espadas eram de sete talentos. 250

Seus cinturões eram de um talento, 252
 Cinturões de ----
---- 254

⌂ ⌇ ⫸ I

A assembleia de Úruk

Ouvi-me, jovens de Úruk, o redil, 260
 Jovens de Úruk, sagaz ----:
Sou ousado a ponto de percorrer o longo caminho até Humbaba. 262

Uma refrega que não conheço enfrentarei, 263
 Em jornada que não conheço embarcarei:
Dai-me vossa benção e que ir eu possa, 265
 Que vossa face eu reveja e salvo esteja,
 E adentre a porta de Úruk, alegre o coração!

Possa retornar e o *akítu* duas vezes ao ano celebrar, 268
 Possa o *akítu* duas vezes ao ano celebrar!
O *akítu* tenha lugar e o festival se faça, 270
 Os tambores sejam percutidos diante da vaca selvagem Nínsun!

Enkídu aos anciãos conselhos deu, 272

Aos jovens de Úruk, sagaz ----:
Dizei-lhe que não vá à Floresta de Cedros,   274
   Nessa estrada não há quem caminhe,
   Este homem não há quem olhe!

O guardião da Floresta de Cedros ---- muito grande,   277

Sua fala é fogo, seu alento é morte!   279
   Ele ouve a sessenta léguas um murmúrio da floresta.
   Quem é que irá à sua floresta?

Ádad é o primeiro, mas ele o segundo: 282
   Quem é que se oporá a ele dentre os Igígi?
A fim de deixar intactos os cedros,   284
   Para terror do povo o fez Énlil:
   Se vai alguém à sua floresta, fraqueza a este assalta.

Levantaram-se e ponderaram os principais,   287
   Uma ponderação destinou um deles a Gilgámesh:
És jovem, Gilgámesh, teu coração te impulsiona,   289
   Isso que julgas não conheces.

Humbaba, sua voz é o dilúvio,   291
   Sua fala é fogo, seu alento é morte!
Ele ouve a sessenta léguas um murmúrio da floresta,   293
   Se vai alguém à sua floresta, fraqueza a este assalta.

Quem é que irá à sua floresta?   295
   Quem é que se oporá a ele dentre os Igígi?
Ádad é o primeiro, mas ele o segundo: 297
   A fim de deixar intactos os cedros,
   Para terror do povo o fez Énlil.

Ouviu Gilgámesh as palavras ditas por um dos principais.   300
   Olhou ---- Enkídu.

—

[1] [Ao cais de Úruk chegues são e salvo!]

Tabuinha 3

A assembleia de Úruk

Ao cais de Úruk chegues são e salvo! 1
    Não confies, Gilgámesh, em toda tua força!
Teus olhos se fartem, no ataque confia! 3
    Quem vai à frente ao companheiro salva,

Quem o caminho conhece a seu amigo protege: 5
    Que vá Enkídu a tua frente,
O caminho ele sabe da Floresta de Cedros, 7
    Em combates treinado, em refregas experto,

Que Enkídu ao amigo envolva, ao companheiro conserve, 9
    Para as esposas o teu corpo de volta traga:
Nesta assembleia confiamos-te o rei, 11
    Fá-lo retornar e confia-nos o rei!

A prece de Nínsun

Gilgámesh abriu a boca para falar, 13
    disse a Enkídu:

Vem, amigo, vamos ao templo de Nínsun, 15
    À face de Nínsun, grande rainha,
Nínsun inteligente, sábia, tudo sabe, 17
    Passos calculados disporá para nossos pés.

E deram-se as mãos, a mão de um na do outro, 19
    Gilgámesh e Enkídu foram ao templo de Nínsun,
    À face de Nínsun, grande rainha.

Gilgámesh ergueu-se, entrou em face da deusa sua mãe, 22
    Gilgámesh a ela diz, a Nínsun:
Nínsun, sou ousado a ponto de percorrer 24
    O longo caminho até Humbaba:

Uma refrega que não conheço enfrentarei, 26
    Em jornada que não conheço embarcarei.
Dá-me tua bênção e que ir eu possa! 28
    Que tua face eu reveja e salvo esteja,

E adentre a porta de Úruk, alegre o coração! 30
    Possa retornar e o *akítu* duas vezes ao ano celebrar,
Possa o *akítu* duas vezes ao ano celebrar! 32
    O *akítu* tenha lugar e o festival se faça,
    Os tambores sejam percutidos diante de ti!

A vaca selvagem Nínsun as palavras de Gilgámesh, filho seu, 35
    E de Enkídu em aflição ouviu.
À casa do banho lustral sete vezes foi, 37
    Purificou-se com água de tamarisco e ervas,

---- uma bela veste, adorno de seu corpo, 39
    ---- adorno de seus seios,
--- posta e com sua tiara coroada, 41
    ---- as prostitutas o chão empoeirado.

Galgou as escadas, subiu ao terraço, 43
    Subindo ao terraço, em face de Shámash incenso pôs,
Pôs a oferenda em face de Shámash, seus braços alçou: 45

Por que pôr em meu filho Gilgámesh o coração sem sossego que lhe deste? 46
    Agora o tocaste e ele percorrerá
O longo caminho até Humbaba: 48
    Uma refrega que não conhece enfrentará,
    Em fogo que não conhece embarcará.

Até o dia em que ele vá e volte, 51
    Até que atinja a Floresta de Cedros,
Até que o feroz Humbaba ele mate, 53
    E essa coisa ruim que detestas desapareça da terra,

De dia, quando tu os limites ---- 55
    Ela, Aia, não te tema, Aia, a esposa, te lembre:
Este aos guardas da noite confia, 57
    Ao lusco-fusco ----

----   59
    ---- para
----   61
    ---- brilhar

Abriste, Shámash, ---- para a saída do rebanho,   63
    Para ---- saíste sobre a terra,
Das montanhas ---- brilharam os céus,   65
    Os bichos da estepe ---- tua luz vermelha,

Esperou ---- a eles   67
    Animais ---- tu
----   69
    Morto ---- vida

Para ---- tua cabeça   71
    Para ---- a multidão se reúne,
Os Anunnákki em tua luz prestam atenção.   73
    Ela, Aia, não te tema, Aia, a esposa, te lembre:

Este aos guardas da noite confia,   75
    A estrada que ----
Toque e ----   77
    Porque ----

Jornada ----   79
    E ----
Até que Gilgámesh vá à Floresta de Cedros,   81
    Sejam longos os dias, sejam curtas as noites.

Esteja cingida sua cintura, sejam largos seus passos,   83
    Para a noite, que ele acampe ao entardecer,
Ao entardecer ---- ele durma.   85

Ela, Aia, não te tema, Aia, a esposa, te lembre: 86
    No dia em que Gilgámesh, Enkídu e Humbaba meçam forças,
Incita, Shámash, contra Humbaba os grandes ventos,   88
    Vento sul, norte, do levante, do poente – ventania, vendaval,

Temporal, tempestade, tufão, redemoinho,   90
    Vento frio, tormenta, furacão:

Os treze ventos se alcem, de Humbaba escureçam a face,   92
    E a arma de Gilgámesh a Humbaba alcance!

Depois de teus próprios ---- acesos,   94
    Nesta hora, Shámash, a teu devoto volta a face!
Tuas mulas ligeiras ---- tuas,   96
    Um assento tranquilo, um leito, se te forneça,
Um assento ----   97ª

Os deuses, teus irmãos, manjares ---- te tragam,   98
    Aia, a esposa, com a limpa bainha de seu manto tua face enxugue!

A vaca selvagem Nínsun repetiu diante de Shámash seu comando: 100
    Shámash, Gilgámesh aos deuses não ----?
Contigo os céus não compartilhará?   102
    Com Sin não compartilhará o cetro?

Com Ea, que habita o Apsu, não será sábio?   104
    Com Írnina o povo de cabeças negras não dominará?
Com Ningíshzida o lugar sem retorno não habitará?   106

Fa-lo-ei, Shámash ----   107
    Para não ---- para não ---- a Floresta de Cedros,
---- para não alcançar,   109
    ---- tua grande divindade.

----   111

---- como o próprio povo,   113
    ---- tu como ----
para ---- Humbaba fazeres entrar.

O comando a Enkídu

Depois que a vaca selvagem Nínsun a Shámash reforçou o encargo,   116
    A vaca selvagem Nínsun, inteligente, sábia, tudo sabia,
---- Gilgámesh ----   118
    Ela apagou a oferenda de incenso ----

A Enkídu chamou e proferiu-lhe o comando: 120
    Forte Enkídu, não saíste de minha vagina!

Agora tua raça estará com os oblatos de Gilgámesh,   122
   As sacerdotisas, as consagradas e as hierodulas.

Uma marca ela impôs no pescoço de Enkídu: 124
   A sacerdotisa adotou o exposto
E as filhas dos deuses criaram o noviço.   126

Eu própria, a Enkídu, que amo, adotei como filho,   127
   A Enkídu, como irmão, Gilgámesh favoreça!
----   129
   E ----

Quando vás com Gilgámesh à Floresta de Cedros,   131
   Sejam longos os dias, sejam curtas as noites.
Esteja cingida tua cintura, sejam largos teus passos,   133
   Para a noite, que acampes ao entardecer,
   ---- protejas.

⌬ ⌮ ⋘ 𒐕

Gilgámesh para ----   147
   ---- seu ----
À Porta de Cedro ----   149
   Enkídu no templo de ----

E Gilgámesh no templo de ----   151
   Zimbro, oferenda espargida ----
Presentes os membros de ----   153

⌬ ⌮ ⋘ 𒐕

Pela palavra de Shámash atingirás tua meta,   166
   Na Porta de Marduk ----
No seio das águas ----   168
   Costas ----

Na Porta de Cedro ----   170
   Gilgámesh ----
E Enkídu ----   172
   Que às vinte léguas partais o pão,

⌬ ⌮ ⋘ 𒐕

A assembleia de Úruk

Até o dia em que vamos e voltemos, 202
    Até que atinjamos a Floresta de Cedros,

Até que o feroz Humbaba matemos, 204
    E a coisa ruim que Shámash detesta façamos desaparecer da terra,
---- 206
    Não adquirais ----

De jovens na rua não reúnam ---- 208
    O julgamento do fraco julgai, buscai ----
Até que, como criança pequena, atinjamos nossa meta, 210
    Até que no portal de Humbaba implantemos nossas armas!

Estavam lá seus governantes, saudavam-no, 212
    Reunidos, os jovens de Úruk corriam atrás dele,
E seus governantes beijavam-lhe os pés: 214

Ao cais de Úruk chegues são e salvo! 215
    Não confies, Gilgámesh, em toda tua força!
Teus olhos se fartem, no ataque confia! 217
    Quem vai à frente o companheiro salva,
    Quem o caminho conhece seu amigo protege:

Que vá Enkídu à tua frente, 220
    O caminho ele sabe da Floresta de Cedros,
Em combates treinado, em refregas experto, 222
    Nas passagens das montanhas ----

Que Enkídu ao amigo envolva, ao companheiro conserve, 224
    Para as esposas o seu corpo de volta traga:
Nesta assembleia confiamos-te o rei, 226
    Fá-lo retornar e confia-nos o rei!

Enkídu abriu a boca para falar, 228
    disse a Gilgámesh:
Meu amigo, volta atrás ---- 230
    Uma jornada não ----

—

[1] [Às vinte léguas partiram o pão.]

Tabuinha 4

Início da jornada

Às vinte léguas partiram o pão,   1
    Às trinta léguas estenderam a tenda,
Cinquenta léguas andaram o dia inteiro: 3
    Jornada de mês e meio ao terceiro dia: chegaram perto do Monte Líbano.

Em face de Shámash cavaram uma cisterna,   5
    Água ---- puseram em ----
Foi Gilgámesh ao topo da montanha,   7
    Farinha ofertou aos montes:

Montanha, ordena-me um sonho, mensagem boa eu veja!   9
    E fez-lhe Enkídu, para ele, uma casa de sonhos:
Uma porta contra o vendaval fixou em sua entrada   11
    E fê-lo dormir num círculo ---- desenhado,

E ele mesmo, como uma rede, ---- e deitou em sua entrada.   13
    Gilgámesh nos joelhos apoiou o queixo,
O sono que se derrama sobre as gentes nele caiu.   15

Na noite profunda, de sonhar terminou,   16
    Levantou-se e disse a seu amigo:
Amigo meu, não me chamaste, por que estou desperto?   18
    Não me tocaste, por que estou angustiado?
    Não passou um deus, por que está atordoado meu corpo?

Amigo meu, vi um sonho,   21
    E o sonho que vi, de todo atordoante:

No vale de um monte ----   23
    O monte caiu em ----
E nós, como ----   25
    O nascido na estepe um conselho deu,

Falou Enkídu a seu amigo, seu sonho explicou-lhe: 27

Amigo meu, propício é teu sonho, bom ----
O sonho é soberbo! ---- 29
  Amigo meu, a montanha que viste ----

Capturaremos Humbaba, matá-lo-emos 31
  E seu cadáver no chão metê-lo-emos,
E de manhã uma mensagem de Shámash propícia veremos. 33

Segunda jornada

Às vinte léguas partiram o pão, 34
  Às trinta léguas estenderam a tenda,
Cinquenta léguas andaram o dia inteiro: 36
  Jornada de mês e meio ao terceiro dia: chegaram perto do Monte Líbano.

Em face de Shámash cavaram uma cisterna, 38
  Água ---- puseram em ----
Foi Gilgámesh ao topo da montanha, 40
  Farinha ofertou aos montes:

Montanha, ordena-me um sonho, mensagem boa eu veja! 42
  E fez-lhe Enkídu, para ele, uma casa de sonhos,
Uma porta contra o vendaval fixou em sua entrada 44
  E fê-lo dormir num círculo ---- desenhado,

E ele mesmo, como uma rede, ---- e deitou em sua entrada. 46
  Gilgámesh nos joelhos apoiou o queixo,
O sono que se derrama sobre as gentes nele caiu. 48

Na noite profunda, de sonhar terminou, 49
  Levantou-se e disse a seu amigo:
Amigo meu, não me chamaste, por que estou desperto? 51
  Não me tocaste, por que estou angustiado?
  Não passou um deus, por que está atordoado meu corpo?

Amigo meu, vi outro sonho, 54
  E o sonho que vi, de todo atordoante:

---- Humbaba, 70
  ---- de pequena sua altura,
  ---- largo, esguio, 72

---- Humbaba como um genro,

---- sobre ele,   74

----   76

E de manhã uma mensagem de Shámash propícia veremos.

Terceira jornada

Às vinte léguas partiram o pão,   79
   Às trinta léguas estenderam a tenda,
Cinquenta léguas andaram o dia inteiro: 81
   Jornada de mês e meio ao terceiro dia: chegaram perto do Monte Líbano.

Em face de Shámash cavaram uma cisterna,   83
   Água ---- puseram em ----
Foi Gilgámesh ao topo da montanha,   85
   Farinha ofertou aos montes:

Montanha, ordena-me um sonho, mensagem boa eu veja!   87
   E fez-lhe Enkídu, para ele, uma casa de sonhos,
Uma porta contra o vendaval fixou em sua entrada   89
   E fê-lo dormir num círculo ---- desenhado,

E ele mesmo, como uma rede, ---- e deitou em sua entrada.   91
   Gilgámesh nos joelhos apoiou o queixo,
O sono que se derrama sobre as gentes nele caiu.   93

Na noite profunda, de sonhar terminou,   94
   Levantou-se e disse a seu amigo:
Amigo meu, não me chamaste, por que estou desperto?   96
   Não me tocaste, por que estou angustiado?
   Não passou um deus, por que está atordoado meu corpo?

Amigo meu, vi um terceiro sonho,   99
   E o sonho que vi, de todo atordoante:
Bramaram os céus, a terra rugiu,   101
   O dia declinou, saiu a treva,

Raio raiou, fulgiu o fogo,   103

Chamas subiam, chovia morte.
Turvou-se o brilho, findou o fogo,   105
    Foi-se apagando, acabou carvão.
    Tu que nasceste na estepe, examinar isso podemos?

Ouviu Enkídu a fala do amigo, o sonho interpreta-lhe, diz a Gilgámesh: 108
    Amigo meu, propício é teu sonho, bom ----

                        ◢ ⋈ ⋘ ﹗

Quarta jornada

Às vinte léguas partiram o pão,   120
    Às trinta léguas estenderam a tenda,
Cinquenta léguas andaram o dia inteiro: 122
    Jornada de mês e meio ao terceiro dia:
    Chegaram perto do Monte Líbano.

Em face de Shámash cavaram uma cisterna,   125
    Água ---- puseram em ----
Foi Gilgámesh ao topo da montanha,   127
    Farinha ofertou aos montes:

Montanha, ordena-me um sonho, mensagem boa eu veja!   129
    E fez-lhe Enkídu, para ele, uma casa de sonhos:
Uma porta contra o vendaval fixou em sua entrada   131
    E fê-lo dormir num círculo ---- desenhado,

E ele mesmo, como uma rede, ---- e deitou em sua entrada.   133
    Gilgámesh nos joelhos apoiou o queixo,
O sono que se derrama sobre as gentes nele caiu.   135

Na noite profunda, de sonhar terminou,   136
    Levantou-se e disse a seu amigo:
Amigo meu, não me chamaste, por que estou desperto?   138
    Não me tocaste, por que estou angustiado?
    Não passou um deus, por que está atordoado meu corpo?

Amigo meu, vi um sonho,   141
    E o sonho que vi, de todo atordoante:

                        ◢ ⋈ ⋘ ﹗

Amigo meu, propício é teu sonho, bom ---- 155

---- Humbaba como um deus ---- 157
    ---- acenderá ---- sobre ele,

---- seu poremos, ataremos seus braços 159

---- seu, ficaremos sobre ele: 161
    E de manhã uma mensagem de Shámash propícia veremos.

Quinta jornada

Às vinte léguas partiram o pão, 163
    Às trinta léguas estenderam a tenda,
Cinquenta léguas andaram o dia inteiro. 165

Em face de Shámash cavaram uma cisterna, 166
    Água ---- puseram em ----
Foi Gilgámesh ao topo da montanha, 168
    Farinha ofertou aos montes:

Montanha, ordena-me um sonho, mensagem boa eu veja! 170
    E fez-lhe Enkídu, para ele, uma casa de sonhos:
Uma porta contra o vendaval fixou em sua entrada 172
    E fê-lo dormir num círculo ---- desenhado,
    E ele mesmo, como uma rede, ---- e deitou em sua entrada.

Gilgámesh nos joelhos apoiou o queixo, 175
    O sono que se derrama sobre as gentes nele caiu.
Na noite profunda, de sonhar terminou, 177
    Levantou-se e disse a seu amigo:

Amigo meu, não me chamaste, por que estou desperto? 179
    Não me tocaste, por que estou angustiado?
Não passou um deus, por que está atordoado meu corpo? 181

Amigo meu, vi um quinto sonho, 182
    E o sonho que vi, de todo atordoante.

A expectativa do embate

    Geraram ----   210

Gilgámesh abriu a boca para falar, disse a Enkídu: 211
    Amigo meu, não ----
Filhos não geraram ----   213

Enkídu abriu a boca para falar, disse a Gilgámesh: 214
    Amigo meu, aquele por quem vamos é algo hostil,
Humbaba por quem vamos é algo hostil.   216

Gilgámesh abriu a boca para falar, disse a Enkídu: 217
    Amigo meu, matemos ----
---- para ----   219

—

[1] Ali estavam, olhavam a Floresta

Tabuinha 5

A Floresta de Cedros

Ali estavam e olhavam a Floresta 1
    De Cedros, observavam-lhe a altura,
Da floresta observavam-lhe a entrada: 3
    Onde Humbaba caminhava ficara-lhe a pegada,
    A senda arrumada e acolhedor o caminho.

Viram a montanha de cedros, 6
    Morada de deuses, trono de deusas:
Na face da montanha os cedros mostravam abundância, 8
    Doce sua sombra, plena de deleite,
    Enredada de espinhos, a acobertada floresta.

---- cedro, *ballúkku*: entrada não havia, 11
    ---- brotos por uma légua – a floresta,
---- cipreste por dois terços de légua, 13
    De até um sexto de peso a crosta fixa nos cedros.

Resina ressuda como chuva que chove 15
    E vai, levam-na canais.
Por toda a floresta passarinho a pipilar, 17
    ---- a responder, uma voz a chilrear,

Solitária cigarra clamor inicia, 19
    ---- canta ---- sibila,
Pombo arrulha, rola responde, 21
    ---- tartaruga, rejubila a floresta,

---- galinha, rejubila a floresta luxuriante, 23
    Macaca canta, filhotes de macaco guincham,
Como um grupo de músicos e tambores: 25
    Dia a dia ressoam em face de Humbaba.

Lança sua sombra o cedro, 27
    O medo cai sobre Gilgámesh:

Um torpor toma seus braços 29
    E debilidade cai-lhe sobre os joelhos.

Enkídu abriu a boca para falar, disse a Gilgámesh: 31
    Entremos no interior da floresta,
Teu intento comece, soemos o alarme! 33

Gilgámesh abriu a boca para falar, disse a Enkídu: 34
    Por que, amigo meu, como fracos trememos?
---- atravessamos todas as montanhas, 36
    ---- em face de nós,
    ---- vejamos a luz!

Amigo meu, experto na batalha, 39
    Que no combate não temeu a morte,
Com sangue manchado não temes a morte 41
    E, irado, como legítimo extático maceras-te,

Como timbale ribombe teu grito, 43
    Parta o torpor de teus braços e a debilidade se te erga dos joelhos!
Pega, amigo meu, juntos iremos, 45
    Fale a teu coração o combate!

A iminência do combate

Logo em seguida as espadas ---- 53
    Em seguida a bainha ----
Os eixos manchados ---- 55
    Machados e espadas em ----

Um ---- 57
    Penetraram ----

Humbaba dirige-se a seu coração, uma palavra fala: 61
    Não vai ----
Não vai ---- 63
    Por que temem ---- ?

---- por que de meu ---- ? 65
    Em terror (?) para ----

E por que ---- ?   67
    E meu leito ----

Por que amigo meu ---- ?   69
    Com boa vontade ----
Se uma palavra para ----   71
    Énlil o maldiga ----

Enkídu abriu a boca para falar, disse a Gilgámesh: 73
    Amigo meu, Humbaba ----
Amigo meu, um é um, mas dois são dois!   75
    Embora fracos, dois ----

Embora uma rampa e --- dois ----   77
    Dois trios ----
Corda tripla ----   79
    Ao forte leão, os dois filhotes ----

Teu fundamento firme ----   81
    Amigo meu, flecha, seta ----
Jornada fazes ----   83
    Quando partimos ----

---- é carregado ----   85
    ---- resto ----
Amigo meu, nos ventos de Shámash ---   87
    Sua cauda é tormenta, sua face é vento,
    Dize a Shámash incite-o ele ----

Levantou sua cabeça Gilgámesh, em face de Shámash chorava,   90
    Em face do fulgor de Shámash, vinham-lhe as lágrimas:
Aquele dia, Shámash, que confiei em ti não esqueças!   92
    Agora fica em pé ----
    Sobre Gilgámesh, broto do coração de Úruk, tua sombra põe!

Shámash ouviu o que disse sua boca,   95
    Logo de súbito, uma voz logo bramiu do céu:
Apressa-te, detém-no! Não entre ele em sua floresta!   97
    Não desça ele ao bosque, não ----

Não vista ele suas sete capas ----   99
    Uma ele vestia, seis já tirara,

Eles ---- 101
    Como touro selvagem agressivo avança ----

Lançou um bramido cheio de terror, 103
    O guardião do bosque bramia,
---- 105
    Humbaba como Ádad rugia.

⌂ ⊨ ⋘ 𒁹

Enkídu abriu a boca para falar, disse a Gilgámesh: 111

---- e rijos os braços. 113

Gilgámesh abriu a boca para falar, disse a Enkídu: 114
    Por que, amigo meu, enfraquecidos falamos?
Nós que atravessamos todas as montanhas 116
---- para defronte,

Antes de retirar-nos ---- 118
    Amigo meu, experto no combate,
Que a batalha ---- 120
    ---- atacas e não temes,

---- e como um profeta, muda ---- 122
    Como um timbale retumbe teu grito,
Parta o torpor de teus braços e a debilidade se te erga dos joelhos! 124
    Pega, amigo meu, juntos iremos,

Incita teu coração à batalha! 126
    A morte esquece, a vida busca,
---- homem prudente. 128
    Quem à frente vai seu corpo proteja, o amigo deixe intacto!

P'ra dias distantes renome granjearam 130
    ---- distante ambos chegaram.
Concluíram sua fala – ali estavam. 132
    Ali estavam e olhavam a floresta.

⌂ ⊨ ⋘ 𒁹

O combate

Humbaba abriu a boca para falar, disse a Gilgámesh: 142
    Deixem os tolos, Gilgámesh, a algum idiota conselho tomar! Diante de mim?

Vem, Enkídu, filho de peixe que não conheceu o pai! 144
    Filhote de cágado e tartaruga, que não mamou o leite da mãe!

Quando eras jovem te vi, mas perto não cheguei, 146
    ---- tu ---- no meu estômago.
Por que à traição Gilgámesh trouxeste diante de mim 148
    E tu mesmo como hostil inimigo te pões?

Cortarei de Gilgámesh a goela e a nuca, 150
    Jogarei seu corpo aos pássaros, vorazes águias e abutres!

Gilgámesh abriu a boca para falar, disse a Enkídu: 152
    Amigo meu, de Humbaba mudou a fronte!
Fortes subimos a seu covil para vencê-lo, 154
    Mas corações temerosos destemidos logo não devêm.

Enkídu abriu a boca para falar, disse a Gilgámesh: 156
    Por que, amigo meu, como um fraco falaste?
Com essa boca sem freio zangaste meu coração! 158
    Agora, amigo meu, uma coisa só ----

No molde do fundidor o bronze recolher, 160
    O carvão por duas horas abrasar, as brasas por duas horas ----
Enviar o dilúvio, o chicote atacar: 162
    Não tires teu pé, não voltes atrás!
    ---- teu golpe forte.

𒀀 𒂵 𒈭 𒁹

    ---- seja expulso! 174

Ouviu-os à distância, 175
    Pisoteou o chão e ---- atacou.
Aos calcanhares deles o chão se abria, 177
    Ao darem a volta, partiram-se o Sirara e o Líbano.

Negra se fez nuvem branca, 179
    Morte, como névoa, sobre eles chovia.

Shámash contra Humbaba incitou os grandes ventos: 181
    Vento sul, norte, do levante, do poente – ventania,
Vendaval, temporal, tempestade, tufão, 183
    Redemoinho, vento frio, tormenta, furacão.

Os treze ventos se alçaram, de Humbaba escureceu a face:

Não se lança à frente, não vai para trás –   186
E a arma de Gilgámesh alcançou Humbaba!

A rendição de Humbaba

Humbaba, por sua vida pedindo, diz a Gilgámesh: 188
    És jovem, Gilgámesh, tua mãe vem de parir-te!
E rebento da vaca selvagem Nínsun és tu!   190
    Pela boca de Shámash e de meu monte ----

Broto do coração de Úruk, rei Gilgámesh!   192
    ---- Gilgámesh, de um morto não ----
Um escravo vivo para seu senhor ----   194
    Gilgámesh, poupa-me a vida! ----

E eu more para ti no ----   196
    Das árvores quantas mandes ----
E eu guarde para ti a murta ----   198
    Árvore digna de um palácio ----

Enkídu abriu a boca para falar, disse a Gilgámesh: 200
    Amigo meu, não ouças o que Humbaba te diz,
---- suas súplicas ----   202

            △ ⋈ ⋘ I

Humbaba abriu a boca para falar, disse a Enkídu: 217
    Conhecidas te são as regras de minha floresta, as regras ----
    E sabes tudo que é para dizer.

Se te arriara, se te pendurara em galho à entrada de minha floresta,   220
    Se te jogara o corpo aos pássaros, vorazes águias e abutres!
Mas agora, Enkídu, contigo está minha liberação: 222
    Pois fala a Gilgámesh que me restitua a vida!

Enkídu abriu a boca para falar, disse a Gilgámesh: 224
    Amigo meu, a Humbaba, guardião da Floresta de Cedros,
Destrói-o, mata-o, sua ordem faz desaparecer!   226
    A Humbaba, guardião da Floresta de Cedros, destrói-o, mata-o, sua
    ordem faz desaparecer,

Antes que o saiba o preeminente Énlil   228
   E fúria contra nós concebam os grandes deuses,
Énlil em Níppur, Shámash em Larsa,   230
   Fixa para sempre ----
   Que foi Gilgámesh que matou Humbaba!

E ouviu Humbaba o que Enkídu disse   233
   E levantou a cabeça Humbaba ----

        ◢ ⊨ ⋘ I

Enkídu abriu a boca para falar, disse a Gilgámesh: 249
   Amigo meu, o passarinho pega,
Aonde irá o filhote?   251
   Humbaba ----

Aonde irá ----   253
   Aonde irá ----

Ouviu Humbaba o que Enkídu falou,   255
   Levantou sua cabeça Humbaba, em face de Shámash chorava,
Em face do fulgor de Shámash, vinham-lhe as lágrimas: 257

Entraste, Enkídu ----   258
   Na colisão de armas, o príncipe ----
E o morador de sua casa, o caminho ----   260

Assentas como um pastor diante dele   261
   E como empregado a seu serviço tu ----
Mas agora, Enkídu, contigo está minha libertação: 263
   Pois fala a Gilgámesh que me restitua a vida!

Enkídu abriu a boca para falar, disse a Gilgámesh: 265
   Amigo meu, a Humbaba, guardião da Floresta de Cedros,
Destrói-o, mata-o, sua ordem faz desaparecer!   267
   A Humbaba, guardião da Floresta de Cedros, destrói-o, mata-o, sua ordem faz desaparecer,

Antes que o saiba o preeminente Énlil   269
   E fúria contra nós concebam os grandes deuses,
Énlil em Níppur, Shámash em Larsa, fixa para sempre ----   271
   Que foi Gilgámesh que matou Humbaba!

E ouviu Humbaba o que Enkídu falou, 273
    Levantou sua cabeça Humbaba, em face de Shámash chorava,
Em face do fulgor de Shámash, vinham-lhe as lágrimas: 275

Que ---- 276
    Que não fiquem velhos ambos,
A não ser seu amigo Gilgámesh, não tenha Enkídu outro para enterrá-lo! 278

O desfecho

Enkídu abriu a boca para falar, disse a Gilgámesh: 279
    Amigo meu, te falo, não ouves:
Até que a maldição ---- 281
    ---- para sua boca.

Ouviu Gilgámesh as palavras de seu amigo, 283
    Tirou a espada do lado,
E Gilgámesh golpeou-lhe o pescoço. 285

---- Enkídu ---- enquanto os pulmões lhe tirava ele, 286
    ---- dava saltos,
Da cabeça arrancou-lhe as presas como botim. 288

---- em abundância pelo monte caiu, 289
    ---- em abundância pelo monte caiu.

---- seu ---- 299
    ---- Gilgámesh ----
---- perfumes das árvores para ele levavam, para ---- de Énlil. 301

Enkídu abriu a boca para falar, disse a Gilgámesh: 302
    Amigo meu, a terra nua reduzimos a floresta,
Como em Níppur responderemos a Énlil? 304
    Com vosso poder, o guardião matastes!
    Que fúria essa vossa? Arrasastes a floresta!

Depois de os sete filhos seus matarem – 307
    Cigarra, Pio, Tufão, Grito, Astuto, ----, Tempestade –,
Machados de dois talentos eram suas ferramentas, 309
    Três côvados e meio de lascas aos seus golpes:

Gilgámesh as árvores cortava, 311
    Enkídu separava as melhores.

Enkídu abriu a boca para falar, disse a Gilgámesh: 313
    Amigo meu, cortamos um cedro alto,
Cujo topo pelo céu avança; 315
    Farei uma porta: de seis varas sua altura, duas varas sua largura,

Um côvado a espessura, o batente e os eixos de cima e de baixo uma peça só! 317
    À casa de Níppur leve-a o Eufrates,
Alegre-se o templo de Níppur! 319
    ---- cipreste ----

Prenderam uma barca, carregaram-na ---- 321

Enkídu dirigia ---- 323
    E Gilgámesh a cabeça de Humbaba conduzia e ----

—

    [6, 1] Lavou-se da sujeira, limpou as armas

    [Colofão 1] Tabuinha 5, série de Gilgámesh
    [Colofão 2] Tabuinha 5, *Ele que o abismo viu*, série de Gilgámesh

Tabuinha 6

A glória de Gilgámesh

Lavou-se da sujeira, limpou as armas,   1
    Sacudiu os cachos sobre as costas,
Tirou a roupa imunda, pôs outra limpa,   3
    Com uma túnica revestiu-se, cingiu a faixa:
    Gilgámesh com sua coroa cobriu-se.

A paixão de Ishtar

À beleza de Gilgámesh os olhos lançou a majestosa Ishtar: 6
    Vem, Gilgámesh, meu marido sejas tu!
Teu fruto dá a mim, dá-me!   8
    Sejas tu o esposo, seja eu tua consorte!

Farei atrelar-te carro de lápis-lazúli e ouro,   10
    As suas rodas de ouro, de âmbar os seus chifres:
Terás atrelados os leões da tempestade, grandes mulas!   12
    Em nossa casa perfumada de cedro entra!

Em nossa casa quando entres,   14
    O umbral e o requinte beijem teus pés!
Ajoelhem-se sob ti reis, potentados e nobres,   16
    O melhor da montanha e do vale te seja dado em tributo!

Tuas cabras a triplos, tuas ovelhas a gêmeos deem cria,   18
    Teu potro com carga à mula ultrapasse,
Teu cavalo no carro majestoso corra,   20
    Teu boi sob o jugo não tenha rival!

A recusa de Gilgámesh

Gilgámesh abriu a boca para falar,   22
    Disse à majestosa Ishtar:

Se eu contigo casar,   24
    ---- o corpo e a roupa?

---- o alimento e o sustento?   26
    Far-me-ás comer manjar digno de um deus?

Cerveja far-me-ás beber digna de um rei?   28

---- empilhe eu   30
    ---- vestuário

Quem ---- contigo casará?   32
    Tu ---- que petrificas o gelo,
Porta pela metade que o vento não detém,   34
    Palácio que esmaga ---- dos guerreiros,

Elefante ---- sua cobertura,   36
    Betume que emporca quem o carrega,
Odre que vaza em quem o carrega,   38
    Bloco de cal que ---- o muro de pedra,

Aríete que destrói o muro da terra inimiga,   40
    Calçado que morde os pés de seu dono.

Qual esposo teu resistiu para sempre?   42
    Qual valente teu aos céus subiu?
Vem, deixa-me contar teus amantes: 44

Aquele da oferenda ---- seu braço,   45
    A Dúmuzi, o esposo de ti moça,
Ano a ano chorar sem termo deste;   47

Ao colorido rolieiro amaste,   48
    Nele bateste e lhe quebraste a asa:
Agora fica na floresta a piar: asaminha!;   50

Amaste o leão, cheio de força: 51
    Cavaste-lhe sete mais sete covas;

Amaste o cavalo, leal na refrega: 53
    Chicote com esporas e açoite lhe deste,
Sete léguas correr lhe deste,   55
    Sujar a água e bebê-la lhe deste,
    E a sua mãe Silíli chorar lhe deste;

Amaste o pastor, o vaqueiro, o capataz,   58
    Que sempre brasas para ti amontoava,
Todo dia te matava cabritinhas: 60

Nele bateste e em lobo o mudaste,   61
    Expulsam-no seus próprios ajudantes
E seus cães a coxa lhe mordem;   63

Amaste Ishullánu, jardineiro de teu pai,   64
    Que sempre cesto de tâmaras te trazia,
Todo dia tua mesa abrilhantava,   66
    A ele o olho lançaste e a ele foste:

Ishullánu meu, tua força testemos,   68
    Tua mão levanta e abre nossa vulva!

Ishullánu te disse: 70
    Eu? Que queres de mim?
Minha mãe não assou? Eu não comi?   72
    Sou alguém que come pão de afronta e maldição,
    Alguém de quem no inverno a relva é o abrigo?

Ouviste o que ele te disse,   75
    Nele bateste e em sapo o mudaste,
Puseste-o no meio do jardim,   77
    Não pode subir a ----, não pode mover-se a ----.

E queres amar-me e como a eles mudar-me!   79

A fúria de Ishtar

Ishtar isso quando ouviu,   80
    Ishtar furiosa aos céus subiu,
Foi Ishtar à face de Ánu, seu pai, chorava,   82
    À face de Ántum, sua mãe, vinham-lhe as lágrimas:

Pai, Gilgámesh tem-me insultada,   84
    Gilgámesh tem contadas minhas afrontas,
Minhas afrontas e maldições...   86

Ánu abriu a boca para falar,   87
    Disse à majestosa Ishtar:

O quê? Não foste tu que provocaste o rei Gilgámesh, 89
    E Gilgámesh contou tuas afrontas,
    Tuas afrontas e maldições?

Ishtar abriu a boca para falar, 92
    Disse a Ánu, seu pai:
Pai, o Touro dá-me, 94
    A Gilgámesh matarei em sua sede!

Se o Touro não me dás, 96
    Golpearei a Érsetu agora, sua sede,
Pô-la-ei no plano do chão 98
    E subirei os mortos para comer os vivos:
    Aos vivos superar farei os mortos!

Ánu abriu a boca para falar, 101
    Disse à majestosa Ishtar:
Se o Touro me pedes, 103
    As viúvas de Úruk sete anos feno ajuntem,
    Os lavradores de Úruk façam crescer o pasto.

Ishtar abriu a boca para falar, 106
    Disse a Ánu, seu pai:
---- já guardado, 108
    ---- já cultivado,

As viúvas de Úruk sete anos feno juntaram, 110
    Os lavradores de Úruk fizeram crescer o pasto.
Com a ira do Touro eu vou ---- 112

Ouviu Ánu o dito por Ishtar, 113
    E a corda do Touro em suas mãos pôs.

O Touro do Céu

---- e conduzia-o Ishtar. 115
    À terra de Úruk quando ele chegou,
Secou árvores, charcos e caniços, 117
    Desceu ao rio, sete côvados o rio baixou.

Ao bufar o Touro a terra fendeu-se, 119
    Uma centena de moços de Úruk caíram-lhe no coração;

Ao segundo bufar a terra fendeu-se, 121
    Duas centenas de moços de Úruk;

Ao terceiro bufar a terra fendeu-se, 123
    Enkídu caiu-lhe no coração até a cintura:

E saltou Enkídu, ao Touro agarrou pelos chifres, 125
    O Touro, em sua face, cuspiu baba,
Com a espessura de sua cauda ----. 127

Enkídu abriu a boca para falar, 128
    Disse a Gilgámesh:
Amigo meu, ufanávamos ---- em nossa cidade. 130
    Como responderemos a toda esta gente?

Amigo meu, testei o poder do Touro 132
    E sua força, aprendi sua missão ----
Voltarei a testar o poder do Touro, 134
    Eu atrás do Touro ----

Agarrá-lo-ei pela espessura da cauda, 136
    Porei meu pé atrás de seu jarrete,
Em ---- seu, 138
    E tu, como açougueiro valente e hábil,
Entre o dorso dos chifres e o lugar do abate teu punhal enfia!

Voltou Enkídu para trás do Touro, 141
    Agarrou-o pela espessura da cauda,
Pôs o pé atrás de seu jarrete, 143
    Em ---- seu,

E Gilgámesh, como açougueiro valente e hábil, 145
Entre o dorso dos chifres e o lugar do abate seu punhal enfiou.

Após o Touro matarem, 147
    Seu coração arrancaram e em face de Shámash puseram,
Retrocederam e em face de Shámash puseram-se: 149
    Assentaram-se ambos juntos.

Chegou Ishtar sobre o muro de Úruk, o redil, 151
    Dançou em luto, proferiu um lamento:
Este é Gilgámesh, que me insultou, o Touro matou! 153

E ouviu Enkídu o que disse Ishtar, 154
    Rasgou a anca do Touro e em face dela a pôs:
E a ti, se pudera, como a ele faria: 156
    Suas tripas prendesse eu em teus braços!

Reuniu Ishtar as hierodulas, prostitutas e meretrizes, 158
    Sobre a anca do Touro em luto a carpir.

A celebração da vitória

Chamou Gilgámesh os artesãos, os operários todos, 160
    A espessura dos cornos observaram os filhos dos artesãos:
Trinta minas de lápis-lazúli de cada um o peso, 162
    Duas minas de cada um a borda,
    Seis *kor* de óleo a capacidade de cada;

À unção de seu deus, Lugalbanda, os dedicou, 165
    Levou-os e pendurou em sua câmara real.

No Eufrates lavaram suas mãos, 167
    E abraçaram-se para partir.
Pela rua de Úruk cavalgavam, 169
    Reunido estava o povo de Úruk para os ver.

Gilgámesh às servas de sua casa estas palavras disse: 171
    Quem o melhor dentre os moços?
Quem ilustre dentre os varões? 173
    Gilgámesh o melhor dentre os moços,
    Gilgámesh ilustre dentre os varões!

---- a quem conhecemos em nossa fúria, 176
    ---- na rua quem o insulte não há,
---- caminho que ---- seu. 178

Gilgámesh em seu palácio fez uma festa: 179
    Deitados estão os moços, que nos leitos à noite dormem,
Deitado está Enkídu, um sonho vê. 181

Levanta-se Enkídu para o sonho resolver. 182
    Diz ao amigo seu:

[7, 1] Amigo meu, por que discutiam em conselho os grandes deuses?

[Colofão 1] Tabuinha 6, *Ele que o abismo viu*, série de Gilgámesh
Escrita e conferida com o original
Palácio de Assurbanípal
Rei do mundo, rei da Assíria

[Colofão 2] Tabuinha 6, *Ele que o abismo viu*, série de Gilgámesh

[Colofão 3] Tabuinha 6, série de Gilgámesh
Escrita e conferida com o original

[Colofão 4] Tabuinha 6, *Ele que o abismo viu*, série de Gilgámesh
Escrita e conferida com o original
Documento de Asshur-ra'im-napíshti, jovem aprendiz,
Cujas orelhas foram afinadas para Nabu e Tashmétu.

Tabuinha 7

Presságio de morte

Amigo meu, por que discutiam em conselho os grandes deuses?   1

A maldição da porta

Enkídu abriu sua boca para falar,   28
    Disse a Gilgámesh:
Vem, amigo meu ----   30
    Em ----

Porta ----   32
    Porque ----
----   34

    Em ----

Enkídu ---- levantou os olhos,   37
    Com sua porta falou, como ----:

Porta da floresta, em ----   39
    Tenho entendimento, o que tu não tens ----
Por vinte léguas a madeira busquei-te ----   41
    Até que um cedro alto vi ----

Não tinha igual tua árvore ----:   43
    De seis varas tua altura, duas varas tua largura, um côvado a espessura,
Teu batente e teus eixos de cima e de baixo uma peça só.   45
    Fiz-te, ergui-te, em Níppur no alto pendurei-te:

Soubera eu, porta, que esta seria tua retribuição!   47
    Soubera eu, porta, que esta tua gratidão!
Pegara eu um machado, pusera-te eu abaixo!   49
    Uma balsa te levara ao E-babbarra,

Ao E-babbarra, casa de Shámash, eu te arrastara, 51
    No ---- E-babbarra o cedro eu levantara,
Na sua porta instalara eu Anzu! 53

---- entrada houvera eu ---- 54
    Houvera eu ---- da cidade ---- Shámash
E em Úruk ---- 56
    Porque Shámash ouviu o que eu disse,
    Em ---- a arma me deu!

Agora, porta, eu que te fiz, eu que te ergui, 59
    Eu que ---- eu que te derrubarei?
Possa um rei que venha depois de mim abominar-te! 61
    Possa um deus ---- esconder-te!

Meu nome remova e seu nome estabeleça! 63
    Arrancou ele ---- tirou.

As palavras de Gilgámesh

Suas palavras ao ouvir, logo célere lhe vinham as lágrimas, 65
    Gilgámesh as palavras de Enkídu, amigo seu, ao ouvir,
Logo célere lhe vinham as lágrimas. 67

Gilgámesh abriu a boca para falar, disse a Enkídu: 68
    Amigo meu ---- é claro.
Quem ouvidos e entendimento tem, disparates ---- 70
    Por que, amigo meu, fala teu coração disparates ----?

O sonho é soberbo, os presságios, múltiplos: 72
    ---- zumbiam como moscas,
---- muito, o sonho é valioso: 74
    Ao que vive é legado o lamentar-se,
    O morto ao vivo lamentar-se lega.

Suplicarei e implorarei aos grandes deuses, 77
    A Shámash buscarei, a teu deus rezarei,
Invocarei a Ánu, pai dos deuses ----, 79
    Que ouça Énlil, o grande conselheiro, a prece minha em tua presença!

Que o pedido ---- 81
    Com ouro sem conta tua efígie farei.

A resposta de Enkídu

---- 83
    Amigo meu, prata não tragas, ouro não ----

O que Énlil disse não é como o que esses deuses ----, 85
    O que ele disse, não volta atrás, não se apaga,
O que ele proclamou não volta atrás, não se apaga! 87
    Amigo meu, está traçado ----:
    Ao que lhe está fixado o povo avança!

A maldição do caçador

Nem bem manhã, já alvorece, 90
    Ergue a cabeça Enkídu, em face de Shámash lamenta,
Em face do brilho de Shámash, vinham-lhe as lágrimas: 92

A ti apelo, Shámash, por minha inestimável vida! 93
    Aquele caçador, homem de armadilhas,
Que não me fez corresponder de todo a meu amigo, 95
    Aquele caçador não corresponda de todo a seu amigo!

Sua renda seja destruída, seu lucro apequenado, 97
    Reduza-se sua parte em tua presença!
---- onde ele entre, saia pela janela! 99

A maldição da meretriz

Depois de ao caçador amaldiçoar de todo coração, 100
    À meretriz Shámhat de coração maldizer ele decide:

Vem, Shámhat, o fado fixar-te-ei, 102
    E o fado não cessará de era em era!
Amaldiçoar-te-ei com grande maldição 104
    E logo célere minhas maldições te aflijam a ti!

Não te faças casa que te agrade, 106
    Não residas ---- de teus jovens,
Não te assentes na câmara das moças, 108
    À tua bela veste o chão corroa,

Tua roupa de festa o bêbado com poeira suje, 110
    Não adquiras casa de ---- e coisas belas,

---- do oleiro, 112
    ---- nada adquiras,

---- boa mesa, dom do povo, não se ponha em tua casa, 114
    Teu leito que encanta seja um banco,
O cruzamento da estrada, teu domicílio, 116
    Ruínas sejam onde dormes, a sombra da muralha, o teu posto,

Cardo e abrolho descasquem teus pés, 118
    O bêbado e o sedento batam-te a face,
---- que te processe e te acuse, 120
    O teto de tua casa não revista o construtor,

---- pouse a coruja, 122
    ---- não se ponha o banquete,
---- 124

---- não ---- 126
    ---- veste roxa ----
---- roupa desfiada ---- 128
    Da roupa desfiada ----.

Porque a mim, puro, enfraqueceste: 130
    A mim, puro, enfraqueceste na minha estepe!

As palavras de Shámash

Shámash ouviu o que disse sua boca 132
    E súbito uma voz do céu gritou-lhe:

Por que, Enkídu, a meretriz Shámhat amaldiçoas? 134
    Ela te fez comer manjar digno de um deus,
Cerveja te fez beber digna de um rei, 136
    Vestiu-te com amplas roupas
    E o belo Gilgámesh por amigo conquistar te fez.

Agora, Gilgámesh, teu amigo, teu dileto irmão, 139
    Far-te-á deitar em amplo leito,
Em leito respeitoso deitar-te fará, 141
    Far-te-á sentar em sede tranquila, sede à sua esquerda,
    Os príncipes da terra beijarão teus pés.

Fará chorar-te o povo de Úruk, fará gemer por ti, 144
    Ao povo exuberante fará encher-se por ti de pêsames.
E ele, depois de ti, suportará as grenhas de cadáver, 146
    Vestirá pele de leão e vagará pela estepe.

A bendição da meretriz

Ouviu Enkídu as palavras de Shámash, o guerreiro, 148
    ---- seu irado coração ele acalmou,
---- seu zangado coração ele acalmou: 150

Vem, Shámhat, o fado fixar-te-ei, 151
    A boca que te amaldiçoou volta atrás para bendizer-te!

O general e o príncipe te amem, 153
    Quem esteja a uma légua bata na coxa,
Quem esteja a duas léguas sacuda os cachos, 155
    Não se atrase o soldado em o cinto desatar!

Leve-te obsidiana, lápis-lazúli e ouro, 157
    Brincos preciosos ele te leve!

A moço de boa casa, com celeiros cheios, 159
    Ishtar, hábil, te apresente:
Por tua causa ele abandone a mãe de sete filhos, sua esposa! 161

O sonho de mau agouro

De Enkídu estava amargurado o âmago. 162
    A pensar, deitava ele só consigo,
E falava do que tinha em mente a seu amigo: 164

Tudo isto, amigo meu! Que sonho vi esta noite!: 165
    Bramaram os céus, a terra rugiu,

No meio de ambos estava eu de pé, 167
    Havia um moço, sombrio seu rosto,
Ao de Anzu seu rosto era igual 169
    E a mãos de leão as suas mãos, a garras de águia as suas garras.

Pegou-me os cabelos, era forte para mim, 171
    Nele bati e como uma corda de pular ele saltou,

Em mim bateu e como uma balsa me tombou,   173
    Como um forte touro selvagem pisou-me sobre,
    Veneno ele ---- o meu corpo.

Salva-me, amigo meu ----   176
    Mas temes ----
Tu ----   178

----   180

Em mim bateu e em pombo me mudou,   182
    Atou como a um pássaro meus braços,
Pegou-me e levou-me à casa das sombras, sede de Irkalla,   184
    À casa onde quem entra não sai,

À jornada da rota sem volta,   186
    À casa dos moradores privados de luz,
Em que o pó é seu sustento, barro seu manjar,   188
    Seus trajes, como pássaros, vestimentas de pena,

Luz não podem ver, em escuridão habitam,   190
    Sobre a porta e o ferrolho camadas de pó,
Sobre a casa do pó silêncio se derrama.   192

Na casa do pó, em que entrei eu,   193
    Reparei empilhadas as coroas:
Sentavam-se os reis, coroas que desde muitos dias controlavam a terra, 195
    À mesa de Ánu e Énlil serviam carne assada,
    Cozido serviam, água fresca dos odres vertiam.

Na casa do pó, em que entrei eu,   198
    Sentava-se o hierofante e o celebrante,
Sentava-se o oficiante e o exorcista,   200
    Sentava-se o sacerdote dos grandes deuses,

Sentava-se Etana, sentava-se Shákkan,   202
    Sentava-se a rainha da Érsetu, Eréshkigal,
Bélet-séri, escriba da Érsetu, diante dela ajoelhada,   204
    Uma tabuinha segurava e lia diante dela.

Levantou a cabeça, olhou-me a mim: 206
    Quem trouxe este homem?
Quem ---- trouxe? 208
    ---- pronto

---- túmulo 210

---- 212
    ---- mim

---- Eréshkigal 214
    ---- dilúvio
---- 216

---- 218

---- 220
    ---- vi sua pessoa

A despedida

Quem contigo enfrentou todas as penas, 251
    Lembra de mim, amigo meu, tudo que enfrentei não esqueças!

Meu amigo viu um sonho que não ---- 253
    O dia em que o sonho viu, findou sua força.

Jazia Enkídu o primeiro dia, doente, e o segundo, 255
    De Enkídu, em seu leito ----
O terceiro dia e o quarto dia de Enkídu ---- 257
    O quinto, sexto e sétimo, oitavo, novo e décimo,

De Enkídu a doença ---- 259
    Décimo primeiro e décimo segundo dia ----

Enkídu no leito ---- 261
    Chama então Gilgámesh ----:

Amaldiçoou-me, amigo meu ---- 263
    Como quem no meio da refrega caiu ----
Tive medo do combate ---- 265
    Amigo meu, quem no combate caiu ----
    Eu, no combate ----

[8, 1] Nem bem manhã, já alvorece.

Tabuinha 8

A agonia

Nem bem manhã, já alvorece, 1
    Gilgámesh chora seu amigo:

Enkídu, tu cuja mãe foi uma gazela, 3
    E um asno selvagem teu pai ---- a ti,
A quem os onagros com seu leite criaram-te – a ti, 5
    E o rebanho da estepe ensinou toda a pastagem:

As veredas, Enkídu, da Floresta de Cedros 7
    Chorem-te ---- noite e dia!
Chorem-te os anciãos da vasta cidade de Úruk, o redil, 9
    Chore-te o povo que atrás de nós te bendiz!

Chorem-te ---- de colinas e montanhas, 11
    ---- puro!
Lamente-te a campina como se tua mãe! 13
    Chorem-te o buxo, o cipreste, o cedro
    Em cujo meio rastejamos em fúria!

Chorem-te o urso, a hiena, a pantera, o leopardo, o cervo, o chacal, 16
    O leão, o carneiro, o veado, a cabra, o rebanho e os animais da estepe!
Chore-te o sagrado Ulaia em que altivos andávamos um com o outro! 18
    Chore-te o puro Eufrates
    Cuja água derramávamos dos odres.

Chorem-te os moços de Úruk, o redil, 21
    Que nosso combate viram, o touro ao matarmos!
Chore-te o lavrador em cima de ---- 23
    Que em sua cantoria exaltará teu nome!

Chore-te o ---- da vasta cidade de Úruk, o redil, 25
    Que em ---- primeiro exaltará teu nome!
Chore-te o pastor ---- 27
    Que leite ---- coalhada na tua boca!

Chore-te o pastorzinho ---- 29
   Que te punha na boca manteiga!
Chore-te o ancião ---- 31
   Que cerveja te punha na boca!

Chore-te a meretriz ---- 33
   Que ---- óleo perfumado te ungiu o crânio!
Chore por ti ---- a casa das bodas 35
   Que a esposa ----

---- chore por ti ---- 37
   Como teus irmãos te chorem ----
Como tuas irmãs soltem os cabelos sobre as costas! 39
   Chorem por Enkídu tua mãe, teu pai ----:
   E neste dia chorar-te-ei eu!

Ouvi-me, moços, ouvi-me a mim! 42
   Ouvi-me, anciãos da vasta cidade de Úruk, ouvi-me a mim!
Eu, por Enkídu, amigo meu, choro, 44
   Como carpideira lamento com ardor!

Machado a meu flanco, socorro de meu braço, 46
   Espada em meu cinto, escudo de minha fronte,
Veste de minha festa, cinturão de meu desejo, 48
   Um vento ruim levantou-se e arrebatou-te de mim!

Amigo meu, mulo fugido, asno dos montes, pantera da estepe, 50
   Enkídu, amigo meu, mulo fugido, asno dos montes, pantera da estepe,
Que nos unimos e subimos o monte, 52
   Pegamos o touro, matamos,
   Tocamos Humbaba, que a Floresta de Cedros habitava!

Agora, que sono te pegou a ti? 55
   Ficas calado e não me ouves a mim?

O desfecho

Mas ele não ergueu a cabeça. 57

Tocou-lhe o coração e não batia nada. 58
   Cobriu o amigo, como a uma noiva sua face,
Como uma águia girava-lhe sobre, 60

Como uma leoa que privada dos filhotes
   Andava-lhe em face e atrás,

Arrancava e soltava os cabelos cacheados,   63
   Tirava e atirava os adornos, como se intocáveis ----.

Os ritos

Nem bem manhã, já alvorece,   65
   Gilgámesh a sua terra proclamas dirige:

Ferreiro, lapidário, caldeireiro, ourives, joalheiro,   67
   Fazei o amigo meu ----.
---- fez ele a efígie de seu amigo: 69
   De meu amigo os membros são de ----,

As sobrancelhas de lápis-lazúli, o tórax de ouro,   71
   Seu corpo é de ----

           ◢ ⊨   ⋘ 𒁹

As honras

Far-te-ei deitar em amplo leito,   84
   Em leito respeitoso far-te-ei deitar,
Far-te-ei sentar em sede tranquila, sede à minha esquerda,   86
   Os príncipes da terra beijarão teus pés,

Farei chorar-te o povo de Úruk, farei gemer por ti,   88
   Ao povo exuberante farei encher-se por ti de pêsames.

E eu, depois de ti, suportarei as grenhas de cadáver,   90
   Vestirei pele de leão e vagarei pela estepe.

As oferendas

Nem bem manhã, já alvorece,   92

Os nós desatou, as joias viu: 94
   Obsidiana, cornalina ---- alabastro,
---- seu ---- trabalhado,   96

---- pôs para o amigo seu,
---- pôs para o amigo seu,

---- de ---- dez minas de ouro, pôs para o amigo seu, 99
---- de ---- minas de ouro, pôs para o amigo seu,
---- de ---- minas de ouro, pôs para o amigo seu, 101
---- de ---- minas de ouro, pôs para o amigo seu,

---- entre as deles, trinta minas de ouro tomadas, 104
---- deles, pôs para o amigo seu,
---- deles, pôs para o amigo seu, 106
---- a espessura deles,

----deles, pôs para o amigo seu 108
---- amplo,
---- pôs para o amigo seu, 110
---- sua cintura,

---- pôs para o amigo seu, 112
---- pôs para o amigo seu,
---- pôs para o amigo seu, 114
---- pôs para o amigo seu,

---- 116
---- pôs para o amigo seu,
---- de seus pés, pôs para o amigo seu, 118
---- talentos de presas de elefantes ----

---- minas de ouro sua alça, pôs para o amigo seu, 120
---- o poder de seu braço, pôs para o amigo seu,
---- sua aljava, um talento de ouro sua alça, pôs para o amigo seu, 122
---- a maça de sua mão era de presas de elefante,

---- dele, quarenta minas de ouro sua alça, pôs para o amigo seu, 124
---- dele, três cúbitos era seu comprimento,
---- sua espessura, pôs para o amigo seu, 126
---- cintilante ouro,

---- de cornalina ---- borda de ferro, 128
---- a guarnição era um touro selvagem.

Os deuses da Érsetu

---- para o amigo seu, 130
    Bois gordos, ovelhas cevadas sacrificou, empilhou para o amigo seu,
---- do amigo meu, 132
    ---- para os príncipes da terra toda comida levaram.

---- Ishtar grande rainha, 134
    Um invólucro ---- de madeira pura,
Para Ishtar grande rainha, a Shámash ele mostrou: 136
    Receba-o Ishtar grande rainha ----,
    Em face do amigo meu se alegre e ao lado seu caminhe!

---- 139
    Para Namra-sit ----, a Shámash ele mostrou:
Receba-o Namra-sit ----, 141
    Em face do amigo meu se alegre e ao lado seu caminhe!

Um frasco de lápis-lazúli ---- 143

Para Eréshkigal rainha da Érsetu, a Shámash ele mostrou: 145
    Receba-o Eréshkigal rainha da populosa Érsetu,
    Em face do amigo meu se alegre e ao lado seu caminhe!

Uma flauta de cornalina ---- 148
    Para Dúmuzi, o pastor amado de Ishtar, a Shámash ele mostrou:
Receba-a Dúmuzi, o pastor amado de Ishtar ----, 150
    Em face do amigo meu se alegre e ao lado seu caminhe!

Um trono de lápis-lazúli, um touro ---- 152
    Um báculo de lápis-lazúli ----
Para Namtar, administrador da Érsetu, a Shámash ele mostrou: 154
    Receba-o Namtar, administrador da populosa Érsetu,
    Em face do amigo meu se alegre e ao lado seu caminhe!

---- 157

Para Húshbishag, governanta da Érsetu, a Shámash ele mostrou: 159
    Receba-o Húshbishag, governanta da populosa Érsetu,
    Em face do amigo meu se alegre e ao lado seu caminhe!

Mandou fazer ---- 162
    Um broche de prata, pulseiras de cobre ----
Para Qassa-tábat, o faxineiro de Eréshkigal, a Shámash ele mostrou: 164
    Receba-o Qassa-tábat, faxineiro de Eréshkigal ----

Em face do amigo meu se alegre e ao lado seu caminhe, 166
    O amigo meu não ----, seu coração não se aflija!

---- alabastro, o seu coração de lápis-lazúli e cornalina incrustado, 168
    ---- da Floresta de Cedros,
---- de cornalina incrustado, 170

Para Ninshuluhhatumma, camareira da casa, a Shámash ele mostrou: 171
    Receba-o Ninshuluhhatumma, camareira da casa,
Em face do amigo meu se alegre e ao lado seu caminhe, 173
---- em face do amigo meu, 173ª
    O amigo meu não ----, seu coração não se aflija!

Uma adaga de dois gumes, de lápis-lazúli sua empunhadura, 175
    Com a imagem do puro Eufrates,
Para Bíbbu, açougueiro da Érsetu, a Shámash ele mostrou: 177
    Receba-o Bíbbu, açougueiro da populosa Érsetu,
    Em face do amigo meu se alegre e ao lado seu caminhe!

---- um frasco de alabastro, 180
    Para Dúmuzi-ábzu, bode-expiatório da Érsetu, a Shámash ele mostrou:
Receba-o Dúmuzi-ábzu, bode-expiatório da populosa Érsetu, 182
    Em face do amigo meu se alegre e ao lado seu caminhe!

---- o cimo de lápis-lazúli, 184
    ---- de cornalina incrustado

𒀀 𒂊 𒈨 𒁹

Em face do amigo meu se alegre e ao lado seu caminhe! 199
    ---- de cedro.
Para ---- grande, a Shámash ele mostrou: 201
    Receba-o ---- grande,

Em face do amigo meu se alegre e ao lado seu caminhe! 20

---- 205
    ---- de cedro.

----	207
---- que nós ----	
---- seus nomes ----	209
---- juiz dentre os Anunnákki ----	

Gilgámesh, isto quanto ouviu,   211
    O represamento do rio concebeu em seu coração.

Ritos finais

Nem bem manhã, já alvorece,   213
    Gilgámesh abriu seu portal
E tirou para fora uma mesa de madeira, grande: 215

Uma tigela de cornalina encheu de mel,   216
    Uma tigela de lápis-lazúli com manteiga encheu,
---- adornou e a Shámash ele mostrou,   218
    ---- mostrou.

Brilhante ----   229
    Ele ----

[Colofão] Tabuinha 8, *Ele que o abismo viu*
Escrita e conferida com o original
Palácio de Assurbanípal, rei do mundo, rei da Assíria

Tabuinha 9

Errância

Gilgámesh por Enkídu, amigo seu,	1
Amargo chora e pela estepe vaga:	
Morro eu e como Enkídu não fico?	3
Luto entrou-me às entranhas,	
A morte temo e pela estepe vago	5
Ao encalço de Uta-napíshti, filho de Ubara-tútu,	
A caminho estou, rápido vou.	7
À entrada do monte à noite cheguei.	
Leões vi e temor me tomou,	9
Ergui-me a cabeça, a Sin supliquei,	
A ----, luz dos deuses, foi minha prece:	11
Sin e ----, fique eu intacto!	
Gilgámesh levantou e tremia: um sonho!	13
---- diante de Sin alegrou-se por estar vivo.	
Ergueu o machado em sua mão,	15
Sacou a espada de seu cinto,	
Como uma flecha no meio lhes caiu,	17
Golpeou os leões, matou, destroçou,	
E ----	19
Lançou ----	
Tirou ----	21
O nome do primeiro ----	
O nome do segundo ----	23
Ergueu sua cabeça, a Sin supliquou,	
A ----, luz dos deuses, foi sua prece:	25

Sin, ----,   26
   Que ----
Como ----   28
   Sin ----

          ◢ ⊨ ⋘ ╎

O caminho de Shámash

Do monte o nome era Máshu.   37

Ao monte Máshu quando ele chegou –   38
   Monte que dia a dia guarda a saída do Shámash,
Seus topos a armação do céu atingem,   40
   Embaixo, ao Arallu seus seios chegam –,

Homens-escorpião guardavam o portal: 42
   Deles terrível é o temor e o olhar é morte,
Seu pavoroso resplendor envolve as montanhas,   44
   À saída do Shámash e ao pôr de Shámash guarda fazem a Shámash.

Viu-os Gilgámesh e de temor e espanto cobriu-se-lhe a face,   46
   Retomou o juízo e diante deles chegou.

O homem-escorpião a sua esposa clamou: 48
   Este que até nós vem, carne de deuses é seu corpo!
Ao homem-escorpião sua esposa responde-lhe: 50
   Dois terços dele é deus e um terço é humano.

O homem-escorpião macho clama,   52
   Ao rei Gilgámesh, carne de deuses, esta palavra diz:

Tu, como chegaste a distante caminho,   54
   ---- te aproximaste até diante de mim?
Como os rios atravessaste cuja travessia é difícil?   56
   ---- deixa-me saber,

---- onde tua face está,   58
   ---- deixa-me saber,

          ◢ ⊨ ⋘ ╎

A rota até Uta-napíshti, meu pai ----   75
   Que esteve na assembleia dos deuses, a vida obteve,

A morte e a vida ----. 77

O homem-escorpião abriu a boca para falar, 78
    Disse a Gilgámesh:

Não há, Gilgámesh, alguém como tu ---- 80
    Que dos montes jamais ----
De doze léguas é o coração dos montes ---- 82
    Densa é a treva e não há luz.

À saída de Shámash ---- 84
    Ao pôr de Shámash ----
Ao pôr ---- 86
    Mandaram ----

---- 88
    Tu, como ----
Queres ir ---- 90

Com lamentos ---- 125
    Com frio e calor queimou-se-me a face,
Com fadiga ---- 127
    Agora, tu ----

A travessia do caminho de Shámash

O homem-escorpião abriu a boca para falar, 129
    Ao rei Gilgámesh, carne de deuses, esta palavra diz:

Vai, Gilgámesh ---- 131
    Que os montes Máshu ----
Os montes e colinas ---- 133
    Que a salvo ----
    O portal do monte ----.

Gilgámesh isto quando ouviu, 136
    Ao dito pelo homem-escorpião ----
A rota de Shámash tomou ----: 138

Uma légua ---- 139
    Densa é a treva e não há luz,
Não lograva ver algo atrás de si. 141

Duas léguas ---- 142
    Densa é a treva e não há luz,
Não lograva ver algo atrás de si. 144

Três léguas ---- 145
    Densa é a treva e não há luz,
Não lograva ver algo atrás de si. 147

Quatro léguas ---- 148
    Densa é a treva e não há luz,
Não lograva ver algo atrás de si. 150

Cinco léguas ---- 151
    Densa é a treva e não há luz,
Não lograva ver algo atrás de si. 153

Seis léguas quando ele perfez, 154
    Densa é a treva e não há luz,
Não lograva ver algo atrás de si. 156

Sete léguas quando ele perfez ---- 157
    Densa é a treva e não há luz,
Não lograva ver algo atrás de si. 159

Oito léguas, como ---- precipitava-se, 160
    Densa é a treva e não há luz,
Não lograva ver algo atrás de si. 162

Nove léguas ---- vento norte, 163
    ---- seu rosto,
Densa é a treva e não há luz, 165
    Não lograva ver algo atrás de si.

Dez léguas quando perfez 167
    ---- próximo.

Onze léguas ---- rota de uma légua, 169
    ---- chegou antes de Shámash.

O pomar dos deuses

---- um brilho há, 171
    ---- às árvores dos deuses, enquanto olha, avança:

A cornalina carregada de seus frutos,   173
    De uvas carregada, pura visão;
A lápis-lazúli carregada de folhagem,   175
    De fruto carregada a ver-se com delícia;

        ◊ ⊨ ⫟ 𒁹

---- cipreste ----,   184
    ---- cedro ----,
Sua nervura era de *pappardilu* ----,   186
    Larúshshu marinha ---- *sásu,*

Como espinho e sarça cresce a *an.za.gul.me,*   188
    Uma alfarroba tocou, era uma *abáshmu,*
Shúbu e hematita ----,   190
    Como ---- e ---- estepe,

Como ---- turquesa,   192
    De ---- concha marinha,
Tem ----   194
    Gilgámesh, ---- ao caminhar.

Levantou ela a cabeça para olhá-lo.   196

---

    [1] Shidúri, a taberneira que à margem do mar morava

    [Colofão] Tabuinha 9, *Ele que o abismo viu*, série de Gilgámesh
                  Palácio de Assurbanípal,
                  Rei do mundo, rei da Assíria

Tabuinha 10

A taberneira

Shidúri, a taberneira que à margem do mar morava,	1
Morava e ----	
Tinha vasilhame, tinha ----	3
Com véu se velava e ----.	

Gilgámesh perambulava e ----   5
    Com uma pele de leão que dava medo ----,
Tinha carne de deuses em seu corpo,   7
    Havia luto em suas entranhas:
    À de quem chega de longe sua face se iguala.

A taberneira de longe observa-o,   10
    Pondera em seu coração, uma palavra diz,
Consigo mesma se aconselha ela: 12
    Talvez seja um matador de touros selvagens,
    Donde vem até a minha entrada?

Pois viu-o a taberneira, fechou a entrada,   15
    Fechou a entrada e subiu ao terraço.
Mas tinha ele ouvidos, Gilgámesh, para ----   17
    Levantou o queixo e pô-la à sua face.

Gilgámesh a ela disse, à taberneira: 19
    Taberneira, por que ao ver-me fechaste a entrada,
A entrada fechaste e subiste ao terraço?   21
    Golpearei a porta, os ferrolhos quebrarei.

----   23
    ---- na estepe.

A taberneira a ele disse, a Gilgámesh: 25
    ---- fechei minha entrada,
---- subi ao terraço,   27
    ---- deixa-me saber.

Gilgámesh a ela disse, à taberneira: 29
    Enkídu, amigo meu, ----
Que nos unimos e subimos o monte, 31
    O Touro pegamos e o Touro matamos,

Tocamos Humbaba, que a Floresta de Cedros habitava, 33
    Na passagem dos montes matamos leões.

A taberneira a ele disse, a Gilgámesh: 35
    Se tu e Enkídu sois os que o guarda matastes,
Tocastes Humbaba, que a Floresta de Cedros habitava, 37
    Na passagem dos montes matastes leões,
    O Touro pegastes e o Touro matastes que do céu desceu,

Por que consumidas te estão as têmporas, cavada tua face, 40
    Desafortunado teu coração, aniquilada tua figura?
Há luto em tuas entranhas, 42
    À de quem chega de longe tua face se iguala,

Com frio e calor está queimada tua face, 44
    E uma face de leão te tendo posto vagas pela estepe?

Gilgámesh a ela disse, à taberneira: 46
    Por que consumidas não me estariam as têmporas, não cavada a face,
Não desafortunado o coração, não aniquilada a figura, 48
    Não haveria luto em minhas entranhas,

À de quem chega de longe minha face não se igualaria, 50
    Com frio e calor não estaria queimada minha face,
E uma face de leão me tendo posto não vagaria eu pela estepe? 52

Ao amigo meu, mulo fugido, asno dos montes, pantera da estepe, 53
    A Enkídu, amigo meu, mulo fugido, asno dos montes, pantera da estepe,
Ao amigo meu que – o amo muito! – comigo enfrentou todas as penas, 55
    A Enkídu, amigo meu que – o amo muito! – comigo enfrentou todas as penas,
    Atingiu-o o fado da humanidade!

Por seis dias e sete noites sobre ele chorei, 58
    Não o entreguei ao funeral
Até que um verme lhe caiu do nariz. 60

Tive medo ---- 61
    A morte temi, vago pela estepe.

O caso do amigo meu pesa sobre mim, 63
    Um longo caminho vago pela estepe,
O caso de Enkídu, amigo meu, pesa sobre mim, 65
    Uma longa jornada vago pela estepe!

Como calar, como ficar eu em silêncio? 67
    O amigo meu, que amo, tornou-se barro,
Enkídu, o amigo meu, que amo, tornou-se barro! 69
    E eu: como ele não deitarei
    E não mais levantarei de era em era?

Gilgámesh a ela disse, à taberneira: 72
    E agora, taberneira, qual a jornada até Uta-napíshti?
Qual a senha? A mim dá-ma! 74
    Dá a senha a mim!

Se é possível, o mar atravessarei, 76
    Se não for possível, pela estepe vagarei.

A taberneira a ele disse, a Gilgámesh: 78
    Não houve, Gilgámesh, travessia jamais
E ninguém, desde os dias de antes, jamais atravessou o mar. 80
    Atravessa o mar Shámash, o guerreiro,
    Pois, tirando Shámash, atravessa o mar quem?

Difícil é a travessia, estreito, o caminho, 83
    No meio, as águas da morte, que o avanço obstruem:
E então, Gilgámesh, tendo o mar atravessado, 85
    Às águas da morte tendo chegado, farás o quê?

Gilgámesh, há Ur-shánabi, barqueiro de Uta-napíshti, 87
    E com ele, os de pedra: no coração da floresta está colhendo cedro.
Vai, veja ele tua face! 89
    Se é possível, atravessa com ele,
    Se não for possível, volta atrás!

O barqueiro

Gilgámesh, isso quando ouviu, 92
    Pegou o machado na mão,

Puxou a espada do cinto, 94
    Deslizou e desceu sobre eles,
    Como uma flecha no meio deles caiu.

No coração da floresta fez muito barulho: 97
    Viu Ur-shánabi o brilho ----
Pegou o machado e correu para ele, 99
    Mas o outro golpeou-lhe a cabeça – ele, Gilgámesh –
    Agarrou-lhe o braço e ---- prendeu-o.

Os de pedra tinham vedado o barco, 102
    Eles que não temiam as águas da morte.
---- amplo mar, 104
    Nas águas, ele ---- segurou,

Esmagou os de pedra, jogou no rio, 106
    ---- barco,
    ---- sentou na margem.

Gilgámesh a ele disse, a Ur-shánabi, o barqueiro: 109
    ---- tremes,
---- tu. 111

Ur-shánabi a ele disse, a Gilgámesh: 112
    Por que consumidas te estão as têmporas, cavada tua face,
Desafortunado teu coração, aniquilada tua figura? 114
    Há luto em tuas entranhas,
    À de quem chega de longe tua face se iguala,

Com frio e calor está queimada tua face, 117
    E uma face de leão te tendo posto vagas pela estepe!

Gilgámesh a ele disse, a Ur-shánabi, o barqueiro: 119
    Por que consumidas não me estariam as têmporas, não cavada a face,
Não desafortunado o coração, não aniquilada a figura, 121
    Não haveria luto em minhas entranhas,

À de quem chega de longe minha face não se igualaria, 123
    Com frio e calor não estaria queimada minha face,
E uma face de leão me tendo posto não vagaria eu pela estepe? 125

Ao amigo meu, mulo fugido, asno dos montes, pantera da estepe, 126

A Enkídu, amigo meu, mulo fugido, asno dos montes, pantera da estepe,
Que nos unimos e subimos o monte, 128
   O Touro pegamos e o Touro matamos,

Tocamos Humbaba, que a Floresta de Cedros habitava, 130
   Na passagem dos montes matamos leões,
Ao amigo meu que – o amo muito! – comigo enfrentou todas as penas, 132
   A Enkídu, amigo meu que – o amo muito! – comigo enfrentou todas as penas,
   Atingiu-o o fado da humanidade!

Por seis dias e sete noite sobre ele chorei, 135
   Não o entreguei ao funeral
Até que um verme lhe caiu do nariz. 137

Tive medo ---- 138
   A morte temi, vago pela estepe.

O caso do amigo meu pesa sobre mim, 140
   Um longo caminho vago pela estepe,
O caso de Enkídu, amigo meu, pesa sobre mim, 142
   Uma longa jornada vago pela estepe!

Como calar, como ficar eu em silêncio? 144
   O amigo meu, que amo, tornou-se barro,
Enkídu, o amigo meu, que amo, tornou-se barro! 146
   E eu: como ele não deitarei
   E não mais levantarei de era em era?

Gilgámesh a ele disse, a Ur-shánabi, o barqueiro: 149
   E agora, Ur-shánabi, qual a jornada até Uta-napíshti?
Qual a senha? A mim dá-ma! 151
   Dá a senha a mim!

Se é possível, o mar atravessarei, 153
   Se não for possível, pela estepe vagarei.

Ur-shánabi a ele disse, a Gilgámesh: 155
   Tua mão, Gilgámesh, impediu-te a travessia:
Esmagaste os de pedra, jogaste no rio, 157
   Os de pedra estão esmagados e o cedro não colhido.

Pega, Gilgámesh, o machado em tua mão, 159
   Desce à floresta e, estacas de cinco varas, trezentas corta,
Descasca-as e põe uma saliência, 161
   Leva-as ----

Gilgámesh isso quando ouviu, 163
   Pegou o machado em sua mão,
Puxou a espada do cinto, 165
   Desceu à floresta e, estacas de cinco varas, trezentas cortou,

Descascou-as e pôs uma saliência, 167
   Levou e ----.

A travessia

Gilgámesh e Ur-shánabi conduziram-se ao barco, 169
   A embarcação lançaram e eles mesmos a conduziam.
Jornada de mês e meio ao terceiro dia, alcançaram ---- 171
   E atingiu Ur-shánabi as águas da morte.

Ur-shánabi a ele disse, a Gilgámesh: 173
   ----, Gilgámesh, pega a primeira estaca!
As águas da morte tua mão não toque, deixá-la-ás aleijada! 175
   A segunda, terceira e quarta – Gilgámesh! – pega as estacas!

Quinta, sexta e sétima – Gilgámesh! – pega as estacas! 177
   Oitava, nona e décima – Gilgámesh! – pega as estacas!
Onze, doze – Gilgámesh! – pega as estacas!... 179
   A duas vezes três milhares e meio de varas, Gilgámesh as estacas esgotou.

E ele soltou seu cinto – ele, Ur-shánabi –, 181
   Gilgámesh arrancou-lhe a veste,
Com seus braços uma vela levantou. 183

Uta-napíshti

Uta-napíshti de longe observa-os, 184
   Pondera em seu coração, uma palavra diz,
Consigo mesmo se aconselha ele: 186

Por que estão quebrados, da barca, os de pedra, 187
   E não é o seu senhor quem conduz sobre ela?

O que vem não é meu homem, 189
    E à direita ----

Estou reparando e não é meu homem, 191
    Estou reparando e não ----
Estou reparando ---- 193
    ---- mim ----

---- 195
    Não é meu homem ----
Faz vagar ---- 197
    O barqueiro ----

O homem que estou reparando não ---- 199
    Quem estou reparando não ----
Talvez a estepe ---- 201

    O cedro ----

Gilgámesh do cais aproxima-se, 204
    Desce ----
E ele levantou e ---- 206

Gilgámesh a ele disse, a Uta-napíshti: 207
    Que vivas, Uta-napíshti, filho de Ubar-tútu ----
---- depois do dilúvio que ---- 209
    O dilúvio por que ----
    ---- que ----

Uta-napíshti a ele disse, a Gilgámesh: 212
    Por que consumidas te estão as têmporas, cavada tua face,
Desafortunado teu coração, aniquilada tua figura? 214
    Há luto em tuas entranhas,
    À de quem chega de longe tua face se iguala,

Com frio e calor está queimada tua face, 217
    E uma face de leão te tendo posto vagas pela estepe.

Gilgámesh a ele disse, a Uta-napíshti: 219
    Por que consumidas não me estariam as têmporas, não cavada a face,
Não desafortunado o coração, não aniquilada a figura, 221
    Não haveria luto em minhas entranhas,

À de quem chega de longe minha face não se igualaria, 223
    Com frio e calor não estaria queimada minha face,
E uma face de leão me tendo posto não vagaria eu pela estepe? 225

Ao amigo meu, mulo fugido, asno dos montes, pantera da estepe, 226
    A Enkídu, amigo meu, mulo fugido, asno dos montes, pantera da estepe,
Que nos unimos e subimos o monte, 228
    O Touro pegamos e o Touro matamos,

Tocamos Humbaba, que a Floresta de Cedros habitava, 230
    Na passagem dos montes matamos leões,
Ao amigo meu que – o amo muito! – comigo enfrentou todas as penas, 232
    A Enkídu, amigo meu que – o amo muito! – comigo enfrentou todas as penas,
    Atingiu-o o fado da humanidade!

Por seis dias e sete noite sobre ele chorei, 235
    Não o entreguei ao funeral
Até que um verme lhe caiu do nariz. 237

Tive medo ---- 238
    A morte temi, vago pela estepe.

O caso do amigo meu pesa sobre mim, 240
    Um longo caminho vago pela estepe,
O caso de Enkídu, amigo meu, pesa sobre mim, 242
    Uma longa jornada vago pela estepe!

Como calar, como ficar eu em silêncio? 244
    O amigo meu, que amo, tornou-se barro,
Enkídu, o amigo meu, que amo, tornou-se barro! 246
    E eu: como ele não deitarei
    E não mais levantarei de era em era?

Gilgámesh a ele disse, a Uta-napíshti: 249
    Pensei eu: vou a Uta-napíshti, o distante de quem falam todos, vou vê-lo.
Vago, vou por todas as terras: 251
    Passei uma e outra vez por montes com dificuldade,

Atravessei uma e outra vez todos os mares, 253
    De doce sono não se saciou minha face,
Castiguei a mim mesmo ficando desperto, 255
    Os nervos de lamentos cheios:
    O que lucrei em minha fadiga?

Perto da taberneira não chegara e minha roupa eu tinha destruída,	258
Matei urso, hiena, leão, pantera, leopardo,	
Carneiro, veado, o rebanho e os animais do monte,	260
Sua carne comi, sua pele esfolei.	

De lamentos fechem eles sua entrada,	262
Com betume e asfalto vedem sua entrada,	
Por minha causa a dança não ----	264
Por minha causa a alegria ----	

Os conselhos de Uta-napíshti

Uta-napíshti a ele disse, a Gilgámesh:	266
Por que, Gilgámesh, em lamentos te fixas tu	
Que da carne de deuses e homens foste criado,	268
E como a teu pai e tua mãe te fizeram?	

Quando, Gilgámesh, a um parvo ---- ?	270
Um trono na assembleia puseram: senta-te! – falaram-te.	
Dá-se ao parvo borra de cerveja como manteiga ----	272
Farelo e cascas como ----	

Veste andrajos como ----	274
Como cinto, uma corda ----	
Porque não tem conselheiros ----	276
Conselhos em palavras não tem ----	

Cuida dele, Gilgámesh ----	278
---- senhor deles, todos que ----	
----	280
---- a Sin e os deuses da noite ----	

De noite a Sin vai ----	282
E despertos os deuses ----	
Acordado, não repousa ----	284
Desde muito está posto ----	

Tu, considera ----	286
Companhia ----	

Se, Gilgámesh, a casa dos deuses provês, 288
    Casa das deusas ----
Eles ---- deuses ---- 290
    Para ---- fez ----
    ---- ao dom ----

---- suas entranhas ---- 293
    ---- provê ----
---- a humanidade 295
    ---- alcança seu destino:

Tu, desperto o que alcanças? 297
    Estando desperto esgotas a ti mesmo,
Teus nervos, os lamentos os consomem, 299
    Distante, abrevias teus dias.

A humanidade é de que, como caniço no pântano, se lhe ceifa o nome: 301
    O moço belo, a moça bela,
Logo ---- deles leva a morte. 303

Não há quem a morte veja, 304
    Não há quem da morte veja a face,
Não há quem da morte a voz ouça, 306
    A furiosa morte ceifa a humanidade.

Chegada a hora, construímos uma casa, 308
    Chegada a hora, fazemos um ninho,
Chegada a hora, os irmãos repartem, 310
    Chegada a hora, rixas há na terra.

Chegada a hora, o rio sobe e traz a enchente, 312
    A libélula flutua no rio,
Sua face olha em face Shámash: 314
    Logo a seguir não há nada.

O sequestrado e o morto: um é como o outro! – 316

Da morte não delineiam a figura!
A um homem, um morto não o bendiz com bênçãos sobre a terra. 318

Os Anunnákki, grandes deuses, reunidos, 319
   Mammítum, que cria os fados, com eles o fado fez:
Dispuseram morte e vida, 321
   Da morte não revelaram o dia.

—

[1] Gilgámesh a ele disse, a Uta-napíshti, o distante

[Colofão] Tabuinha 10, *Ele que o abismo viu*, série de Gilgámesh
   Palácio de Assurbanípal, rei do mundo, rei da Assíria

Tabuinha 11

O segredo dos deuses

Gilgámesh a ele disse, a Uta-napíshti, o distante:	1
Olho-te, Uta-napíshti,	
Teu talhe não é diferente, como eu és tu,	3
E tu não és diferente, como eu és tu.	
Vim pronto, de coração, a fazer-te guerra,	5
---- meu braço jogou-se sobre tuas costas!	
Tu, como estiveste na assembleia dos deuses e a vida tiveste?	7
Uta-napíshti a ele disse, a Gilgámesh:	8
Descobrir-te-ei, Gilgámesh, palavras secretas	
E um mistério dos deuses a ti falarei:	10
Shurúppak, cidade que tu conheces,	11
Cidade que às margens do Eufrates está –	
A cidade, ela é antiga e deuses dentro tem.	13
Ao proporem o dilúvio comandar a seu coração os grandes deuses,	14
Jurou seu pai Ánu,	
Seu conselheiro, o guerreiro Énlil,	16
Seu mordomo, Ninurta,	
Seu inspetor dos canais, Énnugi.	

Os desígnios de Ea

O príncipe Ea com eles sob jura estava,	19
Mas suas palavras repetiu à cerca de caniços:	
Cerca! cerca! parede! parede!	21
Cerca, escuta! parede, resguarda!	
Homem de Shurúppak, filho de Ubara-Tútu,	23
Derruba a casa, constrói um barco,	
Abandona a riqueza e escolhe a vida,	25
As posses despreza e tua vida leva,	
Conserva a semente de tudo que vive no coração do barco!	

O barco que construirás tu: 28
    Seja proporcional seu talhe,
Seja igual sua largura ao comprimento, 30
    Como o Apsu seja sua cobertura!

Eu entendi e disse a Ea, meu senhor: 32
    Aquiesço, meu senhor, com o que assim falas tu,
Prestei eu atenção. Fá-lo-ei. 34
    Como responderei à cidade – ao povo e aos anciãos?

Ea abriu sua boca para falar, 36
    Disse a seu servo, a mim:
E assim tu a eles falarás: 38
    Quiçá a mim Énlil detesta,

Não habitarei vossa cidade, 40
    No chão de Énlil não porei os pés!
Descerei ao Apsu: com Ea, meu senhor, habitarei. 42

Sobre vós fará ele chover abundância: 43
    Profusão de pássaros, fartura de peixes.
Sobre vós fará chover riqueza e colheita! 45
    Ao amanhecer, bolos,
    Ao anoitecer, far-vos-á chover tempestades de trigo!

A feitura do barco

Nem bem manhã, já alvorece, 48
    A sua entrada o Supersábio reuniu toda terra:
O carpinteiro traz sua machadinha, 50
    O tecedor de bambus traz sua pedra,

Seu machado traz ---- 52
    Os moços ----
Os velhos carregam cordas, 54
    O rico traz betume,
    O pobre ---- necessário transporta.

Ao quinto dia contemplei sua forma: 57
    Um acre sua circunferência, dez varas sua altura,
Dez varas por igual a borda de seu topo. 59
    Impus-lhe o corpo, a ele moldei:

Pus-lhe seis convés, 61
    Dividi-o em sete,
Seu interior dividi em nove, 63
    Cavilhas para a água em seu meio preguei,
    Vi uma estaca e o necessário lhe impus.

Três *sháru* de betume verti no jarro, 66
    Três *sháru* de asfalto ---- no seu coração.
Três *sháru* os carregadores trouxeram, em vasilhas transportaram, de azeite: 68
    Salvo o *shar* de azeite que consumiu a oferenda,
    Dois *sháru* de azeite foi o que guardou o piloto.

Para os artesãos matei um boi, 71
    Degolei ovelhas cada dia,
Cerveja, áraque, azeite, vinho 73
    Aos artesãos fiz beber, como água de rio –
    Uma festa faziam como no dia do *akítu*!

O embarque

Shámash ao erguer-se, à unção minha mão impus, 76
    Antes de Shámash pôr-se, o barco já terminara.
---- muito difícil: 78
    Uma rampa de troncos fomos colocando de cima para baixo,
    Até que ---- chegou dele dois terços.

Quanto eu tinha embarquei nele, 81
    Quanto tinha embarquei de prata,
Quanto tinha embarquei de ouro, 83
    Quanto tinha embarquei da semente de tudo que existe:

Fiz subir ao coração do barco toda minha família e meu clã, 85
    O rebanho da estepe, os animais da estepe, os filhos dos artesãos.

Um termo Shámash pôs: 87
    Ao amanhecer, bolos, ao anoitecer fez ele chover tempestades de trigo...
    Entra no coração do barco e fecha-lhe a porta!

O dilúvio

O termo chegou: 90
    Ao amanhecer, bolos, ao anoitecer fará ele chover tempestades de trigo!

Do dia contemplei a forma: 92
    Do dia, quando o olhava, medo eu tinha.

Entrei no coração do barco e fechei-lhe a porta. 94
    Ao que calafetou o barco, Púzur-Énlil, o marinheiro,
O palácio dei com seus bens. 96

Nem bem manhã, já alvorece, 97
    Sobe dos fundamentos do céu uma nuvem negra,
Ádad em seu coração troveja, 99
    Shúllat e Hánish vão à frente,

Vão os porta-tronos pelo monte e a terra, 101
    As balizas Érrakal arranca,
Vai Ninurta, as represas entorna! 103
    Os Anunnákki têm tochas:
    Com seu clarão incandescem a terra!

Ádad, seu silêncio atravessa os céus, 106
    Tudo que claro trevas se tornou:
Afluiu à terra como um boi ---- quebrou-a, 108
    Um dia, vendaval ----
    Logo soprava e ---- o vento leste, o dilúvio,

Como uma guerra sobre o povo atravessou a catástrofe: 111
    Não via o irmão seu irmão,
Não se reconhecia o povo na desagregação. 113

Os deuses tinham medo do dilúvio, 114
    Saíam, subiam ao céu de Ánu.
Os deuses, como cães encolhidos, fora deitavam. 116

Gritava a deusa como em trabalho de parto, 117
    Gemia Bélet-íli, amável voz:
Este dia sim! Em barro sim tornou-se! 119
    Porque eu na assembleia dos deuses falei perversidade!

Como falei na assembleia dos deuses perversidade, 121
    Para que desaparecesse meu povo pela guerra falei!
Eu mesma os pari! Meu povo! 123
    E como crias de peixes eles enchem o mar!

Os deuses, os Anunnákki choravam com ela, 125
    Os deuses, submersos em aflição, a chorar,
Dissolvidos em lágrimas, choravam com ela, 126ª
    Tremores nos lábios, tomados de febre.

Seis dias e sete noites 128
    Veio vento, tempestade, vendaval, dilúvio.

O sétimo dia ao romper, 130
    Amainou o vendaval ----
Amainou o dilúvio sua guerra. 131[b]
    O que lutou como em trabalho de parto descansou, o mar.
    Calou-se a tormenta. O dilúvio estancou.

Olhei o dia: posto em silêncio 134
    E a totalidade dos homens tornara-se barro.

Como um terraço estava liso o prado. 136
    Abri a claraboia, uma luz caiu-me sobre as têmporas.
Abaixei-me, sentei e chorei, 138
    Sobre as têmporas vinham-me as lágrimas.

Olhei os lugares, a borda do mar, 140
    Em quatorze emergia a terra.
No monte Nímush encalhou o barco, 142
    O monte Nímush o barco prendeu e mover-se não o deixou.

Um dia, dois dias, o monte Nímush o barco prendeu e mover-se, 144
    não o deixou
    Terceiro dia, quarto dia, o monte Nímush o barco prendeu e mover-se
    não o deixou,
Quinto, sexto, o monte Nímush o barco prendeu e mover-se não o deixou. 146

O sétimo dia quando chegou, 147
    Tirei uma pomba, soltei,
Foi-se a pomba e retornou, 149
    Pouso não havia e voltou.

Tirei uma andorinha, soltei, 151
    Foi-se a andorinha e retornou,
Pouso não havia e voltou. 153

Tirei um corvo, soltei, 154
    Foi-se o corvo e a diminuição das águas ele viu,
Come, salta, dá voltas e não volta. 156

A assembleia dos deuses

Tirei e pelos quatro ventos ofereci uma oferenda, 157
    Pus a oferenda no alto topo do monte:
Sete mais sete frascos depositei, 159
    Por baixo derramei cana, cedro e murta.

Os deuses sentiram o aroma, 161
    Os deuses sentiram o doce aroma,
Os deuses, como moscas, sobre o chefe da oferenda amontoaram-se. 163

Logo ali Bélet-íli ao chegar 164
    Levantou as grandes moscas que Ánu fizera quando a cortejava:
Deuses, tenha estas moscas de lápis-lazúli meu colo 166
    E estes dias eu lembre e pelas eras não esqueça!

Os deuses venham à oferenda! 168
    Énlil não venha à oferenda
Porque não ponderou e impôs o dilúvio 170
    E meu povo entregou à destruição!

Logo ali Énlil ao chegar 172
    Viu o barco e irritou-se Énlil,
De cólera encheu-se contra os deuses Igígi: 174
    Então um vivo escapou!
    Não era para sobreviver nenhum homem à destruição!

Ninurta abriu sua boca para falar, 177
    Disse ao guerreiro Énlil:
E quem senão Ea tal coisa engendraria – 179
    Ea conhece de todo os ardis!

Ea abriu sua boca para falar, 181
    Disse ao guerreiro Énlil:
Tu, sábio dentre os deuses, guerreiro, 183
    Como é que não ponderaste e o dilúvio impuseste?

Ao dono da falta imputa-lhe o erro, 185
    Ao dono da ofensa imputa-lhe a ofensa –
Afrouxa, para que não se rompa, puxa, para que não se afrouxe! 187

Em vez de impor o dilúvio, 188
    Um leão surgisse e o povo reduzisse;
Em vez de impor o dilúvio, 190
    Um lobo surgisse e o povo reduzisse;

Em vez de impor o dilúvio, 192
    Uma fome se erguesse e o povo matasse;
Em vez de impor o dilúvio, 194
    Erra surgisse e o povo matasse!

Eu não revelei o segredo dos grandes deuses: 196
    Ao Supersábio um sonho fiz ter e o segredo dos deuses ele ouviu.
Agora o caso dele pondera. 198

Subiu Énlil ao coração do barco, 199
    Pegou-me as mãos e levou para fora a mim,
Fez sair e ajoelhar-se minha mulher a meu lado, 201
    Tocou-nos a fronte, posto entre os dois, para nos abençoar:

Antes Uta-napíshti era parte da humanidade, 203
    Agora Uta-napíshti e sua mulher se tornem como nós, os deuses!
Resida Uta-napíshti ao longe, na boca dos rios! 205
    Levaram-nos para longe, na boca dos rios puseram-nos.

A prova

Agora, para ti, quem os deuses reunirá, 207
    Para a vida que buscas poderes encontrar?
    Eia! Não durmas seis dias e sete noites!

Como se sentasse ele dobrado ao regaço, 210
    O sono, como névoa, soprou-lhe sobre.
Uta-napíshti a ela falou, a sua esposa: 212
    Vê o moço que pedia a vida,
    O sono, como névoa, soprou-lhe sobre!

Sua esposa a ele falou, a Uta-napíshti, o distante: 215
    Toca-o e acorda o homem,

Pela via que veio retorne a salvo, 217
    Pelo portão que saiu retorne à terra sua!

Uta-napíshti a ela falou, a sua esposa: 219
    Enganosa, a humanidade enganar-te-á.
Eia! faz-lhe a refeição diária, põe à sua cabeceira 221
    E os dias que ele dorme na parede anota.

Ela fez-lhe a refeição diária, pôs à sua cabeceira 223
    E os dias que ele dormiu na parede debulhou:
A primeira ficou seca, a sua refeição, 225
    A segunda feito couro, a terceira umedecida,

A quarta branqueou, o seu bolo, 227
    A quinta mofada ficou,
A sexta estava fresca, 229
    A sétima nas brasas... tocou-o e acordou o homem.

Gilgámesh a ele falou, a Uta-napíshti: 231
    Nem bem o sono caiu sobre mim,
Logo roçaste-me e me acordaste tu! 233

Uta-napíshti a ele falou, a Gilgámesh: 234
    Vai, Gilgámesh, conta tuas refeições
E os dias que dormiste saibas tu: 236
    A primeira ficou seca, a tua refeição,

A segunda feito couro, a terceira umedecida, 238
    A quarta branqueou, o seu bolo,
A quinta mofada ficou, a sexta estava fresca, 240
    A sétima nas brasas e acordaste tu.

Gilgámesh a ele falou, a Uta-napíshti, o distante: 242
    Que devo fazer, Uta-napíshti, aonde devo ir?
Meu ---- pegou o ladrão, 244
    Em meu quarto de dormir reside a morte,
    E onde minha face se fixe está ela: a morte.

O banho

Uta-napíshti a ele falou, a Ur-shánabi, o barqueiro: 247
    Ur-shánabi, o cais te repila, a embarcação te rejeite!
Tu, que lado a outro percorrias, dum e doutro priva-te! 249

O homem com que vieste, 250
  Está coberto de grenhas seu corpo,
Uma pele de leão destrói a beleza de sua carne: 252
  Pega-o, Ur-shánabi, ao lugar de banho leva-o:

Suas grenhas, na água, como as de um purificado ele lave, 254
  Tire ele a pele de leão, leve-a o mar,
Molhe bem seu belo corpo, 256
  Mude o pano que tem na cabeça,
  Uma roupa ele vista, veste condigna.

Até que chegue a sua cidade, 259
  Até que termine sua rota,
A roupa mancha não tenha, mantenha-se nova! 261

Pegou-o, Ur-shánabi, ao lugar de banho levou-o: 262
  Suas grenhas na água como as de um purificado ele lavou,
Tirou a pele de leão, levou-a o mar, 264
  Molhou bem seu belo corpo,

Mudou o pano que tinha na cabeça, 266
  Uma roupa ele vestiu, veste condigna:
Até que chegue a sua cidade, 268
  Até que termine sua rota,
  A roupa mancha não tenha, mantenha-se nova!

A planta da juventude

Gilgámesh e Ur-shánabi conduziram-se ao barco, 271
  A embarcação lançaram e eles mesmos a conduziam.

Sua mulher a ele falou, a Uta-napíshti, o distante: 273
  Gilgámesh veio, labutou, esforçou-se,
Que lhe deste para voltar a sua terra? 275

Ele levantou sua estaca, Gilgámesh, 276
  O barco aproximou da margem.

Uta-napíshti a ele falou, a Gilgámesh: 278
  Gilgámesh, vieste, labutaste, esforçaste-te,
O que te darei para voltares a tua terra? 280
  Descobrir-te-ei, Gilgámesh, palavras secretas
  E um mistério dos deuses a ti falarei:

Há uma planta, ela é como uma espinheira, 283
    Seu espinho é como da rosa silvestre, picará tuas mãos.
Se na planta conseguires pôr a mão, 285
    ----.

Gilgámesh isso ao ouvir, 287
    Abriu um canal ----
Amarrou pedras pesadas nos pés 289
    E elas o empurraram para o Apsu ----.

Ele pegou a planta e a arrancou ---- 291
    Tirou as pedras pesadas dos pés,
O mar o lançou para a margem. 293

Gilgámesh a ele falou, a Ur-shánabi, o barqueiro: 294
    Ur-shánabi, esta planta é a planta dos batimentos,
Com que o homem, em seu coração, conquista a vitalidade. 296

Levá-la-ei ao coração de Úruk, o redil, 297
    Dá-la-ei a um velho, a planta experimentarei.
Seu nome: já velho, remoça o homem. 299
    Eu também comê-la-ei e voltarei à minha juventude!

A volta para casa

Às vinte léguas partiram o pão, 301
    Às trinta léguas estenderam a tenda:
Viu Gilgámesh uma cisterna cuja água estava fria, 303
    Entrou-lhe no coração e na água banhou-se.

Uma cobra sentiu o cheiro da planta, 305
    Em silêncio chegou e a planta levou:
Ao voltar-se, deixou sua pele. 307

Neste momento, Gilgámesh sentou e chorou, 308
    Sobre as têmporas vinham-lhe as lágrimas.

---- falou, a Ur-shánabi, o barqueiro: 310
    Por quem dos meus, Ur-shánabi, fatigaram-se meus braços,
Por quem meu, esgotou-se o sangue de meu coração? 312
    Não obtive nenhum bem para mim mesmo:
    Ao leão que rasteja um bem fiz.

Agora a vinte léguas a maré vai subindo, 315
   O canal quando abri, larguei os instrumentos:
Que encontrarei que como marca me sirva? 317
   Tivesse eu dado a volta e o barco deixado na margem!

Às vinte léguas partiram o pão, 319
   Às trinta léguas estenderam a tenda:
Chegaram ao coração de Úruk, o redil. 321

Gilgámesh a ele fala, a Ur-shánabi, o barqueiro: 322
   Faze a volta, Ur-shánabi, ao alto da muralha de Úruk vai,
Seu fundamento examina, os tijolos observa – 324
   Se seus tijolos não são cozidos,
   Se seu alicerce não cimentaram os sete sábios.

Um *shar* é cidade, um *shar* é pomar, um *shar* são poços de argila, 327
   meio *shar* é a casa de Ishtar:
Três *sháru* e meio, a extensão de Úruk. 328

—

    [12, 1] Hoje, a bola na oficina do carpinteiro deixado tivesse eu!

   [Colofão 1] Tabuinha 11, *Ele que o abismo viu*, série de Gilgámesh
      Escrita e conferida de acordo com o original
     Palácio de Assurbanípal, rei do mundo, rei da Assíria

     [Colofão 2] Tabuinha 11, série de Gilgámesh
      Escrita e conferida de acordo com o original

Tabuinha 12

A bola e o taco

Hoje, a bola na casa do carpinteiro deixado tivesse eu!   1
   Mulher do carpinteiro, que é como a mãe que me pariu, deixado tivesse eu!
Filha do carpinteiro, que é como minha irmã pequena, deixado tivesse eu!   2
   Hoje, a bola na Érsetu caiu-me,
   O taco na Érsetu caiu-me!

Enkídu a Gilgámesh respondeu-lhe: 6
   Senhor meu, por que choravas, teu coração tendo atormentado?
Hoje, a bola eu mesmo da Érsetu trar-te-ei,   8
   O taco eu mesmo da Érsetu trar-te-ei.

Gilgámesh a Enkídu respondeu-lhe: 10
   Se à Érsetu desces,
Meus conselhos consideres tu!   12
   Roupa limpa não vistas:
   Como forasteiro reconhecer-te-ão!

Óleo perfumado do frasco não te passes,   15
   À sua fragrância cercar-te-ão!
Tua arma à Érsetu não arremesses,   17
   Os pela arma atingidos rodear-te-ão!

Cetro em tua mão não leves,   19
   Os espectros tremer far-te-ão!
Calçados nos pés não te calces,   21
   Ruídos à Érsetu não se impõem!

A esposa que amas não beijes,   23
   Na esposa que detestas não batas,
O filho que amas não beijes,   25
   No filho que detestas não batas:
   O clamor da Érsetu arrebatar-te-á!

A que jaz, a que jaz, a mãe de Nínazu, que jaz,   28
    Seu ombro roupa limpa não vela,
Seu seio, como um jarro de pedra, fica descoberto.   30

A descida à Érsetu

Enkídu à Érsetu desceu,   31
    Os conselhos de Gilgámesh não considerou:

Roupa limpa vestiu,   33
    Como forasteiro o reconheceram;
Óleo perfumado do frasco passou,   35
    À sua fragrância eles o cercaram;

Sua arma à Érsetu arremessou,   37
    Os espectros tremer o fizeram,   38
    Os pela arma atingidos o rodearam;   38a
Cetro em sua mão levou,   39
    Os espectros tremer o fizeram;

Calçados nos pés calçou,   41
    Ruídos à Érsetu impôs;
A esposa que ama beijou,   43
    Na esposa que detesta bateu,

O filho que ama beijou,   45
    No filho que detesta bateu:
O clamor da Érsetu o arrebatou!   47

A que jaz, a que jaz, a mãe de Nínazu, que jaz,   48
    Seu ombro roupa limpa não vela,
Seu seio, como um vaso de pedra, fica descoberto.   50

A terra sem retorno

Então Enkídu, da Érsetu para o alto, subir não pôde: 51
    Namtar não o pegou, Asákku não o pegou, Érsetu pegou-o!
O comissário de Nérgal sem perdão não o pegou, Érsetu pegou-o!   53
    No lugar de combate dos varões não caiu, Érsetu pegou-o!

Então o rei, filho de Nínsun, por seu servo Enkídu chorava,   55
    Ao Ékur, casa de Énlil, sozinho ele foi:

Pai Énlil, hoje a bola na Érsetu caiu-me, 57
    O taco na Érsetu caiu-me,

Enkídu, que para pegá-los desceu, Érsetu pegou-o! 59
    Namtar não o pegou, Asákku não o pegou, Érsetu pegou-o!
O comissário de Nérgal sem perdão não o pegou, Érsetu pegou-o! 61
    No lugar de combate dos varões não caiu, Érsetu pegou-o!
    O pai Énlil palavra não lhe respondeu.

A Ur, casa de Sin, sozinho ele foi: 64
    Pai Sin, hoje a bola na Érsetu caiu-me,
O taco na Érsetu caiu-me, 66
    Enkídu, que para pegá-los desceu, Érsetu pegou-o!

Namtar não o pegou, Asákku não o pegou, Érsetu pegou-o! 68
    O comissário de Nérgal sem perdão não o pegou, Érsetu pegou-o!
No lugar de combate dos varões não caiu, Érsetu pegou-o! 70
    O pai Sin palavra não lhe respondeu.

A Éridu, casa de Ea, sozinho ele foi: 72
    Pai Ea, hoje a bola na Érsetu caiu-me,
O taco na Érsetu caiu-me, 74
    Enkídu, que para pegá-los desceu, Érsetu pegou-o!

Namtar não o pegou, Asákku não o pegou, Érsetu pegou-o! 76
    O comissário de Nérgal sem perdão não o pegou, Érsetu pegou-o!
No lugar de combate dos varões não caiu, Érsetu pegou-o! 78

O auxílio de Ea

O pai Ea, para ---- 79
    Ao moço guerreiro, a Shámash, falou:
Moço guerreiro, Shámash, filho de Níngal ----, 81
    Se acaso uma fresta na Érsetu abres,
    O espectro de Enkídu, como uma brisa, da Érsetu subir farás.

À palavra de Ea ----, 84
    O moço guerreiro, Shámash, filho de Níngal,
Uma fresta na Érsetu abriu 86
    E o espectro de Enkídu, como uma brisa, da Érsetu subir fez.

A visão da Érsetu

Abraçaram-se e beijaram-se,	88
Conversando e interrogando-se:	
Dize, amigo meu, dize, amigo meu,	90
As regras da Érsetu que viste, dize!	
Não te direi, amigo meu, não te direi:	92
Se as regras da Érsetu que vi te digo,	
Tu mesmo sentarás a chorar!	94
Eu então me assente e chore!	95
Amigo meu, o pênis que acariciavas e teu coração alegravas,	96
---- como vestimenta velha vermes o devoram!	
Amigo meu, a vulva que acariciavas e teu coração alegravas,	98
Como uma fenda da Érsetu de terra está cheia!	
O senhor disse ai! e à terra jogou-se,	100
Gilgámesh disse ai! e à terra jogou-se:	
Quem um filho tem viste? Vi,	102
Uma estaca na sua parede está fixada e, amargo sobre ela, ele chora!	
Quem dois filhos tem viste? Vi,	104
Em dois tijolos senta-se e sua comida come!	
Quem três filhos tem viste? Vi,	106
Num odre suspenso água bebe!	
Quem quatro filhos tem viste? Vi,	108
Como o que uma junta de burros tem seu coração se alegra!	
Quem cinco filhos tem viste? Vi,	110
Como um bom escriba sua mão é hábil,	
Com facilidade no palácio entra!	112
Quem seis filhos tem viste? Vi,	113
Como um lavrador seu coração se alegra!	

Quem sete filhos tem viste? Vi, 115
    Como irmão mais novo de deuses em trono se assenta e ---- ouve!

---- viste? Vi, 117
    Como um bom estandarte está escorado no canto!

        ◢ ⋈ ⋘ 𐎣

Quem ---- viste? Vi, 132

Quem ---- viste? Vi, 134

        ◢ ⋈ ⋘ 𐎣

Quem uma viga golpeou viste? Vi, 144
    Ai de seu pai e sua mãe! quando arrancam estacas vai de um lado a outro!

Quem a morte de seu deus morreu viste? Vi, 146
    No leito do deus deita e água limpa bebe!

Quem no combate faleceu viste? Vi, 148
    O pai e a mãe a cabeça sustentam-lhe e a esposa à sua face chora!

Quem tem seu cadáver na estepe jazendo viste? Vi, 150
    Seu espectro na Érsetu não descansa!

Quem de seu espectro não tem quem cuide viste? Vi, 152
    Restos da panela, migalhas de pão que na rua jogam come!

Comentários do tradutor

[Autor]

A atribuição do texto a Sin-léqi-unnínni encontra-se em catálogo de autores e obras redigido no primeiro terço do primeiro milênio a.C. e achado em Nínive, no qual se lê: "Série de Gilgámesh (*iškar Gilgāmeš*): da boca (*ša pî*) de Sin-léqi-unnínni, [exorcista (*mašmaššu*)]" (cf. LAMBERT, A Catalogue of Texts and Authors, p. 66: és.gàr *ᵈgiš.gín.maš: šá pi.i ᵐᵈsin*(30).*li.qí.un.nin.ni ˡᵘm[aš.maš*...]). A qualificação como "exorcista" é de leitura duvidosa, como admite o próprio Lambert, já que depende de conjetura. Caso se admita essa hipótese, cumpre observar que *mašmaššu* designa um polímata, sendo comum que catálogos desse tipo atribuam os textos, se não a deuses, a exorcistas, cantores de lamentos ou adivinhos (cf. BEAULIEU, The Social and Intelectual Setting of Babylonian Wisdom Literature, p. 10-15). Beaulieu (The Descendants of Sîn-lēqi-unninni, p. 3) considera mais razoável que se reconstitua a única incisão que resta da última palavra como ˡᵘU[Š.KU], correspondente a ˡᵘG[ALA], em acádio *kalû*, uma categoria de sacerdotes da deusa suméria Inanna (correspondente a Ishtar), encarregados de cantar lamentos (cf. HALLO, *The World's Oldest Literature*, p. 309; LINSSEN, *The cults of Uruk and Babylon*, p. 16-17). Considere-se enfim que catálogos de textos e autores não constituem listas de bibliotecas, mas, como ressalta Toorn (Why wisdom became a secret, p. 21), "um cânone de obras apropriadas para instrução e memorização", ou seja, "os intelectuais responsáveis por esse tipo de obra estavam interessados em ordenar os clássicos pertencentes ao currículo de formação dos escribas".

A expressão "*ša pî* (da boca de)" é um modo de indicar aquele a quem se deve a versão em causa, equivalendo a "segundo..." (Beaulieu propõe que se traduza a expressão como "série de Gilgámesh: (escrita) de acordo com o ensinamento de Sin-léqi-unnínni"). Mesmo que a noção de autor não corresponda exatamente à nossa, admite-se em geral que Sin-léqi-unnínni tenha composto a versão clássica do poema (na terminologia dos estudiosos de língua inglesa, a versão *standard*) na segunda metade do segundo milênio antes de nossa era, remanejando relatos anteriores (GBGE, p. 28, nota 74). Charpin (*Reading and Writing in Babylon*, p. 180) é cautelosa: "Sin-léqi-unnínni foi um intelectual que viveu em Úruk [...] e teve um importante papel no estabelecimento da versão recente do texto. Em nossa terminologia, trabalhou mais como 'editor' que como 'autor'". Por seu lado, Maier (*Gilgamesh*: tradition and value, p. 87-88) é enfático: "Nessa longa, em sua maior parte anônima tradição [sobre Gilgámesh], faz sentido dizer que encontramos um autor? Minha resposta é sim".

Considerar que Sin-léqi-unnínni tenha vivido no período proposto – isto é, na época cassita – depende de dois argumentos: a) seu nome com uma formação tripla, que é típico da onomástica médio-babilônica – trata-se de uma homenagem ao deus Lua (*Sîn*), com o seguinte significado: "*Sîn* é o recebedor (*lēqi*) da minha súplica (*unninni*)"; b) o fato de a versão paleobabilônica do poema de Gilgámesh – intitulada *Proeminente entre os reis* (*šūtur eli šarrī*) – não ser encontrada após esse período, ao passo que a versão clássica (ša *naqba īmuru*), atribuída a Sin-léqi-unnínni, passa a ser fartamente documentada nas bibliotecas do primeiro milênio (cf. BEAULIEU, The Descendants of Sîn-lēqi-unninni, p. 3). Como se vê, são argumentos que não permitem uma afirmação categórica concernente à existência real do poeta, cuja relação com *Ele que o abismo viu*, contudo, se sustenta de modo semelhante à de Homero com a *Ilíada* e a *Odisseia*. Ele é quem, na perspectiva antiga, deu a forma final ao poema.

Ao contrário da maioria dos comentadores, Tigay considera que Sin-léqi-unnínni deveria ser tido como o autor da versão paleobabilônica (*Proeminente entre os reis*), em que se processa a "importante reviravolta" na tradição textual, ou seja, o tratamento grandioso da saga de Gilgámesh, centrado na questão da mortalidade do homem (cf. TIGAY, *The Evolution of the Gilgamesh Epic*, p. 12). De fato, pelo pouco que conhecemos dessa versão, é nela que pela primeira vez a saga ganha uma trama concatenada. O mesmo Tigay reconhece, contudo, que a versão clássica dá um outro passo importante: deslocar a grandeza de Gilgámesh dos feitos para a aquisição de conhecimento, incluindo a questão da morte como lote inelutável do homem (para um resumo das características da versão clássica, cf. TIGAY, *The Evolution of the Gilgamesh Epic*, p. 109).

Note-se enfim que Sin-léqi-unnínni é reivindicado, nos períodos neobabilônico, aquemênida e selêucida, como ancestral por várias famílias de Úruk, em que se destacam pessoas que atuam como escribas e *kalû*, constituindo uma espécie de dinastia de intelectuais (cf. LAMBERT, *Cuneiform Texts of the Metropolitan Museum of Arts*, p. XVII; LAMBERT, Ancestors, Authors and Canonicity, p. 13; BEAULIEU, The Descendants of Sîn-lēqi-unninni, p. 16). Como resume Charpin (*Reading and Writing in Babylon*, p. 51), "é difícil saber se essa era uma genealogia real ou um meio de os escribas se porem sob o patrocínio de um famoso intelectual do passado", sendo provável que se tratasse de um epônimo de toda uma categoria de intelectuais, num processo semelhante ao que se dá, na Grécia, com os Homeridas e Homero.

A diferença com relação a esse paralelo, contudo, é que, no presente caso, lidamos com uma sólida tradição escrita, a forma do poema sendo fixada e reconhecida por meio dela: assim, o poema de Sin-léqi-unnínni é constituído pela "série" em doze tabuinhas que aqui se traduzem. Com todos os cuidados para não incorrer em anacronismos, não seria errôneo dizer que Sin-léqi-unnínni foi, em suma, um "escritor" (essa é a opinião também de George, The Epic of Gilgamesh: Thoughts on Genre and Meaning), em todos os sentidos do termo.

Convém esclarecer, mais uma vez, o critério que utilizo na grafia dos nomes próprios acádios: no texto da tradução, como acontece na introdução, acentuei a sílaba que, de acordo com o que se sabe relativamente à língua da época em que o poema foi escrito, deveria ser a tônica – assim, Gilgámesh, Enkídu –, mas fiz isso considerando as convenções ortográficas do português, o que faz com que Ninurta, por exemplo, sendo um paroxítono terminado em -a, não necessite de acento algum. No índice onomástico os nomes se encontram grafados conforme as normas da assiriologia: *Gilgāmeš*, *Enkīdu*, etc.

[Título]

É usual na tradição médio-oriental que as obras sejam conhecidas a partir de suas primeiras palavras, como, neste caso: ša *naqba īmuru* ("ele que o abismo viu").

[Série]

Série de Gilgámesh (*iškar Gilgāmeš*) é como era também conhecida, nos catálogos de obras e autores, a sucessão de onze ou doze tabuinhas do poema. O termo *iškaru(m)* apresenta esse uso especializado, como em *iškar Etāna* (série de Etana), *iškar mašmaššūti* (série de encantamentos), etc.

Tabuinha 1

[Versos 1-62] A parte inicial do poema constitui uma espécie de hino dedicado a enaltecer Gilgámesh. Parece que a abertura da versão babilônica antiga, *Proeminente entre os reis* (*šūtur eli šarrī*), se encontra incorporada nele, uma vez que essa expressão ocorre no v. 29. Assim, pode-se considerar que o proêmio se divide em duas grandes seções: a primeira, que corresponderia a uma expansão da versão antiga, louva os trabalhos (no sentido de feitos e de sofrimentos) do herói (v. 1-28); a segunda concentra-se em sua origem divina, seu talhe portentoso e sua beleza (v. 29-62).

Tigay (*The Evolution of the Gilgamesh Epic*, p. 142), julgando que a primeira parte (v. 1-28) constitui uma inovação da versão clássica do poema, divide-a em outras duas: a primeira, que compreende os v. 1-10, diz respeito ao que Gilgámesh viu e aprendeu na grande jornada motivada pela morte de Enkídu, feitos que inscreveu numa "estela" (v. 10); a segunda trata de realizações anteriores ao narrado no poema, a saber, a construção das muralhas de Úruk e do Eanna. Assim, as duas partes, embora dedicadas ao registro dos feitos do herói, separam-se por tratar de temporalidades diferentes. Observe-se, contudo, que os dois movimentos convergem nos v. 24-28, que retomam o tema da inscrição onde se encontra "o que Gilgámesh passou, todos os seus trabalhos".

Esse recurso a uma estela em que se encontraria inscrita a saga de Gilgámesh tem relação com a tendência geral dos escribas, no fim do segundo milênio, em atribuir aos textos em cuneiforme um caráter esotérico, enquanto transmissores de antiga sabedoria. Conforme Charpin (*Reading and Writing in Babylon*, p. 53), "o editor da versão tardia [do poema] adicionou ao início do prólogo vinte e oito versos que insistem na sabedoria do herói; e a complementou com uma narrativa do dilúvio, a prédica de Uta-napištim (o Noé babilônico), e um epílogo".

Para Sasson (*Prologues and Poets*, p. 268-271), com base na versão da abertura do poema encontrada em Ugarit, na costa do Mediterrâneo (publicada em ACU, p. 130-134, pranchas 19-20), essa parte inicial, com variações, não deveria ser atribuída a Sin-lēqi-unnini, mas seria produto do período médio babilônico, datável no século XIII a.C. Ainda que essa fase da história do texto seja bastante mal conhecida, defende ele que é possível perceber no que ela se distingue tanto da versão antiga (*šūtur eli šarrī*) quanto da clássica (*ša naqba īmuru*), a partir do testemunho do manuscrito de Ugarit. Arnaud (ACU, p. 36), ao contrário, acredita que se trata "da própria obra do autor uruquiano".

De fato, a publicação desse documento embaralha bastante o que se pensava conhecer a respeito de *Ele que o abismo viu*. Por um lado, porque os versos que se julgavam tradicionalmente serem da lavra de Sin-léqi-unnínni já se encontram nele (incluindo o que dá título à obra, *ša naqba īmuru*, bem como o que principiava a versão paleobabilônica, *šūtur eli šarrī*). Por outro lado, porque no manuscrito de Ugarit os versos se encontram numa ordenação diferente da que apresentam em *Ele que o abismo viu*, mesclando na abertura inclusive versos pertencentes, na versão clássica, à parte narrativa. George (GGEU, p. 246) acredita que a melhor explicação para isso seria considerar o texto como resultado da tentativa, da parte de um copista inepto, de "pôr por escrito um poema lembrado pela metade". Ressalte-se, enfim, que Arnaud (ACU, p. 130) acredita que o texto registrado na tabuinha constitui "um exercício escolar".

O início do poema nesse importante documento, que permitiu inclusive a recuperação dos versos iniciais de *Ele que o abismo viu*, lê-se assim (cf. a edição em ACU, p. 130-131 e GGEU, p. 239-240):

> Ele que o abismo viu, o fundamento da terra,   1
> Seus caminhos conheceu, ele sábio em tudo,
> Bilgameš que o abismo viu, o fundamento da terra,
> Seus caminhos conheceu, ele sábio em tudo,
> Explorou de todo os tronos,   5
> De todo saber, tudo aprendeu,
> Percorreu o distante caminho até Uttur-napišti,
> Atravessou o mar, o vasto oceano, até o sol nascente,
> Trouxe isto e ensinou, o que antes do dilúvio era.
> De distante caminho volveu, cansado e apaziguado,   10
> Numa estela se pôs então o seu labor por inteiro.
> Não deixa Bilgameš moça livre a seu noivo,
> Ele, um touro selvagem, elas, suas vacas!
> Ouviu-lhes as queixas Ishtar,
> O terrível rumor atinge os céus de Ánu: 15
> Proeminente entre os reis, herói de imponente físico,
> Valente rebento de Úruk, touro selvagem ----
> Bilgameš renomado pelo imponente físico,
> Valente rebento de Úruk, touro selvagem indomado!
> Sobe, Bilgameš! Ao alto da muralha de Úruk vai,   20
> Seu fundamento examina, os tijolos observa!
> Busca o cofre de cedro,
> Rompe o ferrolho de bronze,
> Levanta a tabuinha lápis-lazúli, lê
> Assim: seus tijolos não são cozidos,   25

Seu alicerce não cimentaram os sete sábios?
Um *šar* é cidade, um *šar* é pomar, um *šar* são poços de argila, meio *šar* é a casa de Ishtar:
Três *šaru* e meio, a extensão de Úruk.
Desafia Bilgameš cinquenta companheiros,
Cada dia vence os moços, 29a
Assedia os jovens de Úruk sem razão. 30
Os tufos de seu cabelo, exuberantes como Níssaba,
Reluzentes os seus dentes como o sol nascente,
---- cabelos como lã cor de lápis-lazúli.
De onze côvados é sua altura,
De quatro côvados é a largura de seu peito, 35
De três côvados é seu pé, metade de uma vara é sua perna,
De três côvados são os pelos de seu rosto.
Para ---- sua face

[Verso 1] As primeiras palavras do poema, *ša naqba īmuru*, poderiam ser vertidas de duas formas, "ele que tudo viu" e "ele que o abismo viu", uma vez que o termo *naqbu* pode ter dois significados, a saber: a) uma totalidade; b) o abismo subterrâneo de águas que alimenta as fontes (cf. GBGE, p. 444-445). Minha opção pela segunda alternativa leva em conta as razões apresentadas por Silva Castillo (*Nagbu*, p. 219-221 e La estructura literaria como guía para la traducción). Para a tradução do segundo hemistíquio (*išdi māti*) como "o fundamento da terra", baseio-me também em Silva Castillo (*Išdi mati*, the foundations of the Earth).

Saliente-se, entretanto, que *naqbu* é "não só o 'abismo de águas', mas também a 'fonte' de sabedoria onde Ea habita no Abzu" (*Apsû*). Neste primeiro verso, ressalta Leeuwen (Cosmos, Temple, House, p. 73), *nagbu/naqbu* "refere-se não só ao abismo de águas que Gilgámesh sonda, mas também à sabedoria que ele adquire por meio de sua investigação".

[Verso 2] O objeto do verbo *idû* ("conheceu") não se tinha restaurado na edição crítica de George, que data de 2003, tendo sido registrado no verso 4 (que repete o segundo) apenas sua sílaba final –*ti*. Com a publicação, em 2007, dos fragmentos de Ugarit (cf. ACU, p. 130-134, pranchas 19-20), torna-se possível fazê-lo, o termo antes desconhecido sendo *alkakati*, "seus caminhos" (*alkatu*, plural *alkakatu*, tendo o sentido de 'caminho', 'rota', 'jornada'). De acordo com GGEU, p. 238-248, o verso seria: *alkakati idû kalama hasu*, que traduzi por "seus caminhos conheceu, ele sábio em tudo". Anote-se que Arnaud traduz os dois primeiros versos por "Celui qui a tout vu, le fondement du pays,/ qui a connu les moeurs de l'univers, le sage" (ACU, p. 131).

Oppenheim (Mesopotamian Mythologie II, p. 18) chama a atenção para os dois verbos usados no primeiro dístico, interpretando que o poeta joga com os sentidos de "*amāru*, 'ver', neste caso 'conhecer por experiência', e *idû*, 'conhecer, compreender', de forma a mostrar que as experiências de Gilgámesh são tanto pessoais quanto corretamente interpretadas".

[Verso 5] Como acontece com os v. 2 e 4, também este se recupera através do manuscrito de Ugarit (cf. ACU, p. 130; GGEU, p. 239). Na edição de George, de 2003, lia-se [xx]x-*ma mit-ha-riš pa*-x[x], o que agora é possível completar assim: *i-hi-iṭ-ma mit-ha-riš pa-rak-ki*.

O último termo oferece alguma dificuldade de compreensão no que tange ao narrado em *Ele que o abismo viu*, pois *parakku* significa 'dossel de culto', 'santuário', 'capela', 'altar' e também 'trono', 'palácio'. George traduz o verso por "He explored everywhere the seats of power" (GGEU, p. 241), esclarecendo que "*parakku* é, em sentido estrito, o estrado sobre o qual se localizava o trono para um deus ou um rei. O verso saúda Gilgámesh como alguém que visitou, em suas viagens, os centros do poder mortal, do poder divino ou ambos. A tradição épica tem pouco a dizer sobre o que se rotula com tal definição: as viagens de Gilgámesh levam-no à Floresta de Cedros e, através dos mares, até a terra de Uta-napíshti, mas nenhum desses locais é verdadeiramente um lugar onde o poder político e cósmico seja exercido. Na tradição de presságios, todavia, Gilgámesh é lembrado como um rei que conquistou todo o mundo e uma apódose fragmentária usa o termo *parakku* nesse contexto: *amūt Gilgāmeš* [*ša*...]-*i šarrāni āšibūt parakkī qāssu ikšudu* [...], 'este é um presságio de Gilgámesh, [que] conquistou os reis que se assentam sobre os tronos [...]'".

ACU, p. 131, adotou o sentido de 'santuário', traduzindo o verso assim: "il inspecta également les sanctuaires".

Optei, na tradução, pelo sentido mais genérico do termo – "tronos" –, deixando intencionalmente aberta sua interpretação. Observo ainda que o termo *parakku* ocorre de novo em 6, 7, quando se afirma que a Floresta de Cedros é "morada de deuses, trono de deusas" (*parak* ^{d}*irnini*), o que, no meu modo de entender, justifica a afirmativa deste verso, caso se acredite que ela deva remeter expressamente a dados do enredo.

[Verso 6] A expressão do primeiro hemistíquio é *naphar nēmeqi*, literalmente 'a totalidade do saber', *nēmequ(m)* significando 'sabedoria', 'sagacidade', 'conhecimento civilizado', 'habilidade'. O termo acádio *nēmequ* corresponde ao sumério 'nam-kù-zu' e designa aquilo que, na peça conhecida como *Instruções de Shurúppak*, que deve remontar a pelo menos 2700 a.C., este rei antediluviano transmite a seu filho Ziusudra. Como ressalta Toorn (Why wisdom became a secret, p. 21), a sabedoria (*nēmequm*), de início, expressava-se na forma de vereditos legais, conselhos inteligentes e ditos espirituosos, depois tendo-se tornado uma virtude só dos deuses, Gilgámesh sendo *nēmequm* do ponto de vista antigo tanto quanto do moderno.

[Verso 8] A tradição relativa ao dilúvio (*abūbum*) é bastante característica da Mesopotâmia (cf. AGOSTINO, *Gilgameš o la conquista de la imortalidad*, p. 169-185). Na produção acádia, o relato clássico do cataclismo encontra-se no poema antropogônico intitulado *Atra-hasīs* (*Supersábio*), cujo manuscrito mais antigo é assinado pelo copista Kasap-Aya, que executou o trabalho sob o reinado de Amim-ṣadûqa, ou seja, entre 1646 e 1626 a.C. (cf. BOTTÉRO; KRAMER, *Lorsque les dieux faisaient l'homme*, p. 528-529). Sin-léqi-unnínni se valeu desse texto na tabuinha 11, pondo o relato na boca de Uta-napíshti. Todavia, Silva Castillo (La estructura literaria como guía para la traducción, p. 14) considera o episódio do dilúvio uma "interpolação tardia".

Contrariamente a outros comentadores, Tigay (*The Evolution of the Gilgamesh Epic*, p. 143, n. 8) não acredita haja neste verso referência à narrativa de Uta-napíshti sobre o dilúvio, já que nela não está em causa o que havia antes do cataclismo, mas o próprio cataclismo. Na tradição mesopotâmica, a sabedoria antediluviana se deve aos *apkallu*, os sábios, que, nos primórdios dos tempos, transmitiram ensinamentos à humanidade. Acrescente-se que, segundo Beroso, os livros que continham "os princípios, meio e fim de tudo, consignados por escrito (*dià grammáton*)", foram enterrados, antes da enchente, em Sísparos (isto é, Síppar), sendo recuperados depois. Seria mais razoável, portanto, acreditar que seja a esse cabedal que Gilgámesh teve acesso.

[Verso 9] A referência é à grande viagem empreendida por Gilgámesh após a morte de seu companheiro de feitos heroicos, Enkídu. A pergunta que imprime profundidade à saga do herói na versão de Sin-léqi-unnínni diz respeito ao impasse diante da morte, razão pela qual empreende ele o longo percurso por espaços não humanos, em busca da imortalidade.

[Verso 10] Era costume dos reis registrar numa estela (*narû*) algum acontecimento importante de seu reinado, visando a torná-lo público. Um *narû* pode ter ainda o valor de documento jurídico, pode marcar uma fronteira ou ser a "pedra fundamental" (feita realmente de pedra ou então de prata, ouro ou bronze) de um templo, enterrada nas fundações ou posta em seu interior (cf. SEG, p. 109). Considerando-se o que se diz nos v. 24-28, que marcam o fim da introdução ao poema, parece que se quer dar a entender que se trata da última hipótese. Cumpre todavia recordar que, longe de pretender um valor documental, a referência à inscrição constitui um recurso poético que provavelmente deveria ser percebido enquanto tal pelo leitor (ou ouvinte) do poema (cf. OPPENHEIM, *Mesopotamia*, p. 258, *apud* DICKSON, The Wall of Uruk, p. 27), ao qual o texto passa a dirigir-se explicitamente dois versos adiante.

A importância desse tipo de memorial pode ser aquilatada pela forma como (cf. HEIDEL, *The Gilgamesh Epic and Old Testament Parallels*, p. 139-140) Tiglath Pileser I termina a inscrição que mandou fazer com a seguinte maldição: "Quem destrua minha estela e meu memorial de fundação, derrube-os, lance dentro d'água, queime com fogo, cubra com terra, deposite em segredo numa casa reservada, num lugar em que ninguém terá permissão para vê-lo, apague meu nome que está escrito e inscreva seu nome ou conceba alguma outra perversidade para pôr obstáculo a minha estela, que Ánu e Ádad, os grandes deuses, meus senhores, o olhem com ira e o amaldiçoem com perversa maldição: que eles derrubem seu governo, corroam os fundamentos de seu trono real, destruam sua nobre descendência! que quebrem suas armas aos pedaços, tragam derrota a seu exército, o enviem preso a seus inimigos! que Ádad destrua seu país com um dardo destrutivo que traga fome, penúria, miséria e sangue sobre seu país! que não o deixe viver um único dia, mas destrua seu nome e sua semente no país!"

George (The Mayfly on the River, p. 230) corrige o entendimento expresso em GBGE, p. 538, de que foi o próprio Gilgámesh que inscreveu no *narû* seus trabalhos, chamando a atenção para o fato de que *šakin*, usado nessa passagem, é um estativo de *šakānu*, 'pôr', e não uma forma de voz ativa. Ele interpreta: "vejo agora que a força usual da conjugação estativa é mais provável e que *šakin* se articula com os dois outros estativos, *anih* [ele estava exausto] e *šupšuh* [ele estava em sossego], na forma intransitiva-passiva, como uma declaração enfática de inação. Gilgámesh volta para casa, desmorona exausto e não pode fazer nada mais. Não é ele quem põe a história na tabuinha de lápis-lazúli".

Concordo com essa leitura, que minha tradução reflete. Considere-se, entretanto, que o fato de que Gilgámesh não seja ele próprio quem inscreve seus trabalhos na estela não implica, do ponto de vista da lógica interna do poema, que não tenha sido ele quem os narrou, mesmo porque apenas ele poderia contar o longo percurso que fez – como acontece com Ulisses, na *Odisseia*.

[Verso 11] O epíteto tradicional de Úruk é *supūru(m)*, ou seja, 'curral', 'redil'. A cidade era rodeada por uma muralha circular de cerca de nove km de extensão, que parece datar da época pré-dinástica. O interior nunca foi inteiramente ocupado com edificações, o que tornava possível que nele existissem currais para o gado, usados especialmente quando se tratava de protegê-lo de ataques externos (cf. v. 22-23 *infra*).

São três os epítetos aplicados a Úruk no correr do poema: *uruk supuri* (Úruk, o redil), *uruk ribitu* (Úruk da grande avenida ou praça, que traduzi por "a praça de Úruk", v. 1, 251 e outros) e *uruk mātu* ("a terra de Úruk", v. 1, 277 e outros), os quais, conforme Oppenheim (Mesopotamian Mythologie II, p. 18), "denotam respectivamente a parte da cidade-estado envolta pelas muralhas, o próprio centro urbano e a região aberta pertencente à cidade".

A muralha, conforme o poema, era obra de Gilgámesh. Como observa Leeuwen (Cosmos, Temple, House, p. 73-74), "no fim (como no início do poema), o único monumento à sabedoria de Gilgámesh será o que ele constrói: a enorme muralha de Úruk, cujos fundamentos foram assentados pelos 'sete sábios'".

[Verso 12] O *e-anna*, literalmente 'casa de Ánu' (Ánu é a divindade que se identifica como o Céu), compreendia o templo desse deus e o de Ishtar, além de outros, possuindo uma *ziqqurratu* (zigurate, isto é, uma torre escalonada) típica dos santuários mesopotâmicos.

[Versos 13-28] Inicia-se aqui a sequência, que se estende até o v. 28, dominada pelos imperativos dirigidos ao leitor do poema. São dois os elementos principais: aquele com o qual ela se abre, os muros de Úruk, obra de Gilgámesh (v. 13-23); e a tabuinha de lápis-lazúli, em que o próprio Gilgámesh mandou escrever os seus trabalhos, com que se encerra (v. 24-28). Em ambos os casos trata-se de grandiosas realizações, devendo ser salientado que os muros tiveram seus fundamentos lançados pelos sete heróis fundadores (os *apkallu* referidos no v. 21).

Oppenheim (Mesopotamian Mythologie II, p. 18) chama atenção para "a refinada transição de *amāru*, 'ver' [verso 13], ou *palāsu*, 'ver de perto' [verso 14], para *ṣabātu*, 'tocar' [verso 15]".

Conforme Dickson (The wall of Uruk, p. 25), "as ações que o prólogo me convida a fazer são estruturadas por uma espécie de *imitatio* implícita [...]. Exatamente como Gilgámesh 'viu o abismo', sou convidado a 'ver a muralha' de Úruk e 'olhar seu parapeito' [...], 'examinar os alicerces, inspecionar a alvenaria'"; do mesmo modo, "a inscrição feita por Gilgámesh de seus trabalhos ecoa literalmente em minha recitação do texto gravado na tabuinha retirada do cofre de cedro" (cf. v. 27-28). Em suma, trata-se de um sofisticado recurso poético que tem como efeito engajar o recebedor no louvor de Gilgámesh, fazendo com que assuma o papel de testemunha.

Digno de nota é ainda que os v. 13-23 se repetem na tabuinha 11, o convite a que se examine a muralha de Úruk sendo dirigido pelo próprio Gilgámesh ao barqueiro Ur-shánabi (v. 323-328). Trata-se da conclusão da volta do herói de sua longa viagem em busca da imortalidade (e também, talvez, da conclusão do poema, a tabuinha 12 podendo ser um acréscimo posterior). É, portanto, o próprio convite do protagonista a uma das personagens que o narrador dirige, neste ponto, ao leitor, com duplo resultado: o efeito de espelhamento (Gilgámesh está para o narrador como Ur-shánabi para o leitor); o efeito da composição em anel (*Ringkomposition*), o poema fechando-se com palavras que remetem a seu início.

Uma importante informação que o uso de imperativos neste verso (*amur*, 'vê') e nos seguintes fornece sobre a recepção do poema está no fato de que se trata de formas masculinas. Assim, observa Walls (*Desire, Discord and Death*, p. 16): "em contraste com outras tradições épicas baseadas na performance de bardos e cantores, a coluna de abertura da epopeia de Gilgámesh (1, 11-26) dirige-se intencionalmente, com verbos no imperativo, ao leitor masculino e solitário [...]. A epopeia de Gilgámesh, assim, de modo explícito, situa o discurso de sabedoria no contexto de uma audiência letrada, uma elite masculina".

[Verso 13] SEG (p. 110) lê o texto como *ša kima qê nēbh[ušu]* e o traduz por "como uma corda é seu recinto", o que significaria que se trata de espaço perfeitamente reto. George adota a lição *kima qê nipši*, "como um tufo de lã", que é a que sigo, inclusive por ser a leitura mais difícil.

[Verso 21] De acordo com a tradição transmitida por Beroso, numa época anterior ao dilúvio sete sábios (em acádio, *apkallū*) foram enviados pelos deuses para civilizar a humanidade. Eles são representados numa forma não de todo humana, em geral com cabeça de peixe (cf. GDS, p. 163-164).

Segundo Reiner (The Etiological Myth of the "Seven Sages", p. 6, 9), "o que no relato grego reflete um mito etiológico não tem correspondência em nenhum texto relativo aos *apkallū* na Mesopotâmia", essa denominação, para indicar simplesmente um sábio, podendo alternar com o termo mais comum *ummânu*. Mesmo assim, conclui ela que o mito dos *apkallū* parece ter, sim, uma função etiológica, cuja memória não se preservou na Mesopotâmia: "ao lado da referência aos 'antigos sábios de antes do dilúvio', na *Epopeia de Erra* há uma alusão à presença, na terra, antes do dilúvio, de *apkallū*, os quais, depois do dilúvio, retornaram ao *Apsû*, trecho em que Marduk diz que 'fez esses homens sábios descerem ao *Apsû*'(*ummânī šunūti ana apsî ušēridna*)".

Toorn (Why Wisdom Became a Secret, p. 25) recorda que, no primeiro milênio, os escribas estabelecem conexões entre disciplinas escolares e os *apkallū*, toda tradição escrita passando a ser chamada "sabedoria de Adapa".

[Versos 22-23] O *šār* é uma unidade de medida neobabilônica equivalente a cerca de 2,5 km². Tendo em vista o sistema sexagesimal que era então utilizado, correspondia a 60 vezes 60, o que indicava uma cifra muito alta em termos de espaço ou tempo (cf. *adi šār*, 'para sempre', 'em todo lugar'). Menos que fornecer uma medida exata, a intenção dos versos é ressaltar a imensidão de Úruk.

Woods (The Earliest Mesopotamian Writing, p. 40) chama a atenção para a importância que têm, desde épocas muito arcaicas, a aferição e o registro de cifras na cultura mesopotâmica, sendo essas, inclusive, as primeiras anotações de que se tem notícia: "Anotações numéricas e metrológicas desempenham um papel proeminente no *corpus* de textos arcaicos. [...] Pelo menos cinco sistemas diferentes de contagem são atestados nos textos arcaicos, incluindo os sistemas sexagesimal (isto é, com unidades 1, 10, 60, 600, 3.600) e bissexagesimal (isto é, com unidades 1, 10, 60, 120, 1.200, 7.200). Deve ser destacado que o sistema numérico usado depende do que é contado. Por exemplo, todos os animais e humanos, produtos animais, peixe seco, frutos, ferramentas, pedras e vasos eram quantificados usando o sistema sexagesimal, enquanto grãos, queijos e, ao que tudo indica, peixe fresco eram quantificados usando o sistema bissexagesimal. [...]. O sistema sexagesimal ultrapassou a época arcaica e suméria e foi usado pelos babilônios até o fim da civilização cuneiforme, na passagem para a nossa era. Com efeito, nossa divisão do círculo em 360 graus, da hora em 60 minutos e do minuto em 60 segundos remonta, em última análise, aos sumérios e seu sistema numérico sexagesimal, que chega até nós através dos babilônios e gregos".

[Versos 24-28] O que se dá a entender é que os feitos de Gilgámesh se conservaram inscritos numa estela (cf. v. 10), que agora se qualifica como de lápis-lazúli. A referência a um cofre como o lugar em que a tabuinha foi depositada sugere que o escrito foi posto provavelmente no interior de um templo.

Note-se ainda a importância da escrita. Ainda que a saga de Gilgámesh possa ter sido elaborada, na origem, como tradição oral (como parece que talvez dê a entender a versão babilônica antiga do poema), na fase em que se situa a versão clássica de que nos ocupamos constitui tradição transmitida por escrito havia já muitos séculos – mais ainda, que se quer apresentar enquanto tal (cf. ABUSCH, The Development and Meaning of the Epic of Gilgamesh, p. 618).

Um dado digno de nota é que, logo após fazer referência à tabuinha de lápis-lazúli onde se encontram registrados os feitos de Gilgámesh, o poeta introduza em seu relato o que parece ser o proêmio da versão babilônica antiga da saga (*šūtur eli šarrī*, "proeminente entre os reis"), num procedimento intertextual de grande efeito. Ao introduzir no relato essa camada de ordem textual, tanto se empresta ao poema uma dimensão temporal condizente com a longa tradição escrita com que se trabalha (há o texto de primeiro nível, que transmite, em segundo plano, o texto mais antigo), quanto se dá a entender que o poema mais novo vem a ser o próprio cofre de cedro que contém a estela onde se lê o mais antigo. Todos esses efeitos ressaltam (e celebram) o caráter concreto (e duradouro) que tem a escrita, enquanto palavras perenizadas em suportes de argila ou de pedra.

[Verso 29] As palavras do primeiro hemistíquio, "proeminente entre os reis" (*šūtur eli šarrī*), constituem o início e, consequentemente, o título da chamada "versão babilônica antiga" do poema de Gilgámesh, uma série que, na forma como nos chegou, parece que contava com quatro tabuinhas (traduções em GBGE, p. 173-192; SEG, p. 334-342; sempre que oportuno, darei nos comentários os trechos correspondentes ou que completam o que falta em *Ele que o abismo viu*).

Isso mostra como Sin-léqi-unnínni parece ter utilizado textos anteriores na composição da versão clássica, num procedimento intertextual de que se lança mão de modo consciente e de que se espera um efeito na medida em que o leitor reconheça a apropriação. Em síntese, trata-se de celebrar relações com a tradição letrada relativa a Gilgámesh, o que tem dois efeitos: o primeiro, garantir a fidelidade do que se narra, com o recurso à imagem do manuscrito encontrado (extensamente explorada em outras literaturas pelos séculos afora, com a condição de que se conte com a ideia de "literatura" enquanto inscrição); o segundo, ressaltar a própria criação de Sin-léqi-unnínni como algo novo, na sequência da versão antiga.

Nesse sentido, GBGE (p. 446-447) observa como o tom da parte que se inicia é diverso do adotado na anterior, sendo constituído de três movimentos: a) três dísticos glorificando Gilgámesh por seu *status* e habilidade (v. 29-34); b) um dístico relativo a sua filiação (v. 35-36); c) finalmente, o terceiro movimento é dedicado a sua carreira (v. 37-44), num tom diferente, contudo, do proêmio, pois agora se ressalta a grandeza das façanhas, não a dificuldade dos trabalhos.

Tenha-se, enfim, em vista que, no manuscrito de Ugarit, esse trecho aparece numa posição diferente daquela em que se apresenta na versão clássica:

> Ouviu-lhes [dos habitantes de Úruk] as queixas Ishtar,   14
> O terrível rumor atinge os céus de Ánu:
> Proeminente entre os reis, herói de imponente físico,
> Valente rebento de Úruk, touro selvagem ----, etc. (v. 14-17).

Como observa Milstein (*Reworking Ancient Texts*, p. 92), de um hino, como parece que seria na versão babilônica antiga, o trecho passou a ser parte da reclamação dos habitantes de Úruk aos deuses.

[Verso 33-34] O termo *kibru(m)* designa a 'margem' de um rio, de um córrego ou do mar, no sentido de um lugar firme, onde se pode estar a salvo. Cf. GBGE (p. 783), ainda que em textos literários não seja comum o uso da margem de um rio como imagem de proteção, percebe-se esse sentido na composição de nomes próprios como *Ilī-kibrī* ('Meu deus é minha margem') e *Kibrī-Dagān* ('Minha margem é Dagān'). Considerando-se o imaginário mesopotâmico relativo a inundações, a figura ganha em significação. Note-se a antítese com a metáfora seguinte: Gilgámesh é, por um lado, a "margem firme" que fornece salvação contra a enchente, ao mesmo tempo que, por outro, é a própria "corrente furiosa que destroça os baluartes de pedra".

[Verso 35] Lugalbanda é considerado, na tradição dominante, o pai de Gilgámesh. Trata-se de um rei de Úruk divinizado, herói do poema sumério que leva seu nome.

A expressão *rīmu ša Lugalbanda* dá margem, talvez intencionalmente, a vários entendimentos, tendo em vista a existência de termos homófonos ou quase: *rīmu*, 'touro selvagem'; *rīmu*, 'dom' dos deuses; *rîmu*, 'amado' (cf. CAD, s.v.). Minha tradução ("amado touro") buscou preservar a mescla de sentidos possível.

[Verso 36] A mãe de Gilgámesh é Nínsun, deusa tutelar de Gudea e Lagash, filha dos deuses Ánu e Uras. Seu epíteto é "Vaca-Selvagem" (*rīmat*).

[Versos 37-44] A sequência desses versos resume os feitos de Gilgámesh numa ordem crescente: a) ações civilizatórias (abriu passagens nas montanhas e cavou poços); b) ações relacionadas com sua busca pelo sentido da vida ou pela imortalidade (atravessou o mar até o sol nascente, palmilhou os quatro cantos da terra, visitou Uta-napíshti); c) ações visando à recuperação da memória destruída pelo dilúvio (reinstalou os templos e instituiu os ritos). Note-se como os três níveis se relacionam – e, especialmente, como o coroamento de todos os trabalhos heroicos se encontra nessa reposição dos templos nos lugares de onde o dilúvio os varreu e, em consequência, na instituição (talvez recuperação) dos ritos também perdidos.

[Verso 40] Shámash é o deus Sol, que tem um papel especial em toda a trama. A referência que aqui se faz remete, em especial, a 9, 138-169, quando Gilgámesh atravessa a própria "rota do sol" (*harrān ᵈšamaš*), ou seja, o interior da montanha donde ele a cada dia nasce.

[Verso 42] A relação de Ziusudra/Uta-napišti com Gilgámesh registra-se já nas fontes sumérias: tendo sobrevivido ao dilúvio, essa personagem aparece, no poema conhecido como *A morte de Bilgames*, como aquele que instrui o rei sobre os ritos de Sumer, que o cataclismo destruiu, de modo a tornar possível sua restauração em Úruk. Como ressalta Beaulieu (The Social and Intelectual Setting of Babylonian Wisdom Literature, p. 5-8), a tradição relativa a Ziusudra conserva-se por mais de dois milênios, sendo antiga a relação da matéria de Gilgámesh com ela.

[Versos 45-46] Estes versos apresentam dificuldades de leitura, que GBGE (p. 785) resolve pelo acréscimo do pronome *ša* (que), com base em inscrição que constitui variante da fórmula do v. 45, lição e entendimento que sigo na tradução (com o que concorda também SEG, p. 92).

[Verso 47] São os deuses que impõem (*nabû*) um nome (*šumu*) ao rei, este nome já definindo sua glória. SEG (p. 111) chama a atenção para a existência de outro verbo homófono em acádio (*nabû* ou *nebû*) com o significado de 'brilhar', anotando que "provavelmente o texto joga com os dois significados: 'Gilgámesh' é o nome imposto e esse nome é, além do mais, brilhante, glorioso". Na tradução optei por 'renome' para sugerir tanto a imposição do nome quanto seu brilho.

[Verso 48] Essa é a expressão mais clara do caráter sobre-humano de Gilgámesh ("dois terços ele é deus, um terço é humano"). Esse dado é de enorme importância para a questão da imortalidade: ao fim e ao cabo, o que o herói aprenderá, depois de todos os trabalhos, é que ter dois terços de natureza divina não faz com que possa escapar da morte.

Conforme Abusch (Ishtar's Proposal and Gilgamesh Refusal, p. 183), é essa condição híbrida que dá ao herói um contorno "trágico": "O fado de Gilgámesh é morrer. Ele resiste a esse fado em ambas as versões [do poema, a antiga e a clássica] e em ambos os níveis de seu ser: o homem Gilgámesh da versão antiga pensa que pode tornar-se um deus e assim escapar da morte. O deus Gilgámesh da versão posterior pensa que pode permanecer um homem e assim escapar da morte. O conflito tem sua raiz na noção de que Gilgámesh é em parte deus e em parte homem. Na versão antiga, Gilgámesh não pode aceitar sua humanidade e pensa que pode ser um deus – ele aprende que não pode ser um deus e tem de morrer como um ser humano. Na versão mais recente, Gilgámesh não pode aceitar sua divindade e pensa que pode ser um homem; ele tem de aprender que não é nem um ser humano normal, nem um deus cuja imortalidade possa ser usufruída entre os vivos. Em vez disso, ele é um deus que tem de preparar-se para a morte e para sua função na Érsetu".

[Verso 49] *Bélet-íli* significa Senhora dos Deuses. Este é o nome acádio da grande Deusa-Mãe suméria, correspondente a *Arūru*.

Observe-se que o que traduzi por 'efígie' corresponde a *ṣalmu(m)*, isto é, 'imagem', 'figura', 'estatueta'. O termo volta a aparecer mais duas vezes (em 8, 69 e 7, 82), ambas também com referência a Enkídu, mas então dizendo respeito à confecção, após sua morte, por iniciativa de Gilgámesh, de sua imagem.

[Verso 50] Nudimmud é um dos nomes do deus Ea (ou ainda Enki), que reina no Apsu e tem como apanágio a sabedoria. No poema antropogônico *Atrahasīs*, é ele que, como aliado da humanidade, ensina ao Supersábio (que aqui corresponde a Uta-napíshti) como fazer cessar os flagelos enviados pelos deuses com o fim de exterminar a raça humana, incluindo as instruções de como escapar do dilúvio. O dístico informa que a forma de Gilgámesh tendo sido configurada pela Senhora dos Deuses, é a Nudímmud que cabe fazer com que se realize no corpo do herói.

[Versos 51-58] Trecho que se apresentava bastante lacunar em GBGE (p. 540), embora o editor cresse que provavelmente nada se perdera na passagem do v. 55 para o seguinte, o que é correto. Com a publicação do manuscrito de Ugarit, este trecho pode ser completado, como o faz George (The Gilgameš Epic at Ugarit, p. 247-248, para o v. 52 e 53). Na nova proposta, os versos 54 e 55 são abandonados e recupera-se a sequência do texto no verso 56, como traduzido.

[Verso 51] As linhas tracejadas indicam os pontos em que o texto se perdeu, em razão de a tabuinha ter sido danificada.

[Versos 52-53] O côvado (*ammatu*) equivale a cerca de 0,5 m. Observe-se que as medidas fornecidas para o corpo de Gilgámesh são gigantescas: 5,5 m de altura, 2 m a largura de seu peito, etc. A tradução hitita do poema dá-lhe igualmente, de altura, 11 côvados, afirmando ainda que a largura de seu peito é de nove palmos. Apenas como termo de comparação, considere-se que Golias, conforme Samuel 17, 55, mede entre 4 e 6 côvados, dependendo da fonte (a medida maior, 6 côvados e um palmo, é a fornecida pelo texto massorético).

Naturalmente, nenhuma dessas medidas pretende ser exata, como também não pretendem sê-lo as que se apresentam nos versos seguintes. A intenção do poeta é sublinhar a natureza excepcional de Gilgámesh.

[Verso 56] O texto afirma que o pé de Gilgámesh tinha a dimensão de 1 *nikkassu*, unidade de medida que, no antigo sistema babilônico, correspondia a 3 côvados, e, no recente, a 3,5, o que indica que o pé de Gilgámesh mediria em torno de 1,75 m.

A vara (*nindanu*) corresponde, no sistema antigo, a 12 côvados (por volta de 6 m) e, no recente, a 14 (por volta de 7 m), a perna do herói medindo, portanto, entre 3 e 3,5 m. GBGE (p. 785) chama a atenção para o fato de que a perna de Gilgámesh mediria "menos que o dobro de seu pé", concluindo que "evidentemente o texto está corrompido".

[Verso 57] Cf. GBGE (p. 785), a expressão *birīt purīdi*, que significa literalmente 'espaço entre as pernas', pode também designar a parte alta da coxa ou a virilha. Considerando que a medida, neste caso, seria de 6 côvados ou cerca de 3 m, o que equivale ao comprimento das pernas de Gilgámesh, a proporção aplicada a seu passo parece correta. Isso corresponde ao dobro da medida convencional do "passo" (*purīdu*) na metrologia babilônica, ou seja, 3 côvados (mais ou menos 1,5 m).

[Verso 58] Antes da publicação do manuscrito de Ugarit, neste verso lia-se *ammat ašaritti š[a...]tešu*, o primeiro termo significando 'côvados', o segundo tendo um sentido desconhecido, devendo designar alguma parte do corpo (tantos côvados mede tal parte do corpo) e o terceiro estando bastante corrompido. Cf. GBGE (p. 785); Tournay e Shaffer sugeriram que se tratasse do polegar, restaurando *ša [ubāna]tešu*, o termo *ubānu* tendo o significado de 'dedo' (*ašaritti ša ubāna* devendo significar, portanto, 'dedo polegar'). Com o novo texto, a última palavra é recuperada como *letešu*, *lētum* significando 'bochecha', e a expressão *šārat lēti* nomeando os pelos (*šārtu*) do rosto, isto é, a barba.

[Verso 60] Este verso é restaurado a partir do v. 107 ("os tufos de seu cabelo exuberantes como Níssaba"), em que está em causa Enkídu. A imagem alude ao grão "cabeludo" da cevada madura, a deusa Nísaba (Níssaba ou Nídaba) tendo o "cabelo de cevada amarrado em grossos feixes" (cf. GBGE, p. 785-786, em que se apresentam exemplos relativos à deusa). Nísaba estava tradicionalmente relacionada com esse cereal e, posteriormente, também com a contabilidade e a escrita. O pictograma que a representava desde a época suméria era uma espiga de cevada, sendo cultuada desde a época dinástica antiga e considerada irmã de An e Úrash. Fazia parte do panteão de Lagash, onde era tida por irmã de Énlil e esposa de Haya. Em época posterior, por sua relação com a escrita, foi considerada esposa do deus-escriba Nabu. Como termo comum, *nissabu/nissaba* significa 'cevada' (CAD, s.v.).

[Verso 63] Neste ponto tem início a narrativa propriamente dita, com a exposição dos atos de Gilgámesh em Úruk, marcados pelo excesso, em consonância, aliás, com sua natureza fora do comum, tal qual acabou de ser apresentada.

Sobre quais seriam os excessos, Tigay (*The Evolution of the Gilgamesh Epic*, cap. 9, "The oppression of Uruk", p. 178-191) arrola, em resumo: a) nada indica que a opressão do rei diga respeito à imposição de algum tipo de corveia aos habitantes da cidade, como se propôs inicialmente; b) parece que uma parte da opressão refere-se ao constante desafio do rei aos jovens para disputas atléticas (o que se afirma claramente na tradução hitita do poema: "diariamente os moços de Úruk ele supera", 1, 1, 11b-13 a); c) não há dúvida de que o segundo aspecto da opressão é constituído pelo *ius primae noctis*.

Assim, são dois os aspectos destacados – aliás, mencionados na queixa que os habitantes de Úruk dirigem aos deuses: de um lado, proezas físicas; de outro, proezas sexuais. Recorde-se que a inadequação ao ambiente civilizado (e doméstico) de heróis que realizam trabalhos que exigem grande vigor físico é tematizada em diferentes tradições. Um exemplo disso se encontra nos mitos gregos sobre Héracles: na peça de Eurípides (que analisei em A (des)construção do herói), ao voltar para casa depois do último trabalho heroico, ele termina não só por destruir o palácio, quanto por matar a esposa e os filhos; seu primeiro feito, a morte do leão de Citéron, com cuja pele passa a cobrir-se, durou cinquenta dias, durante os quais dormiu com as cinquenta filhas do rei Téspis (cf. APOLODORO. *Biblioteca*. 2, 4, 10). Na tradição israelita, Sansão é por igual um exemplo desse tipo de herói cuja força condiz pouco com o espaço urbano e doméstico (MOBLEY, The Wild Man in the Bible and the Ancient Near East).

[Versos 65-66] Trata-se de trecho de leitura duvidosa (cf. GBGE, p. 786-786; para as interpretações propostas, ver Rollinger (Tum-ba U_5-a in "Gilgamesch, Enkidu und die Unterwelt", p. 15-16). A referência parece ser ao jogo com *pukku* (bola) e *mukkû* (taco), em que Gilgámesh se destaca (cf. o que se afirma em 12, 4-5). Observe-se a estratégica repetição do verbo 'levantar' (*tebû*), aplicado tanto ao taco de Gilgámesh quanto aos próprios companheiros nos esportes.

Kilmer (A Note on an Overlooked Word-play in the Akkadian Gilgamesh, p. 129-130) entende que há uma conotação sexual nessa referência ao jogo de *pukku* e *mekkû/mukkû*: "usando uma ampla e sólida bola de madeira [...] e um longo taco de madeira (como um taco de hóquei ou um tipo de bastão, tendo a mesma forma geral de um cabo de machado com lâmina), ele era um dos mais importantes, se não o mais importante jogo disputado em conexão com casamentos (considerem-se os jogos com tacos disputados por homens, ainda hoje, no Oriente Próximo, em casamentos)"; decorre disso, ela continua, "a pertinência da celebração nupcial na tabuinha II, iv-v da versão babilônica antiga, tanto se estiver em causa o casamento de Gilgámesh (seguindo Landsberger), quanto o de algum outro habitante de Úruk; de mais a mais, o jogo de bola e taco parece simbolizar a insaciável energia e o apetite sexual de Gilgámesh".

A mesma autora considera que, lido em conexão com os sonhos de Gilgámesh que anunciam a chegada de Enkídu (o primeiro deles relacionando-o com um *kiṣru*, 'bola', o segundo com um *haṣṣinu*, 'machado', o que implicaria num jogo de palavras, respectivamente, com *kezru* e *assinnu*, ambos com o sentido de 'prostituto'), o fato de que o rei "seja privado desse jogo (e de suas recompensas), porque a bola e o taco caem num buraco durante o jogo e, em seguida, no mundo subterrâneo (cf. *Gilgámesh, Enkídu e o mundo subterrâneo*, linha 164)", faz com que "essa recreação favorita (?) seja substituída pelo próprio Sr. Bola e Taco personificado, nomeadamente Enkídu, cuja chegada é anunciada como uma grande bola (*kiṣru*) e um machado/taco (*haṣṣinu*)".

[Verso 67] "Sem razão", conforme a sugestão de SEG (p. 111), traduz *ina ku-k[it-ti]*, ou seja, 'com algo que está fora de lugar' (GBGE traduz a expressão como *wrongfully*, 'injustamente').

[Versos 73-74] Este dístico encontra-se muito pouco preservado (cf. GBGE, p. 786), parecendo que narra como as mulheres começaram a lamentar-se diante dos deuses. O conteúdo de sua súplica encontra-se em 75-76, remetendo ao narrado nos v. 67-72.

[Verso 76] Não é fácil saber a que se referem o v. 68 (Gilgámesh "não deixa filho livre a seu pai") e o v. 72 ("não deixa filha livre a sua mãe"), mas parece que o v. 76, que repete a mesma fórmula com variações ("não deixa Gilgámesh moça livre a seu noivo"), remete ao *ius primae noctis* (um termo criado pelos medievalistas), ou seja, o direito de o rei desfrutar sexualmente da primeira noite com a noiva. Isso fica mais claro tendo em vista a referência (que imediatamente segue) à súplica da "filha do guerreiro" e da "esposa do jovem" às deusas, a qual, no v. 91, termina com repetição do v. 76 ("não deixa Gilgámesh moça livre a seu noivo").

Tigay (*The Evolution of the Gilgamesh Epic*, p. 182-184) recorda que a versão babilônica antiga é explícita nesse sentido: *aššat šimātim irahhi/ šu pānānuma/ mūtum warkānu* ("com a esposa prometida ele faz sexo,/ ele antes,/ o marido depois", tabuinha da Pensilvânia, 32-34), observando ainda que, embora o *ius primae noctis* seja mais conhecido na Idade Média, há fontes antigas que também fazem menção a essa prática, como Heródoto 4, 168 e alguns comentários rabínicos (*Tosefta Ketubot* 1, 1; *Tosefta Kifshutah* 6, 186-187). No ponto de vista de Cooper (Virginity in Ancient Mesopotamia, p. 104), "a defloração de uma noiva virgem torna-se uma afirmação do autêntico domínio patriarcal, que faz com que a virgindade seja, antes de tudo, valorizada", o que leva a que se interprete que "a defloração por Gilgámesh de noivas recém-casadas [...] demonstra à populaça que a autoridade do rei, no ápice da estrutura de poder masculina e patriarcal, pode impor-se à autoridade patriarcal de qualquer outro homem, em termos de hierarquia [...]; o *droit de seigneur* de Gilgámesh tem pouco a ver com os prazeres de deflorar virgens e muito com assegurar que seus maridos saibam quem é o maior patriarca de todos".

Em estudo recente, Rubio (Gilgamesh and the *ius primae noctis*, p. 231) conclui que isso não passa de um "motivo narrativo, que ajuda a definir o comportamento do rei, mas provavelmente não corresponde a uma realidade histórica", pois não há nenhum indício dessa prática em nenhum outro documento mesopotâmico (como não há na documentação medieval). Sendo assim, o fato de que, desde a versão paleobabilônica do poema, tenha ele sido ajuntado à saga de Gilgámesh reforça a intenção do narrador de sublinhar os excessos do rei, que extrapolam quaisquer usos e costumes, tornando, em consequência, mais enfáticas as súplicas dos habitantes de Úruk aos deuses.

[Verso 78] Não fica claro a que "deusas" o texto se refere. Como anota GBGE (p. 787-788), o verbo exige um sujeito no plural, embora o termo que se lê seja *ištaru*, "deusa". Parece que se trata, neste caso, de um uso como coletivo.

[Verso 79] A expressão *bēl zikri* (que traduzi como "senhores do comando") oferece alguma dificuldade de interpretação. Esclarece GBGE (p. 788) que *zikru* significa "uma ideia ou iniciativa", acrescentando: "O epíteto *bēl zikri* deve provavelmente ser entendido como uma referência ao fato de que os deuses do céu, nesse período os Igígi, eram os que podiam tomar iniciativas na assembleia divina, ao contrário das divindades confinadas no mundo subterrâneo. Nessa condição, eles tinham talvez a obrigação, uma vez que as queixas do povo de Úruk chegaram até eles, de fazer algo para resolver o problema. Assim, chamam a atenção dos poderes mais altos para essas queixas".

[Verso 80] Verso muito danificado, que todavia, considerando-se a sequência da ação, deve servir para introduzir o discurso direto que segue, dirigido provavelmente a Ánu (cf. GBGE, p. 788), o deus principal do panteão babilônico e o patrono de Úruk.

[Versos 82-91] Nestes versos se usa, pela primeira vez, recurso muito comum na poesia mesopotâmica (e em outras literaturas do Oriente Médio, como a hebraica), o chamado paralelismo. Note-se que não se trata simplesmente da repetição de versos há pouco aparecidos, mas de fazer com que os versos se repitam na boca de elocutores e com destinatários diferentes: no primeiro caso, são palavras do narrador, dirigidas ao leitor; no segundo, dos deuses, dirigidas a seu soberano, Ánu.

[Verso 88] Verso muito danificado, reconstituído com base no v. 70.

[Verso 93] Em seguida a este verso, uma tabuinha babilônica média, que contém um exercício escolar, procedente de Níppur (MB Nippur 1), descreve a reação dos deuses: um dos deuses (cf. SEG, p. 95, seria Ea/Nudímmud) ordena que seja chamada Arūru (a Senhora dos Deuses, *Bēlet-ili*), pois foi ela quem criou a numerosa humanidade; ordena ele que agora crie um rival para Gilgámesh, a fim de que se enfrentem um ao outro e deixem Úruk em paz; Arūru é então chamada e se lhe repete a ordem.

[Verso 94] Arūru é um dos nomes da grande deusa-mãe, já referida no v. 49 como *Bēlet-ili*, Senhora dos Deuses.

No texto lê-se apenas *^{d}Aruru issû rabītu* (Arūru grande rainha), o que GBGE (p. 543) traduz como "They summoned Aruru, the great one", e SEG (p. 96), "Citaron a Aruru, la gran señora". Preferi ser mais literal, apenas acrescentando ao verso a preposição "a", para dar a entender que o que se segue constitui o que disseram os deuses a Arūru.

Principia neste verso a descrição, ainda que breve, da criação de Enkídu, a qual, como em outros relatos do Médio Oriente, supõe o uso de argila. Tigay (*The Evolution of the Gilgamesh Epic*, p. 194-197) arrola e discute os pontos de contato com outros textos antropogônicos, em especial com o *Atrahasīs*: a) apresenta-se uma situação problemática (aqui, a desmedida de Gilgámesh e a revolta dos habitantes de Úruk; no *Atrahasīs*, a corveia imposta aos deuses menores, os Igígi, e sua revolta); b) os deuses decidem a criação de um novo ser a fim de pôr fim ao problema (aqui, Enkídu, para contrapor-se a Gilgámesh; no *Atrahasīs*, a humanidade, para assumir o trabalho dos Igígi); c) a Arūru se incumbe que assuma a criação do novo ser (comparem-se as ordens dadas a ela: aqui, *atti Aruru tabni [amelūta]/eninna binî zikir ŠÚ*, "tu, Arūru, fizeste a [raça humana],/ agora faze o que se disse"; no *Atrahasīs*, *attīma šassūru bāniat awēluti/ binîma lullû*, "tu és a matriz, criadora da raça humana,/ cria o homem"); d) finalmente, a criação do homem se faz pela modelagem de argila (no caso do *Atrahasīs*, são modelados sete machos e sete fêmeas). Não se trata de defender que *Ele que o abismo viu* dependa do *Atrahasīs*, mas de considerar que ambos compartilham tradições comuns.

[Verso 100] Os manuscritos registram a variante Énlil (em vez de Ánu, cf. GBGE, p. 545).

[Verso 102] Cf. GBGE (p. 789); este verso e o seguinte constituem a única citação de *Ele que tudo viu* que se conhece – citação presente num comentário sobre um texto de prognósticos e diagnósticos (*Sakikku* I), para comprovar que a humanidade foi feita de argila.

[Verso 103] Enkídu é um nome sumério cuja forma mais antiga é en.ki.dùg; aparece em geral na documentação acádia como *en-ki-du* e raramente como *en-ki-tu* (supondo-se que a penúltima sílaba fosse longa na poesia babilônica: *Enkīdu*); na tradução do poema para o hitita, o nome apresenta ainda a forma *en.gi.du* ou *en.ki.ta*, mais terminação de caso. O sentido do termo em sumério é 'senhor do lugar agradável', a proposta de que pudesse significar 'Enki o criou' (equivalente ao acádio *Eabāni*, 'Ea o criou') mostrando-se inconsistente, ainda que se admita que, no final do segundo milênio, possa ter sido interpretado dessa forma, de acordo com o gosto por etimologias então em curso. Segundo Worthington (On Names and Artistic Unity in the Standard Version of the Babylonian Gilgamesh Epic, p. 409-414), teria sido Shámhat, a prostituta, que teria, no verso 174 abaixo, nomeado *Enkīdu*, seu nome sendo de início uma exclamação com o significado de "feito por Enki!" ou algo semelhante.

Enkídu aparece como companheiro de Gilgámesh desde os textos em sumério, em que se registram duas tradições divergentes: numa ele é chamado de "servo" de Bilgames (este sendo considerado o *lugal*, isto é, o rei); noutra, especialmente concernente à morte de Bilgames, ele é referido como um amigo precioso. Enkídu não aparece fora do ciclo de Gilgámesh, a não ser num encantamento babilônico antigo (cf. GBGE, p. 138-144). Reconhece-se que um traço distintivo do poema de Sin-léqi-unnínni (tão importante quanto a exploração da temática da mortalidade) é o papel nele atribuído a Enkídu como efetivo companheiro e igual de Gilgámesh (cf. Sasson, The Composition of Gilgamesh Epic, p. 265-266).

O termo *qurādu(m)*, 'guerreiro', 'herói' (derivado de *qarādu*, 'ser belicoso'), com que se qualifica Enkídu neste verso, é o mesmo que aparece nos v. 77 e 92 *supra*. Este é o traço por excelência de Enkídu, aquele que torna possível que ele cumpra a função que preside sua criação, expressa nos v. 97-98: "Que um coração tempestuoso se lhe oponha [a Gilgámesh],/ Rivalizem entre si e Úruk fique em paz".

[Verso 104] A expressão *ilitti qulti*, que traduzi como "filho do silêncio", tem provocado dúvidas entre os intérpretes no que concerne a seu significado. Parece-me que a opinião de George é a mais adequada: o modo como nasceu Enkídu torna-o ímpar, pois, enquanto os demais homens foram dados à luz no meio dos gritos e gemidos da mãe, sua entrada no mundo foi cercada de silêncio (GBGE, p. 789). Registre-se que há uma variante deste hemistíquio assim restaurada: *i-lit!-tu$_4$ mu-t[um?*, o termo *mūtu(m)* significando 'morte' (filho da morte).

No segundo hemistíquio lê-se *kiṣir ^{d}ninurta* (força de Ninurta). *Kiṣrum* significa 'nó', 'amarração' com junco, com corda; 'concentração', 'grupo', 'aglomeração', 'aglomerado'; aplicado a montanhas (*kiṣrāt šadî*, 'montanha de pedras'), tem o sentido de 'rocha', 'pedra'; determinado por um nome divino, *kiṣir* significa 'fortalecido', 'sustentado' por um deus (cf. *kaṣāru(m)*, 'amarrar', 'dar um nó', 'juntar', 'reunir'). Como está em causa o deus Ninurta, a expressão indica que é ele quem dá consistência e sustentação a Enkídu. Ninurta era associado a grandes feitos guerreiros, especialmente em combates singulares contra um rival valoroso – como caberá também a Enkídu enfrentar Gilgámesh.

Minha tradução por "rocha de Ninurta" leva em conta as outras ocorrências de *kiṣrum* nesta mesma tabuinha: na primeira delas, é o caçador quem, falando de Enkídu, afirma que "como uma rocha de Ánu é sua rija força" (v. 125); a segunda, também remetendo a Enkídu, encontra-se no sonho de Gilgámesh que pressagia a chegada do amigo: "como rochas de Ánu caíam sobre mim" (v. 248).

[Verso 107] Recorde-se que a mesma expressão descreve Gilgámesh no v. 60 *supra*.

[Verso 108] Em vez de 'gente' (*nišī*), registra-se também a variante 'deus' (dingir). O termo *nišu(m)* significa 'povo', 'humanidade', 'população' e também 'parentes', 'família'. Uma leitura possível poderia ser, portanto, "não conhece ele família nem pátria". Caso se opte pela variante "não conhece ele deuses nem pátria", a questão estará em saber se esses "deuses" poderiam ser tidos como os tutelares (os *šēdu*) ou como os ancestrais mortos (este último tipo de culto não sendo registrado na Babilônia, cf. GBGE, p. 789-790).

[Verso 109] Shákkan é o senhor dos animais, deus do gado, que se representava nu em pelo. A expressão *lubuti labiš kima Šakkan* (vestindo veste como a de Shákkan) indica que Enkídu se cobre não mais que com os pelos do próprio corpo, como não poderia deixar de acontecer no período em que vive na companhia dos animais, sem conhecer gente nem cidade. Ainda que alguns comentadores estranhem a referência a "veste", aventando a possibilidade de que ele trouxesse algum tipo de vestimenta, parece claro que se encontra efetivamente nu, se atentarmos para o fato de que, mais à frente, será ele vestido, pela primeira vez, pela meretriz: cf. 2, 34, *ilbaš libšam*, "vestiu uma veste" (cf. Tigay, *The Evolution of the Gilgamesh Epic*, p. 200).

Ao traduzir a expressão por "pelado em pelo", pretendo também manter algo da aliteração a que a ocorrência de objeto direto interno dá margem em *lubuti labiš* (cf. *labāsu labiš*, 'vestir uma veste').

[Verso 110] As gazelas são animais especialmente relacionados com Shákkan, chamado de "senhor das gazelas" (cf. GBGE, p. 790).

[Verso 111] Como acontece em regiões desérticas, essas 'cacimbas' (*masqu*) são construídas em depressões do terreno, podendo contar com muros (em geral de barro) para conter a água. Por isso se fala que Enkídu e os animais se apertam no local.

[Verso 112] Segundo Oppenheim (Mesopotamian Mythologie II, p. 24), "é um tópico favorito da 'arqueologia' suméria (no sentido grego de 'arqueologia') a descrição dos hábitos animalescos de seres humanos não civilizados". Observa Mobley (The Wild Man in the Bible and the Ancient Near East, p. 223), "a tradição do homem selvagem [...] tem em Enkídu, o selvagem estranho à cultura urbana, seu protótipo". Em Enkídu se encontrariam os sete traços próprios da figura literária do "homem selvagem": a) o ser monstruoso que tem relações com a cultura urbana e nela interfere (note-se, por exemplo, que, enquanto Gilgámesh tem uma ação civilizadora abrindo cisternas, cf. v. 39 *supra*, o caçador afirma que Enkídu tapa de novo as armadilhas por ele abertas, v. 130 *infra*, ou seja, elimina as marcas de civilização impostas à paisagem); b) o bárbaro rural (a oposição é clara: enquanto o *habitat* de Gilgámesh é Úruk, Enkídu é cria da estepe e dos montes); c) o remanescente da humanidade primeva (cf. a expressão *lullâ amēla*, que traduzo como "homem primevo", no v. 178 *infra*; e Veenker, Syro-Mesopotamia, p. 165-166, segundo o qual "Enkídu representa o homem primevo ou original, exatamente como Adão, na Bíblia"); d) o domador de monstros (considerando-se que, com Gilgámesh, ele vence Humbaba e o Touro do Céu); e) o xamã (tendo em vista a exegese dos sonhos de Gilgámesh que ele provê na tabuinha 5); f) o duplo (ele foi criado para ser o igual de Gilgámesh, o que os sonhos do rei confirmam nos v. 245-295 *infra*); g) o deuteragonista (o "homem selvagem" atua em geral não como protagonista, mas como auxiliar, tal como na relação entre Gilgámesh e Enkídu).

Acrescente-se que, em termos físicos, um dos traços mais marcantes do "homem selvagem" é sua nudez e o fato de que se cubra apenas com os próprios pelos e cabelos (cf. v. 109 *supra*). Assim, Mobley (p. 220) acrescenta que "Enkídu é alguém encontrado num lugar selvagem, amamentado e criado por sua mãe, uma gazela (*ṣabītu*), e seu pai, um burro selvagem (*akkannu*). Nesse estado primitivo, ele está nu e coberto com cabelos – e pode mesmo ser um quadrúpede, a julgar por sua habilidade em acompanhar os animais de quatro patas da estepe".

[Verso 113] Começa novo episódio da trama, em que se destacam dois aspectos: a insistência no caráter extraordinário da figura de Enkídu, em descrição feita agora pelas personagens; e os percursos dessa informação até chegar ao conhecimento de Gilgámesh (o que diz o caçador a seu pai; o que diz o pai ao caçador; o que diz o caçador a Gilgámesh).

Como ressalta Dickson (The Jeweled Trees, p. 201), embora o narrador já tenha se alongado na descrição de Enkídu, "o significado real e a profundidade de sua alteridade são plenamente experimentados apenas quando ele é visto através dos olhos do caçador".

[Verso 117] Não fica claro a quem este verso se refere, se a Enkídu ou ao caçador. George argumenta que a presença do pronome *šū* indica uma mudança do sujeito, logo, tratar-se-ia de Enkídu (GBGE, p. 791).

[Versos 118-121] Fica também ambíguo a quem se atribuem essas reações, se a Enkídu ou ao caçador. Caso se opte pelo segundo, trata-se de uma simples introdução ao que ele dirá ao pai; caso a referência seja a Enkídu, tais movimentos funcionam como uma espécie de pano de fundo, deixado em suspense enquanto a ação se desenrola no outro plano, até que tudo desemboque no impactante encontro com a prostituta.

[Versos 120-121] Este dístico repete-se na tabuinha 10, aplicado a Gilgámesh, seja pelo narrador (v. 9-10), seja pelas personagens, a saber, a taberneira Shidúri (42-43), o barqueiro Ur-shánabi (115-116) e Uta-napíshti (215-216); em suas respostas às falas das três personagens, é o próprio Gilgámesh que também os aplica a si ([49-50], 122-123 e 222-223).

A propósito de seu sentido aqui e considerando que se aplica ao caçador, escreve Dickson (The Jeweled Trees, p. 201): "A mera visão da criatura tem o poder de perturbá-lo [ao caçador] profundamente e de infundir-lhe desânimo, bem como de alterar seu aspecto do exato modo como pode fazer uma longa jornada. Ainda que literalmente não tenha viajado para longe de casa [...], o caçador foi todavia transfigurado pelo confronto face a face com Enkídu".

[Verso 122] Trata-se de fórmula para a introdução de discursos diretos, aqui na sua versão mais longa, a qual, segundo Tigay (*The Evolution of the Gilgamesh Epic*, p. 233), só se encontra em textos tardios. Sobre essas fórmulas em acádio, ver Vogelzang, Patterns Introducing Direct Speech in Akkadian Literary Texts.

[Versos 123-132] O conteúdo do que diz o caçador a seu pai implica uma mudança de foco relativa à descrição de Enkídu. Até então tudo o que se sabia dele era devido ao narrador, que goza do predicado da onisciência: sua origem, sua figura, sua vida entre os animais. Agora, o leitor é conduzido pelo olho do caçador, que realça o quanto Enkídu se contrapõe ao mundo civilizado (cf. DICKSON, Looking at the Other in *Gilgamesh*, p. 171-174).

[Verso 124] Este verso (*ina māti dan emūqi īšu*) é, juntamente com o seguinte (ver comentário abaixo), um dos que mais precisamente caracterizam Enkídu do ponto de vista dos focalizadores externos, tanto que se repete em 151, 269 e 292. Nos dois primeiros casos, o que se registra é o ponto de vista do caçador, expresso a seu pai e a Gilgámesh, mas, sintomaticamente, nos dois últimos a afirmativa se põe na boca da deusa Nínsun, mãe de Gilgámesh, quando esta lhe interpreta os sonhos. Ressalta ainda Tigay como esses termos ecoam ainda em caracterizações do próprio Gilgámesh, que o narrador diz ser *gitmālu emūqi* (perfeito em força) no v. 35, o que Shámhat repete no v. 211 e o próprio Enkídu no v. 218, bem como quando Shámhat declara a Enkídu, no v. 238, que "muito mais força que tu ele [Gilgámesh] tem" (*danna emūqa elika īši*, cf. Tigay, *The Evolution of the Gilgamesh Epic*, p. 193).

[Verso 125] É por conjetura que se reconstitui *[kima kiṣri] ša ᵈanim*, "[como uma rocha] de Ánu", as palavras entre colchetes não se podendo ler no original.

O termo *kiṣrum* é aplicado a Enkídu no v. 104, determinado pelo nome de outro deus, Ninurta (traduzi a expressão por "rocha de Ninurta"). Aqui, considerando que Ánu é o deus celeste, seria possível entender a expressão simplesmente como 'rocha do céu' ou 'pedaço de rocha do céu', como faz GBGE, p. 545). Sanmartín observa que o que está em questão é "a força atribuída a um meteorito, mais exatamente, ao ferro de origem sideral", considerando-se inclusive a repetição de *kima kiṣru ša ᵈanim* no v. 248 *infra*, em que parece estar em causa uma chuva de meteoritos (SEG, p. 112).

[verso 129] O segundo hemistíquio deste verso (repetido no v. 156) – *ul aṭehha ana šâšu* ("não chego junto dele") – ecoa no dos v. 144 e 165 – *iṭehha ana šâši* ("chegará junto dela", em que, primeiramente, o pai do caçador e, depois, Gilgámesh afirmam que Enkídu se aproximará da prostituta Shámhat, que deve ser levada até ele) –, bem como volta a ecoar no v. 183 – *iṭehha ana kâši* ("chegará junto de ti", dito pelo caçador à prostituta) –, o verbo *ṭehû(m)* tendo o significado de 'estar perto', 'chegar perto', 'aproximar-se', inclusive, quando aplicado a pessoas e animais, para relação sexual. Worthington *(On Names and Artistic Unity in the Standard Version of the Babylonian Gilgamesh Epic, p. 416-417)* chama a atenção para nova ocorrência do mesmo termo na tabuinha 7, 105, quanto Enkídu, à beira da morte, lança uma maldição contra Shámhat – *izrūa liṭhûki kâši* ("minha maldição chegue junto de ti", isto é, 'minha maldição te aflija').

[verso 131] O termo que traduzi por "rede" (*nuballu*) designa propriamente 'asa', em especial a da águia. Cf. GBGE (p. 794), deve tratar-se aqui de "uma rede em forma de asa".

[Versos 135-136] Apesar de malconservados, não há dúvida de que nestes versos o pai envia o caçador a Gilgámesh.

[Verso 137] Verso idêntico a 121, que se referia a Enkídu. Neste caso, o que dele se lê é somente a última parte: [du-n]u-na e-mu-qa-a-šu, isto é, "sua poderosa força". Que a mesma expressão seja aplicada tanto a Enkídu quanto a Gilgámesh reforça a paridade entre os dois.

[Verso 138] Este verso é reconstituído com base no v. 148 *infra*, em que o narrador conta como se realizou o nele ordenado. A expressão *ina libbi Uruk*[ki] tem o sentido comum de 'a Úruk' ou 'ao interior de Úruk'. Optei todavia por uma tradução literal, a fim de não perder o belo uso de *libbu(m)*, isto é, 'coração', num torneio bastante típico das línguas semíticas. Procedi da mesma forma em todas as ocorrências de *ina libbi*, traduzindo a locução por "no coração de".

[Verso 139] Só se lê *ša emuq* LÚ, literalmente 'força de homem'; George (*The Epic of Gilgamesh*, p. 6) reconstitui assim: "não confies na força de um homem".

[Versos 140-145] Estes versos são reconstituídos a partir dos v. 162-166 (em que não se repete o v. 141, apenas fragmentariamente conservado).

[Verso 140] Shámhat é uma personagem-chave no relato, como se verá a seguir, pois a ela compete humanizar Enkídu, tanto por meio do contato sexual quanto pelos ensinamentos relativos à vida civilizada. Não tem razão Bailey (Initiation and Primal Woman in Gilgamesh and Genesis 2-3, p. 140), quando afirma que se trata de personagem anônima e, portanto, mal delineada, tendo em vista que *šamhatum* significa 'prostituta' (trata-se de adjetivo com o sentido de 'voluptuoso', termo derivado de *šamhu(m)*, 'luxuriante', 'viçoso', quando aplicado a vegetação e pessoas, do verbo *šamāhu(m)*, 'crescer', 'florescer', 'atingir uma extraordinária beleza e estatura'). Que Shámhat não seja um nome próprio constitui um entendimento outrora comum: assim Serra (*A mais antiga epopeia do mundo*, p. 36-38) o traduz como "moça". Ora, nos v. 162 e 167, a partir dos quais este é reconstituído, lê-se *harimtu* [f]*šamhat*, o primeiro termo tendo já o significado de 'prostituta do templo' (derivado de *harāmu*, 'separar', no sentido de que se trata de mulheres que viviam isoladas num recinto determinado do templo), não sendo razoável supor que o segundo signifique a mesma coisa em vez de tratar-se de um nome próprio que evidentemente joga com os sentidos derivados de *šamāhu(m)*, apontando para o viço e a voluptuosidade da mulher, considerada, conforme George, como "a prostituta por excelência". Saliente-se que esse nome aparece como próprio em outros documentos (cf. GBGE, p. 148). A propósito da nomeação de Shámhat por Enkídu como um importante recurso narratológico, ver Worthington (On Names and Artistic Unity in the Standard Version of the Babylonian Gilgamesh Epic, p. 406-409).

Desde a descrição feita por Heródoto da prostituição nos templos da Babilônia (cf. *Histórias* 1, 199), muito se tem especulado sobre o estatuto dessas hierodulas. Pelo que hoje se sabe, parece que as *harimtu* constituíam uma das classes de mulheres ligadas aos templos (cf. LERNER, The Origin of Prostitution in Ancient Mesopotamia, p. 244, provavelmente a mais baixa dentre todas, constituída por "filhas de escravas" que ficavam "sob a supervisão de um funcionário de nível inferior"). O texto não diz nada sobre a condição de Shámhat, mas George anota que, "enquanto um centro do culto a Ishtar, deusa do amor sexual, Úruk era uma cidade bem conhecida pelo número e beleza de suas prostitutas", muitas delas empregadas no templo de Nínsun e da própria Ishtar; uma vez que ela conduz Enkídu ao templo de Ánu e desta última deusa, é de se supor que estivesse ligada justamente a ele (GBGE, p. 148).

Escolhi um termo menos usual e já um tanto arcaico para traduzir *harimtu*, ou seja, 'meretriz', a fim de sugerir de algum modo que não se trata de uma prostituta no sentido comum (eu quis evitar, igualmente, a palavra grega 'hierodula').

[Verso 143] Cf. SEG (p. 113), "na iconografia mesopotâmica são muito frequentes as representações de uma figura feminina que abre seu manto e deixa descoberto seu sexo; trata-se do ato de provocação típico de uma prostituta".

[Verso 144] Como já observei, o verbo *ṭehû* (chegar, aproximar-se) é usado frequentemente no sentido da obtenção de contato sexual.

[Verso 145] Segundo alguns comentadores, o fato de Enkídu, por ter tido relações sexuais com Shámhat, passar a ser estranhado pelos animais com os quais vivia até então sugere algum tipo de zoofilia (assim interpreta SEG, p. 113: "a atração sexual por Shámhat destruirá as relações zoofílicas de Enkídu"). Nada no texto explicita isso, mas não se trata de algo absurdo a ser simplesmente descartado.

Parece acertada a interpretação de Bailey no sentido de que, ainda que no código de Hamurábi e na legislação assíria nada se diga contra a zoofilia, a existência de Enkídu, antes do contato com Shámhat, seria marcada pela ausência de experiência sexual e o que se apresenta neste episódio é um "reflexo do alto valor atribuído à sexualidade na Mesopotâmia, onde uma religião da fertilidade afirmava que a terra e a sexualidade eram esferas de poder dos deuses" (BAILEY, Initiation and the Primal Woman in Gilgamesh and Genesis 2-3, p. 139). Este é também o entendimento de Cooper (Virginity in Ancient Mesopotamia, p. 98 e 103): Enkídu representa um dos raros exemplos, na documentação mesopotâmica, de um homem adulto virgem, sua iniciação com a meretriz sendo "espetacular": "O único homem explicitamente virgem nas *belles lettres* mesopotâmias é Enkídu, na *Epopeia de Gilgámesh* acádia, cuja iniciação sexual como um adulto maduro é uma obra-prima de erotismo. Exatamente como a transição da inocência para a experiência sexual era uma parte importante, para o *eṭlu*, da transição da adolescência para a vida adulta, assim a iniciação de Enkidu principia sua transição do mundo animal para a sociedade humana".

[Verso 161] Trata-se de uma outra fórmula, menos frequente, de introdução de discurso direto, que aqui aparece pela primeira vez.

[Verso 169] No texto se lê *ina eqela ša adanni*, que traduzi por ("no lugar aprazado"). O sentido primeiro do termo *adannu* é temporal: 'data', 'prazo', podendo ser também usado em acepção espacial (a expressão *eqel adanni* significa 'objetivo'). Com "lugar aprazado" busco preservar o jogo entre tempo e espaço.

[Verso 170] O termo que traduzi como "tocaia" – *ušbu* – é um *hápax legómenon* cujo sentido dá margem a dúvida (cf. GBGE, p. 795). Admite-se em geral que signifique 'esconderijo', 'covil'.

[Verso 174] Este verso – *u šu enkidu ilittašu šadumma* – oferece alguma dificuldade de leitura, que leva George e Sanmartín a articularem o primeiro e o segundo hemistíquio através de um pronome relativo: "and also Enkidu himself, whose birthplace was the hills" (GBGE, p. 548); "y el mismísimo Enkidu – que tuvo a las colinas por cuna" (SEG, p. 100). O mesmo George (*The Epic of Gilgamesh*, p. 7) dispensa o relativo: "and Enkidu also, born in the uplands". Minha tradução é mais literal e procura valorizar a organização paratática dos dois hemistíquios.

Deve-se levar em conta a sugestão de Worthington (On Names and Artistic Unity in the Standard Version of the Babylonian Gilgamesh Epic, p. 401-414), que propõe entender o verso desta maneira, "and... that one! – Enkidu (lit. 'one made by Enki' or sim.) – He is born *of* the mountains", com base em dupla justificativa: a primeira, respeitar a sintaxe do original; a segunda, usando as teorias narratológicas concernentes às técnicas de focalização, que essa espantada percepção de Enkídu deve ser atribuída a Shámhat, a qual o vê pela primeira vez. De modo mais ousado, defende ele que é a própria Shámhat quem nomeia Enkidu, o qual, vivendo na estepe, longe do convívio humano, careceria até então de nome próprio – de fato, a única ocorrência de seu nome até este ponto se encontrava no verso 103, devido ao narrador: "Na estepe a Enkídu ela criou, o guerreiro", estando em causa a criação do herói por Arūru. É dessa perspectiva que o mesmo comentador recupera a suposta etimologia "feito por Enki" ou algo semelhante, justificando que, na verdade, se trata do grito de espanto de Shámhat. Esse mesmo espanto justificaria a forma um tanto assintática do verso.

É ainda com base na focalização em Shámhat que sugere Worthington se deva resolver a aparente inconsistência contida no segundo hemistíquio, em que se afirma que o berço (*ilittu*) de Enkídu são os montes (*šadu*), quando se disse antes que ele foi criado na estepe (*ṣēru*, v. 102). Não se trata de uma informação (que Shámhat, aliás, não poderia ter), mas da verbalização da impressão que Enkídu lhe causa à primeira vista: um ser assim tão fora do comum e apenas meio humano só poderia ser filho das montanhas. Observe-se que a mesma expressão *ilittašu šadumma* volta a ocorrer em 2, 42, como parte do discurso direto dos pastores que contemplam, também pela primeira vez, Enkídu (ou seja, trata-se de uma nova focalização e da expressão do espanto da parte das personagens cujo foco então se adota).

[Verso 178] Com "homem primevo" traduzo *lullâ amēla*. O termo *amēlu* é sinônimo de *awīlu* e significa 'homem'; *lullû* designa em geral o primeiro protótipo de homem criado pelos deuses (Bottéro traduz como "ébauche d'homme", isto é, "rascunho de homem"). Como resume SEG (p. 113), nesta passagem *lullû* "parece corresponder a uma visão quase evolucionista da origem do homem; é um estado pré-humano, caracterizado pela selvageria e o zoomorfismo. Nos mitos de criação babilônicos, *lullû* é o primeiro momento do ser pré-humano: um projeto que necessita de outros complementos para converter-se em 'homem'". A palavra é usada por Utá-napíshti em 10, 318, quando ele afirma a inelutabilidade da morte para o ser humano.

Observa Tigay, o tema do homem primevo já se encontra na tradição suméria, nomeadamente no poema *A disputa entre o gado e os cereais*, onde se afirma que a humanidade então não conhecia "o comer pão", "o vestir roupas", "as pessoas andavam a esmo cobertas de peles", "comiam grama com suas bocas, como ovelhas", "bebiam água de valas". Em acádio, o termo *lullû* aparece, "quase que exclusivamente com referência a quando o homem é inicialmente criado", em textos antropogônicos, "essas tradições sobre a humanidade primitiva" representando um provável antecedente para a descrição de Enkídu. Elas compartilham estes traços: não conhecer o consumo de pão, comer grama, beber água e talvez vestir-se com peles de animais (se é que é isso que Enkídu faz)" (TIGAY, *The Evolution of the Gilgamesh Epic*, p. 202-203).

Trata-se de concepções que, explícita ou implicitamente, ecoam em outras tradições médio-orientais – como no *Gênesis* bíblico, especificamente no relato antropogônico do javista: Adão e Eva andam nus, numa vida compartilhada de perto com os animais, os primeiros traços de civilização aparecendo só após sua expulsão do jardim, como o trabalho, na forma de agricultura e pecuária, as vestimentas e a fundação de cidades. A última referência a essa ideia, no caso babilônico, deve-se a Beroso: "na Babilônia havia uma grande multidão de homens de raça diferente dos que habitam a Caldeia: viviam desordenadamente como os animais"; aparece então, saído do mar, um "animal marinho de nome Oanes", um peixe anfíbio, com uma cabeça humana além da de peixe, e pés também humanos, sendo ele quem civilizou a Babilônia – ensinando a agricultura, as artes e as letras, retornando em seguida para o mar (cf. Sincelo, Écloga cronográfica, 29).

[Verso 179] O que traduzi por "mancebo feroz" é *eṭla šaggāša*, em que *eṭlu* nomeia o 'homem' por oposição a 'mulher', no sentido de 'viril', 'homem jovem', e *šaggāšu* significa 'assassino', aplicado a pessoas, demônios etc. (cf. *šagāšu*, 'matar', 'chacinar', e também 'maltratar'). Ainda que se pudesse optar por traduzir a expressão literalmente ("mancebo assassino", como faz GBGE, p. 549: "a murderous fellow"), trata-se naturalmente de imagem que visa a ressaltar a ferocidade de Enkídu, pois ele não é apresentado em nenhum momento matando pessoa ou animal algum (como um animal carnívoro), mas, pelo contrário, apenas alimentando-se de ervas, com as gazelas.

[Verso 180] A expressão que traduzi como "oferece os seios" é *rumi kirimiki*, o último termo, *kirimmu*, designando a dobra que se faz com os braços, especialmente para sustentar uma criança. Ao desdobrar os braços (pròvavelmente preparando-se para abraçar o parceiro), a prostituta ao mesmo tempo expõe os seios.

[Verso 182] São várias as propostas de interpretação do sentido do segundo hemistíquio (*li-qé-e napīšu*, "toca seu alento"): a) aproximar-se a ponto de sentir a respiração do outro; b) abraçar; c) respirar o cheiro de Enkídu (seu mau cheiro); d) tratar-se-ia de uma expressão eufemística, *napīšu* fazendo referência aos órgãos sexuais excitados ou ao ardor de Enkídu; d) trata-se de uma "linguagem de caçador": Shámhat deve mover-se suficientemente perto de sua presa, de modo a capturá-la (cf. GBGE, p. 796; SEG, p. 102; SERRA, *A mais antiga epopeia do mundo*, p. 37).

[Verso 186] Este verso impõe bastante dificuldade de entendimento, por dois motivos: em primeiro lugar, conforme o *CAD*, o verbo *habūbu* apresenta dois sentidos: referido a animais, 'gorjear', 'zumbir', 'silvar'; referido a humanos, 'murmurar' e, especialmente em contexto erótico, 'sussurrar'; por outro lado, esta é a única passagem em que ele aparece tendo como sujeito *dādū*, 'amor', 'amado', 'fazer amor', podendo também ser usado como eufemismo para a região genital tanto do homem quanto da mulher (cf. GBGE, p. 796-797). Uma tradução literal seria 'seu amor sussurrará por ti'. Concorda-se, todavia, que o verbo, em contexto erótico, faça referência tanto ao contato físico (carícias) como aos ruídos (sussurros, gemidos) da relação sexual (cf. traduzem GBGE, p. 549, "his 'love' will caress and embrace you"; SEG, p. 102, "su sexo te acariciará"; George, *The Epic of Gilgamesh*, p. 6, "Let his passion caress and embrace him"). Minha opção ("seu desejo se excitará por ti") teve como objetivo manter a dupla conotação, envolvendo contato e ruídos, levando em conta também a possibilidade de manter a mesma tradução para *habūbu* no v. 256 *infra*.

Este verso apresenta uma variante: "teu desejo se excitará por ele".

[Verso 194] Este período de tempo ("seis dias e sete noites") volta a aparecer em outros pontos importantes do poema: a duração dos funerais de Enkídu (10, 58, etc.); a duração do dilúvio (11, 128); o período sem sono que Uta-napíshti prescreve para Gilgámesh (11, 209). Note-se que, a fim de perfazer sete noites e seis dias, a contagem deve começar pela noite, como era costume na Antiguidade médio-oriental (por exemplo, em *Gênesis* 1, 5: "houve uma tarde e uma manhã: primeiro dia"). O manuscrito de Pensilvânia oferece, para esta passagem, a variante "sete dias e sete noites".

Cf. GBGE (p. 797-798); a sequência n/n+1 (aqui 6/6+1) constitui um "modelo bem conhecido na poesia do Oriente Médio" e "a sequência com seis" é, "por alguma razão, a mais popular dessas sequências numéricas" na literatura babilônica. Em 6, 18, o recurso aparece invertido (n/n-1): "Tuas cabras a triplos, tuas ovelhas a gêmeos deem cria".

Anote-se ainda que, no poema conhecido como *Nérgal e Eréshkigal*, a iniciação sexual da deusa dura sete dias.

[Versos 199-202] Note-se como se apresenta como complexa a iniciação de Enkídu no mundo humano e civilizado, o que, conforme Bailey (Initiation and Primal Woman in Gilgamesh and Genesis 2-3, p. 142), é "uma medida da grandeza deste épico", que pinta tal entrecho como algo que implica, ao mesmo tempo, em "ganhos e perdas". Com efeito, ele ganhou em inteligência ao preço da perda de parte de sua capacidade física, não tendo mais a velocidade das gazelas.

[Verso 199] Anote-se a sugestão de Ataç ('Angelology' in *The Epic of Gilgamesh*, p. 17), embora o conjunto de seu argumento me pareça excessivo: o tema da impureza adquirida por um ser superior por meio do contato sexual com uma mulher encontra-se também no chamado "Livro dos vigilantes", parte das revelações atribuídas ao patriarca Enoc, que desenvolve o enigmático episódio de *Gênesis* 6, 1-4: os "filhos de Elohim" (ou, em Enoc, os "vigilantes" e, posteriormente, já em Fílon de Alexandria e Flávio Josefo, os "anjos") tiveram contato sexual com as "filhas dos homens" e geraram filhos famosos; em

Enoc, esse episódio condena os "vigilantes" que se "sujaram" no contato com as mulheres a não retornarem a sua antiga condição (comentei extensamente o percurso desse mitologema até os apologistas cristãos gregos do segundo século em Brandão, *Em nome da (in)diferença*, p. 243-336). Não se pode certamente falar de influência (falta no poema de Gilgámesh, por exemplo, a geração de filhos, que parece ser o traço etiológico principal nas versões israelitas, uma vez que o que se pretende nelas é explicar a origem dos "gigantes"), menos ainda usar esse episódio para interpretar o poema de Gilgámesh (como faz Ataç), mas a mera constatação de que se trata de concepção que apresenta semelhanças com outras do mesmo espaço cultural já é por si significativa.

Na mesma linha comparatista poderia ser recordado o exemplo da *Odisseia* 10, 281-345, quando Ulisses, convidado por Circe para com ela compartilhar o leito, corre o risco de que ela o torne, quando nu, fraco e sem virilidade (*kakòn kaì anénora*). Também neste caso se trata de contato sexual entre dois seres de estatuto diverso (uma deusa e um mortal), comportando o risco de perda de capacidades físicas. A ressaltar que, embora no poema de Gilgámesh e em Enoc a perda atinja a personagem de natureza mais elevada, ao contrário do que se verifica na *Odisseia*, o traço comum é que as consequências afetam, nos três casos, as personagens masculinas.

[Verso 202] Observa SEG (p. 114): "Enkídu já não é um *lullû*, 'quase-homem, semi-homem', projeto inacabado de humanidade, mas um homem feito e acabado, tanto física quanto mentalmente". Contudo, como sublinha Reiner (City Bread and Bread Baked in Ashes, p. 118), no poema delineiam-se dois momentos no desenvolvimento de Enkídu, ambos provocados pela prostituta: a) sua humanização, promovida pela experiência sexual e cuja confirmação se dá quando ele é recusado pelo rebanho com que antes vivia; b) sua civilização, decorrente dos ensinamentos de Shámhat, etapa que se inicia nesta parte e será concluída quando ela o conduzir a Úruk, na tabuinha 2.

A expressão que traduzi por "amplidão de saber" é *rapaš hasīsa*, em que o último termo (*hasīsu*) tem como primeiro sentido 'orelha', 'ouvido', 'audição' e, a partir daí, 'compreensão', 'sabedoria' – como no nome próprio *Atra(m)-hasīs*, 'muito sábio'. Essa relação do conhecimento com a audição parece própria das culturas semíticas, em que o ouvido tem a função que, entre os gregos, se atribui preferencialmente ao olho enquanto fonte de conhecimento. Nos versos seguintes, especialmente em 205, fica claro como se dá essa aquisição de sabedoria pelo ouvido.

[Versos 203-206] Note-se a enfática repetição de meretriz – *harimti/harimtu* – nesses versos, em posições variadas nos sintagmas (o que mantive na tradução), reforçando o papel de Shámhat como aquela que infunde saber em Enkídu.

[Verso 204] Variante deste verso: "a meretriz olhou o rosto dele", as duas opções dependendo de que se tenha o objeto do verbo olhar determinado por um possessivo no masculino (*panišu*, "rosto dele") ou no feminino (*paniša*, "rosto dela"). A opção que adotei, seguindo o texto de GBGE, constitui a *lectio difficilior*.

Oppenheim (Mesopotamian Mythologie II, p. 26) considera que o amadurecimento de Enkídu conhece duas etapas: a) a primeira, quando suas habilidades físicas diminuem e ele não consegue mais acompanhar os animais na corrida; b) a segunda, quando ele entende que é humano, deixa os animais, volta para a mulher e olha seu rosto, de modo que ela deixa de ser só uma "parceira impessoal no prazer" (que ele apenas insemina), para tornar-se uma "amiga admirada".

[Verso 205] "Escutaram seus ouvidos" traduz *išema uznašu*, em que o último termo, *uznu(m)*, significa tanto 'orelha', 'ouvido', quanto 'entendimento', 'sabedoria'.

[Verso 207] Traduzi literalmente *[dam]-qa-ta* (cf. *damquat*, de *damāqu*, 'estar bom', 'ser bom'). Em geral se prefere verter como 'és belo'.

[Verso 214] O que traduzi por "sagaz" (em *mūdu libbašu*, "seu coração sagaz") é o adjetivo *mūdu*, derivado do verbo *edû*, 'conhecer', 'saber'.

[Verso 221] Parte da primeira palavra perdeu-se, sendo por isso que segui, na tradução, a proposta de reconstituição de PSBEG: [*lu-ṣar*]-*ri-ih*, 'gritarei'.

[Verso 224] Quem passa a falar a partir daqui é de novo Shámhat. Note-se como a passagem do discurso direto de Enkídu para o da prostituta se fez sem fórmulas ou verbos *dicendi*, o que produz enfático efeito, como também em 5, 39 e 45, bem como em 7, 253.

Cumpre, todavia, ressaltar que a primeira parte do verso está danificada, o termo "povo" sendo proposto por GBGE (p. 550), para completá-lo ([*nišū*(ùg)^{meš}?] *li-mu-ra pa-ni-ka*), havendo, contudo, outras propostas, como a de Tournay e Shaffer, [*lū nillika li-mu*]-*ra pa-ni-ka*, "Eia, vamos, que ele veja teu rosto" (*apud* SEG, p. 114).

[Verso 227] Os jovens cingem a faixa para a prática da luta como esporte.

[Verso 237] O verso é *zu-'u-na k[u-u]z-ba ka-lu zu-um-ri-šu* (literalmente, "cheio de atrativos toda a sua pessoa" ou "o seu corpo"), em que se observa a aliteração em 'z' (precedido ou seguido de 'u') – o que tentei sugerir com "encorpado... encantos... corpo". O termo *kuzbu*, que traduzi por "encanto", tem a conotação de 'apelo sexual', podendo nomear os 'genitais femininos' e a 'potência sexual' do homem (daí eu ter insistido no termo 'corpo').

[Verso 238] A expressão *danna emūqa elika īši* ecoa os termos que o caçador aplicou antes a Enkídu (*ina māti dann emūqi*, v. 124 e 151) e que Nínsun mais à frente voltará a aplicar (v. 269, 292).

[Verso 240] O que traduzi por "vício" é *šērtu*, 'culpa', 'crime' e também a 'punição'; pode significar ainda uma 'ofensa' contra um rei ou um deus. Cf. SEG (p. 114), "parece que o texto sugere a necessidade de [Enkídu] apresentar-se diante de Gilgamesh num estado de pureza ritual, por tratar-se de um ser superior, régio e amado dos deuses".

[Verso 241] Shámash é o deus Sol (em sumério, Utu), sob cuja especial proteção se colocava a primeira dinastia real de Úruk, que pretendia dele descender. De acordo com a lista de reis sumérios, Meski'ang-gasher era filho de Utu, tendo sido o senhor e rei no Eana durante 324 anos; foi sucedido por seu filho Enmerkar, o fundador de Úruk, que reinou 420 anos; sucedeu-o Lugalbanda, o pastor, cujo reinado durou 1.200 anos; em seguida veio Dúmuzi, o pescador, que reinou 100 anos; então é a vez de Gilgámesh, filho de um *fantasma* (lil$_2$-la$_2$), senhor de Kulaba, que reinou 126 anos. A sucessão épica a essa paralela, presente sobretudo nos poemas dedicados a Enmerkar e Gilgámesh, apresenta-se assim: (a) Utu (o Sol) e Ninsumun (a Senhora Vaca Selvagem) geram (b) Enmerkar, o fundador de Úruk, marido de Inanna, com a qual gera (c) Lugalbanda, também marido de Inanna, de quem gera (d) Gilgámesh, também marido de Inanna, o construtor da muralha de Úruk.

Como assevera Woods (Sons of the Sun, p. 80), "a proeminência do deus Sol é um dos poucos temas básicos que dá coesão ao amplamente desconectado e heterogêneo grupo de poemas que toma os feitos legendários da primeira dinastia de Úruk como seu tema. O patrocínio do deus Sol aos reis de Úruk nos textos literários é deveras destacável em vista das práticas cultuais no mundo real, pois, havendo escassas evidências de um culto devotado a esse deus em Úruk, apenas eles sugerem que tal divindade era objeto de especial veneração na cidade".

[Verso 242] Os três deuses referidos são responsáveis pela totalidade do mundo: Ánu pelo Céu; Ea (ou Enki) pelo Apsu, o abismo subterrâneo; e Énlil pela superfície da terra. De acordo com o pensamento babilônico, o universo é constituído por três camadas: a superior, morada de Ánu, assemelha-se a um reservatório que contém as águas do alto, as quais, quando se rompem as comportas, provocam o dilúvio; a camada central, domínio de Énlil, compreende uma parte de terra firme rodeada por todos os lados pelo mar; finalmente, a morada de Ea é constituída pelas águas subterrâneas que alimentam as fontes (para um detalhamento maior dos níveis superior e inferior, ver Bottéro; Kramer, *Lorsque les dieux faisaient l'homme*, p. 70).

[Verso 245] Como se constata no final, é Shámhat quem continua a falar, relatando os sonhos de Gilgámesh. Trata-se, portanto, de uma narrativa enquadrada que recupera um acontecimento anterior.

A importância dos dois sonhos relatados neste ponto é ressaltada por Oppenheim (The Interpretation of Dreams in the Ancient Near East, p. 215): "Os sonhos são introduzidos com o propósito de preparar o ouvinte para a chegada de Enkídu, exatamente como o 'sonho de morte' deste é nada mais que preparatório para a solene e emocionante cena de despedida entre os dois amigos [na tabuinha 8]. Seu encontro e sua separação são eventos decisivos, momentos críticos da epopeia e recebem, por essa razão, um elaborado incremento por meio de incidentes oníricos".

É significativo que o relato do sonho se introduza como uma busca por seu sentido. Como distingue Silva (*La symbolique des rêves et des vêtements dans l'histoire de Joseph et de ses frères*, p. 48-50), os sonhos de Gilgámesh demandam por interpretação, podendo, assim, ser classificados como "simbólicos", de acordo com a classificação proposta por Oppenheim. Segundo este, as diferenças entre "sonho-mensagem" e "sonho simbólico" são as seguintes: o primeiro comunica uma promessa ou exigência divina, enquanto o segundo traduz presságios para o futuro de quem sonha; no primeiro caso a mensagem é clara, no segundo precisa ser interpretada; no primeiro tipo o deus está presente, dialoga com o homem e interfere em sua vida, no segundo está totalmente ausente (ainda que os presságios sejam compreendidos por quem sonha como enviados por ele). No caso de Gilgámesh, neste ponto do poema fica claro que se trata de "sonhos simbólicos" cuja intérprete é nada menos que uma deusa (!), a presença divina pondo-se, pois, do lado da recepção.

Ressalte-se que este verso é o primeiro da segunda tabuinha da versão babilônica antiga (OBII, conservada na tabuinha de Pensilvânia), o que fornece mais indícios de como Sin-léqi-unnínni pode ter trabalhado com o material preexistente.

[Verso 248) A expressão *kima kiṣru ša ^{d}anim* aparece no v. 125 acima para caracterizar Enkídu, o termo *kiṣru* sendo aplicado ao herói também no verso 104 (*kiṣir ^{d}ninurta*, que traduzi por "rocha de Ninurta"). Entende-se em geral que o que está em causa aqui é uma chuva de meteoritos.

Kilmer (A note on an overlooked word-play in the Akkadian Gilgamesh, p. 128-129) chama atenção para a semelhança entre as palavras "*kiṣru*, 'bola' ('círculo', 'nó', 'feixe', etc., agora geralmente traduzido e entendido, nesta passagem, como um 'meteorito')" e "*kezru*, 'homem com cabelo ondulado (isto é, arrumado)', a contraparte masculina de uma 'prostituta', *Buhlknabe* [um rapazinho tomado para práticas sexuais], etc., de *kezertu*, 'prostituta'". Considerando a existência de jogo de palavras equivalente no v. 278 *infra*, ela conclui: "A implicação dos dois trocadilhos é, de modo claro, que a muitas vezes suspeitada, muito discutida, mas recentemente negada relação sexual entre Gilgámesh e Enkídu é, afinal, a interpretação correta".

[Verso 255] Beijar os pés é sinal de respeito (cf. *unassaqu šēpīšu*, 'beijavam seus pés'). Observe-se que a mesma expressão volta a aparecer em outras passagens do poema: a) na promessa que, em troca de seu amor, faz Ishtar a Gilgámesh em 6, 15: "o umbral e o trono beijarão teus pés" (*sippū arattû linaššiqu šēpēka*); b) nas homenagens fúnebres a Enkídu em 7, 143 e 8, 87, em que Gilgámesh afirma: "os príncipes da terra [isto é, da terra dos mortos] beijarão teus pés" (*malkū ša qaqqari unaššaqū šēpēka*). Sobre o caráter fúnebre dessa manifestação, inclusive na proposta de Ishtar, anota Abusch (Ishtar's Proposal and Gilgamesh's Refusal, p. 155-156): num ritual fúnebre neoassírio, o cadáver é posto numa cama, uma tocha contendo plantas aromáticas é acesa, queima-se cedro e os pés do cadáver são beijados (*šēpē tanaššiq*).

[Verso 256] Referências como as que se encontram neste verso sugerem que a amizade que está por vir entre Gilgámesh e Enkídu envolve relações sexuais, embora isso nunca fique explícito no poema.

A esse respeito, Halperin (*One Hundred Years of Homosessuality and Other Essays on Greek Love*, p. 77-78), com base na comparação entre Gilgámesh e Enkídu, Davi e Jônatas, Aquiles e Pátroclo, propõe os seguintes traços como característicos de tais pares de amigos: a) trata-se de uma "forte amizade entre duas e não mais que duas pessoas", os dois sendo do sexo masculino e formando "não somente um par, mas um par relativamente isolado: os dois não se juntam jamais a um terceiro, não há rivais, não há outros pares nem relações com mulheres"; b) a relação, "sejam quais forem suas características sentimentais, sempre tem um foco externo [...] na realização de gloriosos feitos ou no cumprimento de finalidades políticas"; c) os pares apresentam uma "assimetria estrutural, que consiste numa distribuição desigual de precedência entre seus membros e num tratamento diferente dos mesmos na narrativa", um deles aparecendo como mais importante que o outro: Aquiles com relação a Pátroclo; Davi em face de Jônatas; Gilgámesh diante de Enkídu. Para um balanço da questão veja-se Smith (Gender Inversion in Ancient Poetry of Heroic Pairs).

No último caso, continua o mesmo autor (p. 81), "a afeição de Gilgámesh por seu amigo é descrita em termos apropriados para relações tanto com parentes quanto com objetos de desejo sexual". Enkídu é comumente chamado de "irmão" (*ahu*) de Gilgámesh, enquanto o sentimento deste pelo companheiro "é explicitamente modelado em termos de atração sexual" (como no presente caso dos sonhos premonitórios e, após a morte de Enkídu, no modo como Gilgámesh o pranteia como "uma viúva" e vela seu corpo como se fosse "uma noiva"). Conclui-se que "a base para essas analogias com parentesco e objetos de desejo sexual parece estar no fato de que a amizade de Enkídu permite a Gilgamesh experimentar um gosto proléptico dos prazeres decorrentes da sociabilidade humana, incluindo casamento e paternidade".

Quem primeiro defendeu a tese de que a amizade entre Gilgámesh e Enkídu envolvia relações sexuais foi Jacobsen, em How Did Gilgameš Oppress Uruk? (artigo publicado em 1929). Nesse texto, ele critica interpretações anteriores de que a opressão exercida por Gilgámesh sobre os moços e as moças de Úruk seriam relativas, no primeiro caso, aos trabalhos para a construção das famosas muralhas da cidade e, no segundo, à forma como ele fazia crescer seu harém. Com base no que o poema afirma sobre as ações do herói em Úruk e principalmente nesta passagem do segundo sonho de Gilgámesh (que ele analisa na forma como se encontra na versão paleobabilônica registrada na tabuinha da Pensilvânia), conclui que a opressão a que se refere o poema tem caráter sexual e que a criação de Enkídu, dotado de um extremado vigor sexual, tem como finalidade canalizar as energias do protagonista nessa esfera (para um resumo da proposta e para o modo como o próprio Jacobsen, em certa medida, muda sua perspectiva em trabalhos posteriores, cf. Ackerman, *When Heroes Love*, p. 47-51).

Com o instrumental da teoria *queer*, Walls (*Desire, Discord and Death*) procede a uma refinada e erudita leitura do poema, abordando as relações entre Shámhat e Enkídu ("The prostitute and the primal man: inciting desire", p. 18-34), Ishtar e Gilgámesh ("The gaze of Ishtar: denying desire", p. 34-50) e Gilgámesh e Enkídu ("Heroic love: requiting desire"). Os argumentos são no sentido de que se representa efetivamente uma relação homoerótica, ainda que de modo indireto, por entender-se que se trata de um aspecto desviante em termos culturais. Os indícios disso estariam, em resumo, nos sonhos de Gilgámesh, na forma como o herói trata o cadáver do amigo como se fosse "uma noiva" (8, 59), bem como no fato de que, conforme entende o autor, depois de selada a amizade, ambos recusem o assédio heterossexual (em especial o de Ishtar, na tabuinha 6). Ainda de acordo com ele, "o uso de expressões poéticas comuns para representar várias formas de amor por pessoas do mesmo sexo fornece água ao moinho da teoria *queer* e sua hermenêutica baseada na dúvida sobre isso desconstrói a dicotomia entre amor platônico e erótico". Contudo, continua ele, "a reticência da epopeia de Gilgámesh em definir a qualidade física do amor dos heróis deixa o tema não resolvido e equívoco" (p. 62).

Sellner (*The Double*) analisa a relação entre Gilgámesh e Enkídu de um ponto de vista junguiano, concluindo que se trata da primeira expressão poética dos laços que unem dois homens, em que um age como espelho e duplo do outro. Dessa perspectiva, a relação estritamente masculina manifesta-se como amor, amizade e monitoramento, uma troca de experiências necessária para o processo de amadurecimento – como defende ele que ocorre com Gilgámesh no poema. Salienta ainda que um dos traços característicos dessas grandes amizades entre homens é a ausência da figura paterna – o que se observa tanto no caso de Enkídu quanto também de Gilgámesh –, a figura do amigo, em certa medida, compensando essa falta.

Saliente-se, enfim, que o verbo usado neste verso, *habābum* (cf. *elišu ahbub*, "por ele me excitei"), é o mesmo que aparece nos v. 186 e 193 para descrever o último estágio do contato, anterior ao coito, entre Enkídu e Shámhat. Trata-se, portanto, de uma linguagem altamente erótica, a qual, segundo GBGE (p. 454), "implica uma relação sexual".

[Verso 259-273] Observa Oppenheim (The Interpretation of Dreams in the Ancient Near East, p. 215) que a interpretação dos dois sonhos de Gilgámesh por sua mãe "se afasta do estilo habitual enquanto não identifica consistentemente os vários 'símbolos' ou suas ações com pessoas e eventos definidos. Ainda que o desenrolar da história seja prognosticado corretamente pela intérprete dos sonhos, não se refere ela expressamente à luta entre Gilgámesh e Enkídu" que tem lugar na tabuinha 2. Trata-se, segundo ele, de algo "mais espantoso na medida em que Gilgámesh tenta sem sucesso, em seu primeiro sonho, mover o objeto não identificado que caiu do céu estrelado. Esse detalhe do sonho dificilmente pode ser tido como outra coisa que 'símbolo' de sua iminente competição de luta com o recém-chegado".

[Verso 273ª] Este verso é uma variante do v. 273.

[Verso 274] O que traduzi por "deusa sua mãe" é, no original, ^{d}*ištari ummišú*, em que o termo ^{d}*ištar* é usado como substantivo comum, com o sentido de 'deusa', não como o nome próprio da deusa Ishtar. O mesmo acontece em 11, 117.

[Verso 277] Trata-se de mais um epíteto de Úruk: *Uruk^{ki} rubītu*, que GBGE (p. 555) traduz como "Uruk-Main-Street", seguido por SEG (p. 107), "Uruk de la Gran Via". O termo *rebītu/ribītu* designa 'praça', um 'espaço aberto' na cidade, aplicando-se especialmente a Úruk e Akkad. Cf. GBGE (p. 183), "'Rua-Principal' é um epíteto que significa que Úruk era famosa por seu *ribītum*, a principal via pública da cidade". Outros manuscritos apresentam a lição já conhecida, *Uruk^{ki} supuri*, 'Úruk o redil'.

[Verso 278] Como anotam SEG (p. 115) e Kilmer (p. 264), o termo que designa 'machado' – *haṣṣinnu* – é semelhante a *assinnu*, 'jovem dedicado à prostituição sagrada'. Conforme Kilmer, foi um estudante de pós-graduação em Berkeley, Turan Tuman, que, em 1977, durante uma aula, "questionou a lógica de um 'machado' no sonho de Gilgámesh e sugeriu que se visava a um trocadilho com a palavra *assinnu*", o que tem produzido bons frutos desde então.

Considerando o jogo de palavras existente também no v. 248 *supra* (*kiṣru*, 'rocha'/ *kezru*, 'homem com um corte especial de cabelo' do tipo usado por uma prostituta sagrada), Kilmer conclui que a "interpretação correta" para essas imagens é a que defende que elas indicam a existência de relações sexuais entre Enkídu e Gilgámesh. Essa também é a posição de GBGE (p. 454): "O debate sobre a natureza da amizade de Gilgámesh e Enkídu – homossexual ou platônica – divide ainda os comentadores. No meu ponto de vista, a linguagem dos sonhos é clara. Gilgámesh amará Enkídu como uma esposa".

[Verso 295] Cf. GBGE (p. 803-804), tanto se pode ler o "conselheiro Énlil" (*dEnlil māliku*) quanto o "príncipe Énlil" (*dEnlil maliku/malku*). Observe-se que, enquanto *māliku* (conselheiro), Énlil é o protótipo do príncipe (*maliku*), no sentido de que toma decisões baseadas em informações judiciosas e corretas. Na concepção babilônica, o rei é um *māliku-amēlu*, um "homem-conselheiro", a sua habilidade em dar conselhos acertados estando em relação com a capacidade de exercer o poder.

[Verso 300] Embora o verso faça referência a nova cópula entre Enkídu e Shámhat, utiliza um vocabulário diferente do anterior. No v. 194, lia-se que *denkīdu tebima fšamhat irhi* ("Enkídu esteve ereto e inseminou Shámhat"), o verbo *rehû* significando 'derramar', 'ter relação sexual', 'copular', 'inseminar', a ênfase estando posta, portanto, na emissão de esperma. Destaque-se como, neste caso, Enkídu, como o sujeito, tem um papel ativo, Shámhat estando na função gramatical de objeto, o que justifica minha opção por um verbo, em português, transitivo direto (inseminar) e não, como foi minha primeira opção, 'copular', que exige um complemento de companhia.

No presente verso, por sua vez, lê-se *urtâmu kilallān* ("fizeram amor os dois"), o verbo *râmu* tendo o significado de 'amar', 'fazer amor', 'acariciar'. Além de agora o verbo se apresentar no plural, o que já indica a situação de reciprocidade, tem como sujeito *kilallān*, isto é, 'ambos'. Assim, pode-se entender que, tendo da primeira vez, durante seis dias e sete noite, não mais que ejaculado em Shámhat, como fazem os animais – inseminando-a –, Enkídu agora, também nessa esfera, dá os primeiros passos no sentido de assumir a sexualidade humana.

[Verso 2, 1] Esta linha constitui o reclamo, ou seja, traz ela o primeiro verso da tabuinha seguinte. Trata-se de um recurso gráfico convencional na apresentação do texto de uma sequência.

[Colofão 1] Estas três linhas constituem o colofão da tabuinha 1 no manuscrito MS B_1 (cf. GBGE, p. 736).

[Colofão 2] Estas duas linhas constituem o colofão da tabuinha 1 no manuscrito MS F_4 (cf. GBGE, p. 737).

Tabuinha 2

[Verso 1] O início deste verso é reconstituído a partir da tabuinha anterior. Calcula GBGE (p. 560) que se perderam 25 linhas neste local.

Nos v. 44-67 da coluna 2 da tabuinha da Universidade de Pensilvânia, cujo colofão indica ser a segunda de *Proeminente entre os reis*, conserva-se a sequência que devia corresponder aos últimos versos da tabuinha 1 e aos primeiros trinta e três versos da tabuinha 2 da versão clássica. Mesmo que os textos não sejam iguais, parece que seguem o mesmo ritmo narrativo. A passagem é dedicada aos conselhos de Shámhat, que, na versão antiga, se chama Šamkatum (para a tradução, sigo a edição crítica de GBGE, p. 174):

    Gilgámesh o sonho interpreta,   44
    Enkídu assenta-se em face da meretriz.
    Fazem amor os dois,
    Da estepe ele se esquece, de onde nasceu:
    Sete dias e sete noites
    Enkídu esteve ereto,
    Inseminou Šamkatum.   50
    A meretriz a boca abriu
    E disse a Enkídu:
    Olho-te, Enkídu, como um deus és tu!
    Por que com os animais perambulas pela estepe?
    Vem! Levar-te-ei   55
    Ao coração da praça de Úruk,
    À casa dos deuses, morada de Ánu.
    Enkídu, ergue-te, aproximar-te-ei
    Do Eanna, morada de Ánu,
    Onde cada qual se entrega aos afazeres   60
    E tu também, como homem,
    Estabelecer-te ás a ti mesmo!
    O caminho da terra
    ---- dos pastores.
    Ouviu ele suas palavras, concordou com seus ditos: 65
    Os conselhos da mulher
    Caíram-lhe no coração.

Observe-se que os v. 53-59 correspondem, com pequenas diferenças (em especial a referência, juntamente com Ánu, também a Ishtar) aos v. 207-210 da tabuinha 1 da versão clássica.

[Verso 29] Este verso é restaurado a partir de 1, 208 (que corresponde, na tabuinha da Pensilvânia, a ii 54-55).

[Verso 32] Especula GBGE (p. 804) que esse verso poderia ser o mesmo de 1, 214: "Seu coração sagaz buscava um amigo".

[Versos 34-35] Na tabuinha da Universidade de Pensilvânia (coluna 2, v. 69-72), esclarece-se que

> Tirou ela as vestes,
> Com uma parte vestiu-o,
> Das vestes a outra parte
> Em si mesmo vestiu-a.

Seri chama a atenção para o fato de que revestir-se com roupas confirma, para Enkídu, a transição "de uma criatura selvagem para um guerreiro urbano", salientando a importância do lavar-se, ungir-se com óleo e vestir roupas limpas (que se registra com mais detalhe na versão babilônica antiga do poema) como marcador narrativo, no sentido de indicar que a personagem passou por uma transformação. No *Enūma eliš*, de forma semelhante, após Marduk ter concluído suas criações, também ele unge seu corpo com óleo de cedro, põe as vestimentas reais, cinge uma tiara e porta os seus atributos, o que "simboliza seu novo estatuto como supremo rei dos deuses" (SERI, The Role of Creation in the *Enūma eliš*, p. 16).

[Versos 36-37] Os dois versos são restaurados a partir dos quase idênticos que se leem na tabuinha de Pensilvânia (OB II 73-6).

[Verso 36] Seguindo sugestão de Johannes Renger, GBGE (p. 167) admite que haja relação desta cena (Shámhat que conduz Enkídu, como um dos deuses) com as chamadas cenas de "apresentação" comumente representadas em sinetes, envolvendo a condução de imagens de deusas em procissão (o que constituiria uma diferença com relação ao presente caso, já que quem aqui é conduzido é do gênero masculino). Todavia, ressalta o mesmo George, a remissão pode ser também a festividades em que estátuas de deuses eram "conduzidas pela mão", como acontecia nas festas de ano novo na Babilônia (o *akítu*), quando a estátua de Marduk era conduzida em procissão pelo rei.

Note-se, portanto, que afirmar que Enkídu seguia a mulher *kima ilī* (como um dos deuses) implica em dizer que o faz de um modo solene, razão pela qual desperta a admiração dos pastores.

[Verso 37] Jastrow (*An Old Babylonian Version of the Gilgamesh*), de um modo que se pode considerar hoje um tanto fantasista, chama a atenção para a importância desse entrecho, que, segundo o que então lhe parecia, representava um ponto de chegada numa saga primitiva inteiramente dedicada a Enkídu, posteriormente ajuntada à de Gilgámesh. Conforme sua proposta, essa composição teria início com a criação do herói (na versão atual, no verso 1, 101), seguiria com o episódio do caçador que vê Enkídu entre os animais e conta isso a seu pai (1, 113-133), não contaria com a ordem do pai de que seu filho se dirigisse a Gilgámesh em Úruk (1, 134-139), pois seria o próprio pai que determinaria que a prostituta fosse levada, pelo filho, até Enkídu (1, 140-147), dispensaria todo entrecho entre o caçador e Gilgámesh (1, 148-166) e, no que segue, não estariam incluídas as referências a Gilgámesh a partir dos v. 1, 209 até 1, 299 (ficando excluídos, portanto, os dois sonhos pressagos do herói, interpretados pela deusa Nínsun), os desdobramentos continuando até o verso 62 abaixo.

Mesmo que a proposta seja ousada e difícil de comprovar, ressalta como, no que se conta sobre Enkídu, se apresenta mais que a história de um herói. De fato, o que se representa, como ressaltado em outros pontos com relação a aspectos precisos, é uma concepção presente em outras narrativas arcaicas relativamente às origens da humanidade: a criação de um único indivíduo que vive de início com os animais (como Adão no paraíso), a introdução da mulher junto desse primeiro homem e, finalmente, a aquisição das marcas de civilização, que culminam na vida de pastor e na troca alimentar do leite pelo pão e da água pela cerveja (conforme entendia então Jastrow, não pela cerveja, mas pelo vinho). Naturalmente, no poema de Sin-léqi-unnínni, essa passagem da selvageria para a civilização inclui viver na cidade, em Úruk.

[Verso 39] O início do verso está provavelmente corrompido, o que faz com que a sintaxe seja difícil de entender: dois sintagmas preposicionais, sem nenhum verbo. Alguns editores ensaiam soluções, nenhuma delas satisfatória (cf. GBGE, p. 808). Opto por manter, na tradução, a dificuldade de leitura.

[Versos 40-43] Observe-se a importância desses dísticos do ponto de vista das técnicas narrativas: de novo procede-se a uma mudança de foco, apresentando-se agora a visão que têm os pastores com relação a Enkídu. Já são quatro perspectivas: a do narrador, a do caçador, a de Shámhat e agora a dos pastores, às quais se poderiam ainda acrescentar as visões que, em sonhos e de forma cifrada, tem Gilgámesh e a interpretação que delas dá a deusa Nínsun (cf. em especial o verso 43).

[Verso 42] Uma variante deste verso nestes termos: "Quem sabe é Enkídu: seu berço são os montes", retoma em parte 1, 174, a saber, a exclamação de

Shámhat: "E também ele: Enkídu! Seu berço são os montes!" – o que representaria mais um hábil exercício de variação de foco.

[Verso 43] Este verso aplica-se a Enkídu em quatro pontos da tabuinha 1: quando o caçador o descreve para o pai (v. 125) e para Gilgámesh (v. 152), bem como quando Nínsun interpreta os sonhos de Gilgámesh (v. 270 e 293). Numa outra passagem, em verso cujo início se perdeu (v. 137), a fórmula é aplicada a Gilgámesh (cf. a restauração de George). Finalmente, relatando o primeiro dos sonhos a sua mãe, Gilgámesh declara que as estrelas do céu "como rochas de Ánu caíam sobre mim" (v. 248).

[Versos 47-48] Declara GBGE (p. 805) que restaura esse dístico "livremente", a partir do que se lê em *Proeminente entre os reis*.

[Verso 49 ss] O que se perdeu da fala de Shámhat poderia corresponder ao que se lê na tabuinha da Pensilvânia, iii, 94-105:

> A meretriz a boca abriu   94
> E disse a Enkídu:
> Come pão, Enkídu,
> Signo de vida,
> Cerveja bebe, signo desta terra!
> Comeu pão Enkídu
> Até saciar-se;   100
> Cerveja bebeu:
> Sete jarros.
> Relaxou a gravidade, pôs-se a cantar,
> Dilatou o coração,
> Sua face iluminou-se.   105

Jastrow (*An Old Babylonian Version of the Gilgamesh*), considerando este texto e vendo na história de Enkídu uma espécie de arqueologia (que ilustra o percurso humano da vida selvagem à civilização), ressalta o contraste entre a concepção da *Torah* e a do poema de Gilgámesh com relação ao consumo de bebidas alcoólicas: "O escritor bíblico [...] vê a embriaguez de Noé como uma desgraça. Noé perde o senso de pudor e desnuda-se a si mesmo (*Gênesis* 9, 21), enquanto a descrição babilônica da boa disposição de espírito de Enkídu após ter bebido sete jarras de vinho (*sic*) é aplaudida. O ponto de vista bíblico é que quem bebe vinho fica bêbado; o babilônio diz: se você bebe vinho, fica feliz."

[Verso 51-62] Entre os v. 51 e 59 há uma lacuna de sete versos, que devia corresponder à sequência do enredo na tabuinha da Pensilvânia (iii, 106-119):

um barbeiro corta os pelos do corpo de Enkídu, ele unge-se e torna-se um verdadeiro homem, passando a atuar, entre os pastores, como vigia dos rebanhos:

> Ocupou-se um barbeiro 106
> De seu peludo corpo.
> Com óleo ungiu-se,
> Humano tornou-se.
> Vestimenta vestiu, 110
> Como um guerreiro estava.
> Pegou as armas,
> Leões atacou.
> Deitando-se os pastores à noite,
> Matava ele lobos, 115
> Leões afugentava –
> Dormiam os chefes dos zagais,
> Enkídu era seu vigia,
> Homem desperto.

Ressalte-se o contraste: ele que vivia com os animais selvagens, agora protege animais domesticados e os homens de animais selvagens como o lobo e o leão.

[Versos 61-62] Na alternância entre 'pastor' e 'zagal' tenho em vista manter, de alguma forma, o efeito da alternância, no texto acádio, entre, respectivamente, *re'û* e *naqidu*, que são sinônimos, como as duas palavras em português.

[Verso 64] A partir daqui há uma lacuna de trinta e cinco versos. Em *Proeminente entre os reis*, conforme a tabuinha de Pensilvânia (colunas ii-v, v. 135-198), recuperam-se os dois entrechos narrativos perdidos: vendo o jovem, Enkídu interroga-o sobre a razão de sua viagem a Úruk, obtendo o seguinte como resposta:

> O jovem a boca abriu 147
> E disse a Enkídu:
> Para festa de bodas convidaram-me –
> Fado das gentes 150
> É tomar esposa!
> À mesa de oferendas prodigalizei
> Comidas de festas de bodas desejáveis.
> Ao rei da praça de Úruk
> Aberta será a rede das gentes para o que escolhe, 155
> A Gilgámesh, rei da praça de Úruk,
> Aberta será a rede das gentes
> Para o que escolhe:

> A noiva prometida ele insemina,
> Ele antes, 160
> O marido depois.
> Por decisão de deus foi isso ordenado:
> Quando cortado lhe foi o cordão umbilical
> Foi-lhe ela destinada.
> Às palavras do moço, 165
> Empalideceu seu rosto.

Conforme Greengus (Old Babylonian Marriage Ceremonies and Rites, p. 60-61), a referência dos v. 153-154 é a presentes levados à casa da noiva pelo jovem, que pode ser uma espécie de padrinho do noivo.

A referência à "rede das gentes" (tradução literal de *pūg niši*) é bastante enigmática, parecendo tratar-se do véu que a noiva usaria na cerimônia de casamento e que seria retirado pelo marido. O que se declara então, sem lugar para dúvidas, é que é Gilgámesh quem primeiro tem relações sexuais com as noivas de Úruk, como sugerido em *Ele que o abismo viu* 1, 72 ss.

Guilherme Gontijo Flores (em comunicação pessoal) sugere que "rede das gentes" poderia ser uma metáfora para vulva ou útero, lugar onde os seres humanos se prendem e são tecidos.

[Versos 100] Observe-se que, neste ponto, Enkídu está já em Úruk. Da tabuinha da Pensilvânia se recolhe apenas que para Úruk "ia Enkídu,/ e Šamkatum depois dele:/ entrou no coração da praça de Úruk..." (v. 175-177).

[Versos 103-107] Essa sequência repete o que foi dito em 1, 251-255 e em 1, 279-282 (com omissão do último verso), passagens em que Gilgámesh descreve para sua mãe seus sonhos com a "rocha de Ánu" e o "machado", que pressagiam a chegada de um forte companheiro. Agora a mesma descrição cabe ao narrador, que, como se vê, aprecia os efeitos da mudança de foco.

[Verso 109] *Išara* é um dos nomes de Ishtar e, tendo como esfera de atuação tudo que diz respeito à sexualidade, é natural que tivesse ela alguma parte nos ritos de casamentos. Na tabuinha de Pensilvânia (v. 196-199) se esclarece que, havendo um casamento,

> Para Ishara uma cama
> Foi posta:
> Gilgámesh com a moça,
> À noite, encontrar-se-á.

Conforme GBGE, p. 190, a expressão "cama de Ishara" parece simplesmente designar o leito nupcial.

[Verso 110] "Substituto" traduz o termo acádio *pūhu*, conforme a proposta de leitura de GBGE (p. 562), o qual observa (p. 455 e 805) que este "substituto" remete ao costume, bem documentado em textos neoassírios, de escolher um *šar pūhi*, isto é, um "rei substituto", sobre o qual cairiam os malefícios que porventura se dirigissem ao soberano. Saliente-se que em *Proeminente entre os reis* o que se lê é *merhum*, ou seja, "rival" ("para Gilgámesh, como um deus, um rival designaram", v. 195), termo que pode ter também o sentido de "sacrifício" ("para Gilgámesh, como um deus, um sacrifício prepararam"), opção escolhida por alguns tradutores. Conforme SEG (p. 136, notas 30 e 34), "muito provavelmente o redator da epopeia babilônica clássica não entendeu a cena original relatada no texto babilônico antigo [...], onde se fala não de um 'substituto' (*pūhu*) de Gilgámesh, mas de um 'rival' (*mehrum*) que há de lutar contra ele".

[Verso 114] GBGE (p. 806) entende que *ri-bit ma-a-tu* deve ser considerado um nome próprio: "Main-Street-of-the-Land" (Rua-Principal-do-Lugar). Um dos epítetos de Úruk é *uruk ribitu* (Úruk da grande avenida ou praça), que traduzi em outras passagens por "a praça de Úruk", como em 1, 251). Minha opção neste ponto é prudentemente literal: "a principal daquela terra".

[Verso 115] A partir deste ponto há uma lacuna de pouco menos que uma coluna, na qual, naturalmente, estaria a descrição da luta entre Gilgámesh e Enkídu, que conhecemos a partir da tabuinha de Pensilvânia (vi, 215-230):

    Enkídu a porta obstruiu   215
    com os pés,
    A Gilgámesh a entrada não permitiu –
    E se pegaram, como um touro
    Arquearam-se,
    O batente abalaram,   220
    O muro balançaram –
    Gilgámesh e Enkídu
    Pegaram-se,
    Como um touro arquearam-se,
    O batente abalaram,   225
    O muro balançaram.
    Gilgámesh ajoelhou,
    Na terra tendo o pé.
    Acalmou sua raiva
    E deu-lhe as costas.   230

A luta entre dois heróis destinados a tornarem-se amigos configura uma espécie de rito de passagem, assim descrito por Hamori (Echoes of Gilgamesh in the Jacob Story, p. 629), que toma como base de comparação a luta de Jacó no *Gênesis*: "A mesma ausência de intenção letal é visível na Epopeia de Gilgámesh. Aqui também há um ponto em que parece que os parceiros concordam em parar a luta e o herói deixa seu atacante partir. Gilgámesh simplesmente solta Enkídu quando para de sentir-se zangado. Como meninos no pátio da escola, quando ambos estão exaustos, um ajuda o outro a levantar-se e tornam-se os melhores amigos. O combate é um rito de passagem, não um duelo de morte. Mais ainda, fica perfeitamente claro desde o início do poema que Enkídu foi criado para ser um competidor igual a Gilgámesh e para disputar com ele de modo que Úruk possa ficar em paz – e Gilgámesh é sem dúvida um homem diferente após seu encontro com Enkídu".

Os traços que a mesma autora identifica nas duas histórias (de Jacó e Gilgámesh), considerando-os bem específicos, são: a) trata-se de uma luta sem armas; b) a luta desempenha uma função-chave na narrativa; c) o oponente encontra o herói à noite; d) o oponente é divino ou criado pelos deuses; e) o agressor não é conhecido do herói no momento do ataque; f) o agressor, por seu lado, conhece o herói que ataca; g) a luta não é de morte; h) a luta configura um rito de passagem, provocando uma mudança de caráter no herói; i) não há uma motivação que possa prover uma conclusão lógica para a disputa; j) simplesmente, num determinado momento, o herói deixa seu atacante livre; k) o atacante deixa de ser visto como antagonista e passa a ser considerado amigo (p. 626-629).

Os v. 227-228 ("Gilgámesh ajoelhou/ Na terra tendo o pé") levantam dúvidas entre alguns comentadores com relação a quem teria vencido a luta. Em que pesem outras propostas, parece que a mais razoável é a expressa, já em 1948, por Oppenheim (Mesopotamian Mythologie II, p. 29-30): a competição é disputada com a técnica "descrita pela primeira vez por Cyrus Gordon [...] e caracterizada como 'luta do cinto' (*beltwrestling*)". A descrição do combate e especialmente "a posição e o gesto do vencedor apontam para a técnica que Gordon encontrou evidenciada em antigos selos cilíndricos". Os dois versos finais descrevem "exatamente (*ik-mi-iṣ-ma* ^{d}*Giš i-na ga-ag-ga-ri ši-ip-šu*) a posição do adversário vitorioso, que conseguiu levantar seu oponente do solo e segurá-lo, por seu cinto, sobre sua cabeça, enquanto flexiona seu próprio joelho. Em muitos selos vemos o herói vitorioso nessa exata posição (com frequência descrita como *Knielaufstellung* [joelho em posição de corrida]), levantando um leão sobre a cabeça".

Os v. 218-219 e 224-225 admitem também outro entendimento, de acordo com as razões arroladas por Hamori (A Note on *ki-ma* LI-*i-im*, Gilgamesh P 218, 224): LI-*i-im* pode ser lido não como genitivo singular de *le'um*, 'touro', mas como o infinitivo do verbo *le'ûm*, 'sobrepor-se', 'vencer'. A dificuldade do primeiro entendimento estaria em o elemento de comparação, *kima lîm*, "como um touro", estar no singular, todos os verbos estando no plural e referindo-se às duas personagens (Gilgámesh e Enkídu). Entendendo-se *kima le'im* como "para sobrepor-se" ou "para vencer", esse problema estaria eliminado.

Sugere Guilherme Gontijo Flores (comunicação pessoal) que esta luta, em sentido simbólico, representa uma passagem dupla: de um lado, a chegada de Enkídu ao humano se encerra com um ato demasiado humano de disputa pela primazia no sexo; de outro, também Gilgámesh relativiza seus dois terços divinos para assumir feição mais humana, ou seja, deixar de lado a desmedida com que foi apresentado no início do poema. Não à toa os dois são emparelhados enquanto quase opostos. É encontrando um igual, que com ele contraste, que o herói faz seu rito de passagem.

[Versos 162-164] Não fica claro quem fala nestes versos, mas, considerando que, na sequência, é Nínsun quem se dirige a seu filho, tudo leva a crer que se trata de palavras de Gilgámesh a sua mãe. Ele estaria apresentando a ela o agora amigo Enkídu, como se previra nos sonhos simbólicos da tabuinha 1 com relação à "rocha de Ánu" (v. 257-258: "Peguei-a e deixei-a a teus pés/ E tu a uniste comigo") e ao machado (v. 283-285: "Peguei-o e deixei-o a teus pés/ A ele amei como uma esposa, por ele me excitei/ E tu o uniste comigo").

De novo retomam-se as fórmulas usadas pelo caçador para caracterizar Enkídu em 1, 124-125. Caso sejam de fato palavras de Gilgámesh, trata-se de mais um hábil exercício de variação de foco.

[Verso 175] Como anota SEG (p. 136), as propostas de complementação são variadas: "Não tem Enkídu nem pai nem mãe" (Pettinato), "rival" (Tournay/ Shaffer), "nem familiares nem amigos" (George). Todas não passam, todavia, de meras conjeturas.

[Verso 186] Considerando o texto conservado, esta é a primeira vez que Gilgámesh fala diretamente a Enkídu, devendo ser destacado, como observa Worthington (Names and Artistic Unity in the Standart Version of the Babylonian Gilgamesh Epic, p. 404-406), que os dois protagonistas jamais se dirigem um ao outro pelo nome até após a morte de Enkídu (é nos seus lamentos, na tabuinha 7, que pela primeira vez Gilgámesh pronuncia o nome do companheiro). O modo como mutuamente se tratam é este: *ibrī*, "meu amigo", como se pode constatar neste e nos versos seguintes.

A opção pelo uso do termo *ibru* (amigo) parece querer reforçar que as duas personagens se relacionam em pé de igualdade, diferentemente do que acontecia na tradição suméria, na qual, ainda que Enkídu seja chamado uma ou duas vezes de amigo (ku-li) de Gilgámesh, o que predomina é sua condição de servo (ìr, šubur) em face do rei (lugal). A mudança já se registra na versão babilônica antiga do poema, em que Enkídu é chamado de amigo (*ibru*), companheiro (*tappu*), irmão (*ahur*) e igual (*kima*) de Gilgámesh (cf. TIGAY, Was There an Integrated Gilgamesh Epic in the Old Babylonian Period?, p. 217). Todavia, nos textos antigos, ao contrário do que acontece aqui, a forma de tratamento *ibrī* não é exclusiva.

Por tratar-se de um traço bastante característico de *Ele que o abismo viu*, em vez do sintagma não marcado 'meu amigo', optei, em todas as ocorrências do vocativo, pela forma 'amigo meu'.

[Verso 190] Para Kramer (The Epic of Gilgamesh and its Sumerian Sources, p. 9), é o fato de que Enkídu não seja feliz em Úruk, pois sua "vida alegre e sensual vai fazendo dele um fraco", que faz com que o rei lhe proponha a expedição contra Humbaba (cf. v. 201 *infra*) – embora pareça mais razoável admitir simplesmente que a motivação para tal estivesse antes no desejo de obter fama.

[Versos 194-201] A referência a Humbaba no v. 201 faz supor que neste trecho se encontraria, pela primeira vez, a proposta de Gilgámesh, ao amigo, de juntos enfrentarem o guardião da Floresta de Cedros.

Na versão babilônica antiga, registrada na tabuinha de Yale (v. 1-103), conserva-se parte da fala de Gilgámesh:

--- a Huwawa belicoso,	97
Matemo-lo!	
Seu poder desapareça!	
Na Floresta de Cedros	100
Onde Huwawa vive	
Assustá-lo-emos,	
Em sua morada!	

A personagem que em sumério recebia o nome de Huwawa, em *Ele que o abismo viu*, chamada de Humbaba, tinha corpo na forma humana, mãos de leão, face monstruosa, cabelos e bigodes longos. Sua face, em que se destacam o nariz achatado e os olhos muito assinalados, costumava ser posta em portais e na entrada de templos (como em Tell al-Rimah), com intenção apotropaica (cf. EBELING; MEISSNER, *Reallexikon der Assyriologie*, v. 8, p. 254; TOORN, *Dictionary of Deities and Demons in the Bible*, s.v.; sobre outras formas do nome, GBGE, p. 144-145).

Foi proposta sua identificação com Hobab, cunhado de Moisés (cf. *Números* 10, 29) ou seu sogro (cf. *Juízes* 4, 11), possibilidade hoje descartada. Mais provável é que tenha relação com o deus Humban, que, em época mais arcaica, aparecia como chefe do panteão elamita (cf. HANSMAN, Gilgamesh, Humbaba, and the Land of the Erin-trees, p. 33-35). Em qualquer das duas formas, Huwawa ou Humbaba parecem pertencer a categorias de nomes próprios procedentes de um substrato pré-sumério, com a característica repetição, na última, da penúltima sílaba – como Bunene, Zababa, Kubaba, Izuzu, Igígi, Inanna, Aruru. Conforme Diakonoff (Language Contacts in the Caucasus and the Near East, p. 60), tais nomes seriam procedentes da língua mais antiga falada no sul da Mesopotâmia – convencionalmente denominada *banana-language* ou prototigrídio –, a qual antecede o sumério, que dela deve ter recebido alguns empréstimos: além dos nomes próprios citados, também termos como *urudu*, 'metal, cobre', e *apin*, 'arado'.

Cumpre ressaltar que o traço mais saliente de Huwawa/Humbaba é a face – e a categoria "face de Huwawa" constitui um significativo indício no campo da adivinhação. Assim, ensina um texto: "se sua face tem a expressão de Huwawa (*pān huwawa šakin*), ele enriquecerá: olhos e nariz"; um segundo exemplo, do mesmo modo, assevera que "se uma mulher à expressão de Huwawa dá à luz, o rei e seus filhos da cidade partirão"; outro texto esclarece que essa "face de Huwawa" é caracterizada pelo nariz de base estreita e ponta grossa, além dos olhos muito grandes (outros exemplos em GBGE, p. 145-146).

O uso de máscaras com esses traços e função apotropaica parece remontar à pré-história, tendo continuidade, no espaço grego, na face da Medusa, cujos elementos iconográficos, até onde se pode retroceder, dependem de Humbaba: "Humbaba, como a Medusa, era representado frontalmente – mais que de perfil –, mas com as pernas de perfil. Frequentemente é representado apenas por sua cabeça; além disso, de modo semelhante à Medusa, Humbaba é retratado com uma boca que delineia uma careta e duas fileiras de dentes. Quando apresentado de corpo inteiro, frequentemente assume a pose *knielaufen* – a pose com o joelho flexionado" (DEXTER, The Ferocious and the Erotic, p. 34-36).

Considerando a importância do uso de apenas a cabeça de Humbaba, o que sugere que tenha sido cortada, o episódio que narra como Gilgámesh e Enkídu a deceparam e levaram para Úruk pode ter um sentido etiológico (correspondente ao que, na Grécia, se atribui à história de Perseu). Recorde-se que se trata de uma proeza atribuída a Gilgámesh já na tradição suméria, nomeadamente no poema convencionalmente intitulado *Gilgámesh e a terra do vivo*.

Mais recentemente, Fleming e Milstein (*The Buried Foundation of the Gilgamesh Epic*), com base em detalhada comparação entre os manuscritos de Pensilvânia e Yale, além de outros dez documentos, propuseram a existência de também uma narrativa acádia antiga dedicada exclusivamente ao episódio de Huwawa, cujas características resumem assim: "Concluímos que o conteúdo da tabuinha de Yale está enraizado numa estória separada, a narrativa acádia sobre Huwawa. Essa estória independente de Huwawa tem seu próprio autor, com uma visão autoral diferente da do autor do longo poema épico [...]. Após uma seção de passagem que se encontra danificada e difícil de fixar com segurança, a tabuinha de Yale assume um ponto de vista consistente, que inclui contrastes com a tabuinha de Pensilvânia tanto em termos de perspectiva, quanto de linguagem. Enkídu é um parceiro de Gilgámesh, não sua paixão. Eles são não espécimes de físico semelhantes a deuses, mas heróis audazes com as naturais limitações humanas. Enkídu e Gilgámesh contribuem igualmente para a derrota de Huwawa, um representando o poder da estepe, o outro, a ambição da cidade" (p. 31).

Os mesmos autores resumem assim os traços de Huwawa no que seria essa narrativa de que a da versão clássica dependeria: a) ele é o guardião (*maṣṣārum*) da floresta (no poema sumério ele é só um habitante da floresta); b) não é mais alto que um homem, mas tem poder fora do comum, que se manifesta de duas formas: uma visual, outra aural (as sete auras, *melemmū*, como no poema em sumério); c) seu rugido (*rigmu*) é destacável; d) finalmente, tem relevância a estranheza de sua face (*šanû būnūšu*).

Para uma visão dos vários documentos sobre a história de Huwawa/Humbaba, ver Fleming e Milstein, *The Buried Foundation of the Gilgamesh Epic*.

[Verso 201] O resto da coluna 4 se perdeu.

[Versos 216-229] Estes versos sugerem que Enkídu não só conhece a Floresta de Cedros, como também Humbaba. Na tabuinha de Yale (OB III, v. 104-116), isso é afirmado explicitamente:

> Enkidu abriu a boca,
> Disse a Gilgámesh:
> Conheci-o, amigo meu, na montanha,
> Quando vagava com o rebanho.
> Por seis léguas, selvagem é a floresta.
> Quem há que se aventure em seu coração?
> Huwawa, sua voz é o dilúvio!
> Sua fala é fogo,
> Seu alento é morte!
> Por que desejas
> Isso fazer?
> Batalha invencível
> É a cilada de Huwawa!

[Verso 217] A Floresta de Cedros não é um lugar mítico, embora distante e perigoso, uma vez que localizada, nas diferentes versões da saga de Gilgámesh, no leste, no norte da Síria, ou no Líbano. Conforme Hansman (Gilgamesh, Humbaba, and the Land of the Erin-trees, p. 29-33), de acordo com o poema sumério *O senhor à montanha do vivo* (modernamente conhecido como *Bilgames e Huwawa*), a região donde Gilgámesh e seu servo Enkídu, à frente de uma expedição de cinquenta homens, traz madeira para Úruk, enfrentando Huwawa, ficava ao leste, podendo com verossimilhança ser localizado nos montes Zagros, no Elam (atualmente o sul do Irã). Posteriormente, talvez porque o estoque de juníperos (em sumério, ERIN) naquela região se tenha esgotado, as expedições em busca de madeira voltaram-se para o oeste, numa sequência que pode ser assim atestada: a) Sargão de Acad (2334-2279 a.C.) é o mais antigo governante mesopotâmico a propósito do qual há uma referência específica à existência de uma montanha de ERIN na região superior (no noroeste); b) Naran-Sin, seu sucessor, refere-se a Amanus (hoje sudoeste da Turquia) como o país de ERIN; c) já na época assíria, Salmaneser III (858-824) e Sargão I abasteciam-se de madeira do Monte Amanus; d) Senaqueribe (704-681) explorava o Monte Amanus e o Monte Hermon (no Líbano); e) Assurbanípal (668-631) e Nebucadnezar II (605-562), os montes Líbano e Hermon.

O fato de que em *Ele que o abismo viu* a expedição seja para o oeste e que a Floresta de Cedros esteja localizada no Líbano demonstra a incorporação, à saga de Gilgámesh, de um dado de época mais recente.

[Verso 219ª] É significativa esta referência a Énlil logo no início do planejamento da expedição à Floresta de Cedros, uma vez que o deus também volta a ser insistentemente referido no fecho da ação, a saber: a) quando Enkídu aconselha que Gilgámesh mate Humbaba "antes que o saiba o preeminente Énlil" (v. 5, 228 e 269); b) quando os heróis decidem "perfumes de árvores para ele levar, para ---- de Énlil" (5, 301), talvez tendo em vista apaziguá-lo (como acontece no poema sumério *O rei à terra do vivo*, em que a trama conclui com Gilgámesh e Enkídu depondo a cabeça de Huwawa diante de Énlil); c) finalmente, quando os dois heróis se perguntam "como em Níppur responderemos a Énlil?" (5, 304), por termos matado Humbaba e devastado a floresta. Parece que, a esfera de atuação de Énlil sendo a terra, lhe cabe em especial sua proteção, incluindo as florestas.

[Verso 223] O que traduzo nesta passagem e nas demais por "légua" é o termo acádio *bēru*, unidade de medida babilônica de distância e de tempo, correspondente a em torno de 11 km e a duas horas, respectivamente. Considerando que, na Europa e na América, nos tempos modernos, a légua varia entre 5 e 7 km, alguns tradutores valem-se do torneio "légua dupla", o que considero pouco poético e, apesar da intenção de precisão, de qualquer modo pouco exato. Acredito que a tradução simplesmente por "légua" cumpre o efeito pretendido pelo texto acádio, que é indicar uma distância considerável, não fornecer uma medida precisa.

[Verso 225] *Adad* é um deus relacionado com os fenômenos atmosféricos, em especial a tempestade. Tem ele um papel de destaque por ocasião do dilúvio, como narrado na tabuinha 11.

[Verso 226] Os *Igīgi* são deuses que habitam o céu. No *Atrahasīs* (ou Poema do Supersábio) são a classe dos deuses menores a que é atribuído, pelos grandes deuses, os Anunnákki, ininterrupto trabalho agrícola; foi sua revolta e a crise que gerou no mundo divino que levaram à solução de consenso entre os deuses: criar a humanidade para que assumisse o trabalho dos Igígi, desde então entregues, como os demais deuses, ao ócio.

[Verso 229] Isso é de fato o que sucede quando Gilgámesh chega à Floresta de Cedros em 5, 28-30: "O medo cai sobre Gilgámesh:/ Um torpor toma seus braços/ E debilidade cai sobre seus joelhos".

[Verso 230] Variante deste verso: "Gilgámesh a ele diz, a Enkídu".

Note-se que o que se representa é um embate em palavras entre os dois amigos. Isso acontece frequentemente na expedição contra Humbaba, constituindo um importante recurso narrativo que permite a exposição do estado de ânimo dos dois heróis. Seria, portanto, equivocado dizer que não têm eles profundidade. Pelo contrário, o poeta parece ter cuidado especial em externar as dúvidas e os receios que experimentam. Ora a um, ora a outro cabe exortar o companheiro a que tenha coragem, como faz aqui Gilgámesh.

[Versos 232-233] Este dístico repete-se em 5, 157-158, e uma variante do primeiro verso encontra-se em 4, 233. Os versos já se encontram na tabuinha de Yale, 156-157.

[Versos 234-235] Na versão babilônica antiga (tabuinha de Yale iv, 13, 25; v. 5,7), a motivação da expedição contra Humbaba é o desejo de Gilgámesh de adquirir fama, de deixar renome duradouro após sua morte, "um motivo que ele é hábil em explicar com um dito proverbial sobre a condição mortal do homem" (TIGAY, *The Evolution of the Gilgamesh Epic*, p. 77).

Savignac (La sagesse du Qôhéleth et l'Épopée de Gilgamesh, p. 319) aproxima esse dito do que se encontra no versículo 15 do *Qohelet*: "O homem parte como veio – e que vantagem lhe advém de haver trabalhado pelo vento?", acrescentando: "*Qohelet* é o livro de um semita: *habêl habâlîm hakkôl hâbêl* é semita. Os gregos disseram: *mataiótes mataiotéton kaì pánta mataiótes*, tudo é inutilidade, ilusão, loucura. Os latinos diziam: 'omnia vanitas', 'tudo é vazio', mas um semita diz: 'tudo é sopro'".

[Versos 241-242] Esse convite deve dizer respeito à fabricação de armas, referidas na sequência.

[Verso 249] Um talento (*biltum*) é igual a 60 minas (*manûm*), a mina equivalendo a cerca de 500 gramas – logo, um talento equivale a mais ou menos 30 quilos.

[Verso 251] Aqui há uma anotação do escriba: *hepi eššu* ("nova quebra"), o que indica que o manuscrito de onde ele copia o poema já se encontrava danificado.

[Verso 254] Neste verso leem-se apenas as sílabas *qu ni*, cercadas pelas anotações do escriba relativas à deterioração material do manuscrito: *hepi eššu qu ni hepi eššu* ("nova quebra *qu ni* nova quebra").

[Versos 260 ss] Gilgámesh dirige-se aqui, em primeiro lugar, aos jovens (*eṭlūtu*). Pode-se entender que o faz por serem eles seus companheiros, especialmente nos jogos referidos na tabuinha 1, o que ressaltaria a relação destes com os feitos heroicos que os substituem. Anote-se ainda que, também no poema sumério *O rei à terra do vivo*, Bilgames convoca logo de início os jovens, mas para escolher os cinquenta que o acompanharão na expedição (v. 50-53).

[Verso 268] *Akītu* era um festival de ano novo (*rēš šattim*), celebrado a cada seis meses. Sua atestação mais arcaica encontra-se em Ur, onde coincidia com os equinócios, sendo celebrado no primeiro — *Nissannu* — e no sétimo mês — *Tašrītu* (correspondentes, respectivamente, a março-abril e setembro-outubro), constituindo "uma celebração do triunfo de Nanna, o deus Lua — particularmente no caso do á-ki-ti do sétimo mês, quando Nanna começaria a ter uma visível superioridade com relação ao Sol, Utu". Adotado por outras cidades, o *akītu* adaptou-se aos calendários locais, integrando-se a festivais agrícolas preexistentes, relacionados com a época da colheita e da semeadura. Em Úruk era dedicado ao deus Ánu (cf. COHEN, *The Cultic Calendars of the Ancient Near East*, p. 400-403).

A etimologia do termo (provavelmente sumério) á.ki.tu é desconhecida, mas sabe-se que, desde os primeiros registros, ele nomeava uma edificação fora dos muros da cidade, a qual funcionava como morada temporária do deus durante a primeira metade da festa. Em termos gerais, as celebrações comportavam, no primeiro dia, a condução da imagem do deus, de seu templo no interior da cidade, para a casa-*akītu* (*bīt akīti*), onde ela permanecia temporariamente, recebendo oferendas e preces; a imagem retornava então solenemente, para ritos e cerimônias que se desenrolavam por outros dias, incluindo a determinação do destino da cidade. Esse retorno simbolizava a retomada, pelo deus, da cidade que é sua, bem como comemorava "sua ação de pôr em ordem a administração de sua nova casa" (COHEN, *The Cultic Calendars of the Ancient Near East*, p. 453).

No caso de Úruk, o *akītu* do mês de *Nissannu* prolongava-se por onze dias, a imagem de Ánu ficando na casa-*akītu* até o sétimo dia, quando retornava triunfalmente. Nos dias seguintes, todas as cerimônias aconteciam no santuário dedicado a Ánu e sua esposa Ántu.

[Verso 289] Cf. GBGE (p. 571), um manuscrito ajunta ao verso: "tua mãe vem de parir-te", que equivale ao que se lê em 5, 145: "És jovem, Gilgámesh, tua mãe vem de parir-te".

[Versos 301 ss] GBGE calcula que em torno de vinte versos se perderam no final desta tabuinha. Em consequência, não foram conservados nem o reclamo (que se reconstitui aqui com base no verso 1 da tabuinha seguinte), nem o colofão.

Tabuinha 3

[Versos 1-12] Mesmo que não se esclareça quem fala nestes versos, é razoável supor que sejam os anciãos, pela forma como se dirigem a Gilgámesh (v. 1-10) e a Enkídu (v. 11-12) e pela semelhança deste trecho com o correspondente da tabuinha de Yale (OB III 247-251), que principia assim: "os anciãos abençoam-no/ para a viagem aconselhando Gilgámesh" (v. 247-248).

GBGE (p. 459) acredita que isso reflita um antigo protocolo: os anciãos não podem impedir o rei de fazer o que deseja, mas, na qualidade de conselheiros, podem designar seu guarda-costas como seu conselheiro e protetor – neste caso, Enkídu. Assim, a este se entrega a função de trazer o corpo do rei de volta incólume.

[Verso 7] Não se esclarece no poema como Enkídu pode saber o caminho da Floresta de Cedros, mas em 5, 146, Humbaba declara: "Quando eras jovem te vi, mas perto não cheguei". Nas versões antigas do poema afirma-se que Enkídu, quando de sua primitiva vida selvagem, não só conheceu Humbaba (cf. Schøyen 58), como sabia o caminho que conduzia até ele: "Já tratei com ele, amigo meu, na serra,/ quando andava errante com os animais" (Yale 106-107; também 251-254).

[Versos 13-172] Todo o trecho que inicia neste verso, envolvendo a deusa Nínsun, mãe de Gilgámesh, não tem correspondente na versão babilônica antiga do poema (para uma análise, ver Tigay, *The Evolution of the Gilgamesh Epic*, p. 74-76). Portanto, a prece da deusa, que ocupa uma quantidade considerável de versos, deve ser criação de Sin-léqi-unnínni.

[Versos 37-42] Cf. GBGE (p. 459), a remissão parece ser ao ritual denominado *Bīt rimki* (Casa de ablução), "o qual prescreve o protocolo correto para o ritual de ablução do rei, dividido em sete 'casas'. Esse banho habitualmente tinha lugar nas primeiras horas, muitas vezes antes do nascer do sol. Nas séries *Bīt rimki* propriamente ditas esperava-se que o rei começasse as abluções na casa de banhos no exato momento em que o sol nascia e a maior parte da litania do ritual era endereçada a Shámash".

[Verso 38] Cf. CAD, s.v., *tullal*, que traduzi por 'ervas', é o nome de uma planta com uso medicinal e mágico; o termo aparece também em outras fontes associado ao tamarisco (*bīnu*).

[Versos 43-45] A oferenda se faz no terraço, por ser um local em que mais de perto se pode chamar a atenção do sol. Caso se trate de uma sequência ao ritual dos sete banhos, realizado nas primeiras horas do dia, então as oferendas dirigem-se ao sol nascente.

Ressalte-se que, na versão paleobabilônica, registrada na tabuinha de Yale (OB III 216-221), é o próprio Gilgámesh que pede a proteção de Shámash.

[Verso 46] A última palavra do verso, *temissu*, 'lhe deste', 'lhe infligiste', não consta de vários manuscritos.

[Verso 47-48] Como anota Tigay (*The Evolution of the Gilgamesh Epic*, p. 76-81), a afirmativa de que foi Shámash quem incitou (*talpussuma*, o que traduzi como 'tocaste') Gilgámesh a enfrentar Humbaba é uma inovação da versão clássica da saga. No poema sumério *O rei à terra do vivo*, o que impulsiona o herói a empreender a jornada até a Montanha dos Cedros é o desejo de estabelecer seu renome (talvez por meio da ereção de monumentos e inscrições); o pedido de ajuda que ele dirige a Utu (o equivalente sumério de Shámash) tem relação com o fato de que, nessa versão, a Montanha de Cedros estaria implicitamente localizada no oriente (morada por excelência do Sol); Utu parece ter inicialmente reservas com relação ao plano de Gilgámesh, mas, após o herói expor seu desejo de que seu nome permaneça após sua morte, o deus consente – ressalte-se todavia que em nenhum momento Gilgámesh menciona Huwawa (Humbaba) ou seu desejo de cortar os cedros da floresta. Na versão babilônica antiga é também o desejo de deixar um nome após a morte que move Gilgámesh e o papel de Shámash é o de um ajudante e não o de alguém que instiga o herói. Nesta versão, como na clássica, a Montanha de Cedros localiza-se no noroeste, no Líbano ou próximo dele, o que pode ser consequência do interesse das dinastias que dominaram a Mesopotâmia no período babilônico antigo (2000-1600 a.C.) pelas terras ao oeste. Mesmo com essa mudança, Shámash mantém o papel de ajudante, mas agora seu auxílio se volta para a derrota de Huwawa, representante das forças funestas que o deus detesta, este feito sendo o que motiva a expedição de Gilgámesh. Finalmente, na versão clássica, o papel de Shámash se torna mais destacado, tornando-se ele, de acordo com as palavras de Nínsun, aquele que faz com que o herói se envolva na aventura.

[Verso 51] Tem início aqui a segunda parte da prece de Nínsun, em que os pedidos a Shámash são propriamente formulados. O estado fragmentário do texto impede que se possa analisá-lo com mais detalhes, podendo-se, contudo, perceber que se trata de proteger Gilgámesh durante o dia e também de noite.

[Verso 54] A expressão aqui é *mimma lemnu*, que traduzi, de modo bastante literal, por "coisa ruim". Tigay (*The Evolution of the Gilgamesh Epic*, p. 79-81) chama a atenção para o modo como o caráter de Huwawa, na versão paleobabilônica já chamado de *lemnu* ('mau', aplicado a pessoas, demônios, animais, doenças, maldições, dias, ventos, palavras, ações, gosto, cheiro), se transforma em função de seu contraponto com Shámash, cujo apanágio é a justiça e que aqui se diz que o detesta.

Saliente-se que Gilgámesh era invocado, em rituais de exorcismo, juntamente com Shámash, o que parece que empresta um valor etiológico à história da eliminação de Humbaba. Assim, por exemplo (TuL, p. 131, v. 40-43, *apud* Tigay, p. 80):

> "Este dia está posto diante de Gilgámesh e Shámash:
> Aquele que é coisa ruim (NÍG.HUL = *mimma lemnu*), que está em meu corpo, minha carne, meus tendões,
> Põe-no a cargo de Namtar, vizir da Érsetu" (isto é, do mundo subterrâneo).

[Verso 55] Vários manuscritos omitem este verso.

[Verso 56] Aia, a Aurora, é a esposa de Shámash.

[Verso 66] Tradução de *ruššaka*, cf. *ruššu*, 'vermelho', 'de ouro', como o brilho do sol.

[Versos 87-91] Muitos dos nomes dos ventos que ocorrem nestes versos são raros e traduzo-os por aproximação, uma vez que não se podem estabelecer correspondências exatas, os versos referindo-se, pela ordem aos seguintes ventos: *šūtu* (cujo significado, conforme o CAD, é 'sul' e, daí, 'vento sul'), *iltānu* ('norte' e 'vento norte'), *šadû* ('leste' e 'vento leste'), *amurru* ('oeste' e 'vento oeste'), *ziqqu* ('brisa', 'corrente de ar'), *ziqziqqu* ('vendaval'), *šáparziqqa* (palavra estrangeira de que não se conhece exatamente o significado), *imhullu* (um vento destrutivo), *simurra* (vento procedente da cidade de Simurru?), *asàkku* (sentido desconhecido, o termo *asakku* significando 'tabu', algo proibido), *šuruppû* ('geada'), *mehû* ('vento forte com chuva'), *ašamšūtu* ('tempestade de areia').

A participação de ventos em batalhas ocorre em outros textos, como no *Enūma eliš* (4, 41-48) em que Marduk mobiliza onze ventos no seu combate contra Tiamat (outros dados em GBGE, p. 813-814).

[Verso 94] Observa GBGE (p. 814) que se cria que o fogo de Shámash era aceso de novo cada manhã, antes que ele saísse das portas do céu.

[Verso 96] A referência é aos animais que puxam o carro do Sol. Um verso de um ritual *Bīt rimki* declara, dirigindo-se a Shámash: "prendeste tuas mulas (*pareka*), que com ardor correm" (cf. GBGE, p. 814).

[Verso 97ª] Aqui há uma anotação do escriba: "texto quebrado". Isso indica que a tabuinha a partir da qual ele faz uma nova cópia já se encontrava danificada.

[Versos 101-106] Esses versos fazem referência ao papel a ser assumido por Gilgámesh junto dos deuses, nomeadamente no céu, no Apsu e na Érsetu (a terra dos mortos).

[Verso 103] *Sîn* é o nome do deus Lua.

[Verso 105-106] *Irnina* ou *Irnini* é mais conhecida como um aspecto bélico de Ishtar, mas há referências também a uma deusa Írnina, de caráter ctônico. Como pondera GBGE (p. 815), deve ser a esta última que se faz referência aqui, já que, no verso seguinte, está em causa outro deus ctônico, Ningíshzida, camareiro (*guzalû*) do mundo subterrâneo (da Érsetu).

Note-se que em 5, 6 o termo *Irnini* volta a aparecer, quando a Floresta de Cedros é qualificada de *parak ^dir-ni-ni*, mas parece que nessa passagem a referência é em geral a 'deusas', motivo por que traduzi a expressão por "trono de deusas".

"Povo de cabeças negras" pode indicar tanto a humanidade quanto, de modo específico, os acádios.

[Versos 120-135] Após as preces a Shámash, Nínsun procede à adoção de Enkídu como seu filho e, por consequência, irmão de Gilgámesh, o vocabulário utilizado sendo a isso pertinente. Assim, como haviam feito os anciãos, ela também recomenda a guarda de Gilgámesh ao agora irmão.

[Verso 122] O termo que traduzi por "oblatos" (*šerku*), seguindo a sugestão de George, designa, como anota Oppenheim (Mesopotomian Mythologie II, p. 33), "pessoas que pertencem a um santuário porque foram dedicadas a ele ou porque são filhos de pessoas a ele dedicadas". No presente contexto, continua o mesmo autor, "o termo parece referir-se a uma relação social que Nínsun deseja estabelecer entre sua família e Enkídu", ultrapassando a mera amizade.

[Verso 124] Não fica claro que "marca" Nínsun teria posto no pescoço de Enkídu. O termo *indu* tem o sentido de 'apoio', 'adesão', 'imposição', indicando, portanto, algum tipo de sinal imposto que consagre a nova condição do herói. Cf. GBGE (p. 815-816), Oppenheim traduz o termo por *tag* (um rótulo pendente), tendo em vista a existência, no Museu Britânico, desse tipo de objeto de argila, ovoide e perfurado, que traz os nomes de um indivíduo, da pessoa por ele responsável e uma data no reinado de Merodach-baladan II – trata-se talvez de 'rótulos de escravos' que deviam ficar pendurados no pescoço. Completa

George que "sabemos, a partir de documentos jurídicos, que a marca de um širku oblato de Ishtar (como Bēlet-Uruk), na época neobabilônica de Úruk, era uma estrela (kakkabtu), que tomava a forma de uma marca feita a ferro (arrātu) na mão". Todavia, a marca predominante dos escravos no segundo milênio era o corte de cabelo chamado abbuttu. Assim, supõe George, considerando a presente passagem uma "etiologia da indução ritual de oblatos em Úruk, em tempos antigos alguma forma de identificação era posta no pescoço para indicar o *status* e a obrigação do oblato".

[Versos 125-126] GBGE (p. 816) acredita que esses dois versos fizessem parte do ritual de indução de oblatos no templo.

[Verso 167] Essa referência a Marduk, deus nacional de Babilônia, é a única no poema, em que estão em cena divindades do panteão de Úruk e de Sumer.

[Verso 173] O primeiro verso da tabuinha 4 é "Às vinte léguas partiram o pão". Portanto, este, que parece ser um conselho, como tantos que vêm sendo dados aos heróis nesta tabuinha, constitui também, do ponto de vista narratológico, um consciente aceno ao episódio seguinte.

[Versos 202-205] Cf. GBGE (p. 817), estes versos são restaurados a partir dos v. 51-54 *supra*.

[Verso 210] SEG, p. 151, julga que a expressão ki-ma ṣe-eh-ri signifique "como se fosse coisa de criança", ou "como faz uma criança".

[Verso 215-227] Estes versos repetem os v. 1-12 *supra*, a partir dos quais George os restaura (GBGE, p. 817), com a inclusão do v. 223, que não aparecia no discurso inicial dos anciãos.

Entende Tigay (*The Evolution of the Gilgamesh Epic*, p. 75) que "parece não haver lugar plausível, em nenhum ponto da versão babilônica antiga", para essa repetição de parte do que foi dito pelos governantes nos v. 1-12 e "sua posição no final da interpolação" da cena anterior "constitui uma repetição ressuntiva (*Wiederaufnahme*), um dispositivo literário por meio do qual o compilador, após uma interpolação, retorna ao ponto em que interrompeu o relato e, antes de continuar, repete parte do que imediatamente precedia a interrupção". Essa opinião considera, de modo que me parece excessivo, que a versão antiga constituiria o "original" (Tigay afirma mesmo que, então, a versão clássica "continua de acordo com o enredo da versão original"), o que não se justifica, em vista da complexidade das relações entre as diferentes formas do poema, em que cada modificação envolve um trabalho autoral.

Tabuinha 4

[Versos 1-33, 34-78, 79-109, 120-162, 163-183] O que se conserva dessa tabuinha é basicamente a representação das cinco etapas da jornada de Gilgámesh e Enkídu até a Floresta de Cedros, em que a repetição do mesmo esquema tem certamente como função sugerir ao leitor a enorme distância percorrida.

O esquema é o seguinte: a) o percurso correspondente a "jornada de mês e meio ao terceiro dia"; b) a indução do sonho por meio de rituais; c) a feitura da "casa de sonhos" por Enkídu; d) o sono e o sonho de Gilgámesh; e) o despertar abrupto e a inquietação de Gilgámesh; f) a narrativa do sonho amedrontador; g) a interpretação do sonho num sentido positivo por Enkídu. Com exceção dos dois últimos, os outros elementos se repetem, a sua repetição visando a preparar a narrativa do sonho e sua explicação. Infelizmente, só o terceiro sonho se conservou – mas não sua interpretação –, dos outros restando pouco ou absolutamente nada.

Os comentários a aspectos específicos desses entrechos serão feitos quando de sua primeira ocorrência, remetendo aos versos ou às passagens correspondentes.

[Versos 1-2] Esses versos são formulares e repetem-se na tabuinha 11, v. 301-302 e 319-320. Esta última ocorrência é altamente significativa, pois se trata do final mesmo da trama, quando Gilgámesh e Ur-shánabi alcançam a cidade de Úruk ("Às vinte léguas partiram o pão/ Às trinta léguas estenderam a tenda:/ Chegaram ao coração de Úruk, o redil"). Tendo em vista a importância das viagens na constituição da saga de Gilgámesh, é como se o poeta quisesse sublinhar o paralelo entre a expedição à Floresta de Cedros, que afasta Gilgámesh de Úruk, e a volta para casa, após sua longuíssima jornada até a morada de Uta-napišti.

[Versos 1-4] Essas medidas não são exatas, mas cumprem a função de superlativizar a jornada percorrida. Considerando que na metrologia babilônica 1 *bēru* corresponde a algo entre 10 e 11 km, Gilgámesh e Enkídu avançam 500 km a cada três dias. Essa distância, como afirma o próprio texto, corresponde a um percurso de mês e meio, ou seja, a 11/12 km (1 *bēru*) por dia. GBGE (p. 817), com base na documentação disponível, informa que a distância que se considerava normal ser percorrida por um viajante seria de 3 *bēru* (30 km) por dia, a marcha do exército assírio em terra estrangeira, provavelmente tendo em vista o peso das armas, sendo de 2 *bēru* a cada dia (20 km).

Como esse avanço, que leva os dois heróis até perto do Monte Líbano, repete-se cinco vezes – a jornada durando, portanto, quinze dias –, a cifra em termos de distância assume proporções acima de qualquer pretensão realista. Como observou Soden, a distância percorrida apenas na primeira etapa, ou seja, "em três dias, corresponde grosseiramente à distância do sul da Mesopotâmia ao Líbano" (*apud* GBGE, p. 817). Não é o caso de levantar a hipótese de erro da parte do poeta, mas de compreender que se trata de medidas poéticas (como já afirmava Tucídides, os poetas engrandecem os fatos que narram para agradar mais os ouvintes).

[Verso 4] O nome do monte nesta passagem e nas seguintes, com exceção da quarta jornada, é *Labnānu*, que é a denominação acádia corrente para o Monte Líbano.

[Versos 5-10] O que se descreve nestes versos deve corresponder a um ritual de incubação de sonhos, com as etapas descritas: a) cavar o poço para, talvez, oferecer libação a Shámash e Lugalbanda, como aconselham os anciãos na tabuinha de Yale, 268-271 ("Quando acampes ao anoitecer, cava um poço:/ que haja sempre água em teu odre./ Oferece então água fresca a Shámash,/ e recorda-te de teu deus, de Lugalbanda"); b) ir ao cume da montanha, ofertar farinha e pedir um sonho propício; c) fazer a "casa de sonhos"; d) dormir no interior do círculo desenhado.

A importância dos sonhos na primeira parte do poema (tabuinhas 1 a 7) é inegável: a) na tabuinha 1, há os sonhos de Gilgámesh a propósito da chegada de Enkídu; b) aqui, os sonhos de Gilgámesh sobre o embate com Humbaba; c) na tabuinha 6-7, o sonho de Enkídu com a assembleia em que os deuses decidem sua morte e com a figura semelhante ao pássaro mítico *Anzû*, que o arrebata para a terra dos mortos. Em nenhuma outra tabuinha, entretanto, os sonhos têm um papel tão destacado quanto aqui.

De um lado, de um ponto de vista histórico, deve-se ter em conta que as culturas mesopotâmicas consideravam os sonhos um meio bastante eficaz de manifestação de presságios, tendo desenvolvido uma rica tradição de procedimentos hermenêuticos visando a sua interpretação. Por outro lado, considerando os recursos poéticos de que se vale o texto, os sonhos constituem recursos bastante eficazes para introduzir heterotopias numa narrativa que se interessa especialmente pela apresentação e exploração da alteridade em termos espaciais. No presente caso, quando os dois heróis se dirigem a uma autêntica heterotopia – a Floresta de Cedros – o recurso dos sonhos termina tendo como função reforçar a alteridade de todo o entrecho.

Conforme Dickson (The Jeweled Trees, p. 197), "associações com um mundo remoto, potencialmente ameaçador e essencialmente não humano são [...] evocadas pela série de espaços nos quais o herói é posto por seus próprios sonhos premonitórios, durante o curso da longa viagem até a Floresta de Cedros [...]. O estilo fragmentado da narração dos sonhos por Gilgámesh – a justaposição *staccata* de breves, vívidas imagens – empresta-lhes tanto uma energia quanto uma qualidade surreal que leva o que eles descrevem para longe da esfera da experiência ordinária. As paisagens oníricas são geralmente hostis e muito fortes – e mais uma vez reforçam a distância física e ontológica entre os seres humanos e o mundo natural: ventos violentos atravessando profundos desfiladeiros, sufocantes nuvens de poeira a partir do solo rasgado, bestas selvagens, peso opressivo da terra, pânico e tremores, explosão de relâmpagos, labareda de fogo, chuva espessa de cinzas profusas e espessas".

[Verso 10] O que traduzi por "casa de sonhos" é *bīt zāqīqi*, o primeiro termo significando 'casa' e o segundo (*zāqīqu/zīqīqu*) tendo os sentidos de 'vento', 'brisa', 'espectro', a expressão *bīt zāqīqi* nomeando um 'lugar assombrado', um 'sonho'. GBGE (p. 463) recorda que *Zāqīqu* ou *Zīqīqu* é o nome de um espírito que traz os sonhos, filho de Shámash. Acrescente-se que *iškar Zāqīqu* (Série de Zaqíqu) é o nome de um livro de oniromancia, em onze tabuinhas, descoberto na Biblioteca de Assurbanípal (e editado por Oppenheim, The Interpretation of Dreams in the Ancient Near East).

[Verso 11] A porta *daltu*(m) tem um valor simbólico importante, o termo aplicando-se em sentido cósmico: tanto se fala da 'porta do céu' (*daltu šemê*) quanto da 'porta do mundo subterrâneo' (*daltu erṣeti*). Após a morte de Humbaba, o principal butim que os heróis levam da Floresta de Cedros é uma enorme árvore, com a qual Enkídu fabrica uma porta que os heróis oferecem a Énlil em Níppur (5, 314-319). Essa porta será o primeiro elemento amaldiçoado por Enkídu no leito de morte (7, 37-64), isto é, quando está a ponto de atravessar a porta da Érsetu, o mundo subterrâneo onde habitam os mortos. Insultando Ishtar, na tabuinha 6, Gilgámesh a chama de "porta pela metade que o vento não detém", 6, 34), o que parece ser um contraponto à "porta contra o vendaval" que Enkídu fabrica aqui.

No contexto onírico, recorde-se a referência de Homero às duas portas pelas quais entram os sonhos (*Odisseia* 19, 562-567, para cuja interpretação vejam-se Amory, The Gates of Horn and Ivory; Catalin, The Homeric Gates of Horn and Ivory), as quais Highbarger (*The Gates of Dreams*) aproxima de tradições mesopotâmicas. Os versos são os seguintes (tradução de Werner):

> Pois de dois tipos são os portões dos tíbios sonhos:
> Um é feito de chifre, o outro é de marfim;

> Dos sonhos, os que passam pelo marfim talhado,
> esses emaranham-se, levando palavras irrealizáveis;
> os que passam pela porta de cornos polidos,
> esses realizam o que é real quando um mortal os vê.

A partir de Homero, essa imagem torna-se um *topos* poético tradicional, retomado, dentre outros, por Platão (*Cármides* 173a), Virgílio (*Eneida* 6, 893-896), Ovídio (*Heroides* 19, 195) etc. (cf. MENEZES, *As portas do sonho*, p. 27 ss. com relação à imagem homérica).

[Verso 15] Como em outras culturas antigas, as afecções que acometem as pessoas têm origem externa, neste caso, o sono que cai sobre Gilgámesh.

[Verso 21] Em acádio (como em grego) diz-se que alguém "viu um sonho", não que "teve um sonho".

[Versos 23-25] Este sonho parece corresponder, de alguma forma, ao que se encontra na versão paleobabilônica do poema de Gilgámesh transmitida pela tabuinha OB Schøyen$_2$, mas é preciso ressaltar que, no caso da versão clássica, o sonho ocuparia não mais que três versos:

> Gilgámesh jazia descansando, um sonho a noite lhe trouxe:
> No meio da noite o sonho o despertou,
> Levantou ele e falou a seu amigo:
> Amigo meu, vi um sonho, por que não me despertaste? Era espantoso:
> Com meus ombros eu sustentava uma montanha,
> A montanha caiu sobre mim e me enterrou,
> A minhas pernas prendia o terror,
> A meus braços fortalecia um resplendor.
> Um homem, vestido com manto,
> Nesta terra resplandecia, em beleza destacando-se.
> Pegou a parte superior de meu braço,
> De debaixo da montanha tirou-me.

[Versos 26-27] Nesta passagem, como nas seguintes, cabe a Enkídu interpretar os sonhos de Gilgámesh. GBGE (p. 819) considera significativo o contraste visado pelo poeta neste dístico: em primeiro lugar, ele qualifica Enkídu como "nascido na estepe", recordando sua origem iletrada; em seguida, faz dele o intérprete dos sonhos (no v. 107 *infra* é o próprio Gilgámesh quem congrega os dois aspectos, ao perguntar: "Tu que nasceste na estepe, examinar isso podemos?"). É apenas com sua intuição que Enkídu parece explicar o significado do que Gilgámesh viu, o que condiz com certa prática antiga.

Cf. GBGE (p. 465), "em cada pesadelo o ogro Humbaba é representado por alguma força violenta e inumana que ameaça esmagar o herói", quem o salva sendo Shámash e Lugalbanda.

Altes (Gilgamesh and the Power of Narration, p. 187) considera que Enkídu "falha na sua performance interpretativa", já que o texto apresenta "um flagrante contraste entre os próprios sonhos e sua tradução por Enkídu, transformando o leitor em juiz de sua habilidade interpretativa". Não acredito que se possa falar de "falha" da parte de Enkídu, uma vez que o caráter propício dos sonhos se confirmará com a vitória dos heróis contra Humbaba.

[Versos 30-32] A explicação que dá Enkídu supõe a identificação dos elementos presentes no sonho. No estado em que se encontra o texto clássico, apenas se pode deduzir que a montanha é Humbaba. Em OB Schøyen$_2$, os outros atores são também identificados: o homem vestido com manto é Shámash e Gilgámesh é ele próprio.

[Versos 70-74] Mesmo no estado precário destes versos, pode-se especular que parece que ao que se visa aqui é apresentar Humbaba completamente subjugado.

[Versos 99-107] Haubold (*Greece and Mesopotamia*, p. 36) assim analisa este sonho: "Em primeiro lugar, trata-se de uma intensa experiência visual. Duas linhas iniciais introduzem a cena em termos de som, mas o silêncio sobrevém e a escuridão prepara para uma exposição visual de rara intensidade. Em segundo lugar, o sonho molda a experiência visual em termos pessoais e o poeta, além disso, enfatiza esse ponto ao deixar a Gilgámesh o relato de suas impressões. Em terceiro lugar, há a presunção de que o sonho tem um sentido no nível do enredo; mas, porque esse sentido não é óbvio para quem sonhou (o próprio Gilgámesh afirma que ele é "de todo atordoante"), é necessária sua interpretação".

[Verso 109] É razoável supor que a interpretação do sonho fornecida por Enkídu visse no fogo que se apaga e se torna carvão uma imagem de Humbaba. É essa lógica que parece presidir o desvelamento do sonho seguinte (v. 157 ss).

[Verso 124] Cf. GBGE, apenas neste verso, em todo o poema, encontra-se, para designar o Monte Líbano, a forma $^{[kur]}$*Lib-[na-nu]*, em vez da forma babilônica corrente, *Labnānu*.

[Versos 157-161] Ainda que em estado fragmentário, pode-se perceber que a técnica de interpretação dos sonhos por Enkídu deve consistir em relacionar o visto com Humbaba, envolvendo a representação de seu poder e prevendo a vitória de Gilgámesh sobre ele.

[Versos 177-183] Estes versos perdidos são reconstituídos a partir do modelo dos episódios anteriores, cf. GBGE (p. 596).

[Verso 183] Em GBGE (p. 598-601), o texto crítico colocava, em seguida deste verso, o que seriam os v. 190-205 da tabuinha 4, os quais, com a descoberta e a publicação do manuscrito de Suleimaniyah, se comprovou pertencerem à tabuinha 5. O mesmo acontece com os v. 226-250 da mesma edição.

[Verso 219] O final desta tabuinha se perdeu, o que torna impossível recuperar o colofão, o reclamo sendo reconstituído a partir do primeiro verso da tabuinha seguinte.

Tabuinha 5

Na edição de George (GBGE), a tabuinha 5 de *Ele que o abismo viu* conta com dois testemunhos: a) o manuscrito H, procedente de Kuyunjik (ou seja, da antiga Nínive), constituído por dois fragmentos; b) o manuscrito dd, procedente de Úruk. As lições que conservam são diferentes, sendo de crer que os copistas assírios e babilônios divergissem no que se refere ao fim da tabuinha 4 e o início da seguinte. Sendo assim, George chamava a atenção para o fato de que "a numeração dos versos" de sua edição era "necessariamente altamente provisória" (GBGE, p. 403).

Ora, a descoberta do manuscrito de Suleimaniyah e sua publicação em 2014 (AGB, p. 76-84) mostrou como qualquer tentativa nesse sentido continua provisória. Um dos aportes trazidos por esse novo documento foi a constatação de que o manuscrito AA, que fornecia os v. 192-205 e 226-250 da tabuinha 4, é parte do manuscrito H, que traz o início da tabuinha 5 (cf. AGB, p. 73), os versos devendo então ser deslocados para esta (v. 94-106 e 111-136 *infra*). Fazendo-se isso, os v. 85-302 da edição de George devem ser renumerados – e o número de versos da tabuinha passa de 302 para 324. Não havendo edição crítica que consolide os novos dados, numerei os versos de acordo com as informações dos três manuscritos e do que se encontra em GBGE e AGB, bem como da transliteração sinótica e da contagem de versos das tabuinhas 4 e 5. (Disponíveis em: <www.soas.ac.uk/gilgamesh>. Acesso em: 2 mar. 2016. Versão disponível em março de 2016).

[Verso 1 ss] Dickson (The Jeweled Trees, p. 195-196) chama a atenção para o significado dos espaços em *Ele que o abismo viu*, cuja história "se desenrola dentro e entre o que pode ser chamado de três espaços 'epistêmicos' principais: os lugares selvagens, a cidade e o outro mundo. Cada espaço fornece o local para o encontro com seres (Enkídu, Shámhat, Humbaba, Ishtar, o Touro do Céu, Homens-escorpião, Shidúri, Os de pedra [?], Uta-napišti) e também com objetos (a Floresta de Cedros, o túnel do sol, as árvores de joias, os-de-pedra [?], as águas da morte) que são definidos por sua radical alteridade, sua diferença qualitativa com relação ao mundo do sujeito da narrativa (o caçador, Enkídu, Gilgámesh) que com ele se encontra. [...] Cada espaço, juntamente com os outros que ele contém, de fato funciona como a encarnação e a expressão de uma matriz distinta de ideias e relações mapeadas pela cultura mesopotâmica no processo de organização e entendimento de seu mundo. Num certo sentido, os espaços físicos nessa narrativa mítica são agentes na produção de sentido tanto quanto as personagens". No caso de Humbaba, ele acrescenta: "seu espaço físico, pode-se dizer, encarna uma verdadeira dimensão ontológica", em especial por sua extensão e proximidade com os deuses.

[Verso 6] Em dois testemunhos da versão babilônica antiga do poema se faz menção à Floresta de Cedros como residência dos Anunnákki (*mūšab Enunnakkī*, Ischchali 38; *mūšab ilī Enunnakkī*, IM 17-18). Conforme GBGE (p. 466), embora muito difundida no leste do Mediterrâneo, a ideia de que deuses habitem montanhas não é originária do sul da Mesopotâmia (a concepção original é que os deuses habitam as cidades a eles consagradas). Lambert acredita que sua introdução nesse espaço se deva aos amoritas.

A expressão *parak* ^{d}*ir-ni-ni* (trono de deusas) poderia ser entendida também como referência específica a Ishtar, também chamada de Írnina (como pode ser o caso em 3, 105, ainda que a remissão possa ser também a uma deusa de caráter ctônico de mesmo nome). Todavia, no paralelismo com a primeira expressão, *mūšab ilī* (residência de deuses), parece mais razoável admitir que aqui a referência é genericamente a deusas.

Recorde-se que em 1, 5 se afirma que Gilgámesh "explorou de todo os tronos" (*i-hi-iṭ-ma mit-ha-riš pa-rak-ki*), o que deve ter relação com o que se afirma aqui, a Floresta de Cedros sendo um desses 'tronos', 'santuários', 'altares' (cf. o sentido de *parakku*) de deuses.

[Versos 11-46] A partir deste verso até o de número 46, sigo a edição do manuscrito de Suleimaniyah, cf. AGB (p. 76-77).

[Verso 11] *Ballukku* é o nome de uma árvore cuja identificação não se conhece, bem como de uma substância aromática a partir dela produzida.

[Verso 14] O termo *la'bu*, que traduzi por "crosta", na terminologia médica nomeia um tipo de desfiguração da pele, algo considerado repulsivo a ponto de justificar a interrupção das relações conjugais. Neste verso, o que se pretende é pintar como o excesso de resina nas árvores forma crostas, desfigurando a textura dos troncos (cf. AGB, p. 83).

[Verso 19] O termo que traduzi por "cigarra" é *zizānu*, genericamente entendido como um tipo de gafanhoto ou grilo. Considerando, todavia, o fato de que se trata de animais que habitam nas árvores e fazem muito barulho, Al-Rawi e George sugerem que se trata de cigarras, de que se conhecem inúmeras variedades no Mediterrâneo oriental (cf. AGB, p. 84).

Ressalte-se ainda que *zizānu* é o nome de um dos filhos de Humbaba, referido no v. 308 *infra*, o qual, juntamente com seus seis irmãos, será trucidado por Gilgámesh.

[Versos 29-30] Estes versos são formulares e se repetem, com variação (no modo precativo), no v. 44 *infra*, além de no chamado *Poema do sofredor justo* (*Ludlul*), 2, 77-78 (cf. ABG, p. 84). Cumpre-se neles o previsto por Enkídu em 2, 229: "Se vai alguém à sua floresta [de Humbaba], fraqueza assalta-o".

[Versos 39-44] Diferentemente do que muitos antes consideravam, fica claro que quem fala nestes versos é Enkídu, mesmo que não haja fórmula *dicendi* introduzindo o discurso direto. Basta, contudo, o vocativo "amigo meu" (*ibrī*), para marcar a mudança de emissor. O mesmo recurso, que só demonstra a habilidade do poeta, volta a repetir-se no v. 45 *infra*, quando o discurso parece voltar à boca de Gilgámesh, bem como em 1, 224 e 7, 253.

[Versos 61-103] Adoto a numeração e a lição do manuscrito de Suleimaniyah, AGB (p. 78-81), que completam o ms. H da edição de GBGE.

[Verso 61] Cf. AGB (p. 84); este verso é reconstituído com base em cláusulas usadas em outros pontos do poema, quando uma personagem reflete sobre quem pode ser um desconhecido que se aproxima, a saber, em ambos os casos tendo em vista a chegada de Gilgámesh, a taberneira Shidúri em 9, 11 e Utanapišti em 10, 185.

[Versos 73-79] A fala de Enkídu parece apelar para fórmulas proverbiais, como na referência, mais adiante, à "corda de três fios".

[Verso 76] O ms. H traz a lição *lu-ba-ra-tu-ma* [....], isto é, "dois trajes [....]".

[Verso 78] O manuscrito de Suleimaniyah omite este verso, registrado no ms H.

[Verso 79] Essa referência a uma corda com três camadas e, por isso mesmo, resistente, aparece já no poema sumério *O rei à terra do vivo*, em fala de Bilgames a Enkídu: "Dois homens juntos não morrerão: o que se amarra num barco não afundará,/ ninguém corta uma corda tripla,/ uma inundação não varre um homem para fora do muro,/ fogo numa cabana de junco não se apagará" (106-109, cf. a tradução de George, *The Epic of Gilgamesh*, p. 154-155).

Que se trata de um dito proverbial prova-o *Eclesiastes* 4, 9-12, onde se lê: "Mais valem dois que um só, porque terão proveito do seu trabalho. Porque se caem, um levanta o outro; mas o que será de alguém que cai sem ter um companheiro para levantá-lo? Se eles se deitam juntos, podem se aquecer; mas alguém sozinho, como vai se aquecer? Alguém sozinho é derrotado, dois conseguem resistir, e a corda tripla não se rompe facilmente." (tradução da *Bíblia de Jerusalém*; cf. também Savignac, La sagesse du Qôhéleth et l'Épopée de Gilgamesh, p. 322)

[Verso 80] Trata-se, como nos versos anteriores, do início de um provérbio, cuja fórmula completa deveria ser "ao forte leão, os dois filhotes superarão".

[Verso 94] A expressão "broto do coração de Úruk" repete-se no verso 192 *infra*.

[Verso 115] Uma variante deste verso encontra-se em 2, 232 e em 157 *infra*.

[Verso 142] Este é o primeiro verso do manuscrito dd, procedente de Úruk, que transmite uma tradição textual babilônica (diferente do manuscrito H e do manuscrito de Suleimaniyah, que trazem um texto assírio). Renumerei os v. 85-302 de GBGE, de acordo com os novos dados aportados pela publicação, em 2014, do manuscrito de Suleimaniyah.

Especula GBGE (p. 467) que os versos anteriores a este deveriam conter, a exemplo do que acontece nos poemas sumérios e na versão hitita, a entrada em cena de Humbaba, despertado para o confronto pelo ruído provocado por Gilgámesh e Enkídu a cortarem as árvores. Deve-se, contudo, recordar que, no caso dos poemas sumérios, o objetivo de Bilgames é cortar os cedros, ele sendo surpreendido por Huwawa, enquanto aqui sua intenção é enfrentar o guardião da floresta, cortar as árvores, sendo não mais que uma consequência secundária (cf. FLEMING; MILSTEIN, *The Buried Foundation of the Gilgamesh Epic*, p. 79-83).

[Verso 143] Parece que o tolo a que Humbaba se refere é Enkídu, que teria aconselhado Gilgámesh a enfrentá-lo em sua floresta e a quem ele dirige os insultos que seguem.

[Versos 144-145] Esses dísticos fazem referência ao fato de que Enkídu, por ter nascido da argila que Arūru lançou na estepe, não teve pais. No segundo verso, a referência a cágado e tartaruga, que não são animais mamíferos, reforçam que, não tendo mãe, não foi ele também amamentado como acontece com todos os homens. Humbaba, sendo monstruoso – ele também não teve pais, por ter sido criado por Énlil para proteger a Floresta de Cedros –, ressalta a monstruosidade de seu opositor. Ambos tendo passado a existir por decisão dos deuses, escapam de um estatuto plenamente humano, ou seja, Humbaba reforça que Enkídu, apesar de admitido na civilização, continua o mesmo *lullû* (homem primevo) de quando eles se conheceram.

[Verso 146] Embora o poema não esclareça como Humbaba teria visto Enkídu, em 3, 6-7 os anciãos de Úruk afirmam, dirigindo-se a Gilgámesh: "Que vá Enkídu à tua frente,/ O caminho ele sabe da Floresta de Cedros". Nas versões antigas afirma-se que, quando de sua primitiva vida selvagem, Enkídu não só conheceu Humbaba (cf. manuscrito Schøyen 58), como sabia o caminho que conduzia até ele:

> Já tratei com ele, amigo meu, na serra,
> Quando andava errante com os animais. (Yale 106-107; também 251-254)

[Verso 153] Naturalmente a referência é a que Humbaba ficou furioso, na iminência do combate, o que provoca medo em Gilgámesh, como ele afirma a seguir. Recorde-se todavia como, de Humbaba, o mais característico é justamente a face que provoca terror em quem a contempla.

[Versos 154 ss] Essa troca de impressões na expectativa do combate é um recurso para expressar o que se passa na mente das personagens. De fato, o que se constata, ao analisar o embate em seu conjunto, é que uma parte muito pequena se reserva para a luta em si, desenvolvendo-se bastante o debate verbal.

[Versos 157-158] Este dístico aparece já em 2, 232-233, bem como uma variante do primeiro verso em 4, 233.

[Versos 160-162] Esses três versos, ao que tudo indica, arrolam provérbios, os dois primeiros remetendo ao trabalho do fundidor. Cf. GBGE (p. 823), o uso de infinitivos, que marca os três versos, pode remeter a textos que transmitem rituais (ainda que o mesmo possa se observar em outros textos de caráter prático, como as prescrições médicas).

Embora seja difícil interpretar a relação que se estabelece entre o trabalho do fundidor e a situação em que os heróis se encontram, o último verso sem dúvida insiste em que é preciso agir com rapidez.

[Versos 175-176] Parece que esses versos se referem a Humbaba.

[Verso 178] Já no fragmento de Bauer se lê que a luta com Huwawa teve como consequência a separação entre os montes Sarian e Líbano (cf. SEG, p. 360). Cf. GBGE (p. 467), "essa passagem provavelmente adapta um mito etiológico de origem levantina", em que se narra a separação do monte de cedros em duas partes, o Líbano e o Sirara (ou Antilíbano), ou seja, o aparecimento do vale de Beqa'a.

Goff (Gilgamesh the Giant, p. 232) defende a identificação do monte Sirara, lido como Sirion (no fragmento OB Ishchali a denominação dos dois montes aparece assim: *sa-ri-à u la-ab-na-na*), com o monte Hermon, onde desceram os guardiões, no livro de Enoc, para ter relações sexuais com "as filhas dos homens". Esse seria um dos elos entre a matéria de Gilgámesh e as tradições israelitas sobre os gigantes.

[Versos 179-180] Observa SEG (p. 181) como "a névoa ou a chuva torrencial são veículos de morte: *chovia uma nuvem de morte (er-pe-et muti)*, lê-se no *Poema de Anzû* b II 55".

[Versos 181-187] Estes versos relatam como se realiza o voto de Nínsun, em sua prece a Shámash, em 3, 88-93.

[Versos 188-199] Uma vez derrotado, Humbaba pede clemência a Gilgámesh. Seu discurso divide-se em duas partes: na primeira (v. 188-191), ele elogia Gilgámesh, recordando sua juventude, a origem divina, a assistência que recebeu de Shámash e sua fama como rei de Úruk; na segunda parte, muito danificada, ele oferece-se a Gilgámesh como seu escravo, dando-lhe ainda o usufruto das árvores.

[Verso 189] Este verso é uma variante do que aparece em 2, 289, "És jovem, Gilgámesh, teu coração te impulsiona (tua mãe vem de parir-te)", posto na boca dos principais moradores de Úruk, quando tentam dissuadir Gilgámesh de enfrentar Humbaba. Se naquele caso o sentido do verso era de acautelamento (num discurso de aconselhamento), aqui ele implica em adulação (no interior da súplica de Humbaba por clemência).

[Verso 191] Outra leitura possível: *šamaš bēl šadî* (Shámash senhor do monte). GBGE (p. 826-827) acredita que o sentido do verso seria: ao comando de Shámash, nivelaste minha montanha.

[Verso 192] Uma variante deste verso encontra-se no verso 94 *supra*.

[Verso 193] O sentido da declaração deve ser que 'um morto não tem serventia para seu senhor', algo equivalente ao que afirma um fiel que sofre no Hino a Marduk 1: "Quem como argila se torna, que uso tem?/ Só um escravo vivo pode reverenciar seu senhor" (*apud* GBGE, p. 468).

[Verso 194] O que Humbaba afirma aqui corresponde ao que Huwawa diz na versão hitita do poema: Gilgámesh será seu senhor, ele será seu servo – e os cedros que ele fez crescer no coração dos montes, cortá-los-á (supõe-se que para Gilgámesh, cf. Bernabé, *Textos literarios hetitas*, p. 111).

Também na variante A de *O rei à terra do vivo*, v. 158, Huwawa prostra-se diante de Gilgámesh, numa atitude de submissão, portanto, o que termina por despertar a piedade do rei.

[Verso 202] A fala de Enkídu neste verso e nos que se seguiriam deveria equivaler à que, neste ponto do enredo, se encontra tanto nos dois poemas sumérios quanto em testemunhos da versão babilônica antiga (fragmento Bauer 15-16) e da versão média (Ugarit), bem como na tradução para o hitita: Enkídu aconselha Gilgámesh a não poupar a vida de Humbaba. Em especial na versão A de *O rei à terra do vivo*, Enkídu chama a atenção para o perigo de deixar vivo o vencido: se o pássaro volta para casa, Gilgámesh nunca voltará para a cidade da mãe que o pariu.

[Versos 217-223] Nos poemas sumérios, as súplicas de Huwawa fazem com que Gilgámesh dele se apiede, sendo contestado por Enkídu. Dirigir-se agora a Enkídu implica em reconhecimento, da parte do guardião da floresta, da importância de seu papel junto do rei. O discurso tem três breves partes: dois versos para lembrar que Enkídu conhece já a floresta; dois para expressar o desejo irrealizável de destruí-lo (quem me dera...); dois para pedir que interceda por sua vida.

[Versos 220] GBGE (p. 468) entende que Humbaba faz referência aqui à oportunidade que tivera – e não aproveitara – de matar Enkídu, quando, ainda jovem, fora ele até a Floresta de Cedros.

[Verso 221] Este verso retoma o verso 151 *supra* – uma fala de Humbaba dirigida a Gilgámesh.

[Verso 228] O próprio Enkídu afirmara em 2, 218-219[a], a propósito de Humbaba: "A fim de deixar intactos os cedros,/ Para terror do povo o fez Énlil". Menos que expressar o temor de que a morte do guardião irrite o deus, o verso parece querer sublinhar a *hybris* de Enkídu, que não demonstra temor com relação ao que aconselha a Gilgámesh. Essa mesma falta de temor no trato com as divindades se repetirá na tabuinha 6, com relação a Ishtar, a quem ele afirma, após ter matado o touro: "E a ti, se pudera, como a ele faria:/ Suas tripas prendesse eu em teus braços!" (6, 156-157). Esses excessos, sem dúvida, preparam para a doença e morte que o acometerão na tabuinha 7.

Na versão A de *O rei à terra do vivo*, a trama conclui com Gilgámesh e Enkídu, após colocar a cabeça de Huwawa num saco de couro, levando-a e depondo-a diante de Énlil, que se irrita com o acontecido (v. 180-191) e distribui as sete auras a vários entes (v. 192-200).

[Verso 230] Observe-se que o próprio Shámash, como Énlil e os grandes deuses, se irritará com a morte de Humbaba, sendo ele que, ao enviar os treze ventos, acuou o guardião e fez com que fosse vencido. Isso sugere que os deuses não se encontram divididos em campos estanques – bons ou maus, favoráveis ou desfavoráveis –, mas se movem em situações variadas. O envio dos ventos, sem dúvida, representa atender ao pedido que lhe dirigiu Nínsun, mas nem por isso Shámash teria de desejar a morte de Humbaba. Que essa morte se dê por decisão dos heróis, Enkídu tendo nela papel tão destacado, parece de fato servir para preparar os desdobramentos seguintes: sua doença e morte.

[Verso 232] Essa enfática declaração, que se repete em 272 *infra*, reafirma que o objetivo da expedição era consagrar a fama de Gilgámesh, a obtenção de madeiras sendo, ao que parece, uma consequência secundária.

[Versos 249-275] Neste trecho sigo a lição do manuscrito de Suleimaniyah.

[Versos 256-257] Esses dois versos se aplicam a Gilgámesh em 90-91 *supra*.

[Versos 258 ss] Esses versos constituem uma derradeira súplica de Humbaba por clemência, a qual parece apresentar a mesma estrutura da que se estende de 175 a 180: um dístico sobre o que Enkídu sabe; um dístico ofensivo; o dístico final, com o pedido de que interceda junto de Gilgámesh. A comparação pode ser esclarecedora e auxiliar na compreensão do texto bastante fragmentado neste ponto:

Conhecidas te são as regras de minha floresta, as regras ----	Na colisão de armas, o príncipe ----
E sabes tudo que é para dizer.	E o morador de sua casa o caminho ----
Se te arriara, se te pendurara em galho à entrada de minha floresta	Assentas como pastor diante dele
Se te jogara o corpo aos pássaros, vorazes águias e abutres!	E como empregado a seu serviço tu ----
Mas agora, Enkídu, contigo está minha libertação:	Mas agora, Enkídu, contigo está minha libertação:
Pois fala a Gilgámesh que me restitua a vida!	Pois fala a Gilgámesh que me restitua a vida!

[Verso 262] O que este verso parece sugerir, recordando-se que se trata de uma fala ofensiva de Humbaba, é que Enkídu, em vez de ser amigo de Gilgámesh, na verdade não passa de um serviçal. Recorde-se que uma diferença entre os poemas sumérios e os acádios está em que, naqueles, é como servo de Gilgámesh que Enkídu é considerado.

[Verso 277-278] Estes parecem ser os últimos versos de uma maldição lançada por Humbaba contra os dois heróis, o início da qual se perdeu. Como comenta GBGE (p. 469), "a maldição se torna literalmente verdadeira para Enkídu, já que ele morrerá logo, na flor da idade, mas também, num certo sentido, para Gilgámesh, uma vez que está fadado a fracassar em sua busca pela imortalidade e a perder a oportunidade de um rejuvenescimento periódico. O final da maldição de Humbaba é padrão. Ele previne que Enkídu não terá ninguém, exceto seu amigo, para cuidar de seu funeral e dos ritos *post mortem*. Isso implica que ele permanecerá sem família".

[Versos 285-287] Sobre a representação dessa cena, ver Lambert (Gilgamesh in Literature and Art, p. 99-105); Collon (The Depiction of Giants); Ornan (Humbaba, the Bull of Heaven and the Contribution of Images to the Reconstruction of the Gilgameš Epic). Um dos exemplares de que dispomos é o seguinte:

[Verso 288] O que se afirma literalmente é que Enkídu lhe tirou os "dentes" (*šinnu*), mas, como indica GBGE (p. 469), a remissão é a presas, o verso aludindo à "pilhagem de presas de elefantes sírios para fabricar objetos de marfim", bem atestada da metade do segundo milênio até o século IX, em inscrições de Tuthmosis I e III, da 18ª dinastia do Egito, e dos reis assírios Tiglath-pileser I até Shalmaneser III.

[Versos 289-290] Pode ser que a alusão feita nestes versos é ao sangue de Humbaba, que flui pelos montes, como acontece na versão paleobabilônica, conservada na tabuinha de Ishchali, v. 25 (*apud* GBGE, p. 262). Neste manuscrito, descrevem-se ainda outros fenômenos que se seguem à morte de Humbaba: o estrondo de sua queda foi ouvido a duas horas duplas de distância, seu urro fez com que se separassem o Sarian e o Líbano e tremeram todas as serras. GBGE (p. 469) acredita que, nos versos em causa, a alusão é a fenômenos meteorológicos.

[Versos 299-324] Neste trecho sigo o manuscrito de Suleimaniyah, a par de dd.

[Versos 305-306] As palavras "Com vosso poder, o guardião matastes!/ Que fúria essa vossa? Arrasastes a floresta!" devem ser atribuídas a Énlil, que se dirige, em conjunto, a Gilgámesh e Enkídu. Note-se o refinado recurso poético de colocá-las no interior da fala de Enkídu, criando assim mais de uma camada discursiva.

[Verso 309] No manuscrito dd lê-se apenas "cortaram".

[Versos 316-317] Essa porta será objeto de uma maldição da parte de Enkídu, em sua agonia (7, 37-64). Isso demonstra a importância desse feito, que parece estar mais relacionado com Enkídu, que é também quem propõe a feitura da porta no fragmento de Bagdá (OB IM, 22-26).

[Versos 318-319] No fragmento de Bagdá (OB IM, 27-28), lê-se uma variante desses dois versos:

> À casa de Énlil leve-a o Eufrates,
> Alegre-se o povo de Níppur e deleite-se Énlil.

Observe-se como nessa lição a importância de Énlil se encontra explicitada, ou seja, é para ele que Gilgámesh e Enkídu conduzem as madeiras tiradas da Floresta de Cedros. A mera menção de Níppur já sugere isso, uma vez que esta, que é das mais antigas cidades sumérias, é a residência de Énlil (En.lil^{ki}) – hoje na localidade de Nuffar in Afak, no Iraque. Assim, o templo a que faz referência o v. 298 é a própria residência do deus.

[Versos 321-324] Talvez se possa ver nesses versos finais uma distribuição de papéis: Enkídu está diretamente relacionado com os cedros e com a porta; Gilgámesh, com Humbaba, cuja cabeça levava.

[Colofão 1] Este colofão se encontra no manuscrito MS H (cf. GBGE, p. 737).

[Colofão 2] Este é o colofão do manuscrito MS dd (cf. GBGE, p. 741).

Tabuinha 6

[Versos 1-5] Estes versos exercem função análoga à observada por Seri (The Role of Creation in the Enūma eliš, p. 16) com relação ao *Enūma elish*, onde, após o entrecho em que se arrolam os feitos de Marduk como guerreiro e demiurgo, há "uma passagem que descreve como ele unge seu corpo com óleo de cedro, põe em si mesmo vestimentas principescas, cinge-se com uma tiara e pega atributos régios como o cetro e o báculo", devendo-se considerar que "o limpar-se e mudar de roupa denotam uma mudança pessoal".

Ainda que Seri não se refira especificamente a este entrecho (remetendo a outros pontos do poema, nomeadamente a 2, 34-35 e 8, 63-64), o importante é ter em vista que ele constitui um autêntico marcador narrativo cuja função é não só destacar uma mudança na personagem (Gilgámesh acaba de firmar-se definitivamente como rei e herói), mas também e principalmente a passagem para um novo desdobramento do próprio relato. A mesma função me parece estar presente no episódio de 11, 250-258, quando, antes de retornar a Úruk e como conclusão de sua longa viagem, por ordem de Uta-napišti, Gilgámesh abandona a pele de leão e as roupas usadas, lavando-se e cobrindo-se com vestes condignas.

[Versos 6 ss] Tem início aqui o episódio envolvendo a deusa Ishtar, Gilgámesh, Enkídu e o Touro do Céu (isto é, a constelação do Touro). Trata-se de uma das partes do poema mais bem conservadas (a par da tabuinha 1 e da tabuinha 11, esta última contendo a narrativa do dilúvio), o que mostra como deve ter sido especialmente apreciada.

O que principalmente torna o entrecho atrativo é a participação, nele, da deusa Ishtar, com seus múltiplos aspectos (como mostra Harris, *Gender and Aging in Mesopotamia*, especialmente no capítulo 10, Inanna-Ishtar and coincidence of opposites, p. 158-171). Justamente essa multiplicidade tem dado margem a variada interpretação dos sentidos de sua intervenção na saga de Gilgámesh. De um ponto de vista geral, concordo com Harris (p. 126), quando defende que "a chave" para a compreensão do papel exercido pela deusa no poema "é o fator de inversão" com relação às práticas culturais, no que diz respeito às relações de gênero, às diferenças de estratificação social e às concepções sobre a natureza de deuses e homens, os dados sendo por ela resumidos assim: a) uma deusa age como homem, propondo casamento e presentes a um parceiro do sexo masculino, bem como assumindo "uma postura ativa e agressiva, papel inaceitável para uma fêmea"; b) um mortal rejeita a deusa, o que é impensável; c) Gilgámesh "zomba e escarnece da deusa, como se ela fosse um homem"; d) como um homem, a deusa promove uma violenta retaliação; e) Enkídu humilha a deusa "de um modo inacreditável". Em resumo, há dois níveis de inversão: uma "inversão de *status*", na forma como um mortal trata uma deusa, e uma "inversão de papéis", no modo como uma fêmea comporta-se como um macho.

Um outro aspecto destacado por Harris (p. 121) é o efeito cômico que essas inversões deveriam produzir, sobretudo tendo em vista um universo de leitores principalmente masculino: "A reversão dos papéis esperados de certas mulheres na Epopeia de Gilgámesh é, na minha opinião, uma característica essencial do humor da épica e da comédia, a qual deve ter sido de grande interesse para os antigos". Como se constata sobretudo na longa resposta de Gilgámesh ao pedido de casamento da deusa, parece que há, de fato, neste episódio, uma intenção humorística conscientemente explorada (ausente, por exemplo, no poema sumério correspondente, *Herói na batalha*, modernamente conhecido como *Gilgámesh e o Touro do Céu*).

[Verso 6] O que traduzi como "os olhos lançou" (*īnī itaši*) expressa desejo, cf. *īna/īnī našu*, 'o olho/os olhos erguer' = 'desejar' (cf. CAD, s.v., GBGE, p. 829). Cf. Paul (Euphemistically "speaking" and a covetous eye", p. 199-200), esse torneio de linguagem é empregado, dentre outros usos, "quando o objeto de desejo é um membro do sexo oposto" – citando ele justamente esta passagem de *Ele que o abismo viu*, bem como o verso 67 *infra*, a propósito de Ishullánu. Compete ainda ressaltar que essa mesma conotação – a de desejar sexualmente – pode ter o ato de erguer os olhos na Bíblia hebraica (cf. AVRAHAMI, *The Senses of Scripture*, p. 116), como no episódio envolvendo José e a mulher de Putifar: "a mulher de seu senhor lançou os olhos e disse: Dorme comigo!" (*Gênesis* 39, 7). A sequência é bastante semelhante ao presente caso: a) lançar os olhos; b) convidar para o coito.

[Verso 7] Na edição ninivita, o verso lê-se assim: [*a*]*l-kám-ma* GIŠ-*gim-maš lu-ú ha-'-ir at-ta*, o termo *hā'iru/hāwiru* significando 'marido', 'esposo'. Na edição de Assur, usa-se *hatanu*, cujo sentido é mais amplo, 'parente por casamento'.

[Verso 8] O termo *inbu(m)* significa 'fruto', 'flor' e 'atrativo sexual', sendo evidente que, neste verso, é usado com conotação erótica. No poema *Erra*, 6, 24, 'comer o fruto de alguém' equivale a 'gozar de seu atrativo sexual'.

[Verso 9] A fórmula usada neste verso – *attā lū mutima anāku lū aššatka*, "sejas tu o esposo e eu tua consorte" – implica uma subversão da fórmula tradicional de casamento, segundo a qual, pelo que se sabe, caberia ao noivo dizer "tu és minha esposa" (*attā aššatka*) e, à noiva, "tu és meu esposo" (*attā mutka*). Na medida em que Ishtar assume os dois lados, deixa de haver a mutualidade que seria própria do rito, o que seria um traço da fórmula de divórcio, inteiramente unilateral, pois apenas o marido declararia: "tu não és minha esposa, eu não sou teu marido" (cf. ABUSCH, Ištar's Proposal and Gilgamesh's Refusal, p. 149).

O mesmo Abusch ressalta que o modelo unilateral da fórmula de casamento aparece em outros dois textos, a saber: a) quando Eréshkigal, rainha da Érsetu, o mundo subterrâneo onde se encontram os mortos, dirige-se a seu futuro marido Nérgal (*attā lū mutima anāku lū aššatka*); b) quando o demônio Arad-Lili fala com uma mulher (*attā lū aššatu anāku lū mutka*, "sejas tu a consorte, seja eu teu esposo"). De acordo com Abusch, "a fórmula unilateral sugere finalidade e controle". Continua ele: "o uso dessa fórmula em vez da fórmula mundana e mútua, bem como o contexto dessas ofertas sugerem que a proposta se situa em espaços infernais, que Ishtar convida Gilgámesh a tornar-se seu marido e, assim, juntar-se formalmente aos habitantes do mundo subterrâneo" – noutros termos, aceitar o convite de Ishtar implicaria, para Gilgámesh, morrer.

No poema sumério *Herói na batalha*, a proposta de Ishtar expressa-se assim (cf. a tradução de GEG, p. 170):

> Ó touro selvagem, sejas tu meu homem, não te deixarei ir,
> Ó senhor Bilgames, sejas tu meu homem, não te deixarei ir,
> No meu templo Eanna não te deixarei ir para proferir julgamento,
> No sagrado Gipar não te deixarei ir para dar vereditos,
> No Eanna amado de An não te deixarei ir para proferir julgamento.
> Ó Bilgames, sê tu..., e eu serei...

[Verso 11] O chifre (*qarnu*) é uma parte do carro difícil de identificar (pode corresponder ao jugo ou a parte dele). Os sentidos do termo abrangem tanto os chifres de animais ou deuses e os brotos de uma planta ou árvore quanto partes de artefatos, como recipientes para bebida e a franja de vestimentas; em uso conotativo, indica o poder de alguém.

[Verso 12] O que traduzi como 'leões da tempestade' é o termo *ūmu*, que, cf. GBGE (p. 830), aqui designa "o monstro com cabeça de leão que puxa o carro do deus da tempestade Ádad, do Sol, dos guerreiros Ninurta e Marduk, bem como da bélica Ishtar". Em sentido comum, a palavra designa simplesmente o 'dia' (cf. o protosemítico *yaum*, acádio antigo *yūmum*). Cf. Soden (*Theological Dictionary of the Old Testament*, v. 6, p. 7-10), "no sentido de tempestade, um significado que não deriva do protosemítico e é encontrado apenas em textos literários, *ūmu* é um decalque do sumério, em que u(d) significa tanto 'dia' quanto 'tempestade'. Como um termo para um leão mítico, *ūmu* ocorre só em listas lexicais".

[Verso 13] Era costume que as futuras noivas espargissem a casa dos pais com perfumes por ocasião da visita dos noivos. Abusch (Ishtar's Proposal and Gilgamesh's Refusal, p. 149) relaciona a referência feita no verso também ao uso de incenso nos ritos funerários.

[Verso 15] O termo que traduzi por "requinte" é *arattû*, o qual tem o significado de 'excelente', nomeando assentos, tronos, dosséis luxuosos e exóticos 'procedentes de Aratta'. Cf. GBGE (p. 830); *arattû* é glosado em listas lexicais como *šubtu* (assento) e *kussi nēmedi* (cadeira com encosto). "Beijar os pés" é expressão de boas-vindas.

[Verso 16] A sequência *šarrū*(lugal)^{meš} *kabtūtu*(idim) ^{meš} *u rubû* (nun) – "reis, potentados e nobres" –, cf. GBGE (p. 830), constitui um clichê literário.

Há um encantamento em que se afirma, a propósito de Gilgámesh, enquanto juiz do submundo (a Érsetu), o seguinte: *šarrū* (lugal)^{meš} *šakkanakkū* (GÌR.NÍTA)^{meš} *u rubû* (nun)^{meš} *mahar*(igi)-*ka kan-su*, "reis, governadores e nobres diante de ti se curvaram", o que implica, de algum modo, o cumprimento da promessa que aqui faz Ishtar. Abusch (Ishtar's Proposal and Gilgamesh's Refusal, p. 150-152), defendendo que toda a oferta da deusa implica na morte de Gilgámesh ("a proposta de casamento feita por Ishtar constitui um convite a que Gilgámesh se torne um funcionário do submundo"), aproxima este verso de 7, 143 e 8, 87, onde se diz que "os príncipes da terra beijarão teus pés", como parte das honras fúnebres a Enkídu; "beijar os pés" tem, portanto, uma conotação funerária, já que a expressão 'os príncipes da terra' designa os deuses subterrâneos.

[Verso 18] Este verso usa o conhecido recurso da sequência numérica (n/n+1), mas de um modo invertido (n/n-1), ou seja, 3/2.

[Versos 22-79] A longa contestação de Gilgámesh à oferta de Ishtar é constituída por três partes, cada uma das quais aberta com referência a casamento (v. 24, "se eu contigo casar"; v. 32, "quem ---- contigo casará?"; v. 42, "qual esposo teu resistiu para sempre?"). A primeira parte (v. 24-31), ainda que muito lacunar, deixa perceber que estão em causa vestimentas, alimentos e bebida, ou seja, os confortos que se esperava que uma esposa proporcionasse ao marido. A segunda parte (v. 32-41) é constituída por um rol de metáforas insultuosas contra Ishtar. A terceira parte (v. 42-79) arrola o destino dos amantes da deusa, ou, como afirma também ela própria, suas "afrontas e maldições".

A recusa de Ishtar por parte de Gilgámesh tem recebido diversas interpretações. Burkert (*The Orientalizing Revolution*, p. 99) entende, em termos antropológicos, que isso "corresponde ao tabu do caçador: é a abstenção sexual que garante sucesso na caça". De acordo com a relação apresentada por Karahashi e López-Ruiz (Love Rejected, p. 101): a) Foster acredita que "a rejeição por Gilgámesh do assédio sexual de Ishtar, aqui uma personificação de uma atração improdutiva pelo sexo oposto, afirma e assevera a unidade de sua relação com Enkídu e sua própria identidade, que marca o começo de seu autoconhecimento"; b) Vanstiphout "toma a rejeição de Gilgámesh como uma recusa a submeter-se ao ritual do casamento sagrado, para o qual Ishtar o convidou em termos bastante francos, e baseia sua recusa em sua amizade exclusiva com Enkídu: 'Ele recusa-se a permitir que estruturas sociais e culturais controlem sua vida e a de seu amigo'"; c) Bahrani, "com foco na visão mesopotâmica da sexualidade feminina e seu poder destrutivo, argumenta que o herói tem medo de ser destruído como resultado da sedução, como os resto dos amantes de Ishtar: 'seu aspecto assustador representa, em geral, o perigo da sexualidade junto com morte'"; d) finalmente, Karahashi e López-Ruiz ajuntam que "Gilgámesh parece detestar a deusa porque ela causa morte e sofrimento entre os mortais, especialmente a heróis como ele". Acrescentem-se a esses pontos de vista também o de Walls (*Desire, Discord and Death*): Gilgámesh recusa Ishtar por fidelidade erótica a Enkídu.

[Versos 25-26] Considerando o contexto, pode-se supor que nestes dois versos Gilgámesh pergunte sobre quem cuidará de seu corpo e sua roupa, como faz uma esposa, caso se case ele com uma deusa, a qual, naturalmente, disso não se ocupará.

[Versos 27-28] Considerando o estado lacunar do manuscrito, estes dois versos são restaurados a partir de 7, 135-136 (cf. GBGE, p. 831).

[Verso 32] Este verso, restaurado a partir do verso 24 *supra*, abre a sequência de metáforas com que Gilgámesh desqualifica Ishtar, as quais têm um visível efeito cômico. Parece que se apela para frases feitas, o efeito estando justamente na acumulação exagerada, ou que se remete a lugares comuns, cujo sentido pleno não temos mais como decifrar (por exemplo, o "betume que emporca quem o carrega" poderia aludir a alguma história tradicional, o mesmo podendo ser dito de outros casos, como a "porta pela metade que o vento não detém", o elefante que joga fora sua cobertura, etc.).

[Verso 33] SEG (p. 187-188) completa livremente os versos que seguem, neste caso traduzindo assim: "Tu, gelada que não congela no gelo".

[Verso 34] Numa lista lexical, *daltu arkabinnu* (porta pela metade) é glosada como *daltu la qatitu* (porta não terminada). Como já ressaltado no comentário a

4, 11, a porta, *daltu(m)*, é um elemento importante em termos gerais – o termo se aplica, em sentido cósmico, para falar tanto da 'porta do céu' (*daltu šemê*), quanto da 'porta do submundo' (*daltu erṣeti*) –, tendo especial destaque no próprio poema. Pode-se entender que a "porta contra o vendaval", que Enkídu põe na entrada da "casa de sonhos" que constrói para Gilgámesh, quando a caminho da Floresta de Cedros, é, de algum modo, o contraponto dessa "porta pela metade que o vento não detém". Nesse sentido, Ishtar seria o contraponto de tudo que Enkídu representa para Gilgámesh em termos de cuidado e proteção – eventualmente, também em termos afetivos.

[Verso 35] Na tradução de SEG (p. 187), "palácio que esmaga seus próprios defensores".

[Verso 36] Na formulação de SEG (p. 187), "elefante que arranca de si as pompas". Bottéro traduz por "um elefante [que bota abaixo] seus arreios", esclarecendo que a referência é ao equipamento que permite que o animal transporte pessoas, como acontece na Índia. Essa referência ao elefante levanta todavia a dúvida de alguns comentadores, como Oppenheim, pelo fato de que o elefante deveria ser desconhecido na Mesopotâmia. Recorde-se, contudo, que, em 5, 267 ("da cabeça arrancou-lhe as presas como butim"), parece que se remete à pilhagem de presas de elefantes sírios para fabricar objetos de marfim", bem atestada da metade do segundo milênio até o século IX.

[Verso 39] Na tradução de SEG (p. 187), "bloco de calcário que arrebenta o muro de silhares".

[Verso 41] Isso constitui um sinal numinoso, porque, nas práticas divinatórias, uma escoriação provocada por uma sandália mal ajustada é vista como prenúncio de algum evento funesto.

[Verso 42] Começa aqui a última parte da resposta de Gilgámesh, dedicada a relatar o destino indesejável dos amados da deusa.

[Verso 43] Este verso, em que se usa o termo *allallû*, cujo sentido é 'poderoso', 'valente' (ele é dado como sinônimo de *qarradu*, 'belicoso', 'herói', 'guerreiro'), ecoa no verso 48 *infra*, quando se fala do pássaro *allallu*, que se supõe seja o rolieiro.

[Verso 45] Este verso parece ser o primeiro da referência a Dúmuzi, embora seu estado de conservação não permita ter certeza disso. A expressão *ša bu-di-im-ma*, que aparece no primeiro hemistíquio e que traduzi por "da oferenda", é difícil de interpretar, porque não se sabe exatamente o que seria *būdu*. Com base na informação de que o sumério lú.bal equivale ao acádio *be-el bu-di-im*, isto é, 'proprietário/senhor' de *būdu*, GBGE (p. 833) conjectura que "Dúmuzi pode propriamente ser designado *ša būdi* em vista da ovelha regularmente dada pelos pastores para sacrifício em honra de Ishtar", cf. o que se afirma de outro pastor nos v. 58-60 *infra*.

[Verso 46] Dúmuzi é um deus pastor, que aparece num dos relatos a ele concernentes em disputa com Enkídu, deus da irrigação e da agricultura. Quando Inanna/Ishtar desce ao mundo subterrâneo, é Dúmuzi que é conduzido até lá para substituí-la, permitindo sua volta. Assim, ele morre e torna-se um deus dos mortos. Nas bodas sagradas celebradas pelos reis sumérios com Inanna, o rei representa Dúmuzi, marido da deusa (GDS, 157-158).

O culto de Dúmuzi varia de acordo com época e local. Em Badtibira era ele tido como um rei antediluviano, cognominado "o pastor", o qual teria governado por 36.000 anos. Em Úruk era tido como marido de Inanna/Ishtar e, num dos relatos, como um dos reis pós-diluvianos, ancestral de Gilgámesh. Aqui, como se vê, foi um dos esposos da deusa, o que se repete na tabuinha 8, 149 ("Dúmuzi, pastor amado de Ishtar").

A referência ao fato de que a deusa, a Dúmuzi, ano a ano chorar lhe deu, remete aos rituais de lamentação que tinham lugar a cada ano pela morte do deus, os quais parecem ter conhecido bastante difusão. Em Lagash, no período dinástico antigo, o sexto mês do ano era nomeado a partir dessa festa e, num calendário tardio do norte da Mesopotâmia, um dos meses tinha o nome de Dúmuzi. No calendário babilônico padrão, o quarto mês era chamado de *Du'ūzu* ou *Dûzu*. Tammuz, referido em *Ezequiel* 8, 14, é a forma hebraica de seu nome, com a qual se designa, ainda hoje, no Iraque, o mês de julho (cf. GDS, p. 72-73).

[Verso 48] O termo acádio é *allallu*, nome de um pássaro que não se sabe exatamente qual seja. Conforme a documentação antiga, trata-se de ave migratória, que usualmente não se vê no mês de Addaru (o décimo segundo mês do calendário babilônico), tem uma aparência multicolorida, asa característica e um grito interpretado como *kappī* ("minha asa") – a presença dele aqui e a referência a seu grito podendo ser entendida, portanto, como etiológica.

Com base nisso, Thompson propôs sua identificação com o rolieiro, da família de aves coraciformes, muito comum na Europa, África e Oriente Médio (cf. CAD, s.v.; este é também o entendimento de Tigay, *The Evolution of the Gilgamesh Epic*, p. 135, que traduz *al-la-la* por '*roller bird*'). São aves de porte médio, com bico largo e um pouco encurvado na ponta; têm asas grandes e arredondadas, plumagem colorida em tons de azul, púrpura, verde e castanho;

alimentam-se de insetos, que caçam em voos acrobáticos, e chocam os ovos em buracos de árvores.

Mesmo que essa identificação seja apenas conjetural, preferi traduzir *allallu* por 'rolieiro', considerando tanto que parece sempre preferível optar por alternativas vernáculas na tradução quanto que 'rolieiro' é um termo suficientemente incomum para o leitor brasileiro, o que garante que não se perde o estranhamento desejado. Registre-se que as traduções mais antigas, com base nas designações sumérias sìb.mušen e síb.tir.ra (cf. CAD, s.v. *allallu*), optam em geral por 'pássaro pastor' (cf. SERRA, *A mais antiga epopeia do mundo*, p. 74) e 'pájaro pequeño pastor' (LARA PEINADO, p. 86; BLIXEN, p. 157); das traduções mais recentes, temos simplesmente 'pajarillo' (SEG, p. 188) ou '*allallu*-bird' (GBGE).

Observe-se finalmente que o termo homólogo *allallû* tem o significado de 'valente', sendo aplicado ao deus Ádad (cf. CAD, s.v.).

[Verso 50] Conforme apontado na nota anterior, *kappu* significa 'asa' e *kappī*, como se interpreta o grito do *allallu*, 'minha asa'. Optei por grafar 'asaminha' para não perder o efeito de que, em acádio, se trata de uma única palavra.

[Versos 51-52] Não se sabe a que se referem estes dois versos. Pode ser que se tenha em vista o fato de que o leão corre sempre o risco de cair nas armadilhas dos caçadores.

[Versos 53-57] Cf. GBGE (p. 473); encontram-se em outros textos referências às relações de Inanna/Ishtar com o cavalo. Assim, na *Disputa entre a ovelha e o grão*, v. 144-145, afirma-se que "tu, como a sagrada Inanna, amaste o cavalo"; no *Hino a Ninegal* se diz da deusa: "quando compartilhaste o leito com o cavalo". George é enfático, considerando que a razão para isso pode ser "irreverente": "de todos os animais, um garanhão ereto parece o mais bem equipado ao serviço da deusa do amor sexual".

Tenha-se em conta que os cavalos foram introduzidos na Mesopotâmia apenas na segunda metade do segundo milênio, sendo geralmente relacionados com Shámash (cf. GDS, p. 103-104).

[Verso 57] Não existem outras referência a essa personagem, Silíli, que aqui aparece como a mãe do cavalo.

[Versos 58-78] Este exemplo e o seguinte constituem dois casos de metamorfoses, um entrecho narrativo que, como anota Sonik (Breaching the boundaries of being, p. 386), se registra apenas raramente em textos mesopotâmicos:

"isso sugere uma relativa estabilidade e imutabilidade de fronteiras entre diferentes classes de seres na Mesopotâmia, diferentemente da aparente permeabilidade dessas fronteiras na antiga mitologia da Grécia e de Roma".

Analisando, além dos exemplos desta passagem, também os poemas sumérios do ciclo de Inanna e Dúmuzid (*A descida de Inanna ao mundo subterrâneo*, *Dúmuzid e Ĝeštinana* e *O sonho de Dúmuzid*), bem como *Inanna e Bilulu*, a autora chama a atenção para a presença, nesse tipo de entrecho, de deuses que têm como característica justamente o cruzamento de fronteiras, a saber, Utu/Shámash, o Sol, que a cada dia percorre o mundo superior e a cada noite o mundo inferior, e Inanna/Ishtar, de que se relata a famosa descida ao mundo subterrâneo, donde quem entra não tem como anelar o retorno, ela contudo o tendo logrado. Ressalte-se que "Ishtar viola limites culturais, rompendo em especial códigos de gênero e expectativas de modo tão fácil quanto desafia as fronteiras que delimitam domínios do cosmo. Associada com sua própria descida ao mundo subterrâneo e seu retorno, encontra-se ela especialmente bem posicionada, como também Utu e Inana, a mediar transformações físicas – e Gilgámesh tem razão de temer uma associação estreita com ela" (p. 391).

Finalmente, considerando que os exemplos de metamorfose na produção mesopotâmica implicam num "completo desaparecimento do que existia antes", diferentemente do que costuma acontecer no *corpus* grego e latino (cf. BRANDÃO, Mente humana em corpo bestial), o traço comum mais significativo parece ser "a localização de metamorfose e morte num mesmo *continuum*" (p. 391-392).

[Verso 59] O termo *tumru* significa 'carvão', 'brasa', e o CAD, s.v., traduz o verso por "who always made piles of embers to you (for roasting lamb)". Todavia, *tumru*, no genitivo, como acontece no texto, é usado na expressão *akal tumri* ou *kamān tumri*, 'pão (assado) em brasa', que parece ser a opção correta neste caso (cf. GBGE).

A propósito do *akal/kamān tumri*, Potts (Ethnographic Reality or Literary Topos, p. 66) argumenta em favor da existência real de uma técnica antiga de produzir pão assando-o em brasas, bem preservada no Oriente Médio: "em 1923, o Capitão R. E. Cheesman descreveu o pão feito por um beduíno, no que é hoje a província oriental da Arábia Saudita, assim: 'o pão foi assado fazendo-se uma massa de trigo esmagado e enterrando-a na areia debaixo de um fogo. O pão que daí resultou era bastante sólido, com uma abundante mistura de areia'".

Reiner (City Bread and Bread Baked in Ashes, p. 119) comenta: "Enfim, são os hábitos alimentares que distinguem os diferentes modos de vida, hábitos alimentares por meio dos quais não só a natureza e a procedência da comida distinguem os homens, *síton édontes*, dos animais, e os agricultores dos selvagens, mas também o modo de preparar a comida: o pão cozido em brasas, no campo, é o oposto do pão assado no forno, do mesmo modo que a água pura é o oposto da infusão do taberneiro". O poema *Erra e Ishum* parece confirmar isso, ao afirmar: *a-kal ali lul-lu-ú ul ba-la-ka ka-man tùm-ri*, "pão (assado em forno) abundante não se compara ao pão (assado) em brasas".

[Versos 64-79] Ishullánu é referido apenas aqui, sem que outros textos informem sobre o entrecho a que se faz referência. É significativo, de qualquer modo, o gosto de Ishtar por jardineiros: ela se apaixona também por Sargão, quando este trabalhava no jardim de seu pai adotivo; num relato sumério, Shukalletuda é outro jardineiro de quem Inanna se vinga, porque, estando ela exausta, se aproveitou ele para com ela fazer sexo (cf. GBGE, p. 473-474).

Ressalte-se que Ishullánu é o mais completo par de Gilgámesh nessa extensa lista, pois é o único que reage, com duras palavras, ao assédio da deusa.

[Verso 67] A expressão "o olho lançaste" (*ina ta-at-ta-ši-šu*) tem conotação sexual, sendo ela usada no verso 7 *supra*, referindo-se ao momento em que Isthar olha e deseja Gilgámesh. Isso significa que Ishullánu, em especial, deve ser tido como um duplo do herói, tanto pela forma como se descreve o despertar do desejo da deusa por ele quanto porque ele a recusa, como fará também Gilgámesh.

[Verso 69] É provável que o termo "mão" (*qātu*), neste verso, seja usado como um eufemismo para 'pênis'.

[Verso 76] O termo *dallalu* ou *dallālu* é um *hápax legómenon*, cuja significação é desconhecida. O CAD traduz por 'rã' ou 'sapo', sendo esta a opção que adotei. Thompson prefere entender como 'aranha' e Oppenheim (Mesopotamian Mythologie II, p. 38) propõe que se trate da 'aranha' (*spider*) posta no centro de uma roda-d'água. Outras propostas consistem em traduzi-lo por 'anão', 'aleijado' ou 'espantalho' (para um panorama das várias propostas, GBGE, p. 838). Serra (*A mais antiga epopeia do mundo*, p. 75) traduziu por "toupeira".

[Versos 80-91] Este episódio é dos mais atraentes do poema: a deusa ofendida dirige-se aos pais (Ánu e Ántu) como se fosse uma jovem mimada; seu pai pergunta se, afinal, não foi ela quem provocou o ofensor.

Cena semelhante encontra-se na *Ilíada* 5, 364-431, em que, ferida por Diomedes, Afrodite sobe ao Olimpo para queixar-se com seus pais, Zeus e Dione, sua reclamação sendo recebida pelo pai com um sorriso e o conselho de que se afaste da guerra. A cena de Homero, que cito na tradução de Carlos Alberto Nunes, é mais longa. Tão logo a deusa chega ao Olimpo,

> Corre a acolher-se a divina Afrodite ao regaço de Dione. 370
> Toda desvelos, a mãe carinhosa nos braços a ampara
> e, acariciando-a, lhe diz as seguintes palavras aladas:
> Qual das deidades urânias te fez esse dano, querida,
> como se à vista de todos houvesses um mal praticado?
> Disse-lhe a deusa dos risos amante, Afrodite, em resposta: 375
> Foi o arrogante Diomedes, do grande Tideu descendente,
> por ter querido livrar a meu filho do prélio funesto,
> meu caro Eneias, a quem especial afeição diquei sempre.
> Não se restringe aos troianos e aquivos a guerra, somente;
> té contra os deuses eternos os dânaos, agora, se atrevem. 380
> Disse-lhe Dione, a imortal admirável, então, em resposta:
> Ainda que muito te aflija, querida, suporta paciente.
> Que de aflições indizíveis, os deuses, por causa dos homens,
> já suportamos, causando uns aos outros trabalhos sem conta! [...]
> Tendo isso dito, com ambas as mãos enxugou o ícor, logo. 415
> Sara a ferida, de pronto; acalmaram-se as dores pungentes.
> Hera, a magnífica, e Atena, que o fato observavam, se voltam
> para Zeus grande, com termos mordazes, tentando irritá-lo.
> A de olhos glaucos, Atena, primeiro, desta arte lhe fala:
> Não ficarás agastado, Zeus pai, com o que eu vou revelar-te? 420
> Creio que a Cípria tentou, novamente, saudar uma acaia
> para passar-se aos troianos, aos quais tanto afeto dedica.
> Quando animava uma dessas aquivas de manto bem feito,
> a delicada mãozinha espetou na dourada fivela.
> O pai dos homens e deuses sorriu ao ouvir tais palavras 425
> e, para perto chamando Afrodite, lhe disse o seguinte:
> Cara, não são para ti essas ações belicosas;
> volve a atenção, isso sim, para os doces trabalhos das núpcias.
> Ares, o rápido, e Atena se incumbem da guerra a contento. 429

Burkert (*The Orientalizing Revolution*, p. 97) considera que "as duas cenas são paralelas uma à outra em termos de estrutura, narrativa, forma e *ethos* num grau espantoso (*atonishing degree*)", sendo o entrecho comum por ele assim resumido: "uma deusa, injuriada por um humano, sobe ao céu para queixar-se a seu pai e ganha uma leve repreensão". De fato, as passagens se assemelham, mas deve-se também observar que diferem bastante em termos das técnicas narrativas.

No poema sumério *Herói na batalha* (ou *Bilgames e o Touro do Céu*), o tom zombeteiro que tem a cena em *Ele que o abismo viu* e na *Ilíada* não se encontra:

Inanna chora em sua câmara por ter sido recusada por Bilgames, sendo o pai An (o Céu) que se dirige a ela, para perguntar a razão das lágrimas; obtém como resposta que responsável por elas é "o grande touro em agitação em Úruk", porque "não me deixou dar-me a mim mesma a ele!"; ao pedido de Inanna que lhe dê o Touro do Céu, a fim de que possa matar Bilgames, An retruca: "Ó minha menina, o Touro não encontraria alimento, no horizonte está seu alimento!/ Ó donzela Inanna, ele pasta onde o Sol nasce!"

[Versos 82-83] *Antu(m)* é um feminino de *Anu* (Céu), os femininos, em acádio, sendo formados pelo acréscimo do sufixo *–tu(m)*, como em *šarru(m)* e *šarratu(m)*, rei e rainha.

Escreve West (*The East Side of the Helicon*, p. 362), a propósito da semelhança desta cena com a de Homero referida no comentário anterior: "o que é impressionante (*striking*) a propósito do paralelo com a *Ilíada* é a correspondência entre as divindades. Afrodite é o equivalente de Ishtar, a deusa do amor. Sua mãe, Dione – mencionada só aqui em Homero –, é formada a partir do nome de Zeus com um sufixo feminino, como se fosse a "Senhora Zeus" ("Mrs. Zeus"); e Ántu é similarmente o contraponto feminino de Ánu, a "Senhora Céu" (Mrs. Sky). [...] Essa é uma adição importante à série de paralelos notada desde muito entre a *Ilíada* e a épica de Gilgámesh". Ainda segundo West, isso foi notado pela primeira vez por C. Fries, em 1903, mas não inteiramente trabalhado por ele, retomado depois por G. K. Gresseth, em 1975, e finalmente por Burkert, em 1982, em artigo no Eranos-Jahrbuch, e depois em *The Orientalizing Revolution*, de 1992, em que ele usa os termos Mr. Zeus e Mrs. Sky.

[Verso 94] Trata-se da constelação do Touro, que marcava o equinócio da primavera de em torno de 4000 a 1700 a.C., quando se moveu para a vizinhança da constelação de Áries. Em sumério era denominada GU_4.AN.NA, 'Touro do Céu', o nome em acádio sendo *Alu*. Era a primeira constelação no zodíaco babilônico.

[Versos 97-100] *Erṣetu* significa 'terra', 'mundo subterrâneo', nomeando a terra por oposição ao céu, bem como, em especial, a terra abaixo da superfície, onde se encontram presos os mortos – denominação em geral traduzida como "mundo inferior" ou "submundo". Em vez dessas opções de tradução, preferi deixar o nome tal qual em acádio, como se faz com relação ao mundo subterrâneo onde habitam, em grego, os mortos – o Hades – ou em hebraico – o *sheol*.

Horowitz (*Cosmic Geography*) chama atenção para o fato de que a concepção mesopotâmica do universo, compartilhada por sumérios e acádios, permanece consideravelmente estável durante 2500 anos, praticamente do início ao fim da documentação cuneiforme que recebemos. São cinco esferas sobrepostas: a) uma região do céu acima do firmamento, onde os deuses celestes têm sua morada; b) o céu estrelado; c) a superfície da terra; d) as águas do Apsu; e) finalmente, a Érsetu, o mundo inferior, habitação dos mortos (cf. ainda BOTTÉRO; KRAMER, *Quand les dieux faisaient l'homme*, p. 70).

A ameaça de fazer subir os mortos da Érsetu para a superfície da terra, de modo que superem em número e devorem os vivos, não é exclusiva de *Ele que o abismo viu*. No poema modernamente chamado *Descida de Isthar à Érsetu* (*Ao Kurnúgu, à terra sem retorno*, 17-21), é a mesma deusa que esbraveja:

> Golpearei a porta, os ferrolhos quebrarei,
> Golpearei o batente e removerei as portas,
> Quebrarei o umbral e arrancarei a tranca
> E subirei os mortos para comer os vivos:
> Aos vivos superar farei os mortos!

A mesma ameaça ("Subirei os mortos para comer os vivos/ Aos vivos superar farei os mortos") registra-se também em *Nérgal e Eréshkigal*, o que mostra como se trata de um perigo que se considera ameaçador, não só para os homens, como também para os deuses, uma vez que implicaria numa subversão da ordem estabelecida para o mundo.

No poema sumério correspondente a este entrecho, *Herói na batalha*, conhecido modernamente como *Bilgames e o Touro do Céu*, a ameaça que faz Inanna, caso seu pai An não lhe entregue o Touro do Céu, é a de "gritar até que o céu se aproxime da terra", o texto prosseguindo (conforme a tradução de GEG, p. 171):

> Era terrível, era terrível,
> O grito de Inanna era terrível.
> O grito da donzela Inanna aproximou o céu, o grito aproximou a terra,
> O grito da santa Inanna aproximou o céu, o grito aproximou a terra,
> Céu e terra ele cobriu como uma manta, vestiu como um tecido.

Como se vê, trata-se de eliminar o espaço entre o céu e a terra, o que implica numa perturbação cósmica equivalente à de fazer subir ao nível da superfície a Érsetu, eliminando o espaço de águas que os separa, o Apsu.

[Verso 98] "Pôr no plano do chão" (como restaurado por GBGE, p. 624: *a-šak-kan as-pa-nam a-na šap-la-ti*) implica pôr a Érsetu no mesmo plano que a superfície da terra, fazendo com que os mortos subam até ela.

[Verso 99] Esta mesma ameaça é feita por Eréshkigal no poema conhecido como *Nérgal e Eréshkigal*. Neste caso, o que a deusa deseja é a volta de Nérgal, com quem ela, pela primeira vez, havia feito sexo durante sete dias.

[Verso 100] "Superar" neste verso traduz o verbo *mâdu*, 'ser ou tornar-se numeroso', o que significa que os mortos são em número maior que os vivos (o que parece uma concepção razoável, considerando a passagem do tempo e, inclusive, a mortandade por ocasião do dilúvio).

[Versos 103-105] No nível denotativo, o que Ánu exige é que se tomem as providências em Úruk para evitar a fome, pois a descida do Touro representará uma autêntica catástrofe, sendo necessário que as despensas estejam cheias. Essa exigência, contudo, parece também representar uma última tentativa de Ánu de evitar que se faça o que pretende Ishtar, salvando, assim, a cidade de Úruk.

[Versos 116-118] Note-se que a consequência imediata da descida do Touro do Céu é uma violenta seca, o que demonstra como seu deslocamento para a terra representa uma profunda perturbação na ordem cósmica, a qual se poderia dizer equivalente à provocada pelo dilúvio. No poema sumério *Herói na batalha* (A iii 26-34), conforme a tradução de George, a descrição é mais detalhada:

> Como um boieiro, a donzela Inanna pegou a corda,
> A santa Inanna levou o Touro do Céu para baixo:
> Em Úruk o touro devorou a grama,
> No canal Engilua bebeu a água,
> Alcançou uma légua ao longo do Engilua, seu coração não ficou satisfeito;
> Ele devorou a grama, deixou a terra nua,
> Ele devorou as palmeiras de Úruk, dobrando-as na direção de sua boca;
> O touro, enquanto esteve lá, encheu toda Úruk,
> O touro, por conta própria, encheu toda Úruk.

[Verso 119] As consequências dos bufos do Touro parecem ser terremotos, que abrem crateras no chão, reforçando as perturbações da ordem cósmica. Krinitzsky (Earthquakes and Soil Liquefactions in Flood Stories of Ancient Near East, p. 300-302) mostra como aberturas no solo, em consequência de terremotos, costumam ter a profundidade de um homem até a cintura, como se afirma a propósito Enkídu no verso 124 *infra*.

Saliente-se ainda como, em contraposição à ameaça de Ishtar de trazer a Érsetu e os mortos para o nível da superfície, caso Ánu não lhe desse o Touro, agora são os jovens de Úruk que caem dentro da terra, justamente por causa da violência do Touro.

[Versos 121-122] Variante deste dístico: "Ao segundo bufar do Touro, duas centenas de moços de Úruk caíram-lhe no coração".

[Verso 123] Variante deste verso: "Ao terceiro bufar do Touro, três centenas de moços de Úruk caíram-lhe no coração".

[Verso 124] Variante deste verso: "Ao quarto bufar do Touro, Enkídu caiu-lhe dentro até a cintura".

[Verso 125] Variante deste verso: "E saltou Enkídu sobre ----".

[Versos 128 ss] Esta fala e as ações de Enkídu garantem que atua ele como protagonista na luta e na morte do touro, Gilgámesh agindo como se fosse seu auxiliar, embora se deixe para o rei o golpe fatal. É provável que o poeta ressalte o papel de Enkídu para justificar por que é contra ele que se volta, na tabuinha 7, a vingança dos deuses.

[Versos 136-146] Conforme GBGE (p. 475), "na iconografia, é convencional que os heróis peguem um inimigo por trás, pisando na parte de trás do jarrete, da batata da perna ou do tornozelo". No caso da morte do Touro do Céu, os registros iconográficos são coerentes com a descrição feita no poema. Para Oppenheim (Mesopotamian Mythologie II, p. 38), essa morte do touro equivale a cenas minoicas e egípcias em que o animal é pego pelos chifres, por trás; neste caso, Enkídu faz o papel do "picador", que prepara o terreno para o "matador".

[Versos 148-150] Este ritual de prostração diante de Shámash aparece também ligado à morte de um touro no poema de Lugalbanda 1, 360-361: "Como um atleta, ele persegue o touro vermelho, o touro das montanhas, como um lutador ele subjuga-o,/ Arranca seu coração, põe-no diante do sol nascente" (*apud* GBGE, p. 476).

[Verso 153] George considera que se trata aqui de uma maldição que a deusa lança contra Gilgámesh (GBGE, p. 476).

[Versos 154-157] Oppenheim (Mesopotamian Mythologie II, p. 39) considera "estranho" esse entrecho, em que "deuses e heróis se chocam em pé de igualdade", declarando não conhecer nenhum outro exemplo semelhante na literatura mesopotâmica. Pode ser que, em termos narratológicos, o visível excesso de Enkídu em face da deusa sirva para justificar a punição terrível de que será alvo na tabuinha seguinte. Registre-se que, no poema sumério, é o próprio Gilgámesh quem "cortou um pernil para lançar a Inanna,/ mandou-o voando como uma pomba e destruiu o muro" onde se encontrava a deusa, gritando: "Assim como posso demolir a muralha, assim poderia fazer contigo!" (*Herói na batalha*, Ma 130-134).

[Verso 158] George acredita que essa rápida menção ao ritual executado pela deusa e pelas prostitutas do templo pode ter uma função etiológica (GBGE, p. 476), remetendo a um rito conhecido em Úruk: dançar com a perna levantada de um modo próprio.

O original refere-se a *kezrēti šamhāti u harimāti*, que traduzi por "hierodulas, prostitutas e meretrizes" apenas por aproximação. Todas são categorias de mulheres ligadas à prostituição sagrada e ao culto de Ishtar (ver nota à tabuinha 1, v. 140). A expressão parece constituir uma fórmula, que ocorre, com os termos na mesma ordem, no poema *Erra*, 4, 52, em que Úruk é qualificada como *āl kezrēti šamhāti u harimāti* (cidade de hierodulas, prostitutas e meretrizes). Recorde-se que a própria Shámhat, ao descrever para Enkídu os requintes da vida na cidade (tabuinha 1, 226-232), afirma que, em Úruk, "as meretrizes (*harimāti*) têm elegante forma".

Num texto bilíngue sumério-acádio (IM 13348, *apud* CAD), Inanna/Ishtar afirma: "Eu sou uma verdadeira prostituta,/ Alguém que gosta do pênis".

[Verso 163] Uma mina (*manû*) equivale a cerca de 480 gramas.

[Verso 164] *Kor/gur* (*kurru*) é uma medida de capacidade, 1 *kor* equivalendo a cerca de 300 litros.

[Versos 165-166] Lugalbanda é o pai de Gilgámesh e seu deus pessoal (*ilušu*). A existência de uma imagem sua na câmara do rei, nesta passagem, testemunha tanto sua divinização quanto a prática do culto dos ancestrais na antiga Mesopotâmia (cf. GOFF, Gilgamesh the Giant, p. 226-227).

[Verso 177] Esta curiosa observação parece consagrar que, diferentemente da situação apresentada no início do poema, quando os excessos do rei constrangem os moradores de Úruk, fazendo com que se dirijam aos deuses (cf. 1, 73-93), há agora uma perfeita harmonia entre Gilgámesh e sua cidade (cf. GBGE, p. 477). Nos termos dos fios narrativos, trata-se de comprovar não só a mudança no caráter do herói, mas que a criação de Enkídu foi uma medida acertada, cujo objetivo se mostra agora plenamente cumprido. O enredo atingiu, assim, um ponto axial, que prepara a queda que se dá a partir da tabuinha seguinte.

[Colofão 1] Colofão do manuscrito A_1 (*apud* GBGE, p. 736), procedente da biblioteca de Assurbanípal.

[Colofão 2] Este é o colofão do manuscrito O_1 (*apud* GBGE, p. 738).

[Colofão 3] Colofão do manuscrito Q_1 (*apud* GBGE, p. 738).

[Colofão 4] Colofão do manuscrito a_1 (*apud* GBGE, p. 739).

Tabuinha 7

[Versos 1-27] Esta lacuna constitui uma das mais lamentáveis falhas de nosso conhecimento do texto babilônico clássico. É provável que nestes versos Enkídu narrasse o sonho que teve, isto é, a assembleia dos deuses em que foi decidida sua morte. Os fragmentos da tradução do poema para o hitita preservam o que poderia corresponder a esse entrecho, mesmo que não se possa ter plena certeza disso e o assunto seja objeto de debate. O texto hitita não se apresenta em versos (como na versão que dele dá Bernabé, *Textos literarios hetitas*, p. 112-113), mas em prosa (apresento-o abaixo a partir da versão de SEG para o espanhol, p. 384-385):

---- [e] descansaremos.
E amanheceu.
Enkídu começou a dizer a Gilgámesh:
Meu irmão, que sonho tive esta noite! Os deuses Ánu, Énlil, Ea e o deus Sol do Céu reuniram-se.
Ánu dizia a Énlil:
Vede estes que mataram o Touro do Céu e mataram também Huwawa, [que guardava] as montanhas forradas de cedro!
E acrescentava Ánu: que só morra um dos dois!
Respondeu Énlil:
Que morra Enkídu, que Gilgámesh não morra.
O deus Sol do Céu começou a dizer ao valente Énlil:
Não mataram por tua ordem o Touro do Céu e Huwawa? E agora Enkídu, inocente, morrerá?
Énlil irritou-se contra o deus Sol do Céu:
Tu és o que andavas com eles, como um companheiro deles, todos os dias!
Enkídu jaz enfermo junto a Gilgámesh.
Atirou-se ao solo diante de Gilgámesh e as lágrimas corriam-lhe como canais:
Meu irmão! Como quero a meu irmão! A mim não deixarão jamais subir do mundo inferior para estar com meu irmão!
E acrescentou:
Entre os mortos terei meu aposento, terei que atravessar o umbral dos mortos e não voltarei a ver jamais, com meus olhos, meu irmão querido!

> Quando Gilgámesh ouviu as palavras de Enkídu, correram-lhe as
> lágrimas como canais ---- Seus olhos ----

Oppenheim (The Interpretation of Dreams in the Ancient Near East, p. 196) chama a atenção para o caráter único deste sonho: "este não é nem um 'sonho mensageiro' nem um sonho que alude a eventos iminentes de um modo 'simbólico' [...]. Enkídu vê e ouve os grandes deuses deliberarem em sua assembleia celeste e decidirem que ele morerá. Ainda que é certo que essa decisão se materializará num futuro próximo, o sonho em si mesmo não contém uma mensagem destinada a Enkídu nem um aviso para ele; é-lhe apenas dada a oportunidade, por vontade divina, provavelmente a de Shámash, de estar presente de algum modo miraculoso quando sua morte é decidida pelos deuses. A Enkídu isso não é concedido como um sobreaviso, mas para indicar-lhe – e ao 'leitor' – as razões que determinaram certos deuses a pedirem sua punição. Visto como um dispositivo literário, esse incidente onírico representa um engenhoso expediente do poeta para amarrar os vários fios da estória".

[Versos 30-64] Nestes versos Enkídu profere a primeira das três maldições contra aqueles que ele julga responsáveis pela situação em que agora se encontra, a saber: a) a porta que ele próprio construíra com a maior das árvores cortada da Floresta de Cedros; b) o caçador que o descobrira entre o animais na estepe; c) e Shámhat, a prostituta que o trouxera para a civilização. Pode-se entender que cada uma das maldições dirige-se a um aspecto de sua breve vida: a) a maldição da porta, uma vez que a feitura desta decorre da grande aventura e vitória contra Humbaba, implica maldizer a vida heroica; b) a maldição do caçador, que o vira pela primeira vez entre os animais, fazendo com que deixasse a condição de *lullû* para tornar-se plenamente humano, aplica-se por igual à condição humana; c) finalmente, a maldição da prostituta, que o introduzira na civilização, estende-se à própria civilização e seus requintes.

Como recorda Maier (Gilgamesh: Anonymous Tradition and Authorial Value, p. 93), maldições e bênçãos põem em evidência a força da palavra e, uma vez proferidas, não têm como ser eliminadas (para um paralelo, considere-se a bênção de Isaac a seu filho Jacó disfarçado como o irmão Esaú, o engano não tirando todavia a eficácia das palavras). Assim, quando, mais à frente, acontece a intervenção de Shámash (v. 134-147), que lembra a Enkídu os benefícios decorrentes de ter sido ele introduzido, pela prostituta, à vida em Úruk, ressaltando-se como, caso nada do que aconteceu tivesse acontecido, jamais teria ele uma morte pranteada com todos os ritos próprios da civilização e estaria condenado a uma morte desassinalada, como a dos animais, não há como retirar a maldição, o máximo que se pode fazer sendo cumulá-la com uma bênção.

Se até então, como se depreende das três maldições, tudo se resumia ao contraste entre o homem civilizado (impuro) e os animais (puros), com a perspectiva da morte, novo constraste se estabelece entre o homem (mortal) e os deuses (imortais). No leito de morte, Enkídu faz o duro aprendizado de que a morte é o fado do homem, mas um fado que os homens, com os rituais de luto, logram tornar nobre (cf. BRANDÃO, Como se faz um herói, p. 116-117).

[Verso 46] Essa referência ao fato de que a porta fora colocada em Níppur remete para o que se afirmou em 5, 297: "À casa de Níppur leve-a o Eufrates,/ Alegre-se o templo de Níppur!" Como o templo de Níppur é a casa de Énlil, é a este que se dirige, de fato, ainda que indiretamente, a fala de Enkídu (recordando-se que, pelo que se lê na versão hitita, foi esse deus quem decretou a morte do herói).

[Versos 47-48] Note-se como, tomando a porta como objeto, a maldição configura uma forma mitigada de ataque ao deus, o que não deixa de ter paralelo com o modo desrespeitoso como Enkídu agira anteriormente também com relação a Humbaba e, sobretudo, Ishtar (cf. 6, 156-157: "E a ti, se pudera, como a ele [ao touro] faria:/ Suas tripas prendesse eu em teus braços!").

[Verso 50] O E-babbarra (Casa do Brilhante) era o templo de Utu/Shámash em Síppar. Fica clara a intenção: como Shámash fora o aliado na expedição contra Humbaba, a porta deveria ter sido oferecida a ele, pois, como se constata agora, sua oferta a Énlil não tivera o efeito de apaziguá-lo, como parece que acontece no poema sumério *O senhor à terra do vivo*.

[Verso 53] Anzu é uma ave de rapina divina, o pássaro tempestade, com cabeça de leão, que, depois de ter sido infiel a Énlil, tornando-se fonte de males, foi vencido por Ninurta, como se narra no poema acádio a ele dedicado. Sua imagem costumava ser colocada nas portas com função apotropaica, o que parece ser o que se supõe aqui.

[Versos 59-64] Estes versos, que constituem propriamente a maldição da porta, usam termos que invertem exatamente as preces de bênçãos convencionais em construções e inscrições votivas, nas quais se afirma ser obrigação do que lê conservá-las e se amaldiçoa quem invista contra elas ou apague o nome de quem as fez (cf. GBGE, p. 478-484).

[Verso 65] Com "logo célere" traduzo a expressão *hantiš harpiš*, em que os dois termos significam 'rapidamente', 'prontamente' – buscando, com a aliteração dos *l*, dar a entender algo do efeito sonoro que a justaposição das duas palavras tem em acádio; a fórmula completa, que se repete também no verso

67, parece-me tornar mais evidente esse efeito sonoro: "logo célere lhe vinham as lágrimas" (*hantiš harpiš illaka dimāšu*).

[Versos 69-71] Apesar do estado fragmentado destes versos, parece que Gilgámesh faz referência ao estado de consciência alterado em que se encontra Enkídu. Há comentadores, como Foster, que entendem que a própria maldição da porta indica uma perda da razão, levando em conta o que haveria de pouco usual nesse tipo de atitude. Não é necessário, contudo, que Gilgámesh considere disparate o fato de o amigo amaldiçoar uma porta, mas o próprio desrespeito para com Énlil, o que só pode agravar toda a situação.

[Verso 72] O primeiro hemistíquio contém fórmula que aparece também em 4, 28 *passim*.

[Verso 73] Cf. SEG (p. 215), o zumbido de moscas é imagem de gemido. Ressalte-se, entretanto, que, no relato do dilúvio, afirma-se que "os deuses, como moscas" (*ilū kima zumbe*), voaram para junto do sacrifício a eles oferecido por Uta-napišti. Não seria surpreendente se a parte danificada do verso remetesse, de algum modo, para uma ou mais divindades. SEG (p. 205) supõe que o sujeito seja "teus lábios".

[Versos 73-76] Gilgámesh interpreta um sonho de Enkídu, talvez o que se encontraria no início da tabuinha, em que se decreta sua morte (pelo menos é o que dá a entender que a fórmula "o sonho é valioso", posta várias vezes na boca de Enkídu na tabuinha 4, que agora migrou para a boca de Gilgámesh).

Observe-se que, ao contrário do que acontece nas tabuinhas 1 (os sonhos que preveem a chegada de Enkídu) e 4 (os sonhos durante o percurso até a Floresta de Cedros), agora Gilgámesh deixa de ser quem sonha para assumir a função de intérprete. No *Livro dos gigantes* de Qumran (4Q531 22), pelo que se pode depreender, ele parece ter um papel semelhante, quando o narrador afirma que, provavelmente com relação ao que diz outro gigante, 'Ohyah, "então Gilgámesh disse: teu sonho está completo (?)" (cf. GOFF, Gilgamesh the Giant, p. 242). Observe-se como esse simples comentário ("teu sonho está completo") é análogo aos que se encontram aqui ("o sonho é soberbo", "o sonho é valioso").

O último dístico – "Ao que vive é legado o lamentar-se,/ O morto ao vivo lamentar-se lega" – parece constituir uma espécie de provérbio que ensina que não se deve temer a morte, pois o que ela tem de indesejável cabe aos que sobrevivem. Afirmando isso, observe-se como Gilgámesh entende que a morte de Enkídu é inevitável.

[Versos 77-82] Embora George (GBGE, p. 478-484) considere que "evidentemente ele [Gilgámesh] espera, por esses meios [as preces aos deuses] reverter seu decreto", não acredito que se possa ter certeza disso. Em primeiro lugar, porque nos versos anteriores nada indica que Gilgámesh não entenda que a morte de Enkídu é inevitável; em segundo lugar, pela conclusão de toda sua fala – "Com ouro sem conta tua efígie farei" –, o que remete para as honras fúnebres.

Menos que a esperança de que seja possível reverter o decreto dos deuses, entendo que essa fala tenha como propósito consolar Enkídu, não mais que isso, apontando, sim, para uma possibilidade, a da reversão, em que nenhum dos amigos acredita. Dessa perspectiva, tudo ganha um duplo sentido, em especial a promessa de que "com ouro sem conta tua efígie farei", o que tanto pode remeter a uma "figura votiva, a ser posta diante dos deuses para lembrá-los do estado de Enkídu e do pedido de Gilgámesh", como quer George, quanto simplesmente para as honras fúnebres, como de fato acontecerá.

[Verso 84] Observe-se que tudo indica que começa aqui a resposta de Enkídu a Gilgámesh. Podia ser que o verso 83, inteiramente danificado, contivesse a fórmula *dicendi* que normalmente marca a mudança de locutor.

[Versos 86-87] Esse dístico parece conter uma expressão proverbial.

[Verso 89] Parece que este verso traz também um provérbio.

[Verso 90] Este verso é um marcador temporal importante tanto aqui quanto na narrativa do dilúvio na tabuinha 11.

Mimmû šēri ina namāri faz referência aos primeiros sinais do raiar do dia, como traduzem SEG (p. 206), "*al primer brillo del alba*"; GBGE (p. 639), "*at the very first light of dawn*"; Serra, *A mais antiga epopeia do mundo*, "ao primeiro raiar da aurora"; Burkert ("Or also a god singer", p. 184), "*barely a shimmer of the morning dawned*"; Michaux (Gilgamesh and Homer, p. 9), "*as soon as the day was dawning*"; e o CAD, s.v. *šēru*, "*the first light of dawn appeared*", s.v. *namāru*, "*when the day broken*" e s.v. *mimmû*, "*when the first (lit. any) light of the morning appeared*". O sentido sendo claro, a expressão idiomática é sofisticada e altamente poética: a) *mimmû* significa 'tudo', 'algo', 'nada' e a expressão *mimmû šēri* deve ser entendida como 'nada da manhã' ou então como 'algo da manhã', para marcar o primeiríssimo momento da aurora (*šēru* significa 'manhã', 'aurora' e, em particular, a 'estrela da manhã', identificada com Ishtar); b) o verbo *namāru/nawāru* tem o sentido de 'brilhar', 'amanhecer', e a expressão *ina namāri*, enquanto uma construção impessoal, significa 'ao amanhecer'.

Minha opção de tradução foi guiada por dois propósitos: a) do ponto de vista lexical e semântico, valorizar as conotações da expressão original; b) em termos sintáticos, não fazer dela uma construção simples, mantendo seu ritmo: 'nem bem manhã,/ já alvorece'.

[Verso 92] Este verso é uma variante de 6, 83, referente a Ishtar: "À face de Ántum, sua mãe, vinham-lhe as lágrimas".

Note-se o papel de Shámash, a quem Enkídu, neste verso e no seguinte, pede por sua "inestimável vida". Shámash é o único que o poderia livrar da decisão de Énlil, o qual nessa direção, ao que parece, conduziu a assembleia dos deuses.

[Verso 94] Variante do verso 1, 113: "Um caçador, homem de armadilhas".

[Verso 96] Cf. anota SEG (p. 216), M. G. Kovacs, *The Epic of Gilgamesh* (Stanford, 1989, p. 62), traduz este verso assim: "que o caçador não tenha alimento suficiente" – lendo a última palavra não como *ibru* (amigo), mas *ipru* (ração alimentar). Pode ser que haja aí um trocadilho.

George (GBGE, p. 478-484) entende que a maldição seja no sentido de que o caçador jamais emerja da sombra do sucesso de seu amigo.

[Verso 99] Ao que parece, o que se deseja é que, aonde o caçador entre, os bens, a riqueza, o ganho, o lucro saiam pela janela.

[Versos 100-161] Este longo entrecho constitui um dos mais significativos achados do poema, comportando três movimentos concatenados: a) a maldição de Shámhat; b) a intervenção de Shámash; c) a bênção de Shámhat. A intervenção de Shámash, por si só, o torna raro, uma vez que se trata de introduzir, em discurso direto, a fala do deus a uma das personagens do poema, o que mostra a importância de sua intervenção – e, como se trata, neste caso, de reverter a maldição lançada por Enkídu contra Shámhat, mostra-se também a suma importância desta no enredo.

Observe-se que a maldição diz respeito a que Shámhat, como prostituta, não usufrua de três benesses: a) não tenha casa, família, nem bens; b) não se cubra com belas vestimentas; c) não seja bem tratada pelos que a procuram. A bênção que se segue, portanto, retomará os três aspectos: a) que seus clientes a amem; b) que lhe levem joias e pedras preciosas; c) que o moço de boa casa, próspero, abandone por causa dela sua esposa e seus filhos.

Para George (GBGE, p. 481), "da presença de ambos, a maldição e a bênção, pode-se inferir um amplo simbolismo, no qual o duplo destino da prostituta é um exemplo das vicissitudes de fortuna experimentadas por diferentes indivíduos por razões que não são óbvias. O destino de todo mortal – não só das prostitutas – é algo arbitrário. A vida é injusta: alguns têm sorte, outros sofrem e sujeitam-se a desventuras."

[Verso 103] Enkídu afirma, neste verso, que a maldição que lança acompanhará Shámhat *ana dūr dār*, expressão difícil de verter, em que *dūru* significa 'para sempre' e *dāru*, 'eternidade', havendo aí um jogo aliterativo (seria algo como 'a eternidade de para sempre'). George traduz por "for all eternity", que dá conta do sentido, mas perde o estilo iterativo da expressão; Sanmartín opta por "por los siglos de los siglos" – o que preserva o sentido iterativo, mas lança mão de um lugar comum excessivamente marcado.

Minha solução é a que aí está: "de era em era", tanto porque mantém o sentido iterativo e apela para termos neutros quanto porque, usando critérios diferentes dos nossos para contar o tempo, os mesopotâmios têm uma consciência aguda de que ele se organiza em eras, como, em especial, a antediluviana e a pós-diluviana.

[Verso 104] Verso semelhante ocorre na *Descida de Ishtar à Érsetu*: "Vem Asúshu-námir, amaldiçoar-te-ei com grande maldição".

[Versos 116-117] Os locais que constam deste dístico têm relação com a prostituição. Em especial, a referência à muralha é significativa, pois, pelo que se sabe, era junto dela que as meretrizes de baixa condição esperavam por seus clientes.

Considerando maldições semelhantes na *Descida de Ishtar à Érsetu* e num encantamento paleobabilônico, em que a praga se dirige a um cão, GBGE (p. 480), observa que "maldições desse tipo estavam tradicionalmente associadas a seres humanos postos à margem da sociedade, fora dos limites de respeitabilidade, e animais que eram evitados e potencialmente perigosos".

[Verso 119] Anota GBGE (p. 479) que esta maldição aparece na *Descida de Ishtar à Érsetu*.

[Verso 122] As corujas costumam ser aproximadas das prostitutas, por serem aves noturnas.

[Versos 130-131] Conforme George (GBGE, p. 478-484), esse dístico expressa "uma emoção humana comum", qual seja, "o pesar pela perda da inocência". Trata-se de um fecho perfeito, que mostra a motivação das palavras dirigidas contra Shámhat e prepara a linha argumentativa de Shámash: se Enkídu perdeu a "pureza" de sua vida entre os animais, ganhou muito em troca.

[Verso 132] É o mesmo verso de 5, 95.

[Versos 134-147] Maier (Gilgamesh: Anonymous Tradition and Authorial Value, p. 91-92) chama a atenção para as qualidades estilísticas desse trecho, que ele considera típicas do estilo de Sin-léqi-unnínni, ressaltando o modo como a fala de Shámash se organiza em três partes bastante equilibradas: a) os v. 135-138 fazem referência aos dons que Enkídu deve a Shámhat, o ápice dos quais foi a conquista como amigo do belo Gilgámesh; b) os v. 139-143 dizem respeito àquilo que, como honras fúnebres, Enkídu receberá de Gilgámesh, incluindo sua recepção na terra dos mortos, a Érsetu; c) finalmente, 144-147 têm em vista o tempo após a morte, com o luto da cidade e do próprio Gilgámesh. Em certo sentido, é ainda a opinião de Maier, esta fala resume o que há de essencial no poema.

[Versos 135-136] Estes versos ecoam 6, 27-28, a resposta de Gilgámesh à proposta de casamento feita por Ishtar: "Far-me-ás comer manjar digno de um deus?/ Cerveja far-me-ás beber digna de um rei?"

[Verso 139] O termo acádio no final do verso é *talīmu*, cujo significado é 'irmão favorito', em especial de um deus ou de um rei.

[Verso 141] No ritual fúnebre, o primeiro dia é chamado de u_4-*mu ša eršá(ná)-šu i-ka-ra-ru-u-ni*, ou seja, 'o dia em que se põe o leito'.

[Verso 142] Na concepção mesopotâmica, a esquerda é sempre funesta, razão pela qual ao que se alude aqui é a um banquete fúnebre (cf. SEG, p. 216). Anote-se ainda que, no ritual fúnebre sumério, uma cadeira era reservada para o morto, representado por uma figura antropomórfica ou uma estátua; o assento podia ainda ser destinado ao espectro do morto.

[Verso 143] A fórmula "os príncipes da terra" (*malka ša qaqqari*) designa os deuses da terra dos mortos, a Érsetu.

Observe-se que essa predição remete aos sonhos pressagos de Gilgámesh a propósito da chegada de Enkídu, na tabuinha 1, quando se afirma que a "rocha de Ánu" tendo caído do céu, "como a uma criancinha pequena beijavam-lhe os pés" (1, 255). A expressão repete-se em 2, 107, quando se relata a entrada de Enkídu em Úruk, confirmando, uma primeira vez, o presságio. Como, todavia, beijar os pés faz parte dos ritos fúnebres, apenas agora parece que a predição ganha todo seu sentido.

[Verso 145] O que traduzi por "exuberante" é em acádio *šamhatu*, que significa também 'prostituta' e é o nome próprio da personagem Shámhat. Recorde-se que o termo provém de *šamhu*, 'luxurioso', 'exuberante', 'próspero', 'feliz'.

[Verso 146] "Grenhas de cadáver" traduz literalmente *malâ pagaršu*, isto é, o costume de deixar os cabelos sem cortar em honra de um morto, como sinal do lamento por sua perda.

[Verso 147] Cf. observa Maier (Gilgamesh: Anonymous Tradition and Authorial Value, p. 92) este verso antecipa o destino futuro de Gilgámesh, que passará a vagar pela estepe, como o fazia Enkídu antes que fosse trazido para a civilização.

Sobre o fato de que ele o fará revestido de uma pele de leão, ressalte-se o paralelo com *Gênesis* 3, 21, onde se afirma que, após a expulsão do paraíso e, pelo que se entende, como parte do castigo pela falta cometida, Iahweh "fez para o homem e sua mulher túnicas de pele e os vestiu". Sasson (Time & Mortality, p. 503, n. 35) recorda que, num texto recentemente publicado, se afirma que Sargão de Akkad vestiu seu inimigo com uma pele de animal, "presumivelmente para demonstrar seu controle sobre ele". Normalmente, apenas sandálias, cintos e chapéus são feitos de couro, portar vestimentas de pele configurando, portanto, algo que escapa à civilização. Finalmente, tenha-se em vista também o exemplo de Héracles coberto com a pele do leão de Nemeia.

[Versos 153-156] Estes quatro primeiros versos da bênção têm como referência os clientes de Shámhat, num arrolamento expressivo: o general e o príncipe, figuras poderosas, ao lado do soldado, figura comum; sublinha-se de modo enfático a pressa que todos terão de encontrá-la: um bata na coxa, para andar rápido, outro sacuda os cachos, enquanto em marcha, o terceiro desate logo o cinto para o contato sexual. Tudo isso reforça o quanto é ela desejável.

[Versos 159-161] Não se trata aqui, necessariamente, de Shámhat casar-se com o homem rico que, por sua causa, abandonasse a esposa com sete filhos, mas de que ele, o homem, se sinta tão envolvido com ela que abandone a esposa. Observe-se que, neste caso, Shámhat estaria logrando realizar o que Ishtar não conseguira com relação a Gilgámesh, ou seja, exercer o máximo de sedução.

[Versos 165-175] Em termos narratológicos, este sonho pode ser tido como o último dos trabalhos heroicos de Enkídu, em que ele será derrotado e conduzido por seu oponente à terra dos mortos.

[Verso 166] Igual a 4, 101.

[Verso 169] É a segunda vez, nesta tabuinha, que Enkídu faz referência a Anzu (cf. v. 53 *supra*, a propósito da maldição da porta: "Na sua porta instalara eu Anzu").

Saliente-se que, na versão paleobabilônica do poema de Gilgámesh, um dos sonhos do herói, quando se dirigia à Floresta de Cedros, foi com Anzu (cf. OB Nippur, apud GBGE, p. 242):

> Amigo meu, vi um quarto,   9
> Supera meus outros três sonhos:
> Vi um Anzu no céu,
> Elevava-se como nuvem, planando sobre nós.
> ---- ele era, estranha sua face,
> Sua boca era fogo, seu alento, morte.
> Um homem de inusual aparência   15
> ---- estava em minha noite.
> ---- suas asas, pegou-me o braço,
> ---- lançou-o no solo em face de mim.

No reverso da tabuinha encontra-se a interpretação que Enkídu dá do sonho, lendo-se apenas, depois da repetição do relatado por Gilgámesh, que "o homem que viste é o forte Shámash". Observe-se que o verso 14 é o mesmo que aparece em 2, 222 aplicado a Humbaba.

[Versos 182-183] Na Érsetu os mortos se vestem de penas. Por isso Enkídu foi transformado num pássaro.

[Versos 184] *Irkalla* é um dos nomes por que é conhecida a deusa Eréshkigal, rainha da terra dos mortos. A descrição que segue da terra dos mortos é famosa e como que resume os traços principais daquele local.

[Versos 185-192] Essa sequência de versos apresenta nomes tradicionais para a terra dos mortos, localizada abaixo da superfície, que aparecem também na *Descida de Ishtar à Érsetu* e em *Nérgal e Eréshkigal* (cf. GBGE, p. 481-482).

Como resume Heidel (*The Gilgamesh Epic and Old Testament Parallels*, p. 171), "os nomes pelos quais a morada dos mortos era conhecida entre os habitantes da região do Tigre e Eufrates são numerosos. Os versos de abertura da versão suméria da descida de Ishtar ao mundo subterrâneo chama-a de kigal, 'o vasto lugar de abaixo', palavra que pode referir-se também ao pedestal de uma estátua. Esse termo é um dos elementos que compõem o nome *Ereškigal*, 'a senhora do vasto lugar de abaixo', isto é, a rainha do mundo inferior. No semítico babilônico ela é encontrada, por exemplo, na expressão *irat kigalli*, 'o peito ou seio do submundo' [...]. Uma vez que o lugar onde se ajuntam os mortos está situado dentro da terra, os sumérios se referiam a ele também como kur e os semitas, na Babilônia, como *irṣitu*, ambos os termos significando 'terra'.

Kur é a designação usual para o mundo inferior na recensão suméria da descida de Ishtar, enquanto *irṣitu* ocorre, por exemplo, na décima segunda tabuinha da *Epopeia de Gilgámesh* e no nome *Bēlit-irṣitim*, que, na versão semítica da descida de Ishtar, é a designação babilônica para a rainha do mundo inferior. Outros nomes que os babilônios atribuíam ao reino dos mortos eram *irṣiti lā tāri* (em sumério: kurnugia ou kurnugi), 'a terra sem retorno'; *Arallû* ou *aralû* (sumério: arali), cuja etimologia ainda permanece obscura; *mūšab irkalla* ou *šubat irkalla*, as duas expressões significando 'sede de Irkalla', ou simplesmente *irkalla* ou *irkallum*; *kūtû*, derivado do nome da cidade babilônica Kutu (a bíblica Cuthah), a cidade sagrada de Nérgal, que, como uma divindade ctônica, era o rei do mundo subterrâneo; e urugal (em sumério), com o significado literal de 'a grande cidade'."

[Versos 194-197] Isso indica que os poderosos em vida, depois da morte, executarão tarefas de serviçais: as coroas estão depostas e eles se apresentam como o comum dos mortos. A concepção mesopotâmia geral é de que os mortos se encontram nus, sem as insígnias que os distinguiam durante a vida. Essa regra é tão forte que mesmo uma deusa como Ishtar, em sua descida à terra dos mortos, teve de despojar-se, a cada etapa, de vestimentas e adornos, até chegar inteiramente nua ao destino (cf. GBGE, p. 482).

Essa é uma concepção que, no mundo grego, foi extensamente explorada por Luciano de Samósata em seus *Diálogos dos mortos*. No Hades homérico, como descrito na *Odisseia*, não fica claro se as sombras dos mortos conservam algum tipo de sinal, com exceção da de Héracles, que conserva o "arco desnudo e uma seta sobre a corda", bem como um "talabarte em volta do peito, uma faixa de ouro,/ onde estavam trabalhadas maravilhosas imagens" (11, 607-614, tradução de Frederico Lourenço).

Já Ataç (The "Underworld Vision" of the Ninevite Intellectual Milieu, p. 68) interpreta que se trata de reis antediluvianos: "O que isso significa é que Enkídu aqui encontra as coroas de reis antediluvianos que pertencem à idade dos *apkallus*, sábios que, juntos com sua sabedoria e seus poderes mágicos, entraram num estado de 'ocultamento', no Apsu, depois do dilúvio. O Apsu era um componente do grande mundo inferior mesopotâmico e era algumas vezes equiparado ou mesmo confundido com o próprio mundo inferior. Mais ainda, os reis antediluvianos eram, algumas vezes, eles próprios sábios, como Enmeduranki, o rei divino. A declaração de que esses governantes servem o banquete dos deuses pode, pois, ser tomada como uma indicação da proximidade desses reis com os deuses, de um modo não diferente da humanidade da Idade de Ouro de Hesíodo, a qual vivia e festejava entre os deuses".

[Versos 198-201] Observa GBGE (p. 482) que arrolar vários tipos de sacerdotes na terra dos mortos é um *topos* que também se encontra, dentre outros exemplos, no poema sumério conhecido como *A morte de Bilgames*.

[Verso 202] As duas referências neste verso são curiosas, por várias razões, a começar pelo fato de que identificam, na Érsetu, a presença de personagens que nele não residem – até então as referências tinham sido de ordem geral, como aos reis e aos sacerdotes.

Etana, conforme a lista de reis suméria, foi rei da cidade de Kish, sendo personagem de um relato famoso: ao tentar alcançar o céu voando com a ajuda de uma águia, terminou caindo na terra. GBGE (p. 483) acredita que a referência a Etana seja um alerta contra a pretensão de Gilgámesh, expressa nas tabuinhas seguintes, de alcançar a imortalidade.

Shákkan (referido em 1, 109 *supra*) era um deus relacionado com os animais, deus do gado, que se representava nu em pelo. GBGE (p. 483) pensa que sua presença neste ponto do poema implica também uma mensagem cifrada: uma vez que se trata do "senhor dos rebanhos selvagens" (*bēl būli*), com os quais conviveu Enkídu, sua presença na Érsetu remete para a morte próxima do herói. Acrescente-se que, como anota Parpola (PSBEG, p. 147), Shákkan é um dos aspectos de Nérgal, senhor da Érsetu.

[Verso 203] *Ereškigal*, cujo nome significa 'Senhora da Terra', 'Rainha da grande Terra', filha de Ánu, era quem presidia a Érsetu, a morada dos mortos. Era esposa de Nérgal e mãe de Nínazu.

[Verso 204] *Bēlet-ṣēri*, 'Senhora da Estepe', onde os espectros inquietos residem, tem como epíteto 'Escriba da Érsetu'. Observa GBGE (p. 483): "na casa de uma rainha, a escriba é naturalmente feminina". Como se verá na sequência desta tabuinha e da próxima, o mundo subterrâneo conta com diversos servidores, que exercem funções análogas às que se praticavam nos palácios dos reis: escriba, camareiro, porteiro, etc.

[Verso 221] Considerando a expressão *ātamar zumuršu*, "vi sua pessoa", GBGE (p. 483) especula que aqui poderia haver uma cena em que Enkídu se referisse a personagens famosos que teria visto na Érsetu, como acontece no canto 11 da *Odisseia* e no canto 6 da *Eneida*.

[Versos 251-252] GBGE (p. 484) entende que nestes dois versos quem fala é Enkídu. Isso, contudo, não fica tão claro.

[Versos 253-254] Não fica igualmente claro quem fala nestes versos, embora pareça ser Gilgámesh.

[Versos 255-260] O arrolamento de sequências numéricas é um recurso poético usado em outros pontos do poema, como em 1, 115 ("Um dia, um segundo, um terceiro, no açude deu com ele") e 1, 171 ("Um dia, um segundo dia no açude ficaram sentados"). Aqui, como se vê, é ele explorado ao máximo. Além de registrar que a doença de Enkídu dura doze dias, como um recurso de verossimilhança adequado, serve para demonstrar a destreza do poeta na composição dos versos: ora retarda ele a contagem (v. 255, 257, 259), ora habilmente acelera-a (v. 258), nos intervalos inserindo as referências à doença.

[Versos 263-267] Parece que neste trecho se retoma, de algum modo, a questão da morte heroica, opondo-se a fama que tem quem morre no combate à morte de quem, como Enkídu, é colhido por uma doença inglória.

Tabuinha 8

[Verso 1] O mesmo verso de 7, 90, que, nesta tabuinha, será repetido nos v. 65, 92 e 213, escandindo os dias que duram as ações em torno da morte de Enkídu, a saber: a) primeiro dia, os lamentos junto do leito de morte (v. 1-64); b) segundo dia, confecção da estátua funerária e outros preparativos para o funeral (v. 65-91); c) terceiro dia, exibição pública das oferendas, preces aos deuses da Érsetu e o ritual que segue; d) quarto dia, mais ritos (v. 213 ss, cf. GBGE, p. 486). Como o final da tabuinha se perdeu, é impossível saber se haveria referência a outros dias.

Com relação ao primeiro dia, é possível interpretar o que se narra de duas formas: a) ou os lamentos de Gilgámesh, que se estendem dos v. 3 a 56, fazem-se sobre o amigo já morto, pois têm a forma própria dos lamentos fúnebres (ver comentários aos v. 2-56); b) ou os lamentos são proferidos sobre o amigo nos últimos estertores da agonia, a morte de fato sendo constatada apenas a partir do verso 57. É provável que a segunda opção seja a melhor, pois a primeira parte (1-56) e a segunda (57-64) apresentam formas distintas de manifestação de dor pela perda (cf. RENDU, Cri ou silence, 209-212).

[Versos 2-56] Este verso introduz o lamento fúnebre de Gilgámesh pela morte iminente (ou recente) de Enkídu, o qual, segundo Müller (Gilgameschs Trauergesang um Enkidu und die Gattung der Totenklage, p. 235-241), é composto de quatro partes: a) de início, a saudação ao morto (v. 3-6); b) a segunda parte é marcada pela repetição, no modo precativo, dos verbos *bakû* (chore-te) ou *nubbû* (lamente-te), constituindo uma aretologia do morto, que repassa lugares e feitos relacionados com sua vida, explicitados em orações adjetivas (v. 7-41); c) a terceira parte põe em cena o auditório, ou seja, os "moços" e os "anciãos da vasta cidade de Úruk", pondo em foco a primeira pessoa, isto é, Gilgámesh – mudança marcada pelo uso do presente *abakki*, "choro" – a aretologia se fazendo pela série de metáforas relacionadas com a primeira pessoa: "machado de meu flanco", "socorro de meu braço", "espada de meu cinto", etc. (v. 42-49); d) finalmente, os v. 50-56 constituem o epílogo do lamento, estruturado em termos de "uma vez" e "agora": fizemos isso, aquilo, aquiloutro e "agora, que sono te pegou a ti?"

A fim de determinar o que seria próprio do canto fúnebre enquanto gênero, Müller vale-se, dentre outros textos mesopotâmicos e hebraicos, sobretudo de paralelos com o lamento de Davi pela morte de Saul e Jônatas, em *2 Samuel* 1, 19-27, que cito na íntegra, na tradução da *Bíblia de Jerusalém*:

Pereceu o esplendor de Israel nas tuas alturas?   19
Como caíram os heróis?

Não o publiqueis em Gat,   20
não o anuncieis nas ruas de Ascalon,
que não se alegrem as filhas dos filisteus,
que não exultem as filhas dos incircuncisos!

Montanhas de Gelboé,   21
nem orvalho nem chuva se derramem sobre vós,
campos traiçoeiros,
pois foi desonrado o escudo dos heróis!

O escudo de Saul não foi ungido com óleo,   22
mas com o sangue dos feridos,
com a gordura dos guerreiros;
o arco de Jônatas jamais hesitou,
nem a espada de Saul foi inútil.

Saul e Jônatas, amados e encantadores,   23
na vida e na morte não se separaram.
Mais do que as águias eram velozes,
Mais do que os leões eram fortes.

Filhas de Israel, chorai sobre Saul,   24
que vos vestiu de escarlate e de linho fino,
que adornou com ouro
os vossos vestidos.

Como caíram os heróis   25
no meio do combate?
Jônatas, a tua morte dilacerou-me o coração,
tenho o coração apertado por tua causa, meu irmão Jônatas.

Tu me eras imensamente querido,   26
a tua amizade me era mais cara
do que o amor das mulheres.
Como caíram os heróis   27
e pereceram as armas de guerra?

[Versos 3-4] Como se expôs na tabuinha 1, Enkídu foi feito de argila pela deusa Arúru. Assim, afirmar que ele teve como mãe uma gazela e como pai um asno selvagem constitui uma forma de recordar sua vida primitiva, em comunidade com os animais. Observe-se como isso, aqui usado para o elogio do morto, é paralelo aos vitupérios que Humbaba dirige contra Enkídu em 5, 87-88: "filho de peixe que não conheceu pai", "filhote de cágado e tartaruga, que não mamou o leite da mãe" (recordando-se sempre que a morte de Enkídu é consequência da morte de Humbaba).

[Versos 5-6] As referências ao leite como bebida e ao pasto como comida retomam dois aspectos fundamentais da vida primitiva de Enkídu. A troca do leite pela cerveja e do pasto pelo pão constituiu um momento importante na passagem da vida selvagem à civilizada (em 2, 47-48, quando pela primeira vez apresentado a pão e cerveja na casa dos pastores, o narrador esclarece: "comer pão não aprendera,/ beber cerveja não sabia").

[Versos 7-8] Terminado o longo vocativo dos quatro versos iniciais, em que a ênfase se punha nas origens selvagens de Enkídu, a primeira parte da aretologia se abre com o grande feito da Floresta de Cedros, fechando-se, nos v. 21-22, com a referência à outra grande proeza dos amigos, a morte do touro. Esse paralelismo aponta para uma organização dessa parte do lamento numa estrutura quiástica, recurso bastante comum nas poéticas semíticas (as lacunas dificultam um entendimento mais exato das relações entre as partes), o que poderia ser representado assim:

> chore-te a Floresta de Cedros (onde matamos Humbaba)
>   chorem-te os anciãos (e o povo) de Úruk
>   chorem-te ---- das colinas e montanhas
>   chorem-te (lamente-te) a campina, o buxo, o cipreste, o cedro
>   chorem-te o urso, a hiena etc. e os animais da estepe
>   chorem-te o Ulaia e o Eufrates
>   chorem-te os moços de Úruk
> que nosso combate viu ao matarmos o Touro

Observe-se que a inflexão central se faz como passagem de referências vegetais, que coroam a remissão ao feito na Floresta de Cedros, para uma longa relação de animais, que culminará na proeza da morte do touro.

[Verso 12] Resta do verso somente o seguinte: [...............]x-*a-ni el-la*. A única palavra que, portanto, se lê, *ellu*, 'puro', 'limpo', é a mesma dos v. 7, 130-131, na conclusão da maldição de Enkídu contra Shámhat: "Porque a mim, puro, enfraqueceste:/ A mim, puro, enfraqueceste na minha estepe". Como o contexto fala de "montanhas" e "colinas", é provável que esteja em causa a vida primitiva de Enkídu.

[Verso 13] O verbo que vinha sendo usado até aqui – *bakû*, chorar – é agora alternado com *nubbû*, "lamentar", no mesmo modo precativo (que te lamente a campina!). Não só a mudança do verbo dá uma conotação especial a este verso (que se encontra num ponto bastante central do quiasma), como o sintagma *kima ummika*, "como tua mãe".

[Verso 18] O Ulaia é um rio que procedia de Elam (seu nome hoje em dia é Kārún, um afluente da esquerda de Satt el-'Arab, cf. SEG, p. 230). O verso parece remeter a algum episódio da vida de Gilgámesh e Enkídu, de que todavia não se tem nenhuma notícia.

[Verso 20] O verso *[ša nit]-taq-qu-ú mê*(a)^{meš} *[na-d]a-a-ti* oferece alguma dificuldade de compreensão – embora eu tenha dado dele uma tradução literal. SEG (p. 230) interpreta-o, parece-me que com razão, assim: "com cuja água enchíamos os odres para oferecer sacrifícios de libação".

[Versos 23-26] Ainda que as lacunas, nestes versos, tornem difícil sua interpretação, parece que os dois dísticos têm em comum a exaltação do nome do morto (cf. *ušela šumka*).

[Versos 27-30] A remissão é certamente à cena de 2, 37-48, quando Enkídu é levado à comunidade de pastores, como a primeira etapa de seu processo civilizatório. Note-se que as referências são a alimentos derivados do leite, porém trabalhados – coalhada (?) e manteiga –, à diferença do leite puro de onagros, referido no verso 5 *supra*.

[Verso 28] "Coalhada" é uma tradução apenas aproximada de *hīqu* (cujo sentido literal é 'misturado', 'diluído', especialmente na expressão *hīqu šikārī*), em vista da referência imediatamente anterior a 'leite' (*šizbu*). Não se sabe, todavia, o tipo de alimento em que consistia.

[Versos 31-32] Falar de cerveja implica sempre, no poema, falar de vida civilizada (cf. 2, 37-48).

[Versos 33-34] Pelo estado fragmentado deste dístico e da parte que poderia a ele corresponder na tabuinha 2, não fica claro a que meretriz se faz referência. É provável que se trate de Shámhat.

[Versos 35-40] Cf. George (GBGE, p. 486), a alusão a parentes, que, como se sabe, Enkídu nunca teve, deve decorrer do fato de que "um lamento por um herói morto é uma forma literária codificada" e, por isso, "certos motivos ocorrerão, sendo ou não sendo apropriados para o assunto". Entendo, todavia, que não se trata do uso um tanto inconsequente das convenções do lamento, mas de referências que visam justamente a ressaltar aquilo que Enkídu não teve: esposa, irmãos e irmãs, pai e mãe. Dizer que alguém (não se sabe quem, em vista da lacuna) "como teus irmãos te chorem", "como tuas irmãs soltem os cabelos sobre as costas" em sinal de luto, é tentar, de algum modo, remediar o que Humbaba predissera em 5, 257: "A não ser seu amigo Gilgámesh, não tenha Enkídu outro para enterrá-lo!"

[Verso 45] No original, *ki-ma la-la-ri-ti [ú-n]am-ba šar-piš*. Utilizam-se termos-chave para situar a forma como age Gilgámesh: a) o verbo é aquele para o qual já se chamou antes a atenção, *nubbû*, que então se aplicava à "campina" que deveria lamentar Enkídu como se sua mãe; b) o advérbio *šarpiš*, como salienta Rendu (Cri ou silence, p. 210), indica que "ele se lamenta 'amargamente' ou 'ardentemente' (para retomar o sentido da forma verbal donde se tira o advérbio *šarpiš*, a qual significa 'queimar, arder, consumir')", de modo que "a intensidade de seu sofrimento é perceptível e audível para todos"; c) finalmente, *lallartu* (feminino de *lallaru*) designa a 'carpideira', com a qual Gilgámesh se compara.

Ainda de acordo com Rendu (Cri ou silence, p. 209-210), "no masculino, o termo *lallaru* designa os profissionais da lamentação e do choro. Numa prece ao deus Marduk, a tristeza do fiel é descrita assim: 'ele lança amargamente suas queixas como um carpidor (*lallaru*)'. Mas o termo *lallaru* designa também uma espécie de inseto (uma abelha ou um gafanhoto) e um pássaro (espécie de coruja). Um *incipit* dum canto conservado num catálogo de peças literárias (que remonta à segunda metade do segundo milênio antes de nossa era, encontrado em Assur) associa realmente o grito do pássaro com o carpidor, para descrever a emoção do ser amado: '(Minha) pássara, meu pássaro-*tikurru*, tua voz é a de um carpidor'" (*lallaru rigimki*).

É preciso finalmente atentar para o paralelismo deste verso com o verso 13 *supra*, uma vez que se utiliza o mesmo verbo (*nubbû*) e uma comparação introduzida por *kīma* – "lamente-te a campina, como se tua mãe" (*linamba qerbetu kīma ummika*); "como carpideira lamento com ardor" (*kīma lalariti unamba šarpiš*) – as duas figuras com que se estabelecem as comparações sendo do gênero feminino: tua mãe/uma carpideira. Num certo sentido, com ambas as comparações Gilgámesh busca prover a falta que tem Enkídu de família que o lamente.

[Versos 46-48] Cf. SEG (p. 230), "a importância de Enkídu na vida de Gilgámesh é ressaltada mediante cinco imagens: três armas (machado, espada, escudo) e duas vestimentas, uma exterior, festiva, e outra íntima ("cinto de minha virilidade").

[Verso 50] Cf. SEG (p. 230), essas três imagens "sublinham, a um só tempo, o caráter arisco e tenaz de Enkídu, conotando sua força física e sua potência sexual".

[Verso 55] O sono (*šittu*) é uma manifestação mitigada da morte, ideia compartilhada por várias culturas. Na tabuinha 11, o fato de não conseguir resistir ao sono é que convence Gilgámesh de sua mortalidade.

[Versos 57-58] Depois de toda a exuberância dos lamentos anteriores, note-se a destreza com que se pontua a constatação da morte de Enkídu: nada mais que um dístico, com palavras diretas, sem adjetivos ou advérbios – apenas o essencial, que, por sê-lo, dispensa quaisquer adornos.

[Verso 59] Mais uma comparação que ultrapassa as fronteiras de gênero: Gilgámesh trata Enkídu, ao cobrir-lhe a fronte, como uma noiva (*kīma kallāti*). A dor de Davi com a morte de Jônatas é expressa também em termos semelhantes: "Tu me eras imensamente querido,/ a tua amizade me era mais cara/ do que o amor das mulheres" (*2 Samuel* 1, 26).

Note-se, entretanto, que, determinado pelo nome do deus Shámash, *kallātu šamaš* designa a libélula, também chamada de *kulīlu*, cuja vida é breve (ou, mais exatamente, cf. George, The Mayfly on the River, a efemérida, que não vive mais que um único dia), o que parece ser uma boa imagem da vida de Enkídu. Note-se ainda, em favor dessa proposta, que a imagem da *kulīlu* é usada por Uta-napišti, em 10, 312-315, para ensinar a Gilgámesh, apesar de tudo que se faz, quão efêmera é a vida do homem e quão inelutável é a morte:

> Chegada a hora, o rio sobe e traz a enchente,
> A libélula (*kulīlu*) flutua no rio,
> Sua face olha em face o sol:
> Logo a seguir não há nada.

[Verso 60] É provável que esta imagem da águia remeta também, como a seguinte, ao desespero provocado pela perda dos filhotes, como sugere a aproximação com *Deuteronômio* 32, 11, em que está em causa o cuidado de Iahweh para com o povo de Israel (agradeço a minha colega Tereza Virgínia Ribeiro Barbosa por essa observação):

> Como a águia que vela por seu ninho
> e revoa por cima dos filhotes,
> ele o tomou, estendendo suas asas,
> e o carregou em cima de suas penas.

[Versos 61-62] O belo símile do leão privado das crias aparece também na cena da *Ilíada* em que Aquiles chora a morte de Pátroclo, mesmo que, neste caso, não se trate de expressão silenciosa da dor, como acontece com Gilgámesh (comentários em Haubold, *Greece and Mesopotamia*, p. 22-23):

> Entre eles foi o Pelida que iniciou o violento lamento,
> pousando as mãos assassinas no peito do companheiro,
> gemendo constantemente como o leão barbudo,
> cujas crias arrebatou algum caçador de corças
> na densa floresta; e o leão, chegando depois, aflige-se
> e percorre muitas clareiras no rastro do homem,
> na esperança de o apanhar, pois raiva sinistra o domina –
> assim com profundos suspiros falou ele aos mirmidões... (*Ilíada* 18, 316-323, tradução de Frederico Lourenço).

[Versos 60-64] Depois da longa expressão de dor através dos lamentos e na sequência da constatação da morte do amigo, tem lugar a manifestação do sofrimento através de gestos sem fala, como arrancar os cabelos e atirar fora os adornos.

[Verso 69] Gilgámesh cumpre o que prometera a Enkídu em 7, 80 ("Com ouro sem conta tua efígie farei"). Essa imagem (*ṣalmu*) participa dos ritos fúnebres, entendendo-se que constitui uma sede para o espectro do morto (cf. GBGE, p. 487).

[Versos 84-91] Estes versos repetem os de 7, 140-7.

[Verso 87] Os "príncipes da terra" são os deuses da Érsetu, os Anunnákki, divindades ctônicas.

[Verso 92 ss] O terceiro dia do funeral é dedicado à apresentação das oferendas ao morto e aos deuses da Érsetu.

[Versos 98-102; 105-106; 108; 110; 112-115; 117-118; 120-122; 124; 126] Os manuscritos usam, nestes versos, no lugar da expressão "pôs para o amigo seu", o logograma KIMIN, com o significado de 'idem'.

[Verso 133] A participação, no funeral, dos "príncipes da terra", isto é, os deuses da Érsetu, os Anunnákki, é destacada.

[Verso 134 ss] O que se descreve nestes versos é o ritual denominado *taklimu* ou *taklimtu* ('mostra', 'apresentação'), em que se mostravam as oferendas a uma divindade, neste caso o Sol. Isso se faz antes de se colocarem os presentes na sepultura de Enkídu, a fim de que cheguem aos deuses da Érsetu.

Cf. Heidel (*The Gilgamesh Epic and Old Testament Parallels*, p. 153-154); no funeral de um rei, pelo menos em alguns casos, sacrifícios especiais são oferecidos aos deuses da Érsetu com o propósito de induzi-los a se disporem benevolamente em relação ao morto e, provavelmente, também para garantir para ele favores especiais. Um rei assírio, provavelmente um dos Sargônidas, diz com relação ao funeral de seu pai: "[...] Vasos de ouro e prata e todos os pertences da tumba, seus ornamentos reais que ele ama, apresento diante de Shámash e ponho-os no túmulo com meu pai. Apresento presentes aos principescos Anunnákki e aos deuses que habitam o submundo". [...] Se a oferta de sacrifícios aos deuses da Érsetu era uma prática costumeira no caso da morte de um rei e se esse costume era, pelo menos em alguma medida, observado também entre o povo comum, não temos condições de determinar.

[Verso 140] *Namra-ṣit* (literalmente, "brilhante é sua saída") é uma das denominações do deus *Sîn* (a Lua).

[Versos 145 ss] A partir deste verso são referidos os deuses que habitam o mundo inferior, em que reina Eréshkigal. Cf. Heidel (*The Gilgamesh Epic and Old Testament Parallels*, p. 172-173), tal lugar é concebido, em resumo, como "a vasta cidade [urugal] dos mortos" governada por Eréshkigal, também conhecida pelos nomes de Allatu, Irkalla e *Bēlit-irṣitim*: "Eréshkigal estava rodeada por numerosos servidores, que ficavam sempre ao alcance de seu aceno e chamado. Havia o severo deus da praga Námtar, seu vizir, que punha suas ordens em execução. Havia *Bēlit-ṣēri*, sua escriba, que lia para ela, presumivelmente coisas como os nomes dos que acabavam de chegar, os quais tinham sido anunciados pelo porteiro e tinham sido, com toda probabilidade, repetidos por ela (já que é chamada também de 'guarda-livros do céu e da terra' e 'guarda-livros dos grandes deuses'). Havia ainda os sete grandes porteiros que guardavam o palácio [de Eréshkigal] e os Anunnákki, os sete temidos juízes do mundo subterrâneo. Finalmente, havia a hoste de demônios que, como Namtar, espalham doenças e sofrimentos entre a humanidade e, assim, levam sempre novos indivíduos para seu sombrio domínio".

[Versos 148-149] Além de a flauta ser um presente adequado para um deus pastor, este instrumento se encontra associado a Dúmuzi na *Descida de Ishtar à Érsetu*, em que o acompanham flautas de lápis-lazúli (cf. GBGE, p. 859).

[Verso 154] Namtar é uma personificação do destino. O título que ele aqui recebe é *sukkal erṣeti*, o primeiro termo significando 'superintendente', 'porteiro'.

[Verso 159] *Hušbišag* é a esposa de Namtar e, conforme uma fonte, seu aspecto feminino, exercendo a mesma função que ele (seu epíteto aqui é restaurado a partir de um encantamento, cf. GBGE, p. 859).

[Verso 164] O significado do nome *Qāssa-ṭābat* é 'Sua mão é leve'. GBGE (p. 859) observa que isso se aplica não a seu caráter, mas a sua relação fácil com sua senhora, Eréshkigal.

[Verso 167 ss] Cf. GBGE (p. 859), "o começo dessa linha está escrito de modo muito leve, sugerindo, como fica claro nos v. 168-173a, em que o começo de todas as linhas ficou em branco, que o escriba estava lidando com um original danificado".

[Verso 171] Esta deusa não é conhecida por outras fontes. Seu nome, *Ninšuluhhatumma*, significa 'Senhora apropriada para os ritos de limpeza'. Cabe-lhe, na Érsetu, cuidar dos trabalhos domésticos.

[Verso 173a] Cf. GBGE (p. 663), este verso registra-se somente em um dos manuscritos.

[Verso 176] Verso de leitura difícil, porque corrompido. A leitura *elletu Purattu*, 'puro Eufrates', proposta e comentada por GBGE (p. 860), aparece também no verso 19 *supra*.

[Verso 177] *Bibbu* é conhecido por outras fontes, onde recebe o mesmo título de "açougueiro da Érsetu". Enquanto um planeta, ^{d}*bibbu* designa Mercúrio, ou, com o mesmo sentido, Ninurta; todavia, na Grande Lista de Estrelas, é ele relacionado com a 'estrela vermelha', isto é, Marte: "isso levanta a possibilidade de que Marte é vermelho porque, quando estava no mundo inferior, em razão de suas obrigações, ficava banhado de sangue" (GBGE, p. 860-861).

[Verso 181] Cf. SGE (p. 231), *Dumuzi-abzu* é uma variante de *Dumuzi* que ressaltava seu caráter infernal.

[Verso 210] Este juiz dentre os Anunnákki (*dayyān Anunnakkī*) seria talvez Shámash, sua função sendo julgar os mortos (cf. GBGE, p. 862).

[Verso 212] Represamento semelhante do rio é referido no poema sumério conhecido como *A morte de Bilgames*, em que o expediente é recomendado por Enki, de modo a preservar o túmulo do rei (não de Enkídu): depois de desviar o rio para a construção do túmulo e para a realização do funeral, as águas voltariam a cobrir tudo. Conforme o texto:

> Úruk, de pé, que o Eufrates abriu seus diques!
> Kulaba, de pé, que o Eufrates abaixa crescido!
> O recrutamento de Úruk foi todo um furacão,

O recrutamento de Kulaba, toda uma nuvem que se dissipa.
Mas, passado já o primeiro mês,
em cinco dias, em dez dias escassos
se tinha aberto o Eufrates, suas águas tinham saído,
de modo que Utu podia contemplar as conchas de seu leito.
Então foi quando se tiraram as águas do leito do Eufrates!
Edificou-se a tumba de pedra,
edificaram-se os muros de pedra [...]. (Tradução a partir da tradução de SEG, p. 231).

[Verso 213 ss] Tendo em vista que o final da tabuinha se perdeu, não contamos com nada mais que as primeiras providências para a realização dos ritos próprios do quarto dia de honras fúnebres. Como se observa, os ritos começam com ofertas a Shámash.

[Colofão] Colofão reconstituído a partir de fragmentos do manuscrito R (cf. GBGE, p. 738).

Tabuinha 9

[Verso 1-28] Observa GBGE (p. 490-491), esta tabuinha do poema é a que menos se beneficiou com as descobertas de novos manuscritos acontecida nos últimos setenta anos, permanecendo muito danificada e oferecendo problemas sérios de entendimento e interpretação, desde os primeiros versos.

A primeira parte que se pode ler, antes da primeira interrupção, apresenta uma sequência com rápidas mudanças de foco. Depois do primeiro dístico, em que o narrador situa a cena, introduz-se o discurso de Gilgámesh, em primeira pessoa (v. 2-12), até que, com uma referência a um sonho (v. 13), o narrador retorna para contar como o herói lutou com leões.

[Verso 2] Isso confirma o que fora previsto por Shámash em 7, 146-147: depois da morte de Enkídu e das honras fúnebres, Gilgámesh "suportará as grenhas de cadáver/ vestirá pele de leão e vagará pela estepe". Como o que o deus rebate é a maldição que Enkídu acabara de lançar contra a prostituta Shámhat, arrolando os benefícios por ele conquistados com a troca da vida selvagem pela civilização, a errância de Gilgámesh deve ser entendida como parte do luto e mesmo como seu ponto culminante, enquanto aquisição da consciência de sua própria mortalidade. No conjunto do universo, o homem é o único ser que sabe que vai morrer, já que os deuses, que tudo (ou muito) sabem, são imortais, e os animais, que também morrem, não têm consciência disso. Ser homem, portanto, é antes de tudo saber-se mortal.

[Verso 3] O modo como a narrativa muda o foco do narrador para Gilgámesh tem como efeito sublinhar justamente a tomada de consciência com relação a sua própria mortalidade. Trata-se de um recurso poético usado de modo impactante.

[Verso 6] *Ubār-tutu* é referido como pai de Uta-napišti aqui e em 11, 23, o nome significando 'amigo de Tútu' (Tútu é um deus). Ele aparece numa versão da lista de reis sumérios como o último a reinar antes do dilúvio (o nome sendo escrito ubur.tù.tù ou ubur.tu.tu). Na *Crônica dinástica* de Shurúppak (em sumério, Shuruppag), ele é dado como pai de Ziusudra, o herói do dilúvio (a que corresponde, em *Ele que o abismo viu*, Uta-napišti), a mesma tradição sendo transmitida por Beroso, segundo o qual Otiartes (corruptela de Ubara-tútu) reinou em Larak (não em Shurúppak) e foi sucedido por seu filho Xisouthros (correspondente a Ziusudra). Contudo, numa lista de reis antediluvianos, bem como nas *Instruções de Shurúppak*, o nome da cidade é tomado como antropônimo, a sucessão passando de duas para três gerações: "Shurúppak, filho de Ubar-Tútu, [reinou] 28.800 anos;/ Ziusudra, filho de Shurúppak, 36.000 anos;/ dois reis em Shurúppak" (cf. GBGE, p. 154-155).

[Verso 10] *Sín* é o deus Lua.

[Verso 13] Este verso oferece uma considerável dificuldade de interpretação (cf. GBGE, p. 492). Sem dúvida Gilgámesh desperta de um sonho. Não se sabe, contudo, qual o conteúdo dele. Estaria expresso nos versos anteriores? A partir de que ponto? Como dividir o que seria parte do monólogo iniciado no v. 2 e parte do sonho? O encontro com os leões no v. 9 poderia ser parte do sonho, como, mesmo com dúvidas, sugere George? Ou o conteúdo do sonho estaria nos versos seguintes?

Considero mais improvável a última hipótese – de que os versos que seguem a 13 seriam o relato do sonho, restando, portanto, duas opções: que o sonho, pelo menos o encontro com os leões, que se confirma no v. 18, esteja relatado nos versos anteriores a 13; ou que simplesmente não se relata o conteúdo do sonho, a referência ao mesmo sendo um recurso para indicar o esgotamento do herói em sua errância. De fato, tendo chegado à noite junto do monte, tendo avistado os leões e feito uma súplica pedindo a proteção de Sin, Gilgámesh teria adormecido, sonhado e logo despertado, partindo então para a luta contra os leões.

[Verso 17] Este verso se repete em 10, 96, quando Gilgámesh ataca de surpresa o barqueiro de Uta-napišti, Ur-shánabi, e destroça seus auxiliares, as figuras chamadas de "os de pedra". Considerando que se trata de uma fórmula que introduz um ataque de surpresa, aqui também se deve considerar que Gilgámesh surpreende os leões, matando-os e destroçando-os sem que eles o tivessem ameaçado antes.

É provável que, do ponto de vista narrativo, essa cena tenha como função explicar donde provém a pele de leão coberto com a qual Gilgámesh passa a apresentar-se na sequência, cumprindo integralmente o previsto por Shámash em 7, 147: "Vestirá pele de leão e vagará pela estepe".

[Verso 37] *Mašu*, em sentido comum, significa 'gêmeo', nomeando também a constelação de Gêmeos. Como topônimo, designa os montes gêmeos, que marcam, a oriente e ocidente, o nascer e o ocaso do Sol: a cada noite é pelo interior deles que Shámash viaja, sendo o mesmo percurso que será percorrido por Gilgámesh.

Cf. GBGE (p. 492), o nome pode implicar "que ele tem dois picos ou que se trata de um de um par de montanhas", sua opinião sendo a favor da segunda possibilidade. Ele esclarece: "o nascer e o pôr do sol é usualmente concebido, na antiga Mesopotâmia, como a passagem de Shámash para o interior e para o exterior de portas cósmicas situadas no horizonte. [...] A existência de montanhas gêmeas com a função cósmica nos extremos opostos da terra é atestada no pensamento babilônico, pois montanhas para o nascer e o pôr do sol ocorrem como um par em bastantes textos".

Note-se como a descrição do monte (v. 39-41) deslancha na menção e descrição dos homens-escorpião (v. 42-45), retardando a abordagem da reação de Gilgámesh a sua vista. Trata-se de mais um exemplo de como o narrador sabe variar os focos narrativos com evidente habilidade.

[Verso 39] Este verso não deixa dúvidas de que o monte *Mašu* a que chegou Gilgámesh localiza-se no oriente.

[Verso 41] *Arallû* é um dos nomes da Érsetu.

[Verso 42] Os homens-escorpião (em acádio *girtablilu*, em sumério GÍR.TAB.LÚ.U$_{18}$.LU) são geralmente apresentados com cabeça, torso e braços humanos, corpo e cauda de escorpião. No *Enuma eliš*, são criados por Tiamat, quando de sua guerra contra Marduk. A representação abaixo é de um *kudurru* de Nabû-kudurrī-uṣur (Nabucodonosor I, 1126-1104 a.C.), concedendo a LAK-ti Marduk isenção de taxação por serviços prestados durante sua invasão de Elam (BRITISH MUSEUM, 90858):

[Verso 45] Pelo que afirma este verso, os homens-escorpião fazem a guarda do sol quando nasce e se põe. Não se pode, portanto, imaginar que nascente e poente se encontram em lados opostos do mundo, ainda que assim apareçam aos homens, havendo uma conexão entre os dois momentos do ponto de vista do caminho do Sol. Como mostra Marinatos (The Cosmic Journey of Odysseus), as concepções cosmológicas de egípcios, babilônios, hebreus, fenícios e gregos parecem mais complexas.

[Verso 47] Este verso, indicando que Gilgámesh, depois do pavor, retomou o controle de si, é mais uma demonstração de como o poeta logra explorar os estados de ânimo de sua personagem.

[Verso 48] Note-se que se trata de um casal, o que de alguma forma remete ao próprio caráter dual do monte cuja entrada eles guardam.

[Verso 49] A natureza em parte divina de Gilgámesh é percebida por esse primeiro habitante extraordinário do mundo exterior ao contexto humano que ele passa a percorrer. Note-se como se procede habilmente a mudanças de foco: Gilgámesh viu os homens-escorpião (cf. v. 46: "Viu-os Gilgámesh e de temor e espanto cobriu-se-lhe a face"), agora é visto por eles. Em consequência desse jogo de espelhos, Gilgámesh percebe a alteridade dos homens-escorpião – de acordo com o narrador, "Deles terrível é o temor e o olhar é morte,/ Seu assustador resplendor envolve as montanhas (v. 43-44) –, bem como os homens-escorpião percebem a alteridade de Gilgámesh – "Dois terços dele é deus e um terço é humano" (v. 51). Nos dois casos, trata-se de seres compósitos, nem uma coisa nem outra – melhor, uma coisa e outra, coisa e outra aparentemente incompatíveis: homem-animal, homem-deus.

[Verso 51] O mesmo verso de 1, 48, afirmação, naquele caso, devida ao narrador. Trata-se, portanto, da técnica poética para a qual já chamei a atenção, a mudança de foco, que faz com que versos migrem da boca do narrador para a das personagens, ou da de uma personagem para outra.

[Verso 53] Esta fórmula *dicendi* repete-se no v. 130, aplicando-se também ao homem-escorpião, o que reforça o ter ele reconhecido que Gilgámesh tem "carne de deuses".

[Versos 75-76] Pode-se dizer que Uta-napišti é exatamente o avesso de Enkídu: ambos sendo mortais, um obteve dos deuses a vida, o outro deles teve nada mais que a morte.

[Verso 82] Recorde-se que, como unidade de medida, *beru*, que traduzi por "légua", aplica-se tanto a distância (duas léguas), quando a tempo (duas horas). De fato, cf. os v. 169-170 *infra*, Gilgámesh atingiu o pomar dos deuses depois de percorrer doze léguas duplas no interior da montanha, o que equivaleria às vinte e quatro horas em que se dividia o dia. Isso estabelece uma relação sólida com Shámash, o Sol, que também faz o mesmo percurso diariamente, embora não possa ele estar no interior da montanha vinte e quatro horas, mas apenas as doze horas correspondentes à noite.

[Verso 138] Fica claro por este verso que o percurso empreendido por Gilgámesh no interior dos montes corresponde à "rota do sol" (isto é, a "rota de Shámash", *harrān ^{d}šamaš*). Pelo que se afirma no v. 39 *supra*, ele entra pelo nascente, fazendo, portanto, a rota do sol ao contrário e chegando "antes do sol" (v. 170 *infra*). No entendimento de GBGE (p. 495), à primeira vista o que se apresenta é uma "corrida épica contra o Sol, do nascente ao poente", uma "corrida contra o tempo" cuja extensão equivaleria a "todo o diâmetro da terra". Há, contudo, uma série de dificuldades em adotar-se essa interpretação, discutidas pelo mesmo GBGE (p. 495-497), que resumo aqui.

Antes de tudo, se o percurso começa na montanha de onde o sol nasce, então o ponto de chegada seria onde ele se põe, caso se imagine que o sol entra na montanha a oeste, a cada tarde, para nascer de novo a leste, a cada manhã. Assim, uma solução seria "corrigir" o v. 39, mudando o ponto de partida para o oeste. Essa solução, contudo, contraria o testemunho textual desta tabuinha, devendo ser adotada apenas em caso extremo.

Ora, como o que se afirma em 1, 40-42 é que Gilgámesh "atravessou o mar, o vasto oceano, até o sol nascente,/ Palmilhou os quatro cantos [da terra], em busca da vida,/ Chegou, por sua força, ao remoto Uta-napišti", parece que a perspectiva do poeta é a de que o herói avançou para o leste, não para o oeste, sendo difícil admitir que, mudando-se o texto do manuscrito, ele tivesse avançado para o oeste, entrasse no poente e saísse no nascente, "antes do sol".

O local onde vive Uta-napišti, que é o ponto de chegada da jornada, é tradicionalmente identificado como a "terra de Dilmun", na direção do nascente. Então, parece ser preciso admitir uma rota para o leste, a dificuldade de compreensão decorrendo da (nossa) perspectiva de que o nascente e o poente constituem os limites finais do mundo. O mapa conservado em tabuinha hoje no Museu Britânico, datado entre os séculos IX e VIII a.C., parece sugerir algo diverso:

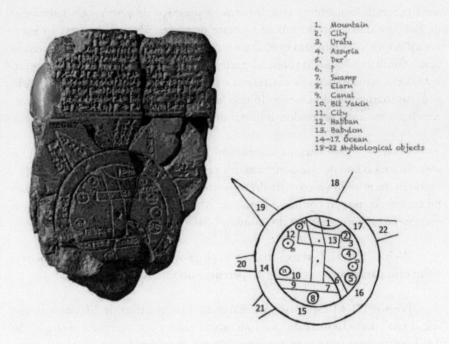

Como se pode constatar, há um espaço, rodeado pelo oceano, em que se localizam os locais geográficos comuns (montanha, cidade, Urat, Assíria, etc.), mas há outros espaços além do oceano, ou seja, que se encontram fora daqueles franqueados aos homens, sendo razoável supor que foi por esses locais que Gilgámesh viajou, até atingir a morada de Uta-napišti. Assim, como afirma GBGE (p. 496), Gilgámesh "entra no nascente e o caminho do sol leva-o do lado de cá da montanha do nascente para o lado de lá". Isso implica admitir que as montanhas donde nasce o sol para os homens não se encontram no ponto extremo do mundo, mas apenas na extremidade leste do mundo dos homens, isto é, no interior do círculo do oceano – o mesmo valendo para as montanhas onde o sol se põe, na extremidade oeste, também no interior do círculo configurado pelo oceano.

Como conclui GBGE (p. 496), "essa visão assumiria o fato de que o sol realmente nasce longe, longe no leste, em algum lugar inexplorado, passa sobre o território inacessível onde vivem Uta-napišti e sua mulher, continua através das Águas da Morte e o oceano mais próximo, e, chegando a uma montanha tão grande que atinge a altura do céu (cf. 9, 40), passa por ela, por meio de um túnel, para emergir sobre as selvagens terras altas que se espalham ao leste da Babilônia. Não só esse percurso pode convergir com a antiga ideia de que o sol nasce nas terras altas do Irã e com a localização tradicional de Uta-napišti em algum lugar remoto ao leste, além do alcance dos homens, como apresenta uma geografia consistente com o tempo e o espaço do poema. Os habitantes da Babilônia no segundo milênio sabiam que havia altas montanhas ao leste, no sul do Irã, mas também que, mais ou menos na mesma direção, estavam as águas familiares do Golfo [Pérsico] e, além delas, várias feitorias, como Dilmun e Makkan, cuja existência era relatada por intrépidos marinheiros. Passando as águas mais hostis do Oceano Índico havia ainda lugares não atingidos, mais remotos e menos conhecidos, o litoral do Baluquistão e a Índia".

Pezzoli-Olgiati (Erkundungen von Gegenwelten, p. 232), chamando a atenção para o fato de que o mapa acima reproduzido constitui não uma representação do mundo físico, mas do universo (nele, "Babilônia se encontra não no centro do mundo conhecido, mas do conjunto do cosmo"), defende que a viagem de Gilgámesh se faz do "mundo" (*Welt*) para o antimundo (*Gegenwelt*).

[Versos 139-170] Mais uma vez explora-se o recurso das enumerações, neste caso para marcar as etapas do percurso no interior da montanha.

[Versos 171 ss] Esta passagem é das mais enigmáticas de *Ele que o abismo viu*, o seu estado lacunar dificultando ainda mais a compreensão. Trata-se de um local inteiramente fora dos espaços antes apresentados ao leitor: a estepe onde se criou Enkídu (espaço selvagem), a cabana dos pastores (espaço humano não urbano), a cidade (enquanto o ápice da civilização humana), a Floresta de Cedros (espaço não humano, bestial e divino ao mesmo tempo), a terra dos mortos (espaço divino e, num certo sentido, humano). O pomar a que chega Gilgámesh neste ponto da narrativa representa uma radicalização máxima da alteridade espacial: não fica claro se seria um pomar dos deuses, nem mesmo que tipo de pomar seria, pois as árvores e seus frutos são de pedras preciosas, quebrando, portanto, os limites entre vegetal e mineral, entre o que é perecível e o que não é. Como ele se localiza ao fim do túnel percorrido diariamente pelo sol, acreditam alguns comentadores que possa pertencer a Shámash.

Dickson (The Jeweled Trees, p. 196-198) propõe que, num certo sentido, este pomar seria o contraponto da Floresta de Cedros, entre os dois extremos desenvolvendo-se a carreira heroica de Gilgámesh. Num caso, o da floresta, destacam-se "sua densidade, altura e profundidade" (p. 196), ao que cumpre agora, depois da publicação do manuscrito de Suleimaniyah, acrescentar também uma intensa sonoridade (produzida pelos animais, mas também pelo rugido de Humbaba); no outro caso, o do pomar, prevalece o silêncio e, pelo que se pode depreender, uma outra forma de organização, "dominada pelo quieto esplendor das árvores de joias, como refletido no receio de quem as encontra", um espaço "luminoso, brilhante na mesma medida que inóspito" (p. 198). Assim, se a apreensão primeira do que significava a Floresta de Cedros dependia do ouvido, agora a percepção do pomar vem toda através dos olhos – recordando-se que Gilgámesh, como se afirma no início do poema, é "aquele que tudo viu".

É ainda Dickson (The Jeweled Trees, p. 205) que sugere, como uma chave para o entendimento desta passagem, considerar os códigos culinários. Enkídu atinge o estatuto de civilizado quando, na morada dos pastores, é apresentado a pão e cerveja, que ele inicialmente não sabe como comer e beber. Os frutos que aqui se apresentam, Gilgámesh também não sabe como comê-los, "o fruto de joias" sendo "figura da divindade que o come". Comer pão e beber cerveja não fizeram com que Enkídu escapasse da morte. Não poder comer os frutos destinados aos deuses, tanto uns quanto os outros tendo como traço principal a imperecibilidade, faz com que Gilgámesh, por seu lado, não possa por igual escapar da morte.

[Verso 174] Este verso, bem como o 176 que segue, deixam claro que o usufruto do pomar é inteiramente visual, ao contrário de um pomar comum, em que visão, olfato e principalmente o paladar é que guiariam o visitante.

[Versos 186-190] Os termos *pappardilu*, *laruššu* marinha, *sasu*, *an.za.gul.me*, *abašmu* e *šubu* designam, provavelmente, espécies de pedras preciosas impossíveis de identificar.

[Verso 196] Observe-se a forma hábil como o poeta introduz uma nova personagem, bem no fim da tabuinha, sem ainda nomeá-la, apenas descrevendo seu gesto de olhar Gilgámesh que caminha.

[Colofão] Colofão do manuscrito D (*apud* GBGE, p. 736).

Tabuinha 10

[Versos 1-4] Com esses dois dísticos introduz-se a nova personagem, *Šidūri*, cujos traços, mesmo que o texto seja fragmentário, podem ser assim resumidos: a) uma taberneira ou cervejeira (*sābītu*, feminino de *sābû*, cervejeiro, estalajadeiro), que mantém uma *bīt sābīti* (cervejaria ou taberna) junto do mar; b) o que o v. 3 parece informar é que ela tinha um *kannu*, local onde se guardam vasilhas e jarras (para cerveja); c) finalmente, cobre-se ela com um véu (*ku-tu-um-mi kut-tu-mat*).

SEG conjetura que, além do vasilhame, a segunda metade do v. 3 afirmaria que ela tinha também uma "vasilha de ouro", de acordo com o que se lê em fragmento da tradução hitita: "Ao raiar o dia, Gilgámesh foi de um lado para o outro (?). Ao chegar [ao Mar], ali estava Shidúri sentada num [trono]. [...] uma vasilha de ouro [...]."

GBGE (p. 498) chama a atenção para o quanto é estranho que Shidúri traga a cabeça coberta com um véu, o que não seria próprio de uma *sābītu*, já que "mulheres que frequentavam tavernas eram tipicamente prostitutas", a quem, juntamente com as escravas, "era proibido o uso do véu, pelo menos na Assíria", onde ele "era claramente uma marca de respeitabilidade", na Babilônia sendo indumentária própria, ao que parece, das mulheres casadas.

O véu pode indicar, contudo, que se trata de uma taberneira divina (como o classificador anteposto a seu nome indica). Enquanto uma deusa que acolhe o herói em espaço fora do contexto humano, Shidúri foi aproximada, desde pelo menos o artigo de Jensen, Das *Gilgamiš*-Epos und Homer, publicado em 1902, das personagens da *Odisseia* Circe e Calipso – paralelo considerado relevante também por autores recentes, como West (*The East Face of Helicon*, p. 404-412).

Finalmente, observe-se que *Šidūri*, como nome comum, significa simplesmente 'moça'. Abusch (Gilgamesh's Request and Siduri's Denial) considera que ela possa ser um duplo de Ishtar e Ackerman (*When Heroes Love*, p. 143) ressalta suas similaridades com a prostituta Shámhat: "Rivkah Harris destaca, por exemplo, que ambas, Shámhat e Shiduri são mulheres trabalhadoras que sustentam a si mesmas, que ambas agem no exterior do espaço doméstico da sociedade mesopotâmica e ambas se encontram engajadas em profissões que eram importantes nas atividades de lazer dos homens", além do que tavernas, como a que Shidúri administra, "eram locais onde homens encontravam prostitutas como Shámhat – e, portanto, tavernas eram aceitas ainda que estigmatizadas praticamente do mesmo modo que, na sociedade mesopotâmica, a prostituição era aceita ainda que estigmatizada".

[Versos 8-9] Este dístico, que é usado pela primeira vez na tabuinha 1, para expressar o espanto do caçador que havia encontrado, na estepe, Enkídu (1, 121), repete-se aqui sempre aplicado a Gilgámesh, seja pelo narrador (v. 9-10), seja pelas personagens, a saber, a taberneira Shidúri (v. 42-43), o barqueiro Ur-shánabi (v. 115-116) e Uta-napišti (v. 215-216); em suas respostas às falas das três personagens, é o próprio Gilgámesh que também os aplica a si (v. 49-50, 122-123 e 222-223).

[Verso 10] Dickson (The Jeweled Trees, p. 201) ressalta como, nas tabuinhas 9-11, Gilgámesh se apresenta mais como objeto de visão do que como aquele que vê: "aqui ele é alguém que é visto, não o senhor da visão que perambula. Seu verdadeiro referente, pode-se dizer, não pode ser o viajante que volta ao que é seu depois de uma longa viagem ao estrangeiro, durante a qual a experiência de uma vida estranha transforma o modo como ele se apresenta, marcando sua face. [...] Quando aplicada a Gilgámesh no jardim [de Shidúri], todavia, a analogia sugere que é o próprio viajante que é estrangeiro, alguém que chega como um estranho a algum país distante, estranho e novo".

[Verso 22] Este verso aparece na *Descida de Ishtar à terra dos mortos*, 17.

[Verso 30] Considerando que os v. 31-33 repetem o que se lê em 8, 52-54 (com pequena variação no v. 32), conjectura-se que este verso fizesse, como 8, 51, referência a Enkídu, o que parece também razoável em vista da resposta da taberneira.

[Versos 40-45] Estes versos repetem-se na boca do barqueiro Ur-shánabi, em 113-118, e na boca de Uta-napišti, em 213-218, seguidos, em todos os casos, pela resposta de Gilgámesh, que devolve as perguntas na forma negativa ("Por que consumidas não me estariam as têmporas [...]"). Sendo assim, essas passagens funcionam como poderosos elementos rítmicos do texto, explorando de modo notável, no nível da narrativa, a técnica paralelística tão própria da poesia semítica.

Anote-se que, nas várias passagens, as lacunas dos manuscritos são preenchidas considerando-se os trechos paralelos.

[Versos 46-71] A resposta de Gilgámesh à taberneira é praticamente a mesma que ele dá a Ur-shánabi (v. 119-148) e a Uta-napišti (v. 219-248), embora mais breve. Nos dois últimos casos há quatro versos intercalados entre os versos correspondentes a 54 e 55 da resposta dada a Shidúri, os quais, contudo, são os que se encontram na fala anterior do herói à taberneira (v. 31-34 *supra*).

[Versos 53-60] Após a retomada, em perguntas na forma negativa, do que lhe havia sido perguntado por Shidúri sobre sua condição atual, a segunda parte da longa resposta de Gilgámesh volta-se para Enkídu e seu trágico destino.

Observe-se como se estrutura esta parte: a) um dístico composto por um verso longo e um segundo verso que repete o primeiro mas o alonga ainda mais pelo acréscimo do nome daquele a que se refere (técnica observada em outras partes do poema: x / 1 + x), seguido de outro dístico, desdobrado do mesmo modo; b) quatro versos brevíssimos que resumem a morte e o luto, até a constatação inevitável de que, a Enkídu, "um verme lhe caiu do nariz". O paralelismo dos dois dísticos iniciais é reforçado pela repetição de *ibrī*, 'amigo meu', na primeira ou na segunda posição do verso.

[Verso 58] Como já ressaltei, "seis dias e sete noites" é quanto duram outros momentos-chave do poema, a saber, o encontro sexual de Enkídu com Shámhat (1, 194), o dilúvio (11, 128) e o período sem sono que Uta-napišti prescreve para Gilgámesh (11, 209). Com relação ao presente entrecho, o mais significativo é o primeiro paralelo: o encontro com a prostituta marca a passagem de Enkídu da vida entre os animais à vida entre os homens; os seis dias e as sete noites em que Gilgámesh se recusou a enterrá-lo marcam, de modo análogo, sua passagem para a condição de morto, cadáver de cujo nariz cai o verme que simboliza a decomposição de seu corpo. Contudo, observe-se que os outros dois casos também configuram momentos de passagem.

[Versos 61-71] Nesta terceira parte, Gilgámesh volta a falar de si mesmo e de sua presente condição. Os versos se sucedem com referências a si (v. 61-62, 64, 66, 67, 70-71) e a Enkídu (63, 65, 68-69), devendo-se notar o equilíbrio com que se distribuem as partes tanto em termos sequenciais (GG EG EG GE EG G) quanto em sua organização quiástica:

    Tive medo ----
      A morte temi, vago pela estepe
        O caso do amigo meu pesa sobre mim (2 vezes)
          Um longo caminho/jornada vago pela estepe (2 vezes)
            Como calar, como ficar eu em silêncio?
          O amigo meu, que amo, tornou-se barro,
        Enkídu, o amigo meu, que amo, tornou-se barro,
      E eu, como ele, não deitarei
    E não mais levantarei de era em era?

[Verso 71] Na versão paleobabilônica, o papel de Shidúri é mais destacado, havendo comentadores, como Abusch (Gilgamesh's Request and Siduri's Denial, partes 1 e 2), que consideram que esse seria o ponto de chegada da narrativa primitiva, Gilgámesh recebendo dela e não de Uta-napišti o ensinamento final sobre o sentido da existência humana, nestes termos:

> Gilgámesh, por onde vagueias?
> A vida que buscas não a encontrarás:
>
> Quando os deuses criaram o homem,
> A morte impuseram ao homem,
> A vida em suas mãos guardaram.
>
> Tu, Gilgámesh, repleto esteja teu ventre,
> Dia e noite alegra-te tu,
> Cada dia estima a alegria,
> Dia e noite dança e diverte!
>
> Estejam tuas vestes limpas,
> A cabeça lavada, com água estejas banhado!
> Repara na criança que segura tua mão,
> Uma esposa alegre-se sempre em teu regaço:
>
> Esse o fado da humanidade. (OB, VA, 3, 1-15)

Como se vê, trata-se de uma sabedoria prática frequentemente aproximada do *carpe diem* dos escritores clássicos ou do pessimismo do autor do *Eclesiastes* (cf. SAVIGNAC, La sagesse du Qôhéleth et l'Épopée de Gilgamesh, p. 320-321), que, de modo muito próximo, ensina:

> Vai, come com prazer o teu pão
> e bebe de coração leve o teu vinho
> pois já agora Elohim acolheu tuas obras.
> Em todo tempo
> sejam tuas vestes brancas
> e o perfume sobre tua cabeça nunca falte.
> Vê a vida com a mulher que amas
> todos os dias de tua vida-névoa-nada
> os quais te foram dados sob o sol
> todos os teus dias-névoa-nada
> pois esse é teu quinhão
> no viver e no fazer

na fadiga do que fazes sob o sol. (*Eclesiastes* 9, 7-9, tradução de Haroldo de Campos).

Para comparações do ensinamento de Shidúri também com a documentação egípcia, ver Assmann (Der Mensch, p. 105-106).

[Verso 72] Note-se como, com este verso, o narrador logra habilmente marcar o limite entre o discurso anterior de Gilgámesh, relativo a sua condição, e o que se segue, que trata das providências práticas necessárias para que ele chegue ao destino pretendido.

[Verso 84] As "águas da morte" (*mê mūti*) são a parte mais perigosa do oceano que circunda a terra. George acredita que, "em virtude de seu nome, é difícil não associar essas águas letais àquelas que os mortos, de acordo com a tradição, cruzam em seu caminho para o mundo subterrâneo" (GBGE, p. 499). Neste caso, trata-se de cruzar um rio – o Húbur (equivalente do grego Estige) –, o qual se encontra na entrada da Érsetu. Como esta é geralmente localizada no extremo ocidente, levanta-se uma dificuldade em termos da geografia do poema, já que Gilgámesh se encontra no extremo oriente, bem como é no Oriente que vive Uta-napíshti. O mais razoável, portanto, é pensar que se trata de um "rio" que circunda o oceano ou, simplesmente, da porção de águas que se encontra na borda mais exterior do próprio oceano. De fato, como se lê no poema (v. 170-171 *infra*), não há barreira entre as águas do oceano e as da morte: depois de percorrer o oceano por três dias, perfazendo o equivalente a "jornada de mês e meio", Ur-shánabi e Gilgámesh atingem as águas da morte.

[Verso 87] Esta personagem é apresentada apenas como o barqueiro de Uta-napíshti. Seu nome, de origem incerta, na versão paleobabilônica do poema é Sursunabu. Conforme GBGE (p. 150), *Ur-šanabi* não é nome tipicamente sumério, sendo interpretado, numa lista bilíngue, como 'homem de Ea' (^{m}ur.šánabi! = ^{m}*amēl-^{d}é-a*) e estando já formado em data anterior à tradução do poema para o hitita, em que aparece como ^{m}*(u)-ur-ša-na-bi* e ^{d}*ur-ša-na-bi* (ou seja, com os classificadores 'homem' e 'deus', respectivamente).

Como afirma Shidúri, ele é o único, além de Shámash, que atravessa as águas da morte. George considera que, tendo em vista a informação de Beroso, segundo a qual o piloto do navio acompanhou Xisutro e sua família, quando ingressaram na companhia dos deuses, após o dilúvio, é possível que fosse ele o capitão da arca. E, uma vez que ele atravessa as águas da morte, "pode muito bem ser que ele fosse também considerado um tipo de Caronte babilônico, o barqueiro do Estige".

[Verso 102] O caráter destas personagens, *šut abni*, 'aqueles de pedra', continua enigmático. GBGE (p. 501) arrola algumas soluções: serem considerados amuletos, com finalidade apotropaica, ou apetrechos náuticos fabricados de pedra. Para Labat (*Les religions do Proche-Orient asiatique*, p. 205-206), "trata-se de remos ou de propulsores cuja matéria (a pedra) permite isolar o remador de todo contato com as águas mortais". Nessa linha seguem outras propostas, elencadas por Kilmer (Crossing the Waters of Death, p. 213): velas de pedra (cf. BÖHL), estátuas mágicas (MILLARD, GADD, FROST), espécies de "para-lamas" de pedra para proteção contra os respingos das águas da morte (MILLARD), lemes de pedra (LANDSBERGER) e estacas de pedra (JACOBSEN).

Para Kilmer, todas essas opções são insatisfatórias, pois nenhuma delas tem relação com os *realia* náuticos nem explica por que os de pedra puderam ser substituídos pelas estacas de madeira cortadas por Gilgámesh. Considerando que a tradução de Frost por "âncoras de pedra" segue no melhor caminho, propõe ela o entendimento de que se trata da "simples e bem conhecida prática náutica conhecida como *rebocagem*, comumente usada para embarcações menores". Assim, os de pedra seriam um tipo de "ancoreta leve, amarrada a uma corda com a finalidade de mover/rebocar uma balsa através de águas rasas [...]. Alguém lança a âncora (presa a uma corda) a uma pequena distância, então puxa a embarcação em direção à âncora, como forma de movê-la" (p. 214). O uso dessa técnica explicaria ainda como os de pedra puderam ser substituídos pelas varas cortadas por Gilgámesh: também neste caso se trataria de impulsionar a balsa, em águas rasas, com estacas.

Ainda que essa explicação seja engenhosa, a interpretação dada na versão hitita do poema deve ser considerada: os de pedra são um par de estátuas que constitui a tripulação de Ur-shánabi, ou seja, duas estátuas de pedra (cf. TIGAY, *The Evolution of the Gilgamesh Epic*, p. 117). É assim que também entende Bottéro (*L'épopée de Gilgameš*, p. 170, nota 3): "que se trata de seres humanos ou humanoides não se põe em dúvida, já que eles acompanham Ur-shánabi na floresta". Ainda que a alternativa de que se trate de seres humanos deva ser descartada (pelo simples fato de que são eles feitos de pedra e, como tais, foram quebrados por Gilgámesh), destaque-se como o v. 102 *infra* não deixa dúvidas de que são capazes de realizar ações humanas, pois foram os que vedaram o barco. Talvez a melhor opção, que conciliaria a explicação de Kilmer com o fato de que se trata não de meros instrumentos náuticos, mas de personagens, seria admitir que seriam, sim, duas estátuas, as quais, por não temerem as águas da morte (cf. v. 103 *infra*), uma vez que feitas de pedra, impulsionariam o barco de forma semelhante à da navegação de rebocagem, eles sendo os que, sucessivamente, entrariam nas águas rasas e puxariam o barco.

A segunda metade do verso apresenta alguma dificuldade de entendimento, relacionada com o sentido de *urnu*: a) um espécie de serpente (Labat opta por este sentido, traduzindo o termo por *'varran'*, isto é, 'lagarto'; b) uma árvore, provavelmente uma espécie de cedro sírio, que pode atingir a altura de 15 m (este é o sentido adotado por GBGE, p. 502, que também sigo).

Escolhendo-se a segunda alternativa, parece razoável entender que os de pedra se encontram na floresta cortando madeira, na companhia de Ur-shánabi. Resta saber o uso que teria essa madeira. Seria o mesmo que tem depois, quando é Gilgámesh quem a corta, ou seja, o de servir como estacas para a navegação? Ou, o que talvez seja mais razoável, seria ela utilizada para fazer reparos na balsa, já que se afirma que os de pedra "tinham vedado a embarcação" (cf. o sentido de *pehû*, 'fechar', 'vedar', 'calafetar')? Não seria despropositado admitir que, no contato com as águas da morte, o barco de Ur-shánabi sofresse avarias (como acontece com as estacas preparadas por Gilgámesh, cf. v. 174 ss. *infra*), essas avarias devendo ser emendadas ao fim de cada viagem de ida e volta – o que se faria sistematicamente, esse trabalho cabendo aos de pedra.

[Versos 92-97] A alternância de longos discursos trocados entre as personagens com narrativas rápidas do poeta é recurso habilmente utilizado em *Ele que o abismo viu*. Neste ponto, a técnica parece ter dois objetivos: a) ressaltar o caráter impulsivo de Gilgámesh, que age sem nem ao menos informar-se das circunstâncias; b) considerando que a ação desemboca na destruição dos de pedra, que garantiam a Ur-shánabi as condições para cruzar as águas da morte, abre o caminho para o desenvolvimento do épico episódio da travessia, a partir do v. 173 *infra*.

[Verso 102] Reitere-se como fica claro por este verso que os de pedra são de fato auxiliares de Ur-shánabi e não só instrumentos náuticos inanimados, aparecendo como sujeito de um verbo na forma ativa: *u š[u-ut a]b-ni ip-te-hu-ú* ᵍⁱˢ*eleppa*(má).

[Verso 158] Como se constata pela sequência, é de cedro que se fabricam os remos usados por Ur-shánabi para a travessia das águas da morte. Trata-se, como se deduz, de uma tarefa, desempenhada pelos de pedra, que a cada viagem deve ser de novo refeita, pois as águas da morte destroem completamente os remos.

Que os remos sejam feitos de cedro (aqui *urnu*, variante de *erēnu*) sugere uma relação com o grande feito contra Humbaba, guardião da Floresta de Cedros (*quišta ša erēni*) – especialmente com a tabuinha 5, em que Gilgámesh dedica-se também a cortar as árvores. Dessa perspectiva, constata-se uma certa simetria entre os vários episódios distribuídos pelas tabuinhas, com três momentos axiais e duas sequências paralelas de ações heroicas, o que poderia ser representado assim:

Momento axial 1 (tabuinha 1-2):
situação inicial que conduz à amizade entre Gilgámesh e Enkídu

Ação 1a (tabuinha 2): Proposta de ida à Floresta de Cedros	Ação 2a (tabuinha 3): Preparativos para a aventura, pedido de proteção a Shámash	Ação 3a (tabuinha 4): Jornada aos confins – até a Floresta	Ação 4a (tabuinha 5): Chegada ao destino, luta com Humbaba e corte das árvores

Momento axial 2 (tabuinha 6):
nova situação que conduz ao confronto entre Gilgámesh e Ishtar e desdobramentos

Ação 1b (tabuinha 7): Doença de Enkídu e projeção de sua morte	Ação 2b (tabuinha 8): Morte de Enkídu, honras fúnebres e pedido de proteção aos deuses da terra dos mortos	Ação 3b (tabuinha 9): Jornada aos confins – até o pomar de pedras preciosas	Ação 4b (tabuinha 6): Encontro com Shidúri e Ur-shánabi, luta com os de pedra, corte das árvores, chegada ao destino

Momento axial 3 (tabuinha 10-11):
Encontro com Uta-napišti, relato do segredo dos deuses e conscientização de Gilgámesh de que a morte é para ele inevitável

Evidentemente não pretendo que haja um paralelismo perfeito, inclusive porque isso seria pouco poético, mas apenas desejo mostrar como o poema, no conjunto, se mostra bem calibrado. Assim, deve-se ressaltar como:

a) o plano da expedição contra Humbaba é apresentado à assembleia de Úruk na tabuinha 2, sendo o ponto de partida das ações que se estendem até a tabuinha 5, o que parece que corresponde ao plano da assembleia dos deuses de provocar a morte de Enkídu na tabuinha 7, donde decorrem as ações subsequentes – note-se como, paralelamente ao que se planeja na tabuinha 2, já na tabuinha 7 Shámash dá o plano dos acontecimentos que se desdobram até a tabuinha 10, ao afirmar a Enkídu, no leito de morte: "E ele [Gilgámesh], depois de ti, suportará as grenhas de cadáver,/ Vestirá pele de leão e vagará pela estepe" (7, 146-147);

b) se na tabuinha 3 Nínsun pede a Shámash que proteja os heróis em sua jornada, na tabuinha 8 não há nada que possa livrar Enkídu da morte, mas as oferendas fúnebres aos deuses têm como objetivo garantir que cada deus da Érsetu "em face do amigo meu se alegre e ao lado seu caminhe", protegendo-o, portanto, de algum modo;

c) tanto a tabuinha 4 quanto a 9 são dedicadas às jornadas heroicas: a primeira, até a Floresta de Cedros, em cinco etapas (considerando-se o que se conserva do texto), a segunda, até o pomar das árvores de pedra, localizada na décima segunda etapa da rota do sol, devendo-se notar que, nos dois casos, Gilgámesh experimenta sonhos;

d) finalmente, nas tabuinhas 5 e 10 Gilgámesh atinge o objetivo das jornadas heroicas.

[Verso 160] A vara (*nindanu*) corresponde, no sistema antigo, a 12 côvados (por volta de 6 m) e, no recente, a 14 (por volta de 7 m). Assim, os remos devem ter entre 30 e 35 m.

[Verso 170] Este verso é variante do que se encontra na tabuinha 4 (v. 4, 37, 82, 123), em que se descreve a jornada de Gilgámesh e Enkídu até a Floresta de Cedros ("Jornada de mês e meio ao terceiro dia: chegaram perto do monte Líbano").

[Versos 173-179] Mais uma vez recorre o poeta ao recurso da enumeração, neste caso sendo de notar como isso imprime agilidade e um sentido de urgência ao relato. É essa mesma urgência que se expressa no modo como o discurso de Ur-shánabi se apresenta sintaticamente fraturado.

[Verso 180] A medida da distância percorrida pelos heróis até que se esgotam os trezentos remos preparados para a viagem não se deve pretender, naturalmente, exata, havendo opiniões diferentes da parte dos comentadores com relação a como interpretar o que se lê no texto: *ina* 2.giš. Adoto aqui o entendimento de GBGE (p. 872-873) de que a distância percorrida equivale a 7200 varas (ou seja, o equivalente a 43,2 km).

Na tradução, desejei preservar algo da fórmula babilônica, que se refere a duas vezes a medida referida (giš).

[Versos 181-183] Muitíssimo bem achado é o que se conta nestes versos: como não se dispõe mais de remos, a camisa de Ur-shánabi passa a ser usada como a vela da embarcação.

GBGE (p. 502-503) afirma que "os dados atualmente disponíveis sugerem que, na Antiguidade, os barcos a vela percorriam regularmente as rotas do Golfo Pérsico e do Oceano Índico. Nos rios da Mesopotâmia Antiga, estacas e remos eram os instrumentos característicos de propulsão; velas poderiam ser usadas em adição, mas sua falta de flexibilidade nos estreitos limites de rios sinuosos fazia delas uma fonte de energia imprópria". Assim, conclui ele que o expediente aqui usado por Ur-shánabi pode ser entendido como "a história do primeiro uso da vela" numa embarcação, noutros termos, como acontece com relação a outros pontos do poema, essa passagem poderia ser entendida de uma perspectiva etiológica: "Já que Gilgámesh era um viajante legendário do oceano oriental, quem poderia ser, aos olhos dos mesopotâmios, melhor inventor que ele do barco a vela?"

[Versos 184-186] Estes versos são os mesmos que se leem em 10-12 *supra*, aplicados à taberneira que observa a chegada de Gilgámesh, embora a ruminação de Uta-napišti, nos versos seguintes, seja mais longa. O estado fragmentário do texto impede uma avaliação mais cuidadosa, podendo-se, contudo, observar a função que têm as repetições na representação de uma espécie de fluxo mental (ainda que expresso em palavras), o qual, pela forma como se apresenta, poderia sugerir a fala de um velho. A insistência com que parece que se repisa que quem vem na barca não é dos que frequentam a morada de Uta-napišti tem como função destacar o extraordinário da situação. Pelo que se deduz, é a primeira vez, desde que foi colocado naquele local pelos deuses, ao fim do dilúvio, que ele recebe a visita de um estranho.

[Versos 262-265] Não fica claro quem são os que devem fechar a entrada. Uma hipótese é que Gilgámesh se refira aos habitantes de Úruk ou de outras cidades, que devem evitá-lo e à sua dor, porque ela atrapalharia sua alegria e suas danças. Sobre a dança na Mesopotâmia Antiga, ver Gabbay (Dance in textual sources from ancient Mesopotamia, p. 103-105).

[Verso 266] Começa aqui a longa exposição de Uta-napišti, que será concluída (com apenas uma breve interrupção de sete versos em que fala Gilgámesh, cf. 11, 1-7) apenas no v. 209 da tabuinha 11, ou seja, depois de terminada a narrativa do dilúvio (v. 206), quando ele propõe a Gilgámesh o teste de que permaneça acordado seis dias e sete noites (v. 207-209): "Agora, para ti, quem os deuses reunirá,/ Para a vida que buscas poderes encontrar?/ Eia! Não durmas seis dias e sete noites!"

Do ponto de vista do caráter sapiencial que possa ter o poema, trata-se de sua passagem mais relevante. Seja qual for a interpretação que se lhe dê, desde os versos iniciais o poeta já chama a atenção do leitor para esse clímax, ao afirmar que Gilgámesh "ensinou o que antes do dilúvio era" (v. 1, 8) e que "chegou, por sua força, ao remoto Uta-napišti" (1, 42).

[Versos 267-277] Na primeira parte de sua fala, Uta-napišti cobra de Gilgámesh que, tendo carne de deuses e tendo sido por eles destinado à realeza, ande agora como um parvo (*lillu*), isto é, como um bobo, o doido da cidade.

[Versos 278-287] Parece que, nesta parte de sua fala, Uta-napišti, insistindo nas obrigações de Gilgámesh, afirma que é a ele, enquanto rei, que compete cuidar dos parvos, não agir como um deles. Como anota GBGE (p. 504), "esse dever do reis, cuidar daqueles que, no reino, não podem prover-se por si mesmos, é fundamental na ideologia e prática mesopotâmica da realeza".

[Versos 288-296] Continuando a insistir ainda nas obrigações do rei, parece que Uta-napišti se concentra agora no cuidado que ele deve ter com os templos, esfera em que o rei tem uma função axial na relação entre deuses e homens.

[Versos 297-300] Passando a considerar a jornada de Gilgámesh em busca da vida, razão de todas as penas que vem suportando (como relatadas nos v. 249-264 *supra*), Uta-napíshti sublinha agora o quanto é vã sua aventura: "o que alcanças?" Ao contrário do que acontecera no episódio da Floresta de Cedros, depois do qual Gilgámesh confirmara sua condição de rei e herói, aqui, mesmo que tenha ele atingido seu objetivo (alcançar Uta-napíshti), o objetivo lhe foge (alcançar a imortalidade). Esses quatro versos fazem, assim, a passagem para o clímax do discurso, com a mudança do particular (Gilgámesh, suas decisões e seu destino) para o universal (o destino da humanidade).

[Versos 301-322] Parece ser intencionalmente que o poeta fecha a tabuinha com essas belas palavras de Uta-napíshti sobre a mortalidade do homem. O discurso claramente apresenta as seis partes em que o dividi pelas estrofes, explorando recursos imagéticos, paralelísticos e sonoros.

A primeira parte (v. 300-303) é dominada pela imagem do caniço no pântano, o qual, na sua fragilidade, lembra "o moço belo, a moça bela", aos quais logo leva a morte, ceifando-lhes o nome.

A segunda (v. 304-307) concentra-se na invisibilidade e inaudibilidade – o que implica, na mentalidade mesopotâmica, na incognoscibilidade – da morte, que furiosa "ceifa a humanidade". A insistência com que se abrem os três primeiros versos com "não há quem" (*ul ma-am-ma*) só reforça essa impossibilidade epistemológica (pelo menos para os homens); por outro lado, o termo "morte" (*mūtu*) repete-se no interior dos quatro versos, o último deles retomando o verbo utilizado na estrofe anterior ("ceifar"), o que provê uma amarração circular entre essas duas primeiras partes.

A estrofe seguinte (v. 308-311) é marcada pela repetição de *imatīma* (que traduzi por "chegada a hora", os sentidos do termo sendo 'em algum tempo', 'sempre', 'algumas vezes'), voltando a atenção do leitor para a vida em família: construir uma casa, fazer um "ninho" (*qinnu*, 'ninho' de animais, 'família', 'clã'), isto é, ter filhos, conviver com irmãos, entrar em rixas domésticas. O caráter vão de tudo isso diante da morte explica-se na estrofe seguinte, que se abre com o mesmo termo *imatīma*.

O foco então se lança sobre o rio (v. 312-315), que, à primeira vista, poderia ser tomado como uma imagem apropriada da fugacidade da vida (depois da sequência das ações que os homens empreendem, quando "chegada a hora", que ocuparam a estrofe anterior). Logo, contudo, percebe-se que há mais que isso, pois se trata do rio que "sobe e traz a enchente" (*mīlu*), o que pode dar a entender tanto a enchente que destrói, quanto a que fecunda a terra, esta última ideia sendo a mais condizente com a situação da Mesopotâmia e sua dependência das águas dos dois rios. Que se trata da enchente que fecunda fica claro nos versos seguintes, pois um dos produtos da água é o *kulīlu*, "libélula" (em inglês 'dragonfly', sentido registrado pelos dicionários), como traduzi, ou 'efemérida' (*mayfly*, como quer GBGE, p. 506; também George, The Mayfly on the River, p. 238): nascido da enchente, o inseto olha o sol e logo a seguir não há nada. Trata-se de uma magnífica imagem da fugacidade e brevidade da vida humana.

Na nova estrofe (v. 316-318) o morto é aproximado de um sequestrado (*šallu*): como o morto, este encontra-se oculto num lugar inacessível e desconhecido. Como aponta GBGE (p. 506), essa imagem evoca a do v. 303 *supra*, que, apesar de incompleto, deixa entender que tem como tema o modo como a morte arrebata o moço e a moça belos.

Enfim, comparece o que se pode entender ser a revelação por excelência: tudo isso acontece assim porque os deuses assim determinaram. Em resumo: dispondo de morte e vida, a morte impuseram aos homens, sem revelar-lhes o dia.

[Verso 313] George (GBGE, p. 506, e The Mayfly on the River, p. 238) chama atenção para o fato de que *kulīlu*, que é o que se lê no verso, nomeia exatamente o inseto cujo nome é oficial, em português, é 'efemérida', popularmente conhecido como 'besouro-de-maio', 'borboleta-de-piracema', 'siriruia', 'sirirujá' ou 'aleluia'. O que esses insetos têm de característico é possuírem não mais que um rudimentar aparelho digestivo e viverem não mais que um dia, o tempo de se acasalarem e reproduzirem. O sentido buscado pelo poeta é este: um ser literalmente efêmero.

Traduzir o termo por "libélula", mesmo que esse sentido seja também dado pelos dicionários, constituiria, assim, uma pequena traição, pois sua vida dura mais um pouco, ultrapassando um dia. Contudo, minha escolha se baseia na sonoridade desta bela palavra – e evita a estranheza que cerca os termos que seriam mais técnicos –, sem prejuízo do sentido pretendido pelo poeta, o de uma vida efêmera.

[Versos 319-322] Há pelo menos duas tradições mesopotâmicas sobre quando os deuses impuseram a morte aos homens.

Na versão babilônica antiga do poema de Gilgámesh (*Proeminente entre os reis*), Shidúri ensina ao herói que a morte foi imposta à humanidade no momento mesmo de sua criação:

        A vida que buscas não a encontrarás:
        Quando os deuses criaram o homem,
        A morte impuseram ao homem,

A vida em suas mãos guardaram. (OB, VA, 3, 2-5)

Já no poema sumério conhecido como *A morte de Bilgames* (*O grande touro selvagem*), os deuses revelam ao herói que

> Após o dilúvio varrer todas as coisas,
> Então poderíamos destruir a semente da humanidade,
> Em nosso meio uma única vida estava ainda viva,
> Ziusudra, rebento da humanidade, estava ainda vivo!
> Então, jurando pela vida do céu e pela vida da terra,
> Juramos que, para a humanidade, a partir desse dia, não haveria vida eterna. (Tradução a partir de GBGE, p. 507).

Contudo, a versão mais difundida e autorizada é a que se encontra no *Atrahasīs*, segundo a qual, de início, a vida humana seria longuíssima (o protagonista, o Supersábio, que corresponde a Uta-napišti, vive pelo menos 3.600 anos antes de acontecer o dilúvio!). Esse tempo foi reduzido drasticamente após o cataclismo, como uma das formas de conter o aumento populacional desenfreado: na assembleia após o dilúvio, os deuses ordenam:

> Tu, deusa-mãe, que fixas os fados,
> Impõe a morte às gentes! (*Atrahasīs*, 3, 6, 47-48).

[Colofão] Colofão do manuscrito K_3.

Tabuinha 11

[Versos 1-7] Essa breve interrupção no longo discurso de Uta-napišti, começado em 10, 266, tem como principal função narratológica justificar a narrativa do dilúvio que se segue, a partir da pergunta feita no v. 7: "Tu, como estiveste na assembleia dos deuses e a vida tiveste?" – o que será respondido, em especial, nos v. 199-206 *infra*. Afinal, a resposta à busca de Gilgámesh já foi dada no final da tabuinha anterior: quando fixaram os destinos, os deuses dispuseram de vida e morte, à humanidade cabendo ser ceifada como caniço no pântano. É curioso, portanto, que, mesmo sem esperança de salvar-se da morte, Gilgámesh agora se mostre simplesmente curioso em saber como a Uta-napišti e a sua esposa foi dado seu singular destino.

A fala de Gilgámesh divide-se em três breves partes. A primeira (v. 2-4) cumpre a função de marcar que, mesmo tendo tido um destino extraordinário, Uta-napišti não tem nada de incomum enquanto homem (pelo menos se comparado ao próprio Gilgámesh, cuja natureza é um tanto especial), a repetição de "como eu és tu" reforçando isso. GBGE (p. 508) especula o que poderia Gilgámesh esperar encontrar de diferente: um gigante? É provável que sim, pois ele se refere ao "talhe" de Uta-napišti ("teu talhe não é diferente"). Acrescente-se que essa tradição pode ter-se conservado na versão maniqueia do chamado *Livro dos gigantes*, em que um dos gigantes tem o nome de Atambish, o que deve corresponder a Uta-napištim, conforme o que crê Reeves (Utnapishtim in the Book of Giants?, p. 115).

Parece que, pelo menos, esperaria ele encontrar algum antagonista como Humbaba ou o Touro do Céu, contra o qual deveria lutar, de acordo com o que afirma nos v. 5-6: viera preparado para a luta, como era sua experiência até então, não só nos episódios da Floresta de Cedros e do touro, mas durante toda sua vida, desde os desafios aos jovens de Úruk e à luta que marca seu primeiro encontro com Enkídu, até, passando pelas duas façanhas heroicas principais, a ameaça de atacar Shidúri, o ataque efetivo a Ur-shánabi e a destruição dos de pedra (para não falar dos animais que ele diz ter abatido enquanto vagava pela estepe). Em resumo: a existência de Gilgámesh resume-se em lutar, seu caráter e sua glória estando nisto: em ser guerreiro.

A diferença agora é que a guerra deixou de ter sentido e o braço que, por costume, atacava inimigos, terminou por abraçar Uta-napišti. Conforme GBGE (p. 508), das tabuinhas 1 a 6 a luta fazia a glória de Gilgámesh; de 7 a 11, não mais. Eu diria, com mais precisão, que é só a partir deste exato momento que atacar inimigos deixa de fazer sentido (pois vagando na estepe ele continua lutando e atacando quem encontra, como ressaltei), precisamente a partir do momento em que declara: "Vim pronto, de coração, a fazer-te guerra,/ [Mas] meu braço jogou-se sobre tuas costas!" Como o que resta então é saber como Uta-napišti pôde ter estado na assembleia dos deuses, de modo a obter a imortalidade, podemos supor que Gilgámesh poderia de alguma forma imaginar que por força ele o teria feito – num modo, por exemplo, em algo semelhante ao que fizera ele próprio ao enfrentar Ishtar.

Esse enquadramento, certamente, é o que justifica a narrativa do dilúvio, que ocupará os versos seguintes, opondo ao herói guerreiro que é Gilgámesh um outro tipo de herói, como é Uta-napišti. Assim, não creio que tenha razão Silva Castillo (La estructura literaria como guía para la traducción, p. 14), ao considerar que o episódio do dilúvio não passa de uma "interpolação tardia", pois acredito que ele tem a função de um verdadeiro clímax no enredo do poema.

[Versos 9-206] A narrativa do dilúvio constitui provavelmente o relato de origem mesopotâmica que conheceu mais sucesso, testemunhado não só por seu correspondente hebraico, incluído na *Torah* (a história de Noé), como pelas tradições gregas e latinas relativas a Deucalião e Pirra, que contam com inúmeros testemunhos a partir do século V a.C., incluindo Epicarmo (fr. 85), que teria escrito uma peça intitulada *Prometeu ou Pirra*, em que está em causa uma *lárnax* (arca), Píndaro (Olímpica 9, 41-46), Platão (*Timeu* 22a e *Crítias* 112a), Acusilau (fr. 34), Helânico (fr. 117 e 196), Ovídio (*Metamorfoses* 1, 253-415), Higino (*Fábulas* 137), Apolodoro (*Biblioteca* 1, 46-48), Plutarco (*Da solércia dos animais* 968F), Luciano (*Da deusa síria* 12). Nos dois primeiros séculos de nossa era observa-se a conflução das narrativas sobre Noé com as relativas a Deucalião, como em Fílon (*Dos prêmios e penas* 23) e Teófilo de Antioquia (*A Autólico* 3, 18-19), além de outros autores cristãos (estudei esse processo em Brandão, *Em nome da (in)diferença*, p. 361-377).

Kirk (*Myth*, p. 117) crê que o relato mesopotâmico do dilúvio tem relação com a ocorrência, com relativa frequência, no vale entre os dois rios, de grandes enchentes, a que se ajuntam dois outros motivos: "o tema mítico comum segundo o qual os deuses tentam destruir a humanidade" e a existência de um "único sobrevivente", "um homem que se distingue por sua sabedoria e piedade". Continua ele: "o complexo que daí resulta, com sua combinação de terror, realismo, ingenuidade (no projeto e construção do barco e no motivo dos três pássaros), fantasia e moralismo, foi incomumente poderoso e, portanto, resultou na ampla difusão. Trata-se de um excelente exemplo de mito que se estabelece na tradição por uma mistura apropriada de qualidades narrativas, mais que por servir a um propósito particular, seja especulativo, seja prático".

De fato, inundações parecem ter sido comuns na Mesopotâmia, justificando inclusive a realização de obras destinadas a contê-las. Conforme Cole e Gasche (Levees, Floods, and the River Network of Northern Babylonia, p. 89-93), que tratam do período entre cerca de 2000 até cerca de 500 a.C., Hamurábi (séc. XVII a.C.), por exemplo, enfrentou sérias enchentes durante seu reinado e seu contemporâneo Zirim-Lim relatou, em vinte e cinco cartas, "as fortes chuvas e as grandes enchentes tanto do Eufrates quanto do Habur, com todos os prejuízos que se poderiam esperar desse tipo de acontecimento", as evidências geológicas confirmando o que transmite a documentação textual.

Ao que tudo indica, a narrativa mesopotâmica do dilúvio de que dependem as demais é a do *Atrahasīs* (que data de cerca de 1640 a.C.), mesmo que seja debatida sua dependência do relato sumério conhecido como *Gênesis de Éridu* (datável em cerca de 1600, cf. Pfost, A Literary Analysis of the Flood Story as a Semitic Type-scene, p. 3, nota 6). Deste último se conhece não mais que uma versão bastante fragmentada (uma tradução para o inglês encontra-se no *site* do Oriental Institute da Universidade de Oxford, The Eletronic Text Corpus of Sumerian Literature (http://etcsl.orinst.ox.ac.uk/cgi-bin/etcsl.cgi?text=t.1.7.4#).

Nessa versão, o herói chama-se Zi-ud-sura, um rei e sacerdote *gudug* reverente aos deuses, a forma mais recente do nome, Ziusudra, significando 'vida de distantes dias', o que corresponde, em acádio, a Uta-napištim, cujo significado é 'ele encontrou a vida' (cf. GBGE, p. 152). A mensagem de que o dilúvio viria é transmitida a Zi-ud-sura, parece que em sonhos, pela parede, esclarecendo-se que a decisão de eliminar a semente da humanidade havia sido tomada na assembleia dos deuses e a ordem, anunciada por An (Ánu) e Ellil (Énlil), não poderia ser revogada. O dilúvio dura sete dias e sete noites. Quando surge Utu (o Sol), iluminando céu e terra, Zi-ud-sura abre uma brecha e o deus enche o enorme barco com seus raios. Zi-ud-sura prostra-se diante de Utu, sacrifica bois e oferece inumeráveis ovelhas. Depois que os animais desembarcam, Zi-ud-sura prostra-se diante de An e Ellil, que o tratam com amabilidade, garantem-lhe que viva como um deus e ofertam-lhe a vida eterna, porque havia ele preservado os animais e a semente da humanidade. É então que o instalam num lugar ultramarino, a terra de Dilmun, onde nasce o sol.

Na versão transmitida, em grego, por Beroso (séc. IV a.C.), o herói chama-se Xisouthros (que vem a ser uma corruptela de Zi ud-sura ou Ziusudra) e é devoto de Cronos (o deus grego que exerce, no relato, o papel que cabe originalmente a Enki/Ea). Cronos comunica a Xisouthros que, no décimo quinto dia do mês de Ayyaru (maio), a humanidade seria destruída pelo dilúvio; manda então que Xisouthros enterre em Sippar todos os escritos que contêm o princípio e o fim de tudo e que construa o barco, fazendo entrar nele sua família, seus amigos e todos os animais. O dilúvio dura três dias. Terminada a tormenta, Xisouthros envia os pássaros em busca de um local seco, até que, na terceira tentativa, eles não voltam. O barco tendo encalhado numa montanha, Xisouthros dele desce na companhia de sua esposa, de sua filha e do piloto. Depois de oferecer uma libação aos deuses, os quatro desaparecem e uma voz diz às pessoas que haviam permanecido na embarcação que os desaparecidos tinham sido arrebatados para viver junto dos deuses. A mesma voz lhes aconselha que se dirijam a Sippar, para recuperar as tabuinhas enterradas antes do cataclismo.

A forma mais completa do relato do dilúvio encontra-se, contudo, no chamado *Atrahasīs* (Supersábio), cujo nome antigo seria *Quando os deuses eram homens* (*Enūma ilū awīlum*), uma antropogonia em que a motivação para o envio do flagelo fica clara. De início, os deuses dividiam-se em duas categorias, os *Anunnakki*, dedicados ao ócio, e os *Igīgi*, que suportavam todos os trabalhos voltados para a produção dos alimentos consumidos pelos primeiros. Os *Igīgi*, após doze centenas de anos, revoltam-se contra os *Anunnakki* e, para dar solução ao impasse, a assembleia dos deuses decide a criação dos homens, a quem desde então atribuem o trabalho. Devido ao crescimento descontrolado do gênero humano e ao ruído que ele provoca, o que impede os deuses de descansarem de dia e dormir de noite, enviam eles, contra os homens, primeiro uma peste, depois uma seca e, finalmente, o dilúvio. Por ocasião dos dois primeiros flagelos, o deus Enki instrui o Supersábio sobre como fazê-los cessar. No caso do dilúvio, uma decisão radical tomada pela assembleia dos deuses, com a intenção de exterminar definitivamente a humanidade, Ea dirige-se ao Supersábio em sonhos e, falando por meio da parede – pois todos os deuses haviam jurado que não alertariam nenhum dos homens –, dá as instruções para a construção da arca. Quando o dilúvio é desencadeado, até os deuses entram em pânico. Cessada a tormenta, *Atrahasīs* oferece um sacrifício aos deuses, que, faminto, se ajuntam em torno da oferenda como moscas. Énlil irrita-se ao ficar sabendo que um homem havia escapado da morte, o que leva a que, por proposição de Enki, os deuses tomem providências visando a controlar o crescimento da humanidade, a saber: a) diminuir a duração da vida humana; b) estabelecer que uma parte das mulheres seria estéril; c) fazer com que uma parte dos filhos morressem no colo das mães; d) criar classes de mulheres consagradas, às quais ficava interditada a maternidade (cf. *Atrahasīs* 3, 7, 1-8).

Esse último relato, que se deve, de acordo com o anotado no colofão, ao escriba Kasap-Aya (ou Ku-Aya, cf. Lambert & Millard, in *Atrahasīs*, p. 5), o qual executou o trabalho sob o reinado de Amim-ṣaduqa (1646-1626 a.C.), serviu sem dúvida de base para a narrativa do dilúvio por Sin-léqi-unnínni, que dele aproveitou entrechos e mesmo versos. Nos comentários apontarei as coincidências mais importantes entre os dois textos.

Considerando que a história do dilúvio era fartamente conhecida na Mesopotâmia, GBGE (p. 509) pergunta-se por que Sin-léqi-unnínni não optou por simplesmente referi-la em poucos versos, a mesma questão tendo sido levantada por Agostino (*Gilgameš*, p. 185). Para este último, a ser assim, "prejudicar-se-ia o puro gozo estético do texto". Já George arrola várias razões, a saber: a) a narrativa do dilúvio "serve para expandir o clímax do poema – o fim da busca do herói – num episódio mais complexo", fazendo com que "a audiência do poeta" seja "mantida na presença mágica do lendário Uta-napišti durante um tempo muito mais longo do que o dedicado a figuras menores, como Humbaba, Shidúri e Ur-shánabi"; b) a "técnica de contar um conto no interior de um conto é um recurso literário comum", que naturalmente produz grande efeito; c) isso permite, no presente caso, que "numa história de muito tempo atrás" se inclua uma "história de muito mais tempo atrás, narrada num lugar exterior aos limites da experiência humana", o que faz com que o recebedor seja transportado "a um outro lugar e a um outro tempo".

Não se duvida de que o relato do *Gênesis* hebraico dependa desses antecedentes mesopotâmicos. Ressalte-se, entretanto, como "é provável que o(s) autor(es) da história do dilúvio no *Gênesis* conhecesse(m) a versão do *Gilgámesh*, porque as similaridades são muito fortes para serem negadas" (PFOST, A Literary Analysis of the Flood Story as a Semitic Type-scene, p. 3). Sem pretender oferecer aqui um estudo contrastivo dos dois textos, nos comentários as similaridades e diferenças mais importantes são apontadas.

[Versos 9-10] Este dístico com que se abre o relato de Uta-napišti reforça não só o caráter sapiencial do que se seguirá, mas assinala também, em termos narratológicos, que se trata da primeira vez que essa história, ainda que muito remota, será contada. Como assinala GBGE (p. 509), a humanidade que repovoou a terra após o dilúvio conhecia o destino de Uta-napišti, mas não a história do dilúvio.

Embora, como já assinalei, se trate, em linhas gerais, da mesma história narrada no *Atrahasīs*, a diferença mais relevante entre os dois textos está no fato de que lá a narrativa se faz em terceira pessoa – o narrador adotando uma postura externa ao texto –, enquanto aqui é o próprio herói que, em primeira pessoa, conta tudo por que passou. Trata-se, portanto, de algo semelhante à longa narrativa de Odisseu aos feácios, na *Odisseia*, inclusive porque, tal qual o herói homérico, aqui é também apenas Uta-napišti quem pode dar testemunho de tudo o que aconteceu (embora sua mulher também tenha experimentado parte dos eventos, não o fez com relação a todos, como no caso da mensagem que Ea envia a seu marido através da parede).

O mesmo dístico repete-se nos v. 281-282 *infra*, quando Uta-napišti revela a Gilgámesh a existência da planta aquática que provoca o rejuvenescimento.

[Versos 11-13] *Šuruppak* aparece relacionada com o dilúvio em mais de um texto. O mais antigo deles, datado nos séculos XXIX/XXVII a.C., intitula-se *Instruções de Shurúppak*, este termo sendo o nome não de uma cidade, mas do próprio rei, filho de Ubara-Tútu (ou seja, um equivalente de Ziusudra/Uta-napišti), que transmite uma sabedoria arcaica, começando assim: "Naqueles dias, naqueles remotos dias,/ naquelas noites, naquelas distantes noites,/ naqueles anos, naqueles remotíssimos anos,/ naquele tempo o sábio que sabia falar destras palavras vivia na terra:/ Šurúppak" (tradução para o inglês disponível em The Electronic Text Corpus of Sumerian Literature, da Universidade de Oxford (www.etcsl.orinst.ox.ac.uk). Também na chamada *Lista real suméria* se apresentam as dinastias que se foram sucedendo pelas diversas cidades da Mesopotâmia, desde "quando a realeza desceu do céu", as da era anterior ao dilúvio apresentando-se nesta ordem: Éridu, Bad-Tibira, Larak, Sippar e Shurúppak (cf. Agostino, *Gilgameš*, p. 177-178).

Na tradição seguida em *Ele que o abismo viu*, o último rei antediluviano é Uta-napišti, Shurúppak sendo a cidade onde ele reinara (cf. GBGE, p. 510).

[Verso 14] GBGE (p. 509) chama a atenção para o fato de que, para o envio do dilúvio, não se apresenta, em *Ele que o abismo viu*, nenhuma justificativa, porque, na sua opinião, isso "não é relevante para o discurso de Uta-napišti". De fato, o objetivo do relato é responder ao que Gilgámesh perguntara: como ele, Uta-napišti, fora admitido na assembleia dos deuses e conquistara a imortalidade. Todavia, pelo que se lê nos v. 188-195 *infra*, a questão da proliferação desenfreada da humanidade – que é o pano de fundo no *Atrahasīs* – está pelo menos pressuposta, a finalidade do dilúvio sendo a redução do excesso populacional: "Em vez de impor o dilúvio,/ Um leão surgisse e o povo reduzisse;/ Em vez de impor o dilúvio,/ Um lobo surgisse e o povo reduzisse;/ Em vez de impor o dilúvio,/ Uma fome se erguesse e o povo matasse;/ Em vez de impor o dilúvio,/ Erra surgisse e o povo matasse!"

O fato de que não se faça referência explícita à necessidade de se fazer algo contra o crescimento excessivo da população humana neste ponto do poema leva a crer que se considera que o público saberia as motivações da decisão dos deuses, não por conhecer este ou aquele texto específico, mas por compartilhar o imaginário do que David Damrosch, em seu estudo comparado da poesia mesopotâmica com *Gênesis* 1-11, chamou de "épica de criação-dilúvio" (*apud* Haubold, *Greece and Mesopotamia*, p. 54). É uma situação similar à dos recebedores da *Ilíada*, aos quais não parece necessário recordar a razão prístina da guerra: de acordo com os *Cípria*, o desejo de Zeus de aliviar o peso provocado pelo excesso de população sobre a Terra, a guerra sendo, portanto, na Grécia, o que é o dilúvio para o Médio Oriente – na tradição grega podendo-se dizer que existe uma "épica de criação-guerra".

Em termos dos recursos de estilo, Noegel (An Assymmetrical Janus Parallelism in the Gilgamesh Flood Story, p. 306-308, retomado em *Janus Parallelism in the Book of Job*, p. 156-157) vê neste verso uma ocorrência do chamado "paralelismo de Janus", termo cunhado por C. H. Gordon, para nomear o recurso poético, identificado por ele na Bíblia hebraica, em que o ponto central de um paralelo, em vista de sua polissemia, pode remeter tanto para o que o precede quanto para o que o sucede. Neste caso, considerado por Noegel um exemplo de paralelismo de Janus assimétrico, pois não se trata de três versos, mas de um só, o jogo estaria no sentido do verbo *wabālu* (que traduzi por "comandar"), o qual pode significar tanto 'conduzir', 'levar/trazer', 'lançar', 'varrer' (falando de águas), quanto 'desejar' (falando de coração), 'determinar'. O verbo, na forma *ubla*, encontra-se exatamente no meio do verso (cf. a edição de George, [*an*]*a šakan abūbi ubla libbašunu ilī rabûti*, que GBGE, p. 705, traduz simplesmente por "[when] the great gods decided to cause the Deluge", e SEG, p. 272, com mais nuanças, por "mandar el Diluvio fue un antojo suyo, de los Grandes Dioses"). De acordo com o paralelismo de Janus, o verbo remeteria, no sentido de 'mandar', à palavra anterior, o dilúvio, ao mesmo tempo que, na acepção de 'desejar', anteciparia a palavra seguinte, 'coração'. Na tradução busquei preservar algo desse jogo com os sentidos de *wabālu* em "comandar".

[Versos 15-18] No *Atrahasīs*, a assembleia em que os deuses decidem enviar o dilúvio ocupa uma porção de texto considerável (tabuinha 2, col. v-vii), em vista da polêmica que opõe Ellil (Énlil) e Enki (Ea). O juramento a que aqui se faz não mais que esta breve referência pode então ter dois sentidos: o primeiro relaciona-se com a própria decisão – enviar o dilúvio para destruir a humanidade (cf. *Atrahasīs* 2, 8: "Os deuses deram um claro comando"); o segundo diz respeito à promessa de que nenhum dos deuses alertaria nenhum mortal (como no *Atrahasīs* fizera Enki com relação ao Supersábio, por ocasião dos flagelos anteriores). Que o segundo juramento tem em vista Ea fica claro pelo modo como ele se defende nos v. 196-197 *infra*.

[Verso 19] O verbo usado no v. 15 para referir-se ao juramento dos outros deuses é *it-ma*, forma ativa de *tamû* ("jurou"); no caso de Ea o verbo encontra-se no estativo (*ta-mi*), o que indica uma modalização no sentido de que Ea estava sob juramento, com os demais deuses, mas não de pleno acordo, tendo sido posto sob jura contra sua vontade.

[Versos 19-20] Esse curioso estratagema, que consiste em Ea dirigir-se não diretamente a Uta-napišti, mas só fazê-lo através da parede, já se encontra no poema sumério sobre o dilúvio e no *Atrahasīs* (3, 1). Nos dois casos, contudo, o contato se faz em sonhos, o que não se explicita neste ponto, mas é declarado por Ea nos versos 196-197 *infra* : "Eu não revelei o segredo dos grandes deuses:/ Ao Supersábio um sonho fiz ter e o segredo dos deuses ele ouviu".

[Versos 21-22] No original: *ki-ik-kiš ki-ik-kiš i-gar i-gar/ ki-ik-ki-šu ši-me-ma i-ga-ru hi-is-sa-as*, a sucessão de sibilantes sugerindo, cf. GBGE (p. 879), uma mensagem apenas sussurrada. Na tradução, procurei algum efeito equivalente, na aliteração de sibilantes e vibrantes.

[Verso 23] Cf. GBGE (p. 879), "esse verso parece citar *verbatim* um verso da tradução acádia das *Instruções de Shurúppak:* ᵐ*šu-ru-u[p-pa-ku-ú mār* ᵐ*ubar-*ᵈ*tu-tu*], isto é, "Shurúppak, filho de Ubara-tútu". Naquele texto, Shurúppak é um antropônimo, daí o classificador ᵐ*šuruppaku*, enquanto em *Ele que o abismo viu* passa a ser um etnônimo, ˡᵘˣ*šuruppaku*, 'habitante de Shurúppak'.

Ubāra-Tutu como o pai de Uta-napišti foi referido a primeira vez em 9, 6.

[Versos 24-27] Estes versos correspondem aos de *Atrahasīs* 3, 1, 22-24. É de notar-se que Uta-napišti não abandona todas as suas riquezas, pois, como afirma ele próprio nos v. 81-83 *infra*, "Quanto eu tinha embarquei nele [no barco],/ Quanto tinha embarquei de prata,/ Quanto tinha embarquei de ouro". Assim, parece que o que ele abandona são os bens que não pode transportar (seus bens imóveis), ou seja, o palácio (que ele dá ao oficial que havia calafetado a arca, Puzur-Énlil) e, sobretudo, seu reino.

[Versos 25-27] Noegel (A Janus Parallelism in the Gilgamesh Flood Story, p. 119-120, retomado em *Janus Parallelism in the Book of Job*, p. 158-160) considera estes três versos um exemplo perfeito de paralelismo de Janus (figura de estilo a que já me referi no comentário ao v. 14 *supra*), com base no que segue. No original, a sequência lê-se assim:

muššir mešrama šē'i napšati	Abandona a riqueza e escolhe a vida,
makkura zerma napišta bulliṭ	As posses despreza e tua vida leva,
šulima zēr napšati kalama ana libbi ᵍⁱˢ*elippi*	Conserva a semente de tudo que vive no coração do barco!

A polissemia estaria no sintagma *makkura zerma*. Segundo essa hipótese, *makkuru* poderia significar tanto 'posses', que é o sentido comum em acádio, quanto 'barco', neste caso como empréstimo do sumério má.gur₈, mesmo que o duplo *k* não fosse de esperar nessa situação. Já com relação a *zerma*, cujo sentido comum é 'despreza!' (cf. *zêru*, 'desprezar'), propõe ele, seguindo Hoffner, que "a palavra em questão poderia ser lida tanto como *zerma* = 'despreza!', quanto como *ṣêru* = 'edifica!', 'constrói!'" Assim, o primeiro hemistíquio do segundo verso comportaria duas leituras: a) "as posses despreza", que constitui um paralelo ao afirmado no primeiro verso ("abandona a riqueza"); b) "um barco constrói", que constituiria um paralelo com o terceiro verso ("conserva a semente de tudo que vive no coração do barco"). GBGE (p. 879) mostra-se bastante cético com relação à possibilidade deste segundo sentido para *makkura zerma*, já que "as evidências filológicas que Hoffner aduz como fundamento de sua tradução são muito tênues".

[Versos 29-31] No *Atrahasīs* 3, 1, 25-31, afirma-se que: a) o barco deve ser coberto como o Apsu, de modo que o Sol não possa ver dentro dele; b) ele deve ter compartimentos superiores e inferiores; c) todas as partes e equipamentos devem ser muito resistentes. Considerando que se trata de uma embarcação coberta, GBGE (p. 510) visualiza-a como "uma espécie de submarino".

[Verso 35] A necessidade de explicar-se junto do povo e dos anciãos decorre do fato de Uta-napišti ser rei, a cidade supondo dessa divisão em duas partes. Recorde-se como, nas tabuinhas 2 e 3, Gilgámesh faz a mesma coisa antes de empreender a viagem para derrotar Humbaba.

[Versos 36-42] No *Atrahasīs* 3, 1, 47-49, essas razões são dadas pelo Super-sábio a seus conterrâneos, sem que haja, pelo menos no estado atual do texto, a instrução de Enki (Ea), o argumento que lá se utiliza sendo uma querela entre Énlil e Enki. No presente caso, ao contrário, não se indica que Uta-napišti tenha se explicado, usando essas palavras, perante o povo e os anciãos.

Note-se, a propósito, a destreza do poeta na retomada do que se encontra no *Atrahasīs*: o que naquele poema era um simples discurso direto do protagonista, aqui se torna um discurso direto do deus, enquadrado no discurso direto do protagonista, que faz seu relato a Gilgámesh, tudo isso enquadrado, por sua vez, no discurso do poeta, que faz a narrativa a seu leitor. Como sublinha George (The Sign of the Flood and the Language of Signs, p. 331), "de fato, trata-se de um discurso dentro de um discurso dentro de um discurso, porque a história toda do dilúvio é narrada por Uta-napišti, o antigo Atra-hasīs".

[Versos 43-47] Como observa GBGE (p. 510-511), não se explicita quem fará chover a abundância referida nestes versos, admitindo-se que se trata de Ea, conforme o que se lê em *Atrahasīs*, 3, 1, 34, em que o deus fala em primeira pessoa, dirigindo-se ao Supersábio:

anāku ullīš ušaznanakku	Eu depois farei chover sobre ti
hišbī iṣṣūri bu-du-ri nūni	Profusão de pássaros, abundância (?) de peixes!

Ainda segundo George, os fenômenos referidos nestes versos devem ser entendidos como presságios, constituindo uma etiologia de elementos relacionados com desastres. Tudo que se diz que choverá sobre o povo (pássaros, peixes, riquezas, colheitas, bolos e trigo) seria, verossimilmente, atirado sobre ele pelo vento, como acontece quando um lugar é atingido por um furacão ou um tornado.

[Verso 43] O verbo *zanānu*, aqui no modo causativo ("fará ele chover"), pode significar tanto 'chover' quanto 'prover' com alimentos, o poeta explorando, decerto, esse jogo de palavras (cf. GBGE, p. 511).

[Verso 44] Este verso é restaurado a partir do correspondente em *Atrahasīs* 3, 1, 35 (cf. comentários em GBGE, p. 880).

GBGE (p. 511) chama a atenção para o fato de que todas essas predições comportam jogos de palavras. Assim, neste verso, *hişbu*, que traduzi por "abundância", pode significar também 'produção' (de uma terra, do mar etc.) – e, já que "a produção de pássaros são seus ovos", isso constituiria uma "imagem visual que sugere que a expressão pode ser um alerta velado relativo a uma imensa chuva de granizo".

[Verso 45] No primeiro hemistíquio, sigo a reconstrução de Parpola (PSBEG, p. 109).

[Versos 46-47] Estes dois versos, por seu caráter enigmático, têm desafiado os intérpretes, em especial o primeiro, com sua referência a *kukku*, que designa um tipo de bolo. A abordagem mais recente foi feita por George (The Sign of the Flood and the Language of Signs), que sugere o seguinte: a) na documentação de presságios relacionados com *kukku*, existe um, em especial, no qual se lê, a propósito da forma do lóbulo esquerdo do fígado da vítima: "se o lugar é como um *kukku*, Énlil, ao país, com maus intentos, descerá" (p. 325); b) considerando o modo como se criam os sentidos na esfera dos augúrios, pode-se então estabelecer a equação "*kukku* = Énlil maquinando contra a humanidade"; c) assim, "se a promessa de Ea, no *Gilgameš*, é expressa na linguagem da adivinhação, então é a palavra *kukku* que é a chave do portento, não a chuva, e ela significa não apenas desastre, mas as catástrofes específicas infligidas à humanidade por Énlil: praga, seca, fome e dilúvio", este último sendo "a mais terrível delas" e "uma marca indelével da visão de mundo babilônica" (p. 326).

Com relação à expressão "tempestades de trigo" (*šamūt kibāti*), GBGE (p. 511) anota que há nela um jogo de palavras, a partir de dois tipos de aproximação, a saber: a) o primeiro, num nível fonético, já que se evoca a expressão *šamūt kabittu*, ou seja, "chuva forte"; b) o segundo, num nível lexical, uma vez que, em consonância com a prática acadêmica de especulação etimológica cultivada pelos intelectuais babilônios, se poderia reinterpretar *šamūt kibāti* como 'chuva de desgraça', considerando-se a seguinte equivalência, mediada pelo sumério 'gig': *kibtu* = gig = *marşu* (ou seja, 'trigo' = gig = 'aflição'), donde se chegaria a *maruştu*, 'desgraça'.

Observe-se que esses dois versos são retomados, como um único, nos v. 88 e 91 *infra*, os presságios referidos nos v. 43-45 não sendo mais lembrados. Isso mostra como, de fato, este é o signo por excelência da chegada do dilúvio.

[Verso 49] Este verso encontra-se também em *Atrahasīs* 3, 1, sendo logo na sua sequência que o Supersábio dá a explicação de por que se afastará de sua cidade, a qual aqui se encontra nos v. 39-42 *supra*.

Dois aspectos são extremamente significativos: o primeiro, que se use a denominação "Supersábio" (*Atrahasīs*), como no poema em que este trecho se baseia; a segunda, que Uta-napišti deixe de falar em primeira pessoa, como vinha fazendo durante todo o relato, e se trate como uma terceira pessoa, sabendo-se que a narrativa, no *Atrahasīs*, se faz na terceira pessoa. GBGE (p. 880) acredita que isso "é talvez uma indicação de que a adaptação da história não foi levada a cabo de modo tão hábil quanto devia". Cumpre, entretanto, lembrar que não parece ser a intenção do poeta ocultar que toma a narrativa de uma outra fonte – e, seja qual for a razão, a manutenção do termo *Atrahasīs* neste ponto, tratado em terceira pessoa, funciona como signo de que a história dentro da história provém do poema anterior.

[Versos 50-56] Estes versos correspondem ao que se encontra, de modo muito fragmentado, em *Atrahasīs* 3, 2, 9-14, numa ordem diferente: "Os moços.../ Os velhos.../ O carpinteiro.../ O tecedor de bambus.../ Betume traz o rico (?)/ O pobre..." (cf. GBGE, p. 880-881).

[Verso 52] O termo acádio é *agasilikku*, sobre cujo significado pairavam dúvidas, mas que agora se sabe ser uma ferramenta para derrubar árvores (cf. GBGE, p. 881). Traduzi-o por "machado", optando por verter a ferramenta do carpinteiro, referida no v. 50, por "machadinha" (*pāšu*), para distinguir que, no primeiro caso, se trata de um utensílio pesado, para trabalho igualmente pesado. Sua função no contexto de construção da arca seria, naturalmente, a de prover a quantidade de madeira necessária, cortando árvores.

[Versos 61-65] São duas as propostas que buscam explicar o simbolismo da forma do barco como descrita nestes versos: a) ele remeteria à forma do mundo, que, em algumas fontes, aparece dividido em nove regiões; b) ele refletiria a forma do zigurate de Babilônia, onde, entre o céu e a terra, residia o rei dos deuses (com a divisão em sete no plano vertical e, provavelmente, uma divisão em nove no horizontal). Nos dois casos, o simbolismo cósmico teria a intenção de desenhar a arca como uma espécie de miniatura do mundo, já que é nela que os seres vivos serão preservados (cf. GBGE, p. 512-513).

[Versos 66-70] Cf. SEG, p. 290, um *šar*, como medida de líquidos, equivaleria a um cubo de cinco litros. Recorde-se, todavia, que o *šar*, em termos gerais, sendo igual a 60 x 60 (3.600), indicava um número muito alto. Não se deve esperar que, aqui, se pretenda indicar uma cifra exata.

[Verso 69] Cf. GBGE (882-883), ainda que o sentido do termo que traduzi por "oferenda" (*ni-iq-qu*) seja muito debatido, parece que se refere à parte do óleo que, ao fim da construção do navio, se oferece aos deuses.

[Verso 70] Edzard entende que o piloto teria guardado de modo ilícito o azeite para si. Concordo, todavia, com GBGE (p. 883) que se trata antes de guardá-lo no barco, para uso durante a estada nele ou mesmo depois do dilúvio.

[Versos 71-75] Em *Atrahasīs* 3, 2 há também referência a uma festa.

[Versos 78-80] O que estes versos descrevem é a condução do barco da terra firme até um rio próximo, levado sobre troncos.

[Versos 81-84] Esses dois dísticos correspondem a *Atrahasīs* 3, 2, 30-31.

[Verso 86] Observe-se como, diferentemente do relato da *Torah*, em que Noé embarcou apenas "com seus filhos, sua mulher e as mulheres de seus filhos" (*Gênesis* 7, 7), Uta-napišti levou consigo muito mais gente, incluindo "os filhos dos artesãos", ou seja, pessoas que exerciam diferentes ofícios (pode-se especular que, como no caso dos animais, houvesse um artesão por especialidade). Isso implica que, terminado o dilúvio, o recomeço não abdica da vida civilizada, a atuação dos artesãos na reconstrução das cidades sendo indispensável.

[Verso 87] É curiosa essa intervenção de Shámash. Provavelmente se trata de referência à última vez que o sol se põe antes do dilúvio, período em que não será ele mais visto no céu – a visão do céu tempestuoso e escuro sendo o que impressiona Uta-napišti na sequência (cf. GBGE, p. 514).

[Verso 88] Este verso retoma os v. 46-47 *supra*, com que se conclui a lista dos preságios previstos por Ea. Cumpre indagar por que não se registra que todos os demais se verificaram (profusão de pássaros, fartura de peixes, riqueza e colheita), mas apenas o último deles, inclusive porque os dois primeiros (profusão de pássaros, fartura de peixes) são os que se encontram também no *Atrahasīs*. Acredito que há duas alternativas: ou o poeta considera que o mais ominoso é o que aqui se lê (ao amanhecer, bolos, ao anoitecer, tempestades de trigo), inclusive pelas razões expostas no comentário aos v. 46-47; ou, então, entende-se que a referência ao último implica os anteriores, não havendo razão para que se repitam todos eles. Que se trata de um dado importante depreende-se do fato de que é o mesmo verso que se repete em 91 *infra*, quando se afirma que, sem dúvida, "o termo chegou".

[Verso 91] GBGE (p. 884), a meu ver corretamente, interpreta este verso como discurso direto de Uta-napišti, ou seja, o último alerta que ele teria dirigido a seus concidadãos. Outros comentadores creem, todavia, que se trata de parte da narrativa.

[Verso 94] Como acontece em *Atrahasīs* 3, 2, é o próprio Uta-napíshti que aqui fecha a porta da embarcação. Recorde-se, para um contraponto, que, na *Torah*, é Iahweh quem fecha a arca por fora (*Gênesis* 7, 16).

[Verso 95] O nome *Puzur-Enlil* significa 'sob a proteção de Énlil'. Recorde-se que Énlil é o principal responsável pelo envio do dilúvio e será o único dos deuses a indignar-se ao constatar que Uta-napišti sobrevivera ao cataclismo (v. 172-175 *infra*).

[Verso 100] Cf. GBGE (p. 884), *Šullat* e *Haniš* "são agentes gêmeos de destruição, identificados como aspectos de Shámash e Ádad, respectivamente".

[Verso 106] Cf. GBGE (p. 884), o verso refere-se à calmaria que precede a tempestade.

[Verso 108] Em *Atrahasīs* 3, 3, 9-10, o sujeito dos verbos é Anzu. Aqui o verbo *irḫiṣ*, que traduzi por "afluiu", pode significar também 'inundar', 'oprimir', 'lavar', sugerindo que o sujeito seja o próprio dilúvio.

Ainda que lacunar, a imagem expressa neste verso tem provavelmente relação com o que se narra no episódio do Touro do Céu, quando, a cada vez que ele bufa, a terra se abre, o que, com toda probabilidade, remete a terremotos. Assim, também aqui poderia haver referência a tremores de terra, quando se observa o que os geólogos chamam de liquefação do solo (cf. KRINITZSKY, Earthquakes and Soil Liquefaction in Flood Stories of the Ancient Near East, p. 299-300).

[Versos 111-113] Após referir as consequências físicas do dilúvio, o poeta, nestes três versos, mostra brevemente o que ele implica para a humanidade, concentrando-se, nos versos seguintes, na perplexidade e aflição dos deuses (v. 114-127).

[Verso 116] Essa famosa imagem, que mostra os deuses deitados do lado de fora da casa de Ánu, como os cães costumam ficar ao lado de fora das casas e mesmo das muralhas das cidades, sugere, conforme GBGE (p. 515), um rebaixamento, já que os deuses são "seres sublimes", enquanto os cães "são vistos geralmente como perigosos parasitas e frequentemente excluídos de ambientes domésticos".

[Verso 117] O que traduzi por "deusa" é, no original, ^{d}ištar, mas aqui parece que o termo é usado como substantivo comum, não como o nome próprio da deusa Ishtar, pois é Bēlet-ilī, a mãe dos deuses, referida a seguir, quem grita. O mesmo uso se encontra em 1, 274, onde não se tem dúvida do uso comum, pois a expressão é "deusa sua mãe" (^{d}ištari ummišu), com referência a Nínsun, a mãe de Gilgámesh.

[Verso 119] Na tradução deste verso sigo o parecer de GBGE (p. 886-887), entendendo que, com verbos no pretérito, a partícula lū tem um valor enfático, seu uso sendo apropriado para um discurso, como o presente, repleto de emoção.

[Versos 120-121] Estes versos têm seus correspondentes em Atrahasīs 3, 3, 36-37.

[Verso 125] Este verso corresponde a Atrahasīs 3, 4, 15.

[Verso 126ª] Este verso é uma variante do anterior, testemunhado pelo manuscrito T_1 (cf. GBGE, p. 710).

O que traduzi por "dissolvidos em soluços" é, no original, nurub nissati, que GBGE (p. 887) considera uma "imagem vívida, que evoca os olhos e o nariz molhados de uma pessoa em lágrimas".

[Verso 143] Cf. GBGE (p. 516), o monte Nimuš, cujo nome era anteriormente lido como Niṣir, corresponde, com toda probabilidade, ao pico hoje chamado de Pir Omar Gudrun, perto de Suleimaniyah, no Curdistão Iraquiano. Observa ele ainda que, no relato bíblico, a expressão 'al hārê "rārāṭ (Gênesis 8, 4) significa 'nas montanhas de Urartu' (ou seja, no norte do Curdistão) e não, como anacronicamente se costuma entender, 'no monte Ararat' (na Turquia).

[Versos 147-156] O estratagema do envio dos pássaros é dos entrechos mais marcantes da narrativa do dilúvio em Ele que o abismo viu, na Torah e em Beroso (não se pode saber se já se encontraria no Atrahasīs – donde então procederia –, devido ao estado lacunar do texto).

Heidel (The Gilgamesh Epic and Old Testament Parallels, p. 251-253) considerava que Noé se mostrou mais sábio que Uta-napišti ao enviar primeiro um corvo e depois três pombas ("Noé, cuja sabedoria não é mencionada em parte alguma do relato bíblico, mostrou sabedoria maior que Utnapishtim, o qual, não obstante o fato de ser chamado 'o extremamente sábio', enviou o corvo por último"), já que o corvo percorre distâncias maiores que as pombas, estando mais apto a verificar a extensão da enchente. A partir desse comentário, desenvolveu-se uma discussão (um tanto bizantina) sobre o porquê de soltar os pássaros em determinada sequência. Embora se espere que o poeta leve em consideração os hábitos das aves referidas, não se pode descurar que o experimento por ele descrito é um recurso poético, a diferença entre seu uso na *Torah* e aqui, em termos estilísticos, sendo considerável: a longa narrativa da *Torah* tem pouco a ver com os dez breves versos que aqui se leem.

A proposta mais ponderada de interpretação da sequência pombo-andorinha-corvo parece-me ser a de GBGE (p. 517): como acontece com outras passagens do poema, pode ser que aqui haja também um sentido etiológico, interessando, portanto, não os hábitos que as aves tinham (ou têm), mas os que adquiriram com a experiência do dilúvio (o que explicaria os hábitos que têm). Assim, pombos e andorinhas, porque tiveram a experiência de não encontrar pouso no mundo ainda coberto pelas águas, passaram a manter-se próximos das casas dos homens, sem arriscar voos de longa distância; já o corvo, como encontrou terra firme em sua excursão, é mais arisco aos ambientes humanos, aventurando-se em voos mais largos.

[Versos 157-163] A oferta de um sacrifício aos deuses após o dilúvio é uma cena típica dos vários relatos, estando presente, como aqui, na *Torah*. Nesta, afirma-se que "Noé construiu um altar a Iahweh e, tomando de animais puros e de todas as aves puras, ofereceu holocaustos sobre o altar" (*Gênesis* 8, 20). Esta cena está presente também no *Atrahasīs* (3, 5), de que as demais dependem.

Os elementos característicos, nos três casos, são os seguintes: a) a oferenda; b) o odor do sacrifício que atrai a atenção dos deuses ou de Iahweh; c) a celebração de nova aliança entre deuses e homens, que leva ao estágio atual da humanidade.

[Verso 157] Alguns comentadores entendem que o objeto do verbo "tirei" (*ušēṣīma*) seriam os tripulantes e os animais da arca, como acontece na *Torah* ("Noé saiu com seus filhos, sua mulher e as mulheres de seus filhos; e todas as feras, todos os animais, todas as aves, todos os répteis que rastejam sobre a terra saíram da arca, uma espécie após a outra", *Gênesis* 8, 18). Todavia, parece mais razoável admitir que o que foi tirado para fora por Uta napišti foi o que era necessário para o sacrifício (cf. também GBGE, p. 890).

[Verso 158] O que traduzi por "topo do monte" é, em acádio, *ziqqurrat šadî*, o que, conforme GBGE (p. 890), é uma expressão não usual. De fato, *ziqqurrat* nomeia os típicos edifícios escalonados presentes nas cidades mesopotâmicas e também em Elam, constituídos de vários terraços e tendo provavelmente, no alto, um templo (o termo deriva do verbo *zaqāru*, 'projetar-se', 'elevar-se', 'construir no alto'), sendo a esse tipo de construção que remete a bíblica torre de Babel (também Heródoto e Ctésias referiram-se ao *ziqqurrat* de Babilônia). Portanto, o sentido de *ziqqurrat šadî* seria, literalmente, "*ziqqurrat* do monte", tomando-se a elevação natural como equivalente do edifício tipicamente urbano, em consonância com o caráter também urbano das práticas religiosas mesopotâmicas.

[Verso 159] Como se vê, a oferenda de Uta-napišti é incruenta, ao contrário do que acontece no caso de Noé, que fez o sacrifício tomando "de animais puros e de todas as aves puras". Considerando que, anteriormente, se afirmara que Iahweh ordenara a Noé que, para levá-los consigo na arca, "de todos os animais puros, tomarás sete pares, o macho e sua fêmea [...], e também das aves do céu, sete pares, o macho e sua fêmea" (Gênesis 7, 2-3), estes animais puros sendo os destinados ao sacrifício (dos animais que não são puros o texto declara que bastava levar um casal), parece significativo que, neste verso, se faça referência a "sete mais sete frascos".

[Verso 160] Conforme GBGE (p. 518), trata-se de um ritual convencional: "Uta-napišti deposita substâncias aromáticas em volta das bases dos vasos de libação e o doce aroma sobe ao céu".

[Versos 161-162] Este verso é o mesmo de *Atrahasīs* 3, 5. Trata-se de um elemento narrativo importante, conservado também pelo narrador da *Torah*: "Iahweh respirou o odor de apaziguamento (*vᵉirakh Iahweh et-rikha hanikhkha*)", ou seja, o odor agradável (Gênesis 8, 21).

[Verso 163] O que traduzi como "chefe da oferenda" é *bēl niqi,* literalmente 'senhor da oferenda', isto é, aquele que preside o ritual.

A imagem dos deuses amontoados sobre o altar, movidos pela fome, "como moscas" (*kima zumbê*), é extremamente sugestiva, encontrando-se também em *Atrahasīs* 3, 5, com a diferença de que lá se amontoam não sobre o oficiante, como aqui, mas sobre a oferenda, o que, segundo Baumann (Das Opfer nach der Sintflut für die Gottheit(en) des Altes Testaments und des Alten Orients, p. 3), destaca o papel de Uta-napišti.

Para GBGE (p. 518), "essa imagem implica em uma visão algo cínica dos deuses, ainda mais desrespeitosa que o símile anterior que os comparava a cães encolhidos" (cf. v. 116 *supra*: "Os deuses, como cães encolhidos, fora deitavam"). GBGE também anota que a mesma imagem comparece em outra narrativa poética (K 3200), em que se lê: "Os deuses de Úruk, o redil,/ mudaram-se em moscas zumbindo nas ruas". Também para Greenstein (Sages with a Sense of Humor, p. 60), "a representação de divindades famintas, em busca de comida, exatamente como moscas", é satírica, não constituindo um exemplo isolado na tradição da literatura sapiencial do Oriente Médio. Imagens semelhantes encontram-se, por exemplo, no chamado *Diálogo do pessimismo*, texto acádio datado no primeiro milênio a.C., bem como no *Qohelet* hebraico.

Citando as palavras de Claus Wilcke: "A comparação [dos deuses com moscas] reflete o destino dos homens no dos deuses (quase, é preciso dizer) mortos de fome e de sede", de modo que "o dilúvio fez deuses e homens voarem iguais – uma lembrança do primeiro verso do poema: 'Quando os deuses eram homens'"–, Baumann (Das Opfer nach der Sintflut, p. 4) nega que haja desrespeito nessa imagem, entendendo que o objetivo é mostrar como o destino dos deuses se encontra estreitamente vinculado ao dos homens: "Quando os deuses matam os homens, ficam eles mesmos ameaçados de morte. Portanto, depois dos textos da Mesopotâmia, não deve haver mais nenhuma enchente devastadora. A imagem da mosca não é, assim, nenhum discurso desrespeitoso com relação às antigas divindades orientais, mas uma indicação da interligação do destino humano e divino".

[Verso 165] Note-se como o tema das moscas se expande na referência ao colar de *Bēlet-ilī*, a mãe dos deuses. Há vários aspectos a serem destacados (cf. GBGE, p. 518): a) o colar com as grandes moscas é um presente de Ánu à deusa, quando a cortejava, devendo-se considerar que, sendo ela a mãe dos deuses, a remissão é à própria origem deles (Ánu e *Bēlet-ilī* é quem os teriam gerado); b) o colar servirá de lembrança da catástrofe provocada pelo dilúvio (cf. v. 166-167); c) em especial, por ser constituído de pedras em forma de moscas, o colar recordará a própria imagem dos deuses famintos em torno da oferenda de Uta-napišti; d) colares de pedras em forma de moscas eram usados como amuleto no Oriente Médio antigo; e) no mesmo ambiente, moscas remetiam a guerras e, em consequência, como neste caso, a morte; f) a cena pode ter um sentido etiológico, explicando por que se adornavam as imagens dos deuses com colares de pedras em forma de moscas; g) finalmente, como as asas das moscas refletem as cores do espectro luminoso, podem elas estar relacionadas com o arco-íris posto por Elohim na nuvem, como "sinal da aliança entre mim e a terra", o qual constitui também um recurso mnemônico: "quando eu reunir as nuvens sobre a terra e o arco aparecer na nuvem, eu me lembrarei da aliança entre mim e vós e todos os seres vivos" (*Gênesis* 9, 12-16).

[Verso 177] Ninurta é filho de Énlil.

[Versos 185-186] Tudo leva a crer que este dístico traz uma declaração gnômica, registrada também num fragmento do *Atrahasīs*, em variante na qual, no v. 185, em vez de *arnu* ('falta', 'culpa', 'crime') se encontra o sinônimo *šērtu* (cf. GBGE, p. 891).

[Verso 187] Trata-se evidentemente de outra expressão proverbial, cujo sentido GBGE (p. 892) situa no contexto das práticas náuticas: quando se puxa o barco contra a corrente, é preciso não forçar em demasia, nem em demasia afrouxar.

[Versos 188-195] Não tendo sido referida no início da narrativa, a causa do dilúvio desvela-se nestes versos: como no *Atrahasīs*, trata-se de controlar o excesso de população. Naquele poema, antes do envio do cataclismo, os deuses mandaram uma peste e uma seca, ambos os flagelos debelados pela interferência do Supersábio, sempre aconselhado por Enki/Ea (sobre o tema da superpopulação, ver Kilmer, The Mesopotamian Concept of Overpopulation and its Solution as Reflected in the Mythology, p. 171-175).

[Verso 193] Em *Atrahasīs* 2, 4-5, a humanidade é assolada justamente por fome enviada pelos deuses.

[Verso 195] *Erra* é o deus da guerra, da caça e das pragas. Como o primeiro dos flagelos enviados pelos deuses, no *Atrahasīs*, é uma peste, é a isso que o verso parece remeter. É significativo ainda que, no mesmo poema, a fome que se abate em seguida sobre a humanidade leve a um estado semelhante ao de "cidades assaltadas pelos inimigos em tempos de guerra" (KILMER, The Mesopotamian Concept of Overpopulation, p. 168), a menção a Erra podendo, portanto, remeter também a isso.

[Verso 197] Anteriormente não havia a referência de que Ea se dirigiu a Uta-napišti em sonhos, como acontece em *Atrahasīs* 3, 1, e também em Beroso.

Note-se como, de novo, à semelhança do v. 49 *supra*, o narrador volta a utilizar este termo, *Atrahasīs* (Supersábio), para referir-se a Uta-napišti. Considerando que a primeira ocorrência é um tanto gratuita, GBGE (p. 519) é de parecer que aqui esse recurso se justifica, tendo em vista que se "recorda a ocasião em que Uta-napíshti teve de ser, ao máximo, intuitivamente sábio, quando deu ouvidos às paredes de sua casa e ouviu-as repetir as palavras de seu mestre divino"; o fato de que Ea recorde esse estratagema deixa ainda claro que Uta-napíshti "não é um mortal ordinário, insensato, mas alguém com uma inteligência especial, digno de ser salvo".

[Verso 204] A declaração "se tornem como nós, os deuses", ao contrário do que possa parecer, não implica numa divinização, mas apenas que foi dado a Uta-napišti o dom da imortalidade. Leeuwen (Isa 14:12, *hôlēš 'Al gwym* and

Gilgamesh XI, 6, p. 180, 183) ressalta como essa imortalidade "quase divina", concedida a Uta-napišti e sua mulher, "é uma faca de dois gumes, pois foi ele entregue a uma existência como que num limbo, 'distante' tanto dos deuses quanto dos homens, além das águas da morte". De fato, "exceto por sua imortalidade, Utanapíshtim não goza de poderes e prerrogativas de um deus, nem reside ele, 'o Distante', com os deuses".

Para Gilgámesh, que enfrentou toda sorte de dificuldades para encontrar esse homem extraordinário, que teria obtido aquilo a que, em princípio, almejariam todos os homens, constatar a existência precária – ou, se quisermos, comum – de Uta-napišti e sua mulher serve como a principal das lições. Com efeito, o que motivou o relato sobre o dilúvio, que justifica a imortalidade de que goza Uta-napišti, foi a constatação de Gilgámesh, nos primeiros versos desta tabuinha (v. 2-4 *supra*), do caráter comum daquela personagem: "Olho-te, Uta-napišti,/ Teu talhe não é diferente, como eu és tu,/ E tu não és diferente, como eu és tu". A decepção do herói não decorre, portanto, apenas da impossibilidade de que possa estar presente na assembleia dos deuses, mas também da banalidade que cerca a vida imortal, que, ao fim e ao cabo, como desejava, encontrou no desterrado casal.

[Versos 204-205] A expressão *pī nārāti* (boca dos rios) pode indicar a foz dos rios Eufrates, Tigre (e outros rios de Elam), no Golfo Pérsico. No poema sumério, Zi-ud-sura é posto em Dilmun, um local ultramarino, onde o sol nasce. Evidentemente, o que se quer dizer aqui é que o casal foi instalado num local muito distante, além das águas da morte, onde agora Gilgámesh se encontra (para a discussão sobre este ponto, GBGE, p. 519-520).

[Versos 209-241] Como chama a atenção mais de um comentador, a partir deste ponto encontram-se três breves episódios que não dependem de nenhum outro texto conhecido e cuja origem, segundo Veenker (Gilgamesh and the Magic Plant, p. 199), "continua um mistério", os quais, ainda segundo ele, poderiam ter como título "oportunidades esperdiçadas de obter a imortalidade". O primeiro, que principia neste verso, relata "a disputa entre Gilgámesh e os 'deuses do sono'" (v. 209-241); o segundo se poderia chamar, como quer Böhl (creio que equivocadamente), "um banho na fonte da juventude" (v. 250-270); o terceiro, "Gilgámesh e a planta mágica" (v. 273-307).

O sono (*šittu*) é uma manifestação mitigada da morte, ideia compartilhada por várias culturas. Tanto é assim que, em *Ele que o abismo viu*, ao constatar a morte de Enkídu (8, 55), Gilgámesh exclama: "que sono te pegou a ti?"

Observe-se ainda que este período de seis dias e sete noites, durante os quais Gilgámesh deveria ficar acordado, corresponde a outros períodos-chave no relato: a) o encontro de Enkídu com Shámhat (cf. 1, 194: "seis dias e sete noites Enkídu esteve ereto e inseminou Shámhat"); b) o velório de Enkídu por Gilgámesh (cf. 10, 58: "por seis dias e sete noites sobre ele chorei"); c) o dilúvio (cf. 11, 128-129: "seis dias e sete noites/ veio vento, tempestade, vendaval, dilúvio"). Todos eles estão relacionados com o ciclo de vida e morte.

[Versos 213-214] Pezzoli-Olgiati (Erkundungen von Gegenwelten, p. 238) entende que, se Gilgámesh resistisse ao sono, "conquistaria para si a imortalidade". Meu entendimento é diverso: Uta-napišti não afirma, em momento algum, que possa conceder a Gilgámesh, por algum meio, a imortalidade, pois os únicos que o poderiam fazer seriam os deuses, reunidos em assembleia, o que jamais acontecerá de novo; assim, o que pretende Uta-napišti é nada mais que mostrar a Gilgámesh o quanto a humanidade é enganosa, incluindo o próprio herói, ou seja, o que se demonstra é como, tomado pelo sono, Gilgámesh não tem nem mesmo consciência de que ou de quanto dormiu – sendo esse ser tão limitado e ignorante de sua própria natureza que "pede a vida". O sentido da prova, portanto, encontra-se todo neste dístico e tem esse sabor extremamente irônico.

[Versos 215-218] Esta é a primeira vez que a esposa de Uta-napišti, de que não se declina o nome, intervém de modo direto na narrativa. Ela voltará a fazê-lo em nos v. 273-275 *infra*, em ambas as ocasiões mostrando-se compassiva com relação a Gilgámesh, bem como preocupada de que possa ele voltar são e salvo para casa.

[Verso 220] Este verso parece proverbial, integrando os elementos sapienciais do poema com relação à natureza humana. Assim como é votado para a morte, o homem tende igualmente a enganar e aceitar enganos. A forma de contrapor-se a isso é tomar como prova os próprios fatos, o que leva à estratégia adotada aqui por Uta-napišti: a cada dia sua esposa prepara uma refeição, que deixa ao lado do herói, enquanto ele dorme, de modo que, ao despertar, possa ele contar quantos dias dormiu.

[Verso 221] O que traduzi por "refeição diária" é *kurummatu*, que tem o sentido de 'ração', 'porção de alimento' que cabe a um homem, uma divindade ou a um animal.

[Versos 225-230] Mais uma vez se explora o recurso poético das enumerações.

[Versos 232-233] Estas palavras de Gilgámesh mostram como se considerava que o sono representava um grau absoluto de inconsciência, que faz com que não se possa perceber sequer a passagem do tempo, o que só reforça sua relação com a própria morte. Pode-se considerar mesmo que a prova a que Uta-napišti submete Gilgámesh constitua uma experiência provisória do que é estar morto (cf. afirma ele nos v. 213-214, dirigindo-se a sua esposa: "Vê o moço que pedia a vida,/ O sono, como névoa, soprou sobre ele").

Saliente-se ainda que, diferentemente do que acontece em outros pontos – tanto para Gilgámesh quanto para Enkídu –, este é um sono sem sonhos, o que faz com que seja uma experiência nova e especial para o herói.

[Verso 241] Variante: "A sétima nas brasas e acordei-te eu".

[Versos 247-249] GBGE (p. 522) considera que essa dispensa (ou excomunhão) de Ur-shánabi por parte de Uta-napišti é consequência do fato de que ele tenha sido responsável pela condução de Gilgámesh até sua morada, fazendo com que o herói ultrapassasse a barreira das águas da morte, vedada a todos os homens – o que lembra o desgosto de Humbaba diante do fato de que Enkídu houvesse levado o mesmo Gilgámesh até a Floresta de Cedros. Assim, tanto se garante que nenhum outro homem repetirá o mesmo feito, quanto se cria algum paralelismo entre Ur-shánabi e Enkídu, considerando inclusive que o barqueiro partirá com Gilgámesh para Úruk.

Da perspectiva da leitura que propõe, Walls (*Desire, Discord and Death*, p. 72-73) considera que "uma hermenêutica *queer* levanta a suspeita de que Ur-shánabi é destinado a substituir Enkídu como o amado de Gilgámesh, tanto quanto como seu companheiro de viagem". Justifica seu ponto de vista apelando para "numerosos paralelos": a) Enkídu e Ur-shánabi viviam isolados da sociedade humana, na qual são introduzidos por Gilgámesh, com a intervenção de mulheres situadas nos limites da própria sociedade (Shámhat e Shidúri); b) o primeiro encontro do rei com ambos se dá em situação de combate (no caso de Ur-shánabi, sem resistência deste); c) Ur-shánabi conduziu Gilgámesh pelas águas da morte, assim como Enkídu o conduzira à Floresta de Cedros; d) a longa viagem com os dois se faz com rapidez inaudita; e) ambos são "um potente símbolo de transição e cruzamento de fronteiras". Todavia, conclui Walls, "o narrador não leva seu leitor a ver Ur-shánabi como um objeto digno de desejo erótico" da parte de Gilgámesh, "a linguagem de atração e sedução estando ausente das tabuinhas finais" do poema.

[Versos 250-270] Este é o entrecho que foi entendido por alguns, como Böhl (Die Fahrt nach dem Lebenskraut), como um banho na fonte da juventude: segundo este comentador, os sete dias durante os quais Gilgámesh dormiu representariam as sete idades do homem, o que fez com que, ao despertar, estivesse ele velho, às portas da morte. Assim, o banho a que se refere esta passagem teria tido como consequência restaurar-lhe a juventude, antes da volta para casa (*apud* GBGE, p. 522).

De fato, como quer GBGE (p. 522), nada autoriza, no texto, essa leitura. Que Gilgámesh se lave, retire as vestimentas com que realizara a façanha de chegar até os confins do mundo e se apresente renovado parece-me ter a mesma função que a cena apresentada nos cinco primeiros versos da tabuinha 6, quando, após o feito na Floresta de Cedros, o herói se lava e se engalana, aparecendo na sua glória de rei. Observe-se que o primeiro abandono da indumentária real acontece exatamente no momento da morte de Enkídu, quando Gilgámesh arranca os adornos que trazia (cf. 8, 64), completando-se quando ele decide manter as "grenhas de cadáver" e cobrir-se com a pele de leão. Assim, voltar, neste ponto, a vestir roupas condignas, depois de se ter lavado, implica abrir uma nova etapa em sua vida – a do rei sábio que, depois de muitas provas, logrou conhecer não só os segredos dos deuses, como as respostas para as perguntas existenciais sobre a condição humana.

Para o leitor contemporâneo isso pode parecer de segunda importância. Todavia, estar banhado e bem-vestido parece, de fato, uma marca de humanidade e de civilização relevante a ponto de integrar os conselhos que dá a Gilgámesh a taberneira Shidúri, em *Proeminente entre os reis*, como alternativa para sua angústia diante da morte (versos que volto a reproduzir aqui):

> Tu, Gilgámesh, repleto esteja teu ventre,
> Dia e noite alegra-te tu,
> Cada dia estima a alegria,
> Dia e noite dança e diverte!

> Estejam tuas vestes limpas,
> A cabeça lavada, com água estejas banhado!
> Repara na criança que segura tua mão,
> Uma esposa alegre-se sempre em teu regaço:

> Esse o fado da humanidade. (OB, VA, 3, 1-15)

[Versos 271-272] Este dístico repete o que se encontra em 10, 169-170.

[Versos 273-307] A intervenção da esposa de Uta-napišti em favor de Gilgámesh introduz o derradeiro episódio da saga, envolvendo a revelação, a conquista e a perda da planta capaz de provocar o rejuvenescimento. Assim como a prova do sono, também este tema tem clara conexão com o da mortalidade, embora se possa considerar que, introduzido neste ponto, constitua mais propriamente um desdobramento disso: Gilgámesh já sabe a contento que, como mortal, não tem como fugir da morte; a planta cujo segredo lhe revela Uta-napišti representa uma esperança de que, mesmo havendo de morrer, seja possível ao homem manter a juventude.

Veenker (p. Gilgamesh and the Magic Plant, p. 201-202) defende que era o conhecimento dessa planta e seu uso que permitiam que os reis antediluvianos vivessem tanto. Conforme a lista suméria dos reis, Ubar-Tútu, por exemplo, reinara em Shurúppak 18.600 anos e En-men-lu-Anna governara Bad-tibira por 43.200 anos! Após o dilúvio, as cifras são ainda altas (Lugalbanda reina 1.200 anos e Gilgámesh mais de 100), mas menores. Assim, a planta do rejuvenescimento poderia ser um dos conhecimentos antediluvianos trazidos por Gilgámesh de sua viagem, conforme o que se afirma em 1, 7-8: "O que é secreto ele viu, e o coberto descobriu,/ Trouxe isto e ensinou, o que antes do dilúvio era".

[Versos 281-282] Este dístico é igual ao que se lê em 9-10 *supra*.

[Verso 284] O que traduzi por "rosa silvestre" é *amurdinnu*, cujo sentido genérico é 'espinheira'. GBGE (p. 523) sugere que se trata, provavelmente, de uma roseira selvagem, que produz flores cor de rosa e perfumadas. During Caspers sugere que essa planta seria "uma forma de coral pontudo", especificamente a "a *antipatharia* ou coral negro (coral espinhoso) ou *gorgonacea*" (*apud* GBGE, p. 524).

[Versos 287-292] Muitos comentadores entendem que é a essa descida de Gilgámesh ao abismo (*naqbu*) que se faz referência no primeiro verso do poema.

O curioso é que, pelo que se depreende dos versos, mesmo que lacunares, Gilgámesh abriu um canal (o que só poderia fazer em terra firme), mergulhou no Apsu e saiu no mar. Seria preciso, portanto, admitir que o Apsu, que é o abismo de água doce sobre o qual a superfície da terra repousa, tem algum tipo de comunicação com o mar. Anote-se que, conforme a tradição suméria, Uta-napišti foi posto pelos deuses na terra de Dilmun (atual Bahrein), região associada com Enki (Ea), famosa por suas águas frescas (cf. GBGE, p. 510).

[Verso 289] Esta é uma técnica usada ainda hoje pelos que procuram, no fundo das águas do Golfo Pérsico, pérolas, esponjas ou corais (cf. GBGE, p. 524; Lara Peinado, p. 163).

[Verso 295] O termo que traduzi por "batimento" é *nikittu*, que tem sido interpretado de modos diferentes. GBGE (p. 723), traduz como "plant of heartbeat" (planta da batida do coração), ou seja, seria uma espécie de tônico cardíaco, com base no verbo *nakādu*, 'bater', 'pulsar' (a opção de SEG, p. 286, é a mesma: "Planta del Latido"). Considerando-se outros sentidos do mesmo verbo – 'estar amedrontado', 'estar ansioso', outros tradutores optam por outras soluções, como Lara Peinado (p. 163), "remedio contra la desesperación" (Serra, *A mais antiga epopeia do mundo*, p. 117, traduz simplesmente por "planta especial"). Blixen

(p. 200) não traduz, deixando o termo como *ni-shi-ti* e anotando que Contenau o verte por "famosa" e Speiser como "única", o que parece sem sentido.

A favor da primeira proposta há o argumento que o verbo *nakādu* é usado, em sentido especializado, para indicar as batidas do coração (cf. CAD, s.v.). Mais ainda, é este mesmo verbo que aparece em 8, 58, quando Gilgámesh constata a morte de Enkídu: "Tocou-lhe o coração e não batia nada" (*il-pu-ut lib-ba-šu-ma ul i-nak-ku-[ud mimmāma]*). Finalmente, o segundo verso do dístico esclarece que se trata dos batimentos cardíacos: "Com que o homem, em seu coração, conquista a vitalidade".

[Verso 298] Esta providência, prevista por Gilgámesh, recebe uma dupla interpretação. Para GBGE (p. 524), Gilgámesh pretende testar a eficácia da planta em outra pessoa, antes de usá-la em si mesmo, por não crer inteiramente no que lhe disse Uta-napišti. Para Lara Peinado (p. 163), Gilgámesh, "que tanto tinha oprimido seu povo, demonstra aqui traços de grande humanidade", pois, em vez de comê-la primeiro, "prefere chegar a sua cidade e compartilhar a planta, 'remédio contra o desespero', com todos os seus súditos".

[Verso 299] GBGE (p. 525) aventa a hipótese de que a primeira palavra do verso possa ser não *šumšu*, 'seu nome', mas *šumma*, 'se', o que forneceria uma outra leitura: "se velho, remoça o homem..." A expressão é *šību iṣṣahir amēlu*, literalmente, '[sendo] velho, remoça o homem'.

[Versos 301-302] Esses versos são os mesmos que se leem em 4, 1-2, 34-35, 79-80, 120-121 e 163-164 (na viagem de Úruk até a Floresta de Cedros), constituindo, como naquele ponto, um marcador espaçotemporal que escande as etapas da viagem. Pode-se, portanto, considerar que aqui, de fato, começa a volta de Gilgámesh para Úruk.

Trata-se de elemento narrativo importante, pois indica que Gilgámesh deixou já o mundo paralelo em que ingressara desde quando havia encontrado os homens-escorpião que guardavam a entrada da montanha do Sol, retornando ao mundo onde vivem os homens. É relevante observar que é neste mundo que a serpente lhe arrebata a planta da juventude. A planta, portanto, é um elemento que Gilgámesh transporta do outro mundo para este, sendo neste que ela beneficia um dos seres que nele vive.

[Verso 303] Na tabuinha 4, depois de caminhar vinte léguas e partir o pão, trinta léguas e armar a tenda, afirma-se que Gilgámesh e Enkídu "em face de Shámash cavaram uma cisterna (*būru*)" (cf. v. 6, 39, 84, 126, 167). Embora aqui não esteja em causa cavar o poço, não deixa de haver uma remissão à mesma situação, o termo usado sendo o mesmo nos dois casos: *būru*.

Acrescente-se que a existência de uma cisterna neste ponto da viagem é mais um indicador de que as personagens se encontram no mundo civilizado, cavar cisternas sendo um dos grandes feitos que se atribuem a Gilgámesh na abertura do poema (cf. 1, 39: "cavou cisternas nas encostas do monte").

[Versos 305-307] Este é, dos relatos de *Ele que o abismo viu*, o que apresenta de modo mais claro um caráter etiológico, fornecendo uma explicação para a mudança de pele das serpentes.

A primeira vez em que se registra é aqui, uma versão modificada, mas com elementos narrativos semelhantes, tendo sido preservada pelo historiador grego Cláudio Eliano (séc. II d.C.), em *Da natureza dos animais* (6, 51), o qual a teria tomado do poeta Íbico (séc. VI a.C.): irritado Zeus com o roubo do fogo por Prometeu, entregou aos primeiros dos homens que o denunciaram um remédio (*phármakon*) contra a velhice; eles puseram-no sobre um asno e empreenderam uma viagem; como o asno queria beber água, mas uma serpente não o deixava, entraram os dois animais num acordo: o asno deu o remédio à serpente e esta deixou-o beber a água; logo a serpente mudou a pele, ficando também com a sede do asno (para a relação entre os relatos gregos e *Ele que o abismo viu*, veja-se West, *The East Face of Helicon*, p. 118).

[Verso 308] A mesma expressão "sentou e chorou" (*it-ta-šab i-bak-ki*) se lê no verso 138 *supra*, "sentei e chorei" (*at-ta-šab a-bak-ki*), que é como Uta-napišti reage à visão de que, depois do dilúvio, a totalidade dos homens se havia tornado barro. O paralelo não é, portanto, só vocabular, pois, nos dois casos, as lágrimas se vertem pelo modo como a velhice e a morte se impõem aos homens.

[Verso 309] A expressão "lhe vinham as lágrimas" retoma o que se lê em 6, 83, 7, 65, etc. Em sua totalidade, trata-se do mesmo v. 139 *supra*, que descreve o modo como Uta-napišti reage à mortandade provocada pelo dilúvio.

[Verso 314] "Leão que rasteja" designa a cobra.

[Versos 310-318] Estes versos resumem toda a decepção de Gilgámesh: ainda que tenha empreendido sua jornada, o único bem que pensava ter obtido, a planta da juventude, lhe foi roubado; não tem ele como mergulhar de novo para alcançá-la; só resta voltar para casa.

[Versos 323-328] Retomam-se aqui os v. 18-23 da primeira tabuinha, num importante efeito de *Ringkomposition* (estrutura em anel), o que implica retomar a glória de Gilgámesh como construtor das muralhas de Úruk, como ele fora inicialmente louvado.

Conforme Pezzoli-Olgiati (Erkundungen von Gegenwelten, p. 240), "sabendo que também ele morrerá, enfatiza Gilgámesh sua faceta como construtor da muralha, a qual o eternizará. Gilgámesh deixara Úruk sob a pressão do medo da morte e volta à cidade como um sábio mortal. A cidade, que no começo da viagem era o lugar da separação, da morte, do luto e do medo, representará, no fim, o monumental centro onde a memória do grande e sábio rei Gilgámesh, por todos os tempos, será preservada".

No jogo que envolve a preservação da memória como meio de escapar do oblívio da morte, ressalte-se como, diferentemente do que acontecia na tabuinha 1, em que o convite para subir à muralha, examinar seus tijolos e seu alicerce era dirigido ao leitor pelo poeta, aqui é ele endereçado a Ur-shánabi por Gilgámesh. Isso constitui mais um engenhoso jogo de focalização, que faz com que o poeta se apresente, de certo modo, como par de Gilgámesh, fazendo com que também seu leitor termine por sentir-se par do novo companheiro de Gilgámesh, Ur-shánabi.

[Versos 327-328] GBGE (p. 526-527) chama a atenção para o significado de encerrar a saga de Gilgámesh com esse dístico (em termos métricos, acrescente-se, um tanto anômalo): "diante de nossos olhos espalha-se a grande extensão da cidade de Úruk, a sede da civilização antiga, o lugar onde, de acordo com uma antiga tradição, as artes e a vida urbana primeiro floresceram em Sumer, depois que Enki inadvertidamente as doou a Inanna". Com efeito, "para os babilônios, a cidade é a única instituição sem a qual a civilização seria impossível", sendo ela "eterna, construída pelos deuses e habitada por homens, mais antiga que a memória e mantendo-se para um futuro desconhecido. [...] Úruk, grandiosa em extensão e manifestamente antiga, é um símbolo da arquetípica cidade de Babilônia".

Ainda conforme George, a divisão da cidade em quatro partes reflete "as quatro áreas de atividade que mais ocupam a vida humana na terra": "[...] a cidade propriamente dita (*ālu*) denota as áreas construídas, os prédios domésticos onde os homens estabelecem seus lares e constituem suas famílias; os pomares (*kirû*) representam, com sua colheita arquetípica, a atividade agrícola, produzindo o que nutre a raça humana; os poços de argila (*essû*), donde vem a argila para fazer tijolos e modelar figuras de terracota e tabuinhas, simboliza a criatividade do homem enquanto construtor e artesão; e os limites do grande templo de Ishtar elevam-se para o empenho espiritual e intelectual do homem. Essas quatro atividades expressam a totalidade da vida humana: procriação, produção de alimentos, manufatura e atividade intelectual. Todas estão incluídas no interior dos muros da grande cidade".

[Colofão 1] Colofão do manuscrito C (cf. GBGE, p. 736).

[Colofão 2] Colofão do manuscrito FF (cf. GBGE, p. 739).

Tabuinha 12

[Verso 1] Esta última tabuinha quebra a sequência narrativa que vinha sendo desenvolvida desde a tabuinha 1, introduzindo uma cena em que, depois de perder apetrechos entendidos como bola (*pukku*) e taco (*mukkû*), os quais caíram na morada subterrânea dos mortos, a Érsetu, Enkídu para lá se dirige, a fim de recuperá-los. Já Kramer (The Epic of Gilgamesh and its Sumerian Sources, p. 23) considerava que se trata de um "apêndice inorgânico" ao poema, opinião compartilhada por vários comentadores, como Speiser e Jacobsen, com a qual concorda também George, para quem, "como uma peça literária, a tabuinha XII não é parte da epopeia propriamente dita" (GBGE, p. 528).

Posição diferente é defendida por Kilmer (A Note on an Overlooked Wordplay in the Akkadian Gilgamesh, p. 130-131), que chama a atenção para o fato de que, o jogo com *pukku* e *mukkû* sendo referido na abertura do poema, não deve causar estranheza que forneça também o entrecho para esta última tabuinha. Assim, segundo ela, a estrutura quiástica seria perfeita: à segunda referência à sabedoria de Gilgámesh, nos v. 5-8 – ele aprendeu e ensinou "o que antes do dilúvio era" –, corresponderia o relato sobre o cataclismo que lhe faz Uta-napišti na penúltima tabuinha; já a primeira referência à fonte de seu saber, nos v. 1-4 – "ele que o abismo viu, o fundamento da terra" –, faria eco a descida de Enkídu ao mundo subterrâneo em busca do *pukku* e *mekkû*, nesta última tabuinha. De fato, não se pode negar que o presente episódio é relevante, sua tônica estando na descrição do estado, em geral lamentável, em que os mortos se encontram na Érsetu. Como é o problema da morte que fornece o eixo para o poema de Sin-léqi-unnínni, mesmo que o fio narrativo seja tênue, não se pode dizer que haja discrepância temática

O texto é, na prática, uma tradução de parte do poema sumério intitulado *Naqueles dias, naqueles remotos dias* (conhecido modernamente como *Bilgames, Enkidu e o mundo subterrâneo*), o primeiro verso acádio correspondendo ao verso 172 do texto sumério (para uma edição atualizada, com ampla discussão, cf. Gadotti, *Gilgamesh, Enkidu and the Netherworld and the Sumerian Gilgamesh Cycle*, p. 154-169).

Naquele poema, o que antecede o ponto em que começa o texto acádio pode ser resumido assim: naqueles remotos dias havia uma árvore solitária que crescia às margens do Eufrates, transferida por uma mulher para Úruk, para o jardim de Inanna; passado certo tempo, Gilgámesh corta-a e fabrica com a madeira, para Inanna, um trono e um leito, bem como, para si mesmo, uma bola e um taco; com estes últimos diverte-se ele na cidade, esgotando os jovens de

Úruk, até que bola e taco caem no fundo do mundo subterrâneo. Então, continua o narrador, no passo em que principia o texto acádio de *Ele que abismo viu*:

> Com ---- ele não consegue alcançá-los,   164
> Usa sua mão, mas não consegue alcançá-los,
> Usa seu pé, mas não consegue alcançá-los.
> À porta de Ganzir, entrada do mundo subterrâneo, ele se assenta,
> Atormentado por soluços Bilgames começa a chorar:
> Minha bola! Meu taco!
> Minha bola, com que me diverti ao máximo!   170
> Meu ----, com que não preenchi meu gosto pelo jogo!
> Hoje, se ao menos minha bola tivesse deixado eu na oficina do carpinteiro!
> Mulher do carpinteiro, como uma mãe para mim! Se ao menos ela estivesse lá!
> Filha do carpinteiro, como uma irmã para mim! Se ao menos ela estivesse lá!
> Minha bola caiu no mundo subterrâneo, quem a trará de volta para mim? (tradução a partir de GEG, p. 183)

O relato constitui uma catábase, gênero de que recebemos textos de sumérios, acádios, egípcios, gregos, hititas, assim caracterizado, em linhas gerais, por Bernabé (What is a *katábasis*?, p. 31): "A *katábasis* deve ser definida como um tipo específico de narrativa, caracterizada pelos seguintes traços: um protagonista de caráter extraordinário, que é ainda melhor com a assistência de um deus, viaja vivo para o mundo subterrâneo dos mortos com um propósito bem definido e com a intenção de retornar (independentemente se seu propósito e retorno são atingidos)". Neste caso, Enkídu atende aos requisitos de exceção em termos de caráter e seu propósito é buscar os instrumentos de Gilgámesh que caíram no mundo subterrâneo – mundo pelo qual, contra sua vontade e em razão de sua inadvertência, ele termina arrebatado, podendo fazer, contudo, um relato circunstanciado sobre a situação dos mortos.

[Versos 12-27] Cf. Kramer (The Epic of Gilgamesh and its Sumerian Sources, p. 21), "Gilgámesh previne-o [a Enkídu] com relação a um certo número de tabus do mundo subterrâneo, contra os quais ele deve precaver-se". Algumas generalizações poderiam ser feitas, considerando as concepções sobre a Érsetu transmitidas também por outros textos: trata-se de um local que não admite forasteiros (já que é a terra donde não se volta), silencioso, inodoro, sem luz, sem movimentos ou manifestações emotivas. Os conselhos de Gilgámesh visam a que os deuses e os mortos da Érsetu não percebam a presença de Enkídu.

[Versos 28-30] Trata-se de Eréshkigal, rainha da Érsetu. Cf. GBGE (p. 529), o que se indica é que, em sua presença, o nome de Enkídu seria incluído no registro dos mortos, impedindo sua volta. Ressalte-se ainda como se sugere que a situação da própria Eréshkigal é lamentável, como o é também a dos espectros dos mortos.

[Versos 33-48] Mais uma vez o poeta explora o recurso paralelístico da repetição, com mudança de locutor: se nos v. 13-30 as palavras se punham na boca de Gilgámesh, agora se repetem, com variação das formas verbais, na do narrador.

[Verso 38a] Este verso constitui uma variante do anterior.

[Verso 52] Namtar é um dos deuses da Érsetu, filho de Énlil e Eréshkigal. Asákku era a denominação de uma classe de espíritos que atacavam e matavam os homens, geralmente por meio de febre alta.

[Verso 53] Nérgal é outro dos deuses da terra dos mortos, marido de Eréshkigal.

[Verso 54] O que o narrador quer dizer com este verso – e Gilgámesh repetirá três vezes na sequência – é que, diferentemente dos demais, Enkídu foi capturado pela Érsetu sem ter morrido. Observe-se, todavia, que será o espectro de Enkídu que subirá pela fresta no v. 86 *infra*, bem como, se essa interpretação é a correta, é ao estado de seu corpo, comido por vermes e reduzido a pó, que ele se refere nos v. 96-99 *infra*.

[Verso 55] Observe-se como Enkídu é aqui considerado "servo" – *ardu* (ir) – de Gilgámesh (e não amigo), o que é próprio da tradição sumeria donde esse entrecho é tomado e traduzido.

[Versos 60-62] Estes versos são iguais a 52-54 *supra*, bem como se repetem, como um refrão, em 68-70 e 76-78: no primeiro caso (52-54), são palavras do narrador; nos demais, de Gilgámesh. Esse recurso produz um curioso efeito: é como se Gilgámesh tivesse, ele também, como o leitor, conhecido as palavras do poeta. Poderia ser também que se quisesse dar a entender que é o narrador quem, por antecipação, repete o discurso do herói.

[Versos 79-80] Também no poema *A descida de Inanna ao mundo subterrâneo*, após a deusa ser retida, seu ministro, o deus Ninšubur, apela para Énlil, Nana (correspondente a Sin) e Enki (Ea), apenas deste último recebendo atenção.

[Verso 82] O que traduzi por "fresta" (*takkapu*) nomeia uma pequena abertura no muro do mundo subterrâneo (cf. GBGE, p. 529). Shámash, em sua rota diária, penetra (à noite) e sai (de dia) da Érsetu, sendo este o motivo por que Ea o incumbe de pôr em prática o estratagema sugerido.

[Versos 89 ss] Começa aqui a última parte da tabuinha, com as notícias que dá Enkídu sobre a situação dos mortos na Érsetu, o que, no estado atual do texto, poderíamos dividir em duas partes: a primeira, a descrição forte de como as partes do corpo que mais proporcionavam prazer (naturalmente como metonímia da totalidade do corpo) são devoradas por vermes e não passam de terra; a segunda, o destino geral dos mortos, divididos em duas categorias: os que tiveram filhos, o que permite que recebam cuidados da parte dos vivos (em especial libações, com que os mortos podem aplacar sua sede e fome, v. 102-116), e os que não têm filhos para cumprir essa função (v. 117-153).

[Versos 96-99] Gadotti (*Gilgamesh, Enkidu and the Netherworld and the Sumerian Gilgamesh Cycle*, p. 110) salienta que estes versos mostram como Gilgámesh "fica chocado ao ouvir sobre a completa ausência de sexualidade na vida do além", acrescentando o ponto de vista de Cooper, segundo o qual "há um motivo bem específico pelo qual esses versos abrem a apresentação do destino dos espectros", pois demonstram que, afinal, "não há remédio para a carência dos que não se reproduziram enquanto vivos", uma vez que "não pode haver coito entre os mortos".

GBGE (p. 529) chama a atenção para o modo como "a fala de Enkídu provavelmente tem em vista a corrupção de seu próprio corpo, usando uma linguagem que alude da forma mais viva possível à intimidade sexual com seu amigo". Cf. Smith (Gender Inversion in the Ancient Poetry of Heroic Pairs, p. 32), essa declaração supõe uma relação homossexual (ver GBGE, p. 902-903).

[Verso 98] No poema sumério, a referência neste ponto é a "vulva". É muito incerta a restauração proposta por George, neste ponto, do termo *ūru*, que pode nomear, em geral, os órgãos sexuais tanto do homem quanto da mulher, mas que, em particular, nomeia os femininos, bem como a sua representação em forma de triângulo (cf. CAD, s.v., com as seguintes acepções: 1) genitália feminina, "minha vulva (*u-ru-ú-a*) é a vulva (*ú-ru*) de uma cadela, seu pênis (*ušaršu*) é o pênis (*ušar*) de um cão; 2) em linguagem médica, vagina; 3) representação, SAL.LA *hurāsim*, 'vulva de ouro', entre as joias de Ishtar de Lagaba; 4) genitália masculina).

O verso seguinte, contudo, indica que se trata, neste caso, de uma "fenda", o que justifica a tradução por "vulva". Assim como acontece no poema sumério, é provável que esteja em causa a impossibilidade de relações sexuais e de procriação entre os mortos.

[Versos 102-116] O número de filhos tem relação com o que se apresenta nos versos: a) um filho/uma estaca; b) dois filhos/dois tijolos. Esse parece ser o critério geral, embora cada caso exija uma interpretação específica.

A importância do número de filhos decorre da necessidade que tem o morto de que lhe sejam feitas oferendas, o que compete a seus descendentes, em primeiro lugar a seu herdeiro, mas, na falta deste, também a suas filhas (cf. GADOTTI, *Gilgamesh, Enkidu and the Netherworld and the Sumerian Gilgamesh Cycle*, p. 111-127).

[Verso 106-107] Neste dístico se encontra alusão explícita às libações com água oferecidas aos mortos.

[Versos 108-109] Conforme a lógica que rege a presente sequência, a remissão seria a uma junta de quatro bois.

[Versos 110-112] Cf. Charpin (*Reading and Writing in Babylon*, p. 65-66), a propósito do pai de cinco filhos: "ao contrário do que se possa supor, isso não é uma classificação social: o número de filhos está ligado à ocupação. Os cinco filhos do escriba correspondem aos cinco dedos da mão com os quais ele escreve".

[Versos 113-114] Os seis filhos do lavrador correspondem aos seis animais usados para puxar o arado (cf. CHARPIN, *Reading and Writing in Babylon*, p. 66).

[Versos 117-118] Não é possível recuperar, no texto acádio, quem este dístico tem em vista. No poema sumério *Naqueles dias, naqueles remotos dias*, quem suporta esse sofrimento é um "eunuco" (tiru), ou seja, do arrolamento daqueles que tiveram filhos o foco passa agora para os que filhos não geraram (cf. GBGE, p. 530). É significativo que, no mesmo poema, logo após aquele que teve sete filhos, compareçam, pela ordem, "o homem sem herdeiros", "o eunuco", "a mulher que não deu à luz", "o moço que não desnudou o seio de sua esposa", "a moça que não desnudou o seio de seu marido". Assim, fica claro que a oposição se faz entre os férteis e os inférteis, com vantagens para os primeiros.

[Versos 144-145] Em contraste com o dístico seguinte, aqui se trata de alguém que provavelmente morreu vítima de um acidente, o que não o deixa em sossego também na Érsetu.

[Verso 146-147] "Morrer a morte de seu deus" significa ter uma morte tranquila, sem violência e em idade adequada.

[Verso 148-149] Trata-se de alguém que, tendo tido uma morte heroica, recebeu as devidas honras fúnebres da parte dos pais e da esposa.

[Versos 150-151] Fica claro, neste dístico, como quem não recebe honras fúnebres e sepultamento digno não tem descanso como morto.

[Versos 152-153] Observe-se que não bastam as honras fúnebres até o sepultamento, mas que é preciso quem vele pelo "espectro" do morto, ofertando-lhe libações capazes de aplacar sua sede na Érsetu.

[Verso 153] O texto termina assim abruptamente, do mesmo modo que o poema sumério correspondente (embora neste haja referência a outros tipos de mortos, o derradeiro sendo "o homem que foi queimado até a morte", cujo "espectro não se encontra lá, sua fumaça subiu aos céus"). GBGE (p. 530) refere-se, a propósito, a uma recensão deste poema conservada numa tabuinha procedente de Ur, a qual inclui uma moral para essa visão da Érsetu: "chocado pelo que o espectro de Enkídu transmitiu, Gilgámesh institui ritos apropriados em memória de seus pais, ritos que envolvem estátuas funerárias e libações com água, as quais sabemos que eram necessárias para uma correta comemoração".

Referências bibliográficas

Texto e traduções

AL-RAWI, Farouk N. H.; GEORGE, Andrew R. Back to the Cedar Forest: The Beginning and End of Tablet V of the Standard Babylonian Epic of Gilgamesh. *Journal of Cuneiform Studies*, v. 66, p. 69-90, 2014. (AGB)

ARNAUD, Daniel. *Corpus des textes de bibliothèque de Ras Shamra-Ougarit (1936-2000) en sumérien, babylonien et assyrien*. Aula Orientalis Supplementa 23. Sabadell: Ausa, 2007. (ACU)

BLIXEN, Hyalmar. *El cantar de Gilgamesh (Sha naqba imura)*. Estudio preliminar, traducción y notas de Hyalmar Blixen. Montevideo: Universidad de la República, 1980.

BOTTÉRO, Jean. *L'épopée de Gilgameš: le grand homme qui ne voulait pas mourir*. Paris: Gallimard, 1992.

BRANDÃO, Jacyntho Lins. Sîn-lēqi-unninni, *Ele o abismo viu* (série de Gilgámesh). *Nuntius antiquus*, v. 10, n. 2, p. 125-160, 2014. (Contém a tabuinha 1.)

GEORGE, Andrew R. The Gilgameš Epic at Ugarit. *Aula Orientalis*, v. 25, p. 237-254, 2007. (GGEU)

GEORGE, Andrew R. *The Babylonian Gilgamesh Epic: Introduction, Critical Edition and Cuneiform Texts*. Oxford: Clarendon, 2003. (GBGE)

GEORGE, Andrew R. *The Epic of Gilgamesh: The Babylonian Epic Poem and Other Texts in Akkadian and Sumerian*. Translated with an introduction by A. George. London: Penguin, 1999. (GEG)

JASTROW, Moris; CLAY, Albert T. *An Old Babylonian Version of the Gilgamesh by Anonimous*. Edited by Moris Jastrow. Translated by Albert T. Clay. Pennsylvania: Yale University, 1920.

JEREMIAS, Alfred. *Izdubar-Nimrod: eine altbabylonische Heldensage*. Leipzig: Teubner, 1891.

LABAT, René; CAQUOT, André; SZNYCER, Maurice; VIEYRA, Maurice. *Les religions du Proche-Orient asiatique: textes babyloniens, ougaritiques, hittites presentés e traduits par...* Paris: Fayard/Denoël, 1970.

PARPOLA, Simo. *The Standard Babylonian Epic of Gilgamesh*. Helsinki: The Neo-Assyrian Text Corpus Project, 1997. Cuneiform Text, Transliteration, Glossary, Indices and Sign List. (State Archives of Assyria: Cuneiform Texts 1). (PSBEG)

PEINADO, Frederico Lara. *Poema de Gilgamesh*. Estudio Preliminar, Traducción Y Notas de Frederico Lara Peinado. Madrid: Tecnos, 1988.

SAN MARTÍN, Joaquín. *Epopeya de Gilgameš, rey de Uruk*. Madrid: Trotta; Barcelona: Universitat de Barcelona, 2010. (SEG)

SERRA, Ordep J. Trindade. *A mais antiga epopeia do mundo: a gesta de Gilgamesh*. Salvador: Fundação Cultural do Estado da Bahia, 1985.

Obras de referência

BLACK, Jeremy; GREEN, Anthony. *Gods, Demons and Symbols of Ancient Mesopotamia*. Ilustrations by Tessa Rickards. Austin: University of Texas, 2003. (GDS)

BLACK, Jeremy; GEORGE, Andrew; POSTGATE, Nicholas. *A Concise Dicionary of Accadian*. Wiesbaden: Harrassowitz, 2000. (DCA)

BOTTERWECK, G. Johannes; RINGGREN, Helmer. (Eds.). *Theological Dictionary of the Old Testament*. Grand Rapids: William B. Eerdmans, 1990.

EBELING, Erich; MEISSNER, Bruno. (Eds.). *Reallexikon der Assyriologie und Vorderasiatischen Archäologie*. Berlin/Leipzig: Walter de Gruyter, 1934.

THE ASSYRIAN DICTIONARY OF THE ORIENTAL INSTITUTE OF THE UNIVERSITY OF CHICAGO. Chicago: The Oriental Institute; Glückstadt; J. J. Augustin, 1956-2010. 21 v. (CAD)

TOORN, Karel van der; BECKING, Bob; HORST, Peter van der. *Dictionary of Deities and Demons in the Bible*. Leiden: Brill, 1999.

Outras obras

A BÍBLIA DE JERUSALÉM. São Paulo: Paulinas, 1989.

ABUSCH, Tzvi. The Development and Meaning of the Epic of Gilgamesh: an Interpretive Essay. *Journal of the American Oriental Society*, v. 121. n. 4, p. 614-622, 2001.

ABUSCH, Tzi. Gilgamesh's Request and Siduri's Denial. In: COHEN, M. E. *et al*. *The Tablet and the Scroll: Near Eastern Studies in Honor of William W. Hallo*. Bethesda: CDL, 1993. p. 1-14.

ABUSCH, Tzi. Gilgamesh's Request and Siduri's Denial. Part II: An Analysis and Interpretation of an Old Babylonian Fragment about Mourning and Celebration. *Journal of the Ancient Near Eastern Society*, v. 22, p. 3-17, 1993.

ABUSCH, Tzvi. Ishtar's Proposal and Gilgamesh's Refusal: an Interpretation of "The Gilgamesh Epic", tablet 6, lines 1-79. *History of Religions*, v. 26, n. 2, p. 143-187, 1986.

ACKERMAN, Susan. *When Heroes Love: The Ambiguity of Eros in the Stories of Gilgamesh and David*. New York: Columbia University, 2005.

AGOSTINO, Franco d'. *Gilgameš o la conquista de la inmortalidad*. Madrid: Trotta, 2007.

ALTES, Liesbeth Korthals. Gilgamesh and the Power of Narration. *Journal of the American Oriental Society*, v. 127, n. 2, p. 183-193, 2007.

AMORY, A. The Gates of Horn and Ivory. *Yale Classical Studies*, v. 20, p. 3-57, 1966.

ANGHELINA, Catalin. The Homeric Gates of Horn and Ivory. *Museum Helveticum*, v. 67, n. 2, p. 65-72, 2010.

APOLLODORUS. *The Library*. Edited by James Frazer. Harvard: Harvard University, 1995.

ASSMANN, Jan. Der Mensch – das Tier, das zu viel weiss: Altorientalische Mythen zum Thema der menschlichen Endlichkeit. In: SCHMIDINGER, Heinrich; SEDMAK, Clemens. (Hg.). *Der Mensch – ein Mängelwesen?: Endlichkeit, Kompensation, Entwicklung*. Darmstadt: Wiessenschaft für Mensch, 2009. p. 99-114.

ATAÇ, Mehmet-Ali. Angelology. *The Epic of Gilgamesh*. *JANER, Journal of Ancient Near Eastern Religions*, v. 4, p. 3-27, 2004.

ATAÇ, Mehmet-Ali. The "Underworld Vision" of the Ninevite Intellectual Milieu. *Iraq*, v. 66, p. 67-76, 2004.

ATRAHASĪS: THE BABYLONIAN STORY OF THE FLOOD. Edited and translated by W. G. Lambert and A. R. Millard, with the Sumerian Flood Story by M. Civil. Winona Lake: Eisenbrauns, 1999.

AVRAHAMI, Yael. *The Senses of Scripture: Sensory Perception on the Hebrew Bible*. New York: T & T Clark International, 2012.

BAILEY, John A. Initiation and the Primal Woman in Gilgamesh and Genesis 2-3. *Journal of Biblical Literature*, v. 89, n. 2, p. 137-150, 1970.

BAUMANN, Gerlind. Das Opfer nach der Sintflut für die Gottheit(en) des Altes Testaments und des Alten Orients: eine neue Deutung. *Verbum et Ecclesia*, v. 34, n. 2. p. 1-7, 2013.

BEAULIEU, Paul-Alain. The Social and Intelectual Setting of Babylonian Wisdom Literature. In: CLIFFORD, Richard J. (Ed.). *Wisdom Literature in Mesopotamia and Israel*. Atlanta: Society of Biblical Literature, 2007. p. 3-19.

BEAULIEU, Paul-Alain. The Descendants of Sîn-lēqi-unninni. In: MARZAHN, J.; NEUMANN, H.; FUCHS, A. (Eds.). *Assyriologica et Semitica: Festschrift für Joachim Oelsner anlässlich seines 65. Geburtstages am 18. Februar 1997*. Münster: Ugarit-Verlag, 2000. p. 1-16.

BECKMAN, Gary. Gilgamesh in Hatti. In: BECKMAN, Gary; BEAL, Richard; MCMAHON, Gregory (Eds.). *Hittite Studies in Honor of Harry A. Hoffner on the Occasion of His 65 Birthday*. Winona Lake: Einsenbrauns, 2003. p. 37-57.

BENEDETTO, Vicenzo di. Achille e Gilgamesh. In: *Nel laboratorio di Omero*. Torino: Einaudi, 1998. p. 312-318.

BERNABÉ, Alberto. What is a *Katábasis*? The Descent into the Netherworld in Greece and the Ancient Near East. *Les Études Classiques*, v. 83, p. 15-34, 2015.

BEYE, Charles Rowan. *Ancient Epic Poetry: Homer, Apollonius, Virgil, with a Chapter on the Gilgamesh Poems*. Wauconda: Bolchazy-Carducci, 2006.

BÖHL, F. M. Th. de Liagre. Die Fahrt nach dem Lebenskraut. *Archiv Orientálni*, v. 18, p. 107-122, 1950.

BLOOM, Harold. *Abaixo as verdades sagradas: poesia e crença desde a Bíblia até nossos dias*. Tradução de Alípio Correa de Franca Neto e Heitor Ferreira da Costa. São Paulo: Companhia das Letras, 1993.

BOTTÉRO, Jean. *Il était une fois la Mésopotamie*. Paris: Gallimard, 1993.

BOTTÉRO, Jean; KRAMER, Samuel Noah. *Lorsque les dieux faisaient l'homme: Mythologie mésopotamienne*. Paris: Galimard, 1993.

BRANDÃO, Jacyntho Lins. *Em nome da (in)diferença: o mito grego e os apologistas cristãos do segundo século*. Campinas: Unicamp, 2014.

BRANDÃO, Jacyntho Lins. Mente humana em corpo bestial. *Aletria*, v. 21, p. 63-73, 2011.

BRANDÃO, Jacyntho Lins. A (des)construção do herói: o problema da mediação no *Héracles* de Eurípides. *Ensaios de Literatura e Filologia*, v. 5, p. 113-175, 1987.

BURKERT, Walter. *Die orientalisierende Epoche in der griechischen Religion und Literatur*. Heidelberg: Carl Winter, 1984.

BURKERT, Walter. "Or Also a Godly Singer": Akkadian and Early Greek Literature. In: MAIER, John. (Ed.). *Gilgamesh, a reader*. Wauconda: Bolchazy-Carducci, 1997. p. 178-191.

BURKERT, Walter. *The Orientalizing Revolution: Near Eastern Influence in Greek Culture in the Early Archaic Age*. Translated by Margaret E. Pinder and Walter Burkert. Cambridge: Harvard University, 1995.

CARREIRA, José Nunes. *Literaturas da Mesopotâmia*. Lisboa: Centro de História da Universidade de Lisboa, 2002.

CHARPIN, Dominique. *Reading and Writing in Babylon*. Translated by Jane Marie Todd. Cambridge: Harvard University, 2010.

CLIFFORD, Richard J. (Ed.). *Wisdom Literature in Mesopotamia and Israel*. Atlanta: Society of Biblical Literature, 2007.

COHEN, Mark E. *The Cultic Calendars of the Ancient Near East*. Bethesda: CDL, 1993.

COLE, Steven W.; GASCHE, Hermann. Levees, Flood, and the River Network of Northern Babylonia: 2000-1500 and 1000-500 B.C. – a Preliminar Report. Maps ellaborated by Kris Verhoeven. In: RENGER, Johannes. *Babylon: Focus mesopotamischer Geschichte, Wiege früher Gelehrsamkeit, Mythos in der Moderne*. Saarbrücken: Saarbrücker, 1999. p. 87-110.

COLLON, Dominique. The Depiction of Giants. In: STEYMANS, Hans Ulrich. (Hrsg.). *Gilgamesch: Ikonographie eines Helden*. Fribourg: Academic; Göttingen: Vandenhoeck & Ruprecht, 2010. p. 113-133.

COOPER, Jerrold S. Virginity in Ancient Mesopotamia. In: PARPOLA, S.; WHITING, R. M. *Compte rendu, Rencontre Assyriologique Internationale 47: Sex and Gender in Ancient Near East*. Helsinki: The Neo-Assyrian Text Corpus Project, 2002. p. 91-112.

DAMROSCH, David. Scriptworlds: Writing Systems and the Formation of World Literature. *Modern Language Quarterly*, v. 68, n. 2, p. 195-219, 2007.

DEXTER, Miriam Robbins. The Ferocious and the Erotic: "Beautiful" Medusa and the Neolithic Bird and Snake. *Journal of Feminist Studies in Religion*, v. 26, n. 1, p. 25-41, 2010.

DIAKONOFF, Igor M. Language Contacts in the Caucasus and the Near East. In: MARKEY, T. L.; GREPPIN, John A. C. (Eds.). *When Worlds Collide: Indo-Europeans and Pre-Indo-Europeans*. Ann Arbor: Karoma, 1990. p. 53-65.

DICKSON, Keith. The Wall of Uruk: Iconicities in *Gilgamesh*. *Journal of Ancient Near Eastern Religions*, v. 9, n. 1, p. 25-50, 2009.

DICKSON, Keith. Looking at the Other in *Gilgamesh*. *Journal of the American Oriental Society*, v. 127, n. 2, p. 171-182, 2007.

DICKSON, Keith. The Jeweled Trees: Alterity in Gilgamesh. *Compared Literature*, v. 59, n. 3, p. 193-208, 2007.

FLEMING, Daniel E.; MILSTEIN, SarDa J. *The Buried Foundation of the Gilgamesh Epic: The Akkadian Huwawa Narrative*. Leiden: Brill, 2010.

FOSTER, Benjamin. A New Edition of the Epic of Gilgamesh. *Journal of the American Oriental Studies Society*, v. 125, n. 1, p. 59-65, 2005.

GABBAY, Uri. Dance in Textual Sources from Ancient Mesopotamia. *Near Eastern Archeology*, v. 66, n. 3, p. 103-105, 2003.

GADOTTI, Alhena. *"Gilgamesh, Enkidu and the Netherworld" and the Sumerian Gilgamesh Cycle*. Boston-Berlin: Walter de Gruyter, 2014.

GEORGE, Andrew R. The Mayfly on the River: Individual and Collective Destiny in the Epic of Gilgamesh. *Kaskal, Rivista di Storia, Ambienti e Culture del Vicino Oriente Antico*, v. 9, p. 227-242, 2012.

GEORGE, Andrew R. The Sign of the Flood and the Language of Signs in Babylonian Omen Literature. In: KOGAN, L.; KOSLOVA, N.; LOESOV, S.; TISHCHENKO, S. *Babel und Bibel 4*. Annual of Ancient Near Eastern, Old Testament, and Semitic Studies. Proceedings of the 53[e] Rencontre Assyriologique Internationale. v. 1, part 2: Language in the Ancient Near East (Paper outside the main subjects). Winona Lake: Eisenbrauns, 2010. p. 232-335.

GEORGE, Andrew R. Gilgamesh and the Literary Traditions of Ancient Mesopotamia. In: LEICK, Gwendolyn. (Ed.). *The Babylonian World*. New York: Routledge, 2007.

GEORGE, Andrew R. The Epic of Gilgamesh: Thoughts on Genre and Meaning. In: AZIZE, J.; WEEKS, N. (Eds.). *Gilgamesh and the World of Assyria*. Proceedings of the Conference Held at the Mandelbaum House, the University of Sydney, 21-23 July 2004. Leuven: Peeters, 2007. p. 37-66. Disponível em: <http://eprints.soas.ac.uk/3316/>. Acesso em: 14 ago. 2017.

GEORGE, Andrew R. What's New in the Gilgamesh Epic? *Bulletin of the Canadian Society for Mesopotamian Studies*, v. 34, p. 51-58, 1999.

GOREN, Y.; MOMMSEN, H.; FINKELSTEIN, I.; NA'AMAN, N. A. A Provenance Study of the Gilgamesh Fragment from Meggido. *Archaeometry*, v. 51, n. 5, p. 763-773, 2009.

GOFF, Matthew. Gilgamesh the Giant: the Qumran *Book of Giants*' Appropriation of *Gilgamesh* Motifs. *Dead Sea Discoveries*, v. 16, p. 221-253, 2009.

GRACIA, Chad. Collaborating with Komunyakaa: The Creation of Gilgamesh. *Callaloo*, v. 28, n. 3, p. 541-544, 2005.

GREENGUS, S. Old Babylonian Marriage Ceremonies and Rites. *Journal of Cuneiform Studies*, v. 20, n. 2, p. 55-72, 1966.

GREENSTEIN, Edward L. Sages with a Sense of Humor: The Babylonian Dialogue Between a Master and his Servant and the Book of Qohelet. In: CLIFFORD, Richard J. (Ed.). *Wisdom Literature in Mesopotamia and Israel*. Atlanta: Society of Biblical Literature, 2007. p. 55-66.

HALLO, William W. *The World's Oldest Literature: Studies in Sumerian Belles-Lettres*. Leiden: Brill, 2010.

HALPERIN, David M. *One Hundred Years of Homosexuality and Other Essays on Greek Love*. New York: Routledge, 1990.

HAMORI, Esther. Echoes of Gilgamesh in the Jacob Story. *Journal of Biblical Literature*, v. 130, n. 4, p. 625-642, 2011.

HAMORI, Esther J. A Note on *ki-ma* LI-*i-im* (Gilgamesh P 218, 224). *Journal of the American Oriental Society*, v. 127, n. 1, p. 67-71, 2007.

HANSMAN, J. Gilgamesh, Humbaba, and the Land of the Erin-trees. *Iraq*, v. 38, n. 1, p. 23-35, 1976.

HARRIS, Rivkah. *Gender and Aging in Mesopotamia: The Gilgamesh Epic and Other Ancient Literature*. Norman: University of Oklahoma, 2003.

HAUBOLD, Johannes. *Greece and Mesopotamia: Dialogues in Literature*. Cambridge: Cambridge University, 2013.

HAUBOLD, Johannes. Greek Epic: a Near Eastern Genre? *Proceedings of the Cambridge Philological Society*, v. 48, p. 1-19, 2002.

HEIDEL, Alexander. *The Gilgamesh Epic and Old Testament Parallels*. Chicago: The University of Chicago, 1949.

HERODOTUS. *Herodotus' History*. Edited by A. D. Godley. Cambridge: Harvard University, 1961-1966.

HIGHBARGER, E. L. *The Gates of Dreams*. Baltimore: John Hopkins, 1940.

HILTEBEITEL, Alf. Rāma and Gilgamesh: The Sacrifices of the Water Buffalo and the Bull of Heaven. *History of Religions*, v. 19, n. 3, p. 187-223, 1980.

HOMERO. *Odisseia*. Tradução de Christian Werner. São Paulo: Cosac Naify, 2014.

HOMERO. *Ilíada*. Tradução de Frederico Lourenço. São Paulo: Penguin Classics, Companhia das Letras, 2013.

HOROWITZ, Wayne. *Mesopotamian Cosmic Geography*. Winona Lake: Einsenbrauns, 1998.

JAGER, Bernd. The Birth of Poetry and the Creation of a Human World: An Exploration of the Epic of Gilgamesh. *Journal of Phenomenological Psychology*, v. 32, n. 2, p. 131-154, 2001.

JARMAN, Mark. When the Light Came On: The Epic of *Gilgamesh*. *The Hudson Review*, v. 58, n. 2, p. 329-334, 2005.

JACOBSEN, Thorkild. How did Gilgameš Oppress Uruk? *Acta Orientalia*, v. 8, p. 62-74, 1929-1930.

JENSEN, P. Das Gilgamiš-Epos und Homer. *Zeitschrift für Assyriologie*, v. 16, p. 125-134, 1902.

KARAHASHI, Fumi; LÓPEZ-RUIZ, Carolina. Love Rejected: Some Notes on the Mesopotamian Epic of Gilgamesh and the Greek Myth of Hippolytus. *Journal of Cuneiforme Studies*, v. 58, p. 97-107, 2006.

KILMER, Anne Draffkorn. Crossing the Waters of Death: The "Stone Things" in the Gilgamesh Epic. *Wiener Zeitschrift für die Kunde des Morgenlandes*, v. 86, p. 213-217, 1996.

KILMER, Anne Draffkorn. A Note on an Overlooked Word-Play in the Akkadian Gilgamesh. In: DRIEL, G. van et al. *Zikir šumim: Assyriological Studies Presented to F. R. Kraus*. Leiden: Brill, 1982. p. 128-132.

KILMER, Anne Draffkorn. The Mesopotamian Concept of Overpopulation and its Solution as Reflected in the Mythology. *Orientalia*, NS, v. 41, n. 2, p. 160-177, 1972.

KIRK, G. S. *Myth: its Meaning and Function in Ancient and Other Cultures*. Cambridge: Cambridge University, 1970.

KRAMER, Samuel Noah. The Epic of Gilgamesh and its Sumerian Sources. *Journal of the American Oriental Society*, v. 64, n. 1, p. 7-23, 1944.

KRINITZSKY, Ellis L. Earthquakes and Soil Liquefaction in Flood Stories of the Ancient Near East. *Engineering Geology*, v. 76, p. 295-311, 2005.

LAM, Joseph. The Invention and Development of the Alphabet. In: WOODS, Christopher; EMBERLING, Geoff; TEETER, Emily. (Eds.). *Visible language: Invention of Writing in Ancient Middle East and Beyond*. Chicago: The Oriental Institute of the University of Chicago, 2010. p. 189-195.

LAMBERT, Wilfred G. *Babylonian Wisdom Literature*. Winona Lake: Einsenbrauns, 1996.

LAMBERT, Wilfred G. A Catalogue of Texts and Authors. *Journal of Cuneiform Studies*, n. 16, p. 59-77, 1962.

LAMBERT, Wilfred G. Ancestors, Authors and Canonicity. *Journal of Cuneiform Studies*, v. 11, n. 1, p. 1-14, 1957.

LAMBERT, Wilfred G. Gilgamesh in Literature and Art: the Second and First Millennia. In: STEYMANS, Hans Ulrich. (Hrsg.). *Gilgamesch: Ikonographie eines Helden*. Fribourg: Academic; Göttingen: Vandenhoeck & Ruprecht, 2010. p. 91-112.

LAMBERT, Wilfred G.; SPAR, Ira. *Cuneiform Texts of the Metropolitan Museum of Arts*. New York: Metropolitan Museum of Arts; Brepols, 2005.

LEEUWEN, Raymond C. van. Cosmos, Temple, House: Building and Wisdom in Mesopotamia and Israel. In: CLIFFORD, Richard J. (Ed.). *Wisdom Literature in Mesopotamia and Israel*. Atlanta: Society of Biblical Literature, 2007. p. 67-90.

LEEUWEN, Raymond C. van. Isa 14:12, *hôlēš 'al gwym* and Gilgamesh XI, 6. *Journal of Biblical Literature*, v. 99, n. 2, p. 173-184, 1980.

LERNER, Gerda. The Origin of Prostitution in Ancient Mesopotamia. *Signs, Journal of Women on Culture and Society*, v. 11, n. 2, p. 236-255, 1985.

LINSSEN, Marc J. H. *The Cults of Uruk and Babylon: The Temple Ritual Texts as Evidence for Hellenistic Cult Practice*. Leiden: Brill, 2004.

MAIER, John. Gilgamesh: Anonymous Tradition and Authorial Value. *Neohelicon*, v. 14, n. 2, p. 83-95, 1987.

MARINATOS, Nannó. The Cosmic Journey of Odysseus. *Numen*, v. 48, p. 381-416, 2001.

MENEZES, Adélia Toledo Bezerra de. *As portas do sonho*. São Paulo: Ateliê, 2002.

MICHAUX, Gil. Gilgamesh and Homer: A Comparative Study of Motif Sets, Distinctions and Similarities. *Máthesis*, v. 12, p. 9-25, 2003.

MILLARD, Alan R. The Sign of the Flood. *Iraq*, v. 49, p. 63-69, 1987.

MILSTEIN, Sara J. *Reworking Ancient Texts: Revision Through Introduction in Biblical and Mesopotamian Literature*. New York: NYU, 2010. Thesis (Ph.D. in Philosophy) – Skirball Department of Hebrew and Judaic Studies, New York University, New York, 2010.

MOBLEY, Gregory. The Wild Man in the Bible and the Ancient Near East. *Journal of Biblical Literature*, v. 116, n. 2, p. 217-233, 1997.

MÜLLER, Hans-Peter. Gilgameschs Trauergesang um Enkidu und die Gattung der Totenklage. *Zeitschrift für Assyriologie und Vorderasiatische Archäologie*, v. 68, n. 2, p. 233-250, 1978.

NOEGEL, Scott B. *Janus Parallelism in the Book of Job*. Sheffield: Sheffield Academic, 1996.

NOEGEL, Scott B. An Assymmetrical Janus Parallelism in the Gilgamesh Flood Story. *Acta Sumerologica*, v. 16, p. 306-308, 1994.

NOEGEL, Scott B. A Janus Parallelism in the Gilgamesh Flood Story. *Acta Sumerologica*, v. 13, p. 419-421, 1991.

NOVAES, José de Campos. *As origens chaldeanas do Judaísmo*. São Paulo: Typographia Brazil de Carlos Gerke e Cia., 1899.

ORNAN, Tallay. Humbaba, the Bull of Heaven and the Contribution of Images to the Reconstruction of the Gilgamešš Epic. In: STEYMANS, Hans Ulrich. (Hrsg.). *Gilgamesch: Ikonographie eines Helden*. Fribourg: Academic; Göttingen: Vandenhoeck & Ruprecht, 2010. p. 229-260.

OPPENHEIM, A. Leo. *Mesopotamia: Portrait of a Dead Civilization*. Chicago: University of Chicago, 1977.

OPPENHEIM, A. Leo. The Interpretation of Dreams in the Ancient Near East: With a Translation of an Assyrian Dream-book. *Transactions of the American Philosophical Society*, NS, v. 46, parte 3, p. 179-373, 1956.

OPPENHEIM, A. Leo. Mesopotamian Mythologie II. *Orientalia*, NS, v. 17, n. 1, p. 17-58, 1948.

PAUL, Shalom M. Euphemistically "Speaking" and a Covetous Eye. *Hebrew Annual Review*, v. 14, p. 193-204, 1994.

PESSOA, Fernando. *Páginas íntimas e de autointerpretação*. Textos estabelecidos e prefaciados por Georg Rudolf Lind e Jacinto do Prado Coelho. Lisboa: Ática, 1996.

PEZZOLI-OLGIATI, Daria. Erkundungen von Gegenwelten: Zur Orientierungsleistung "mythischer" Reisen am Beispiel zweier mesopotamischer Texte. *Numen*, v. 52, p. 226-254, 2005.

PFOST, Jared. A Literary Analysis of the Flood Story as a Semitic Type-Scene. *Studia Antiqua*, v. 12, n. 1, p. 1-22, 2014.

POTTS, D. T. Ethnographic Reality or Literary *Topos*: Bread Baked in Ashes. *Nouvelles Assyriologiques Brèves et Utilitaires*, n. 3, p. 65-67, 2006.

QOHÉLET/O-QUE-SABE: *Eclesiastes*; Poema Sapiencial. Transcriado por Haroldo de Campos (com uma colaboração especial de J. Ginsburg). São Paulo: Perspectiva, 1977.

REEVES, John C. Utnapishtim in the Book of Giants? *Journal of Biblical Literature*, v. 112, n. 1, p. 110-115, 1993.

REINER, Erica. City Bread and Bread Baked in Ashes. In: *Languages and Areas: Studies Presented to George V. Bobrinskoy*. Chicago: Chicago University, 1967. p. 116-120.

REINER, Erica. The Etiological Myth of the "Seven Sages". *Orientalia*, NS, v. 30, n. 1, p. 1-11, 1961.

RENDU, Anne-Caroline. Cri ou silence: deuil des dieux et des héros dans la littérature mésopotamienne. *Revue de L'Histoire des Religions*, v. 225, n. 2, p. 199-221, 2008.

ROLLINGER, Robert. Tum-ba U_5-A in "Gilgamesch, Enkidu und die Unterwelt" (Z. 154/161) und dessen Konex zu den Spielgeräten ^{GIŠ}Ellag/pukku und ^{GIŠ}E kid-ma/mikkû. *Journal of Cuneiform Studies*, v. 60, p. 15-23, 2008.

RUBIO, Gonzalo. Gilgamesh and the *ius primae noctis*. In: KOZUN, Michael; HELKELMAN, Wouter F. M.; JONES, Charles E.; WOODS, Christopher. (Eds.). *Extraction and Control: Studies in Honor of Matthew W. Stolper*. Chicago: The Oriental Institute of the University of Chicago, 2014. p. 229-232.

SADIGH, Micah. The Foundation of Existencialism in the Oldest Story Ever Told: The Epic of Gilgamesh. *Existential Analysis*, v. 21, n. 1, p. 76-88, 2010.

SASSON, Jack M. Prologues and Poets: on the Opening Lines of the Gilgamesh Epic. In: COLLINS, Billie Jean; MICHALOWSKI, Piotr. *Beyond Hatti: a Tribute to Gary Beckman*. Atlanta: Lockwood, 2013. p. 265-277.

SASSON, Jack M. Time & Mortality: Creation Narratives in Ancient Israel and Mesopotamia. In: CINGANO, Ettore; MILANO, Lucio. *Papers on Ancient Literatures: Greece, Rome and the Near East*. Padova: S.A.R.G.O.N., 2008. p. 490-509.

SASSON, Jack M. The Composition of the Gilgamesh Epic. *Studies in Philology*, v. 69, n. 3, p. 259-279, 1972.

SAVIGNAC, Jean de. La sagesse du Qôhéleth et l'Épopée de Gilgamesh. *Vetus Testamentum*, v. 28, n. 3, p. 318-323, 1978.

SCHNAIDERMAN, Boris. *Dostoiévski: Prosa poesia* ("O senhor Prokhartchin"). São Paulo: Perspectiva, 1982.

SELLNER, Edward C. *The Double: Male Eros, Friendships, and Mentoring, from Gilgamesh to Kerouac*. Maple Shade: Lethe, 2013.

SERI, Andrea. The Role of Creation in Enūma eliš. *Journal of Ancient Near Eastern Religions*, v. 12, p. 4-29, 2012.

SERI, Andrea. Adaptation of Cuneiform to Write Akkadian. In: WOODS, Christopher. (Ed.). *Visible Language: Inventions of Writing in the Ancient Middle East and Beyond*. Chicago: The Oriental Institute of the University of Chicago, 2010. p. 85-98.

SILVA, Aldina da. *La symbolique des rêves et des vêtements dans l'histoire de Joseph et de ses frères*. Québec: Fides, 1994.

SILVA CASTILLO, Jorge. *Išdi mati*, The Foundations of the Earth. *Journal of the American Oriental Society*, v. 121, n. 1, p. 93-94, 2001.

SILVA CASTILLO, Jorge. La estructura literaria como guía para la traducción: el primer verso de *Gilgamesh*. *Estudios de Asia y África*, v. 35, n. 1, p. 11-27, 2000.

SILVA CASTILLO, Jorge. *Nagbu*: totality or abyss in the first verse of *Gilgamesh*. *Iraq*, v. 60, p. 219-221, 1998.

SMITH, Mark S. Gender Inversion in Ancient Poetry of Heroic Pairs. *Semitica et Classica*, v. 6, p. 21-39, 2013.

SODEN, Wolfram von. Untersuchungen zur babylonischen Metrik, Teil II. *Zeitschrift für Assyriologie und Vorderasiastische Archäologie*, v. 74, p. 213-234, 1984.

SODEN, Wolfram von. Untersuchungen zur babylonischen Metrik, Teil I. *Zeitschrift für Assyriologie und Vorderasiastische Archäologie*, v. 71, p. 161-204, 1981.

SONIK, Karen. Breaching the Boundaries of Being: Metamorphoses in the Mesopotamian Literary Texts. *Journal of the American Oriental Society*, v. 132, n. 3, p. 385-393, 2012.

SYNCELLUS, Georgius. *Ecloga chronographica*. Edited by A. A. Mosshammer. Leipzig: Teubner, 1984.

STEYMANS, Hans Ulrich. (Hrsg.). *Gilgamesch: Ikonographie eines Helden*. Fribourg: Academic; Göttingen: Vandenhoeck & Ruprecht, 2010.

TALON, Philippe. *Enuma elish* and the Transmission of Babylonian Cosmology to the West. In: WHITING, R. M. (Ed.). *Proceedings of the Second Annual Symposion of the Assyrian and Babylonian Cultural Heritage Project*. Helsinki: The Neo-Assyrian Text Corpus Project, 2001. p. 265-277.

TIGAY, Jeffrey H. *The Evolution of the Gilgamesh Epic*. Philadelphia: University of Pennsylvania, 1982.

TIGAY, Jeffrey H. Was There an Integrated Gilgamesh Epic in the Old Babylonian Period? In: *Ancient Near Eastern Studies in Memory of J. J. Finkelstein*. Connecticut: Academy of Arts and Sciences, 1977. p. 215-218.

TOORN, Karel van der. Why Wisdom Became a Secret: on Wisdom as a Written Genre. In: CLIFFORD, Richard J. (Ed.). *Wisdom Literature in Mesopotamia and Israel*. Atlanta: Society of Biblical Literature, 2007. p. 21-29.

VEENKER, Ronald Ä. Syro-Mesopotamia: The Old Babylonian Period. In: CHAVALAS, Mark W.; YOUNGER, K. Lawson. *Mesopotamia and the Bible: Comparative Explorations*. Grand Rapids: Baker, 2002. p. 149-167.

VEENKER, Ronaldo Ä. Gilgamesh and the Magic Plant. *The Biblical Archaeologist*, v. 44, n. 4, p. 199-205, 1981.

VENUTI, Lawrence. *The Translation Studies Reader*. London/New York: Routledge, 2004.

VOGELZANG, Marianna E. Patterns Introducing Direct Speech in Akkadian Literary Texts. *Journal of Cuneiform Studies*, v. 42, n. 1, p. 50-70, 1990.

WALLS, Neal. *Desire, Discord and Death*: Approaches to Ancient Near Eastern Myth. Boston: American School of Oriental Research, 2001.

WEST, Martin L. *The East Face of Helicon: West Asiatic Elements in Greek Poetry and Myth*. Oxford: Clarendon, 1997.

WOODS, Christopher. Sons of the Sun: The Mythological Foundations of the First Dynasty of Uruk. *Journal of Ancient Near Eastern Religions*, v. 12, p. 78-96, 2012.

WOODS, Christopher. The Earliest Mesopotamian Writing. In: WOODS, Christopher; EMBERLING, Geoff; TEETER, Emily. (Eds.). *Visible language: Invention of Writing in Ancient Middle East and Beyond*. Chicago: The Oriental Institute of the University of Chicago, 2010. p. 15-27.

WOODS, Christopher. Visible Language: the Earliest Writing Systems. In: WOODS, Christopher; EMBERLING, Geoff; TEETER, Emily. (Eds.). *Visible language: Invention of Writing in Ancient Middle East and Beyond*. Chicago: The Oriental Institute of the University of Chicago, 2010. p. 33-50

WORTHINGTON, Martin. On Names and Artistic Unity in the Standard Version of the Babylonian Gilgamesh Epic. *Journal of the Royal Asiatic Society*, v. 21, n. 4, p. 403-420, 2011.

Índice onomástico

Ádad (*Adad*): 58, 60, 76, 123, 144, 190, 216, 221, 287.

Aia (*Aia*): 62-64, 195.

Ánu (*Anu*): 14, 47-49, 51-54, 55-56, 84-85, 90, 94, 120, 123, 125, 140, 144, 145, 148-149, 155, 156, 158, 161, 163, 170, 177, 178, 180, 182, 185, 192, 223, 225, 227, 231, 238, 242, 277, 287, 291.

Anunnákki (*Anunnakki*): 63, 103, 119, 123-124, 190, 205, 250-252, 278.

Āntum (*Antu*): 84, 192, 223, 225, 236.

Anzu (*Anzû*): 33, 90, 93, 199, 209, 233, 239, 240, 287.

Apsu (*Apsû*): 29, 64, 121, 129, 141, 146, 151, 170, 196, 226, 241, 283, 297.

Arallu (*Arallû*): 105, 241, 256.

Arúru (*Arūru*): 13, 48, 151, 156, 164, 187, 207, 245.

Asákku (*Asakku*): 132-133, 195, 303.

Bélet-íli (*Bēlet-íli*): 46, 123, 125, 151, 156, 288, 291.

Bélet-séri (*Bēlet-ṣēri*): 94, 242.

Bíbbu (*Bibbu*): 102, 252.

Dúmuzi (*Dumuzi*): 83, 101, 170, 219-220, 251.

Dúmuzi-ábzu (*Dumuzi-abzu*): 102, 252.

Ea (*Ea*): 14, 29, 33, 52, 64, 120-121, 125, 133, 141, 151, 156, 157, 170, 231, 266, 277, 278, 279, 281, 283-284, 286, 292, 303.

Eanna (*e-anna*): 45, 139, 177, 216.

Ebabbarra (*e-babbarra*): 89-90, 233.

Ékur (*Ekur*): 132.

Enkídu (*Enkīdu*): 13 *et passim*

Énlil (*Enlil*): 22, 26, 52, 54, 58, 60, 75, 79, 80, 90, 91, 94, 120-121, 125, 132-133, 152, 156, 170, 175, 189, 190, 200, 207, 210, 211, 213, 231, 233, 234, 236, 277, 278, 281, 283, 284, 291, 303.

Énnugi (*Ennugi*): 120.

Eréshkigal (*Ereškigal*): 35, 94, 95, 101, 102, 167, 216, 226-227, 240, 251-252, 302-303.

Éridu (*Eridu*): 133, 277.

Erra (*Erra*): 280.

Érrakal (*Errakal*): 123.

Érṣetu (*Erṣetu*): 22, 24, 85, 94, 101-102, 131-135, 150, 195, 196, 200, 216, 217, 225, 226, 227, 237, 238, 240, 242, 244, 250, 251, 252, 256, 266, 269, 301-306.

Etana (*Etāna*): 35, 94, 138, 242.

Eufrates (*Purattu*): 81, 87, 97, 102, 120, 213, 233, 240, 246, 252, 253, 277, 293, 301, 83, 89, 99, 104, 122, 215, 235, 242, 248, 254-255, 279, 295, 301.

Gilgámesh (*Gilgāmeš*): 13 *et passim*

Hánish (*Haniš*): 123, 287.

Humbaba (*Humbāba*): 14, 22-26, 33, 36, 39, 57, 58, 59, 60, 61-64, 66, 68, 69, 71-72, 73-81, 98, 110, 113, 116, 159, 186-191, 193-195, 199-200, 202-203, 204, 205-213, 232, 233, 240, 246, 248, 260, 268, 269, 275, 279, 283, 295.

Húshbishag (*Hušbišag*): 101, 251.

Igígi (*Igīgi*): 58, 60, 125, 155-156, 187, 190, 278.

Irkalla (*Irkalla*): 94, 240, 241, 251.

Írnina (*Irnina*): 64, 196, 205.

Ishara (*Išāra*): 56, 182, 183.

Ishtar (*Ištar*): 14, 22, 26, 31, 33, 35, 38, 45, 51, 82, 84, 85-87, 93, 101, 130, 136, 140-141, 145, 148, 150, 163, 172-174, 178, 182, 196-197, 200, 204-205, 210, 214, 216-223, 225, 227, 229, 233, 235, 236-241, 251, 262-263, 269, 276, 288, 300, 304.

Ishullánu (*Išullānu*): 84, 215, 223.

Larsa (*Larsa*): 25, 79.

Lugalbanda, (*Lugalbanda*): 21, 46, 87, 149, 170, 199, 202, 229-230, 297.

Líbano, Monte (*Labnānu*): 31, 67-70, 199, 202, 270.

Mammítum (*Mammītum*): 119.

Marduk (*Marduk*): 65, 146, 178, 195, 197, 209, 214, 216, 248, 256.

Máshu (*Mašu*): 105, 106.

Námra-sit (*Namra-ṣit*): 101, 251.

Namtar (*Namtār*): 33, 101, 132-133, 195, 251, 303.

Nérgal (*Nergal*): 35, 132-133, 167, 216, 226, 227, 240, 241, 242, 303.

Nímush (*Nimuš*): 124, 288.

Nínazu (*Ninazu*): 132, 242.

Níngal (*Ningal*): 133.

Ningíshzida (*Ningišzida*): 196.

Ninshuluhhatumma (*Ninšuluhhatumma*): 102, , 252.

Nínsun (*Ninsun*): 25, 46, 53, 54, 56, 59, 61, 62, 64, 78, 132, 149, 161, 163, 170, 179, 180, 185, 193, 194, 196, 209, 211, 269, 288.

Ninurta (*Ninurta*): 33, 48, 120, 123, 125, 138, 158, 161, 171, 216, 233, 252, 291.

Níppur (*Nippur*): 16, 22, 23, 25, 26, 33, 79, 80, 81, 89, 156, 190, 200, 213, 233, 240.

Níssaba (*Nissaba*): 19, 46, 48, 141, 152.

Nudímmud (*Nudimmud*): 46, 151, 156.

Púzur-Énlil (*Puzur-Enlil*): 123, 282, 287.

Qassa-tábat (*Qāssa-ṭābat*): 102, 252.

Shákkan (*Šakkan*): 48, 94, 158, 159, 242.

Shámash (*Šamaš*): 23, 24, 26, 46, 52, 62-66, 67-71, 75, 77-80, 86, 90-93, 101-103, 105-107, 111, 118, 122, 133, 149, 170, 193-196, 199-200, 202, 209, 211, 221-222, 229, 232, 233, 236, 237, 238, 240, 249, 251-253, 234, 255, 256, 258, 260, 266, 269, 286, 287, 298, 303.

Shámhat (*Šamhat*): 13, 49-51, 54, 55, 91-93, 157, 161-166, 168-169, 171, 173-176, 177-180, 204, 229, 232, 236-239, 246-247, 254, 262-264, 294, 295.

Shidúri (*Šidūri*): 14, 108, 109, 160, 204, 206, 262-266, 269, 273, 275, 279, 295, 296.

Shúllat (*Šullat*): 123.

Shurúppak (*Šuruppak*): 21-22, 35, 120, 142, 254, 255, 280, 282, 297.

Silíli (*Silīli*): 83, 221.

Sin (*Sîn*): 26, 64, 104-105, 117, 133, 137, 196, 251, 255, 303.

Sirara (*Sirara*): 77, 208-209.

Ubara-tútu (*Ubār-tutu*): 21, 35, 104, 120, 254, 280, 282.

Ulaia (*Ulaia*): 97, 246, 247.

Ur (*Ur*): 306.

Ur-shánabi (*Ur-šanabi*): 14, 26, 31, 111-114, 127-130, 146, 160, 198, 255, 263, 266-270, 275, 279, 295, 300.

Úruk (*Uruk*): 13-15, 18, 19, 21-23, 25-27, 31-33 , 35, 45, 46, 47-49, 51-53, 56, 59, 60-62, 66, 75, 78, 85-87, 90, 93, 97-99, 129-130, 136-137, 139-141, 144-145, 147-150, 152-153, 155-157, 159, 162-163, 168, 170, 173-175, 177, 179, 181-184, 186, 189, 192, 197, 198, 204, 207-209, 214, 220, 225, 227-230, 232, 238, 244, 246, 252, 269, 271, 275, 290, 295, 298-300, 301-302.

Uta-napíshti (*Ūta-napišti*): 14, 15, 21, 23, 26, 33, 39, 46, 104, 105, 111, 113-117, 119, 120, 126-128, 139, 142-143, 149, 150, 151, 160, 165, 167, 198, 204, 214, 234, 249, 254-255, 257-259, 263-265, 266, 270, 271, 272, 274, 275-277, 279, 280-283, 285, 286, 287, 288, 289, 290-299, 301.

Esta edição do *Gilgámesh* foi impressa para a Autêntica
pela Formato Artes Gráficas em junho de 2024, ano em que se celebram

c. 4700 anos do reinado de Gilgámesh em Úruk (c.2700 a.C.);
c. 4100 anos dos primeiros textos sobre Gilgámesh (c.2100 a.C.);
c. 4000 anos da mais antiga tabuinha com textos sobre Gilgámesh (c.2000 a.C.);
c. 3800 anos da versão babilônica Proeminente entre os reis (c.1800 a.C.);
c. 3500 anos das traduções para o hurrita e o hitita dos poemas de Gilgámesh (c.1500 a.C.);
c. 3300 anos da versão de Sin-léqi-unnínni (c.1300 a.C.);
c. 2800 anos de Hesíodo (séc. VIII a.C.);
c. 2800 anos de Homero (séc. VIII a.C.);
c. 2500 anos dos mais antigos textos bíblicos (séc. VI a.C.);
2125 anos de Júlio César (102-44 a.C.);
2093 anos de Virgílio (70-19 a.C.);
2088 anos de Horácio (65-8 a.C.);
2066 anos de Ovídio (43 a.C.-18 d.C.);
2022 anos do fim do uso da escrita cuneiforme (1 d.C.)
e
27 anos da fundação da Autêntica (1997).

O papel do miolo é Off-White 70g/m² e o da capa é Supremo 250g/m².
A tipologia é Bembo Std.